现代司法文丛
夏锦文 ◎ 主编

教育部人文社会科学研究青年项目
(11YJC820020) 阶段性成果
江苏省教育厅高校哲社科研资助项目
(2011SJB820011) 阶段性成果
江苏高校优势学科建设工程资助项目 (PAPD)

,我们也观察到一些微妙的转向,即由偏重立法的研究视角转向立[法]与司法并重的研究视角,由法条主义的规范分析转向法律适用的动[态]分析。近年来,最高人民法院提出了"能动司法"的司法理念。这[表]明,司法过程不是立法条文的机械演绎,其中交织着规范与事实之间、法律关系与社会关系之间的复杂互动关系,蕴涵着独特的司法规律、司法原理、司法价值与司法理念。法学注定是一门经世致用的学科,而其实用性或实践性在司法活动中将会得到最为充分的彰显。因此,关注司法,既是法治发展的时代需求,也是法学固有的学科性质使然。

我们关注现代司法,是因为中国司法仍然处于由传统走向现代的发展进程之中。"现代"本是一个时间范畴,它与传统或前现代相对,代表了一个更为高级的文明发展阶段。当代中国司法体制正处于由传统的价值——规范体系向现代的价值——规范体系的历史转型时期,这一过程就是中国的司法现代化。如何建立与现代社会相适应的司法制度仍然是一项非常艰巨的任务。因此,我们需要借鉴世界各国法治发展的先进经验与优秀成果,梳理司法现代性的具体标准与目标模式,把握司法现代化的共同规律,为中国司法制度的改革寻找可资参考和借鉴的思路。但是,我们也注意到,现代性的司法往往寓于多样性的法律制度与文化之中,在这个意义上,"现代"又包含着空间的要素,换言之,所谓的现代司法必须依托于特定的法律传统与文化语境才能展开其基本脉络。因此,司法现代化不等于西方化,我们关注的是能够与中国社会传统相对接、与中国普通百姓的现实观念相调适的现代司法。中国的社会传统与正在生动、恢弘和全方位展开的现代化进程,构成了当下中国司法现代化的现实背景,只有认真考察这一背景的性质特征,才能构建出富有活力的、体现中国特色的现代司法。西方的司法现代化经验确实能为我们提供多方位的启示和帮助,但是,我们也不能忘记,本土资源中仍然存在不少值得挖掘和改造的优

转型中国司法知识的理论与诠释

方 乐◎著

人民出版社

,我们也观察到一些微妙的转向,即由偏重立法的研究视角转向立法与司法并重的研究视角,由法条主义的规范分析转向法律适用的动态分析。近年来,最高人民法院提出了"能动司法"的司法理念。这表明,司法过程不是立法条文的机械演绎,其中交织着规范与事实之间、法律关系与社会关系之间的复杂互动关系,蕴涵着独特的司法规律、司法原理、司法价值与司法理念。法学注定是一门经世致用的学科,而其实用性或实践性在司法活动中将会得到最为充分的彰显。因此,关注司法,既是法治发展的时代需求,也是法学固有的学科性质使然。

我们关注现代司法,是因为中国司法仍然处于由传统走向现代的发展进程之中。"现代"本是一个时间范畴,它与传统或前现代相对,代表了一个更为高级的文明发展阶段。当代中国司法体制正处于由传统的价值——规范体系向现代的价值——规范体系的历史转型时期,这一过程就是中国的司法现代化。如何建立与现代社会相适应的司法制度仍然是一项非常艰巨的任务。因此,我们需要借鉴世界各国法治发展的先进经验与优秀成果,梳理司法现代性的具体标准与目标模式,把握司法现代化的共同规律,为中国司法制度的改革寻找可资参考和借鉴的思路。但是,我们也注意到,现代性的司法往往寓于多样性的法律制度与文化之中,在这个意义上,"现代"又包含着空间的要素,换言之,所谓的现代司法必须依托于特定的法律传统与文化语境才能展开其基本脉络。因此,司法现代化不等于西方化,我们关注的是能够与中国社会传统相对接、与中国普通百姓的现实观念相调适的现代司法。中国的社会传统与正在生动、恢弘和全方位展开的现代化进程,构成了当下中国司法现代化的现实背景,只有认真考察这一背景的性质特征,才能构建出富有活力的、体现中国特色的现代司法。西方的司法现代化经验确实能为我们提供多方位的启示和帮助,但是,我们也不能忘记,本土资源中仍然存在不少值得挖掘和改造的优

转型中国司法知识的理论与诠释

方 乐◎著

人民出版社

总　序

改革开放三十多年来,中国在全球化浪潮中展开了波澜壮[阔的]新实践,经济建设、政治建设、文化建设和社会建设取得了举世[瞩目的]成就。在经济增长、社会转型的宏大背景下,我国的各项司法[改革依]次展开,开启了当代中国司法现代化的崭新历程,有力推动了中[国特]色社会主义法治国家建设的发展步伐。经过二十多年的司法改[革,我]国的司法领域发生了历史性的深刻变化,逐步走出了一条具有鲜[明中]国特色的自主型司法改革道路。中共十七大报告进一步明确将建[设]公正高效权威的社会主义司法制度作为司法改革的目标要求,为司[法]改革指明了新的方向,注入了新的动力。作为法律学人,我们以高[度]的热情和强烈的使命感关注着当下中国法治生活所展示的新特点,层[出]涌现的新问题,以及在此新形势之下司法改革向纵深发展的复杂[的]进程。

我们关注司法,是因为司法领域正日益成为中国法治建设的重中之重。在当下中国,一个以宪法为核心的中国特色社会主义法律体系已经形成。由宪法及相关法、民商法、行政法、经济法、社会法、刑法、诉讼和非诉讼程序法七个法律部门和法律、行政法规和地方性立法三个层级的法律规范组成的法律体系奠定了法治的基本框架。改革开放之初无法可依的状况已经得到根本性的改变,人们越来越多地关注法律的实施,尤其关注司法活动中的各种矛盾与问题。在法学理论秀成分。深入研究中国司法文化的传统与现代性,揭示中国司法文化从传统向现代转型变革的基本走向、条件和发展阶段,这是当代中国法律学人必须担当的历史使命。

于是,我们认为有必要系统地梳理和总结中国司法改革的经验与教训,透视当下中国司法改革存在的突出问题,反思理论界关于司法知识的生产范式,完善司法原理,揭示司法规律,构建司法学科体系,进而探寻在全球化时代建立中国式现代司法的基本路径和方法。基于这一宗旨,我们编辑出版了这套"现代司法文丛"。

为了能够更好地回应时代需求,我们努力使这套"现代司法文丛"成为一个开放、多元的学术平台。在文丛的体裁上,她应当是不拘一格的。除了学术专著之外,我们也欢迎高质量的司法调研报告,以及见解深刻、文笔优美的司法随笔文集。

在论域范围上,她应当是包容性的。司法改革包含着从观念到制度、从理论到实践各方面的变革与创新,因而文丛的选题将逐步涵盖与司法活动相关的各个领域,包括司法基本原理、司法理念与价值、司法政策、司法体制、司法程序、司法文化、司法伦理、司法管理、司法技术、司法行为、司法心理等,以多维度的论域展示司法活动的各个侧面。

在研究方法论上,她应当是多样化的。方法论的多样会带来研究视角的独特与新颖,促成观点上的创新。文丛以辩证唯物主义与历史唯物主义为总方法论,并积极倡导具体方法论上的创新,在更为有效而精到应用规范分析、比较研究、历史分析、文献整合、实证研究、结构分析、反思诠释等法学方法论的基础上,密切关注法学和相关学科学术方法论的最新发展和创新方向,尤其重视当今世界哲学社会科学正在发生的由"学科综合"到"问题综合"的方法论范式创新和转向,深刻洞悉和准确捕捉现代司法理论和实践的真正问题,通过多元化学术方法的有效综合应用,对现代司法领域的各种宏观与微观问题进行多角度、多层面的揭示、分析、阐释和论证。

  总之,我们将努力使"现代司法文丛"拥有丰富多姿的样式和兼容并蓄的内涵,为深化现代司法理论、推进当代中国的司法现代化作出我们的学术努力。

夏锦文

2011 年 11 月 18 日

如果你向深渊窥视,深渊亦将窥视你。

——尼采

目 录

序 .... 公丕祥 1

导　论　转型中国司法的知识反思 1
 第一节　司法现象背后的知识问题 1
 第二节　司法知识反思司法知识？ 18
 第三节　司法知识反思的进一步限定 22
 第四节　反思的方法及其可能的突破 34
 第五节　本书的框架和内容 47

上编　司法知识理论的框架建构

第一章　知识论与司法知识理论 57
 第一节　知识论与认识论 59
 第二节　知识的理论与司法知识理论 79
 第三节　司法知识理论的基本命题与分析框架 105

第二章　司法知识的概念意涵 112
 第一节　司法知识的定义 113
 第二节　司法知识的意涵 121
 第三节　司法知识意涵的内、外部证成 152
 第四节　司法知识概念意涵的整体解释 174

第三章　司法知识的性质 183

第一节　司法知识的确定性与不确定性　　188
　　第二节　司法知识的个体性与公共性　　200
　　第三节　司法知识的经验性与规范性　　212
　　第四节　司法知识的实践性与思想性　　223

下编　司法知识理论的经验诠释

第四章　司法如何面对道德？　　239
　　第一节　司法何以如此尴尬？　　243
　　第二节　司法活动的道德话语　　248
　　第三节　个人表达的道德修辞　　253
　　第四节　媒介话语的道德谱系　　257
　　第五节　为什么是道德？　　261
　　第六节　如何面对道德？　　267
　　第七节　小结并讨论　　272

第五章　法官判决的知识基础　　274
　　第一节　问题与立场　　275
　　第二节　如何判决？　　281
　　第三节　判决过程的知识考察　　284
　　第四节　常识作为一种司法知识如何可能？　　291
　　第五节　司法知识生产的社会逻辑　　296
　　第六节　小结并讨论　　302

第六章　社会转型与司法知识形态的变迁　　305
　　第一节　问题与立场　　306
　　第二节　难办案件的传统处理术　　311
　　第三节　破解案件难题的现代司法技术　　317
　　第四节　司法知识与社会：作用力与反作用力　　323
　　第五节　司法知识实践该如何处理法条主义？　　330
　　第六节　小结并讨论　　336

第七章　超越东、西方法律文化的司法知识实践　338
第一节　问题的出场　341
第二节　司法知识产品的复合化生产　345
第三节　整体性的理解"调解"与"审判"的关系　354
第四节　迈向一种生活化的司法　359

结语　我们需要什么样的司法知识？　361
第一节　司法作为一个公共话题　363
第二节　作为西方他者的当下中国司法理论研究　367
第三节　观察当下中国司法的三个维度　374
第四节　理解当下中国司法问题的立场与方法　380
第五节　作为开始的结语……　385

参考文献　387
后　记　399

序

在硕士研究生阶段,方乐博士就对司法问题产生了浓厚的兴趣,他的硕士学位论文就是以当下中国的司法问题为研讨范围的,而在论文答辩时曾引起一番热烈的讨论。多年来,他在这个领域不懈探索,博士学位论文表达了对司法知识问题的深切关注与思考,受到了好评。如今,方乐博士在其博士学位论文的基础上反复修改,完成了摆在读者面前的这部题为《转型中国司法知识的理论与诠释》的学术专著。值此书付梓出版之际,我由衷地感到欣慰,并致以学术上的热烈祝贺。

在转型中国的背景下,超越以传统知识论为基础的司法知识理论和以主体间性知识论为基础的司法知识理论,进而走出司法知识问题上的主——客体二元对立的思维模式,建构一种整体性的司法知识观,这便是方乐博士这部著作的主题。很显然,这一主题有着浓厚的现代司法哲学的意味,引人入胜,发人深思。这部著作力图确立的整体性的司法知识观,充满着多方面的矛盾关系。诸如,确定性与不确定性,个体性与公共性,经验性与规范性,实践性与思想性,等等。其中,我尤为感兴趣的是司法知识的个体性与公共性之矛盾问题。从知识社会学的角度来看,知识无疑涉及到社会主体的信念问题,既包括得到社会群体普遍认同的具有权威性意义的信念,又涵盖社会个体以之作为生活支柱的具有个人特征意义的信念,因之知识具有鲜明的社会功能与价值。同样地,作为适用法律的专门化活动,司法的基本使命在于定分止争、维护正义,司法知识不可避免地体现了司法的这一根本价值属性。在这里,从司法知识的社会性与个体性的角度而言,构架一种整体性的司法知识观,有必要对以下若干问题作出回应:第一,对于社会群体来说,能够被普遍认同的司法信念,具有哪些属性?它是怎样获得的?它对司法活动有哪些具体的影响?换言之,在司法知识的生产与再生产过程中,这种社会群体的司法信念处于什么样的地位?第二,对于社会个体来说,这种视为个人生活支柱的打下个人化烙印的司法信念,其性质如何认识?它与个人的特殊生活经历有无关系?因而,这种个体性的司法信念又是如何获得或养成的?在复杂的司法活动中,怎样估量独具个体性的个体性的司法信念对于司法活动的实际影响?尤其是对于有着特殊身份角色的法官来说,他们的个体化的司法信念又是怎样影响着实际的司法裁判活动?第三,在急剧变动的转型社会,社会群体的司法信念与社会个体(包括担负着定分止争、维护正义之天职的法官)的司法信念之间是否存在着一种互动的关系?倘若存在,构成这种互动关系的机制如何找寻或确立?而这种互动的关系与机制,对于司法知识的生产与再生产,又会产生什么样的影响?如此等等。毫无疑问,对于上述问题,方乐博士的这部著作基于转型中国的时代条件,着力把握司法知识的公共性与个体性之内在关联,力图从司法知识的逻辑和经验上给出颇具说服力的解读,有力地回应了当下司法知识理论重构——探寻一种整体性的司法知识观——的诸多难题,因而具有原创性的高水平的学术意义。

  我衷心企望方乐博士潜心探索,奋力前行,努力取得新的高水准的法学学术成果,以期回馈伟大的变革时代对于当代中国法学工作者的期待。

公丕祥

2013 年 8 月 20 日于南京

导论 转型中国司法的知识反思

本书研究转型中国司法知识的理论,但为什么要研究转型中国的司法知识理论或者对于司法知识理论问题的当下讨论究竟基于怎样的一个基本目的?这是开启整个研究之前所需要厘清的首要问题。因为这一问题的出场或者对于这一问题的回答都直接关涉到研究的问题意识和理论的言说立场。因此导论部分将首先从总体上对这些相关联的问题做一些基本的说明。这些问题包括:(1)为什么要研究司法知识理论?也即交待问题意识是如何出场的以及研究司法知识理论的法律意义和学术意义。(2)现下有关司法知识问题的理论研究解决了哪些问题?同时它们又开放出了哪些仍需要我们认真对待的问题?(3)本书的研究范围是什么?也即在界定"司法"的概念使用范围的同时交代"知识理论"的出场方式。(4)如何开展对于司法知识及其理论问题的研究?以及(5)本书的研究最终会有一个怎样的理论推进?最后是本书整体上的一个结构安排,力图通过此来展示出一条清晰的有关司法知识理论研究的路线。

第一节 司法现象背后的知识问题

这是一个知识社会。不仅各行各业对知识的需求日渐递增,而且知识也开始作为一个独立的生产要素直接参与到了社会的大生产。"知识经济"、"知识财富"、"知识产权",这些俯拾即是的名词使得我们随处都能够真切地感受到知识对于当下社会生活的渗透与改造。

司法活动同样也是如此。伴随着中国社会经济建设持续而深入的开展以及法院系统不断行进着的法官职业化改革,1983 年修订通过的《人民法院组织法》第三十四条首次明确要求"人民法院的审判人员必须具有法律专业知识"。这可以看成是知识对司法活动的最初影响和要求。随后于 1995 年颁行的《法官法》则再次有力地强调了知识对于司法以及法官的重要性，进而反映出司法活动的职业化与知识化程度日渐在提升。因为该法的第九条不仅明确和细化了法官的任职条件与知识要求，而且其中的第六项还规定："高等院校法律专业毕业或者高等院校非法律专业毕业具有法律专业知识，工作满二年的；或者获得法律专业学士学位，工作满一年的；获得法律专业硕士学位、法律专业博士学位的，可以不受上述工作年限的限制。"这让我们初次感受到了司法知识生产与再生产的内在逻辑并意识到其中的特殊性。当然，如果我们把视野放得宽一些，将这一内容与2001年6月通过的"法官法修正案"中的条文进行比较阅读，——"高等院校法律专业本科毕业或者高等院校非法律专业本科毕业具有法律知识，从事法律工作满二年，其中担任高级人民法院、最高人民法院法官，应当从事法律工作满三年；获得法律专业硕士学位、博士学位或者非法律专业硕士学位、博士学位具有法律专业知识，从事法律工作满一年，其中担任高级人民法院、最高人民法院法官，应当从事法律工作满二年。"这其中的变化不仅是非常重大，而且也进一步反映出司法知识的逻辑对法官任职条件的影响。因为从这三个法律条文，尤其是后两个条文的对比中显现出的问题是：尽管最高人民法院对法官在知识上一直提硬性的要求，但为什么它在提高进入法官队伍学历门槛的同时又延长了对于工作期限上的要求？例如，原来大专学历还可以进入到法官队伍，但现在必须要本科、学士学位了；原来获得法律专业学士学位只需要从事法律工作满一年即可，而现在却已经延长到了两年。这其中考虑的因素是什么？仅仅是期望通过时间的累积来弥补因学历教育上的差异所导致的法律知识上的不足吗？如果是，那么这二三年的司法工作经历究竟会给法官的法律知识结构带来怎样的变化，并且这种变化对于从事法官工作来说又是极为必需的？除此之外，为什么担任高级人民法院、最高人民法院的法官要和担任中级人民法院、基层人民法院的法官在工作年限的要求上有差异？仅仅因为它们是"高级"法院或者"最高"法院？如果不是，那么这些有关司法工作经历的时间要求以及其中的差异性规定究竟出于什么样的因素考虑？

看重的显然是经由司法工作的时间累积而形成的经验。因为"法律的生命不是逻辑，而是经验。一个时代为人们感受到的需求、主流道德和政治理论、对公共政策的直觉——无论是公开宣布的还是下意识的，甚至是法官与其他同胞们共有的偏见，在决定赖以治理人们的规则方面的作用都比三段论推理大得多"。❶ 但随即而来的问题便是:经验是一种司法知识吗？它是如何剔除自身可能的偏见因子而累积与确证起其中的确定性？它与个人化的司法生活体验有着怎样的关系？它与司法知识的其他构成要素之间又有着怎样的关系？等等。这些既都是实践性的司法场域中所遭遇到的细致问题,也是司法知识及其理论问题中较为微观的方面。然而,司法知识不仅仅只是对于法官和司法裁判活动来说变得越来越重要,它对于当下的社会生活来说其实也变得越来越重要。因为在现代法治社会,不仅法官的声誉来自于其对社会的法律贡献——一种智识上的贡献❷,"法官是知识的象征",是智慧的化身与体现,而且法官在司法裁判活动中所生产与再生产出的司法知识产品也会对社会产生非常大的影响。这种影响的最主要体现,就是不仅司法知识产品的生产与再生产活动能够为特定社会之中具有歧见的人与人之间达成共识提供一个平等沟通和充分对话的便捷平台,一个能够进行友好交流并达成合作的、具有法律功能的开放性的公共领域,而且通过司法活动所生产与再生产出来的司法知识产品,也能够成为原本具有歧见的人与人之间所共同接受的公共产品或者公共服务。这意味着司法知识的生产与再生产活动其实是"一项公共事件(public event),而法庭上披露的所有信息都属于公共财产(public property)"❸,它们共同面向的是公共生活并朝向公共福祉。而也正是这种司法知识产品所具有的公共属性和公共功能,对于当下中国社会来说,尤其是对于因由社会的急剧转型所造成的已然分化了的社会阶层之间的沟通、断裂的中国社会结构之整合以及健康的公共生活的塑造,无疑都具有重大的作用。

  司法知识的重要性当然只是我们进行司法知识及其理论研究的充分条件。在我看来,研究司法知识及其理论问题同时也是因为研究它所具有的学术意义和理论价值。比如,从认识论上来说,有关司法知识问题的讨论所开启的理论命题将可能包括:存在一种司法知识吗？如何在概念上界定司法知识？司法知识有哪些要素构成？它有什么样的特征,又有怎样的功能？与此同时,在当下中国社会的语境中,司法知识与法律知识有着怎样的联系？它们之间的差异是必须被重视的还是微不足道的？它们与其他的社会科学知识之间的关联性与差异性

---

❶ [美]霍姆斯:《普通法》,冉昊、姚中秋译,中国政法大学出版社 2006 年版,第 1 页。
❷ 参见侯猛:《中国最高人民法院研究——以司法的影响力切入》,法律出版社 2007 年版,第 150 页。
❸ Craig v.Harney,331 U.S.367,374(1947).

又体现在什么地方？除此之外，对于当下中国的司法实践以及整个转型中国社会来说，司法知识与法律知识将产生怎样的各自影响？与其他社会科学知识的作用方式和影响力有着怎样的不同？如何正确认识并准确把握这些知识的影响力呢？很显然，这些命题都会因为司法知识与法律知识，以及与其他社会科学知识之间缺乏清晰的界分而复杂起来。而唯有通过细致地描绘司法知识与其他社会科学知识，尤其是与法律知识之间的关联和区别，才能更加清晰司法知识的概念边界以及凸显司法知识对于当下中国所可能具有的意义。这是其一。

其二，近些年来，中国司法场域中的知识问题及其表象不仅日益显见和复杂，而且相关的理论争辩也越发地尖锐和激烈。要梳理清楚这些繁杂的司法现象，破解司法理论论争的知识难题，无疑都需要我们在司法知识哲学和知识社会学的层面予以全面观察并进行整体性的反思。例如，这几年，马锡五和以他的名字命名的审判方式似乎正在卷土重来。❶ 而伴随着马锡五审判方式在新时期人民法院司法改革进程中的重提并实践，人们开始争论回归"马锡五"究竟是精神还是方式？❷ 与此同时，随着这场争论的深入推进，人们的关注焦点也逐渐泛化开来进而转移到了有关"司法民主"、"司法大众化"和"司法职业化"等这些更为宏观的话题讨论上。在他们看来，当前有关马锡五审判方式的论争背后，紧密关联着的其实是在更大的视阈中讨论中国的司法及其改革究竟是走大众化的路子，还是坚持职业化的方式？❸ 换言之，中国法院的审判模式改革，究竟是坚持职权主义的模式，还是走当事人主义的模式，抑或是采纳以协商为基础的中和模式？❹ 与此相关联的便是在纠纷解决的过程中，法官究竟应该多主动多亲民才能既体现"人民司法为人民"，是"想群众之所想，急群众之所急"的；同时又保持其客观中立消极的法律形象？当事人以及社会大众究竟该如何参与司法才既是真正体现司法的民主，又反映出司法对民意的足够重视？可以说，从20世纪90

---

❶ 张立勇：《论马锡五审判方式在当代的继承与发展》，载《人民司法》2009年第7期，第24～26页。苏永通：《不按"法理"出牌的高院院长》，载《南方周末》2009年2月19日，A8。对此做法的不同意见，可参阅，贺卫方：《司法改革必须按"法理"出牌》，http://news.sina.com.cn/pl/2009-02-27/082217300307.shtml；秋风：《法官就应该高高在上》，http://news.163.com/09/0302/08/53CUQDB700012Q9L.html；2010年3月2日最后登录访问。

❷ 张卫平：《回归"马锡五"：精神还是方式？》http://www.jus.cn/ShowArticle.asp?ArticleID=2509；2010年3月2日最后登录访问。

❸ 沈德咏：《关于司法大众化的几个问题》，载《人民司法》2008年第19期，第8～13页。

❹ 洪德琨：《走向中和的民事诉讼模式》，载《法律适用》2009年第5期，第48～51页。

年代以来,对于这些问题的回答实际上一直都是处于混杂的状态。因为主流媒体一方面推崇的是诸如正当程序、诉讼时效、回避制度、谁主张谁举证等这些现代法治理念下的司法规则,另一方面却又大力褒扬主动送法上门、主动为企业排忧解难、反复劝阻要求离婚的夫妻以避免一个家庭的破裂等之类的有关法院和法官的典型做法与先进事迹。这两种矛盾的司法知识观的日渐冲突,不断累积反思性的力量,进而使得当前我们在思考马锡五审判方式时能够更加清醒地意识到,"在进行了十余年的诉讼模式、审判方式改革之后,程序意识刚刚有所建立之时,马锡五的突然归来,客观上是要求法律界再次重新打量现有的司法格局和司法的未来走向"。❶ 而这其实也就意味着,无论是当下中国司法制度的建设与改革还是有关司法的不断摸索和伟大实践,都将面临着一个司法知识及其理论的重大范式转型问题。它需要我们认真地予以对待。

其三,在有关当下中国司法甚至中国法治向何处去的争论背后,反映出的其实是一个混杂有多样性的司法知识来源、多元性的司法知识格局和多重性的司法知识结构的法律场域以及这个场域中经由知识的多元化所带来的知识角力与冲突进而造成的司法理论取舍与法律行动争议。例如,一方面就国内的司法知识传统来说,从知识传统的构成与系谱来看,它既包括数千年中国传统法律活动所形成的司法知识传统(比如追求"情—理—法"相统一的司法行动逻辑),也包括从革命根据地的司法实践开始一直延续到共和国开国以来、毛泽东时代所形成的司法知识传统(比如"政法传统"以及综合治理的法律行动模式),以及改革开放三十多年来、邓小平时代所形成的司法知识传统(比如在"市场经济就是法治经济"口号下所催生出来的法律传统以及在有关人治与法治、法制与法治的概念争论中所形成的知识传统)。❷ 而即便是邓小平时代的司法知识传统,其内部的知识系谱从时间的角度也可以进一步细分为以下的四个阶段,即1979至

---

❶ 赵蕾:《不能机械回归"马锡五"》,载《南方周末》2009年6月11日,A3。其他主要的争论和观点有:贺卫方:《不走回头路》,载《经济观察报》2008年7月14日;陈忠林:《中国法治:应该怎样向前走》,载《经济观察报》2008年7月21日,第39版;张千帆:《司法大众化是一个伪命题》,载《经济观察报》2008年7月28日;何兵:《司法民主是个伪命题吗?》《经济观察报》2008年8月28日;高一飞:《司法改革的方向应当重新调整》,天益网;龙卫球:《司法是要"职业化"还是"民主化"?》,载《检察日报》2008年9月11日,第3版等。

❷ 参见甘阳:《当代中国三种传统的并存》,《通三统》,生活·读书·新知三联书店2007年版,第3~49页。

1984年间"市场"的出现、1985至1992年间"市场制度"的出现、1993至1999年间"市场社会"的出现,以及经过前三个阶段的转变后所带来的伦理经济格局和市场社会结构的逐步瓦解和2000年之后社会经济领域中所出现的一个蓬勃的反向运动并由此催生出了一个新的"社会市场"。❶ 正是在此种社会文化—经济结构急剧变迁的大背景下,不仅司法知识的理论关键词和行动的原则不断更迭,❷而且司法活动的意识形态也在不断变化。这期间,从"人民司法"到"司法为民",邓小平时代的司法知识生产与再生产活动在不断交替更新自身的知识基础与知识传统的同时,稳健地推动着中国司法从法制传统到法治传统的不断改革与现代性转型。❸ 另一方面就域外的司法知识传统而言,它们既有来自于英美法系国家的司法知识传统(比如"对抗主义的司法模式"、"辩诉交易"等),也有来自于大陆法系国家的司法知识传统(比如"职权主义司法模式"),还有来自于世界组织的组织规则(如WTO的裁判规则)等这样一些世界结构和话语规则中的法律知识传统。❹ 而即便是这些来自于域外的司法知识传统,如果我们根据知识的理论归属和学科范畴来做进一步细分的话,那么我们又将看到,其中英美法系的法律知识传统更多地影响到了理论法学,而部门法学则更多受到了欧陆法系的影响。❺ 当这些多元化的司法知识传统经由时空观的压缩而共同支配和影响着当下中国的司法及其模式的选择时,司法的理论与实践该如何协调观念冲突与制度矛盾背后的司法知识传统上的割据与对立? 它又该如何根据自身的立场和需求来整合起这些不同的知识传统及其知识要素进而在此基础之上建构起属于自身的司法知识理论或者知识共同体?

　　的确,当下中国的司法改革与司法发展实际上是一种漂移在多重司法理念和司法知识传统之间的司法制度建构及其改革;当下中国的司法实践同样也是一种徘徊在多种司法知识的话语和结构之中的司法运作。这样,问题自然也就

---

❶ 参见王绍光:《大转型:1980年代以来中国的双向运动》,载《中国社会科学》2008年第1期,第129～148页。

❷ 参见滕彪:《"司法"的变迁》,载《中外法学》2002年第6期。

❸ 参见李斯特:《人民司法群众路线的谱系》,载苏力主编:《法律和社会科学》(第1卷),法律出版社2006年版,第285～316页。

❹ 参见邓正来:《中国法律哲学当下基本使命的前提性分析》,载《法学研究》2006年第5期,第99～110页。

❺ 参见凌斌:《中国法学30年:主导作品和主导作者》,载《法学》2009年第6期,第15～38页。

不可避免了。而要解决当下中国司法所存在的问题,从司法知识的角度来说,其根本就是要日渐积累中国司法实践自身的经验感受与知识传统,逐步建立并夯实属于中国司法自身的知识基础和理论体系。因此,这就需要我们对当下中国司法场域中的司法知识进行系统化的梳理,分析司法知识的语义与特性,描述司法知识的结构与功能,展现司法知识的知识制度与知识体制,揭示司法知识生产与再生产的一般规律,进而全面了解和掌握当下中国司法场域中司法知识的运行机理与理论逻辑。然而,尽管这些工作对于当下中国司法的理论探索与知识建构具有十分重要的意义,但是作为这些工作开启的前提,我们该以什么样的判准来识别和区分当下中国司法场域中的知识类型呢?因为如果我们缺乏了这一判准,那么面对多元化的司法知识结构和司法知识传统,当下中国司法的工作者在具体的司法实践中究竟该采取一种怎样的司法知识的选择态度?是实用主义的?还是机会主义的?抑或是必须一以贯之的呢?中国司法的改革者与此同时又应该采取一个怎样的知识立场呢?是继续摸着石头过河,还是在逐渐清晰起来的中国法律理想图景的指导下稳步的向前推进?[1] 其实所有的这些都意味着我们需要再次深入反思转型中国的司法究竟被一个什么样的知识问题(群)所纠缠,以至于无论是司法实务界还是理论界都不得不一而再、再而三地调整和修正既有的司法知识建构和司法实践模式?当然,所有的这些其实也意味着当下中国的司法知识理论研究同样面临着一个知识转型的问题;因为只有更新了司法知识的供给,提高了司法知识产品的质量,才能源源不断地为当下中国司法制度的革新提供充沛的智力资源与支持。

然而遗憾的是,当下中国的司法理论研究还无法很好地肩负起这样的知识担当。因为长期以来,中国的司法理论研究都笼罩在一种"问题解决"的思维范式之下而不自知和不能自拔。这种思维范式的前提就是把中国司法整体的、简单的、笼统地界定为一个"问题的司法"或者"有问题的司法"。因而在这种问题意识下,司法理论研究的大部分工作要么就是去努力发现中国司法改革及其实践中所存在的问题,并尽可能尝试着去解决这些被认为是问题的问题;要么就是预测中国司法发展将会遇到的可能问题以及如何尽早规避这些问题。这么做自

---

[1] 参见邓正来:《中国法学向何处去——建构"中国法律理想图景"时代的论纲》,商务印书馆2006年版。

然不错。但遗憾的是,我们寻找问题的判准或者抽象问题的意识不是以西方的司法知识理论、司法制度和体制或者司法概念为出发点的,就是以西方司法发展所遇到的问题及其解决问题的经历来作为出发点的,而没有进入中国,没能在真正理解中国社会现实的基础上全盘观察我们的司法及其整体运作,进而以此为出发点来发现、提炼并归纳出中国司法的真正问题所在以及深入结合当下中国的司法国情和未来中国司法发展的目标来贡献出对于这些问题而言既暂时切实可行、能够顺利地解决掉问题又同时能够为将来这些问题的更好解决留有余地的思想方案。这意味着我们往往习惯于把西方的理论引入中国的司法场域中来进行问题与理论的探究、怀疑、讨论和求证。这不仅使得我们的问题是完全依据西方的标准来进行界定或者裁量甚至想象出来的,而且还可能会是以当时西方的标准来限定的。与此同时,这不仅使得我们有关中国司法问题的解决方案主要是以西方的生活体验和经验态度为依据所形成的,而且由此所建构起来的司法知识理论也主要是以西方的问题为中心并以西方的理论为基准所营建出来的。其结果不仅致使中国的司法改革与发展在冥冥之中以西方的司法为参照系的,而且也造成中国的司法理论研究以西方他者的理论形象来展开。[1]

例如,在有关当下中国司法问题的研究中,有一个不可回避的问题就是司法的公信力或者说司法的权威问题。从目前研究的思路和成果来看,很多学者基本上都会把当下中国司法所遭遇到的公信力不足的问题统统归咎到司法不独立上来。在他们看来,似乎只要解决了中国司法独立的问题,似乎只要中国按照西方尤其是美国的政治架构来安排司法,那么不仅司法的公信力问题而且其他司法方面的问题都会迎刃而解了。真的是这样子的么?事实上,不仅包括美国在内的西方国家有关司法独立的理论论证、制度设计和实践都是深嵌在其各自的经济基础、社会文化与意识形态的多重复杂而现实的结构之中的,有着它们各自的特殊性和现实考量,而且破解当前中国法院系统中"案多人少"的矛盾、增强中国法院独立审判案件的能力也并不只是靠简单地照搬这些西方的制度就能够完全地解决,它的确是一项庞大而复杂的系统工程。此外更重要的是,无论是在当下中国司法场域中还是在西方社会里,围绕着来自西方的司法独立命题所做的理论解释都近乎千篇一律,似乎是绝对普世的,跟万金油似的;似乎什么问

---

[1] 参见邓正来:《谁之全球化? 何种法哲学?》,商务印书馆2009年版,第242~243页。

题——不仅仅只是法律问题,还包括政治问题和社会问题——都可因此迎刃而解;"但恰恰由于解释力太强,放之四海而皆准,反而就失去了应有的解释力"❶。客观地来说,任何一种制度及其所关联着的理论都是具有一定的地方性的,是一种地方性的知识(local knowledge),因此当我们对某种制度或者理论进行借鉴或者将其普世化时都要尽可能地审慎,在"在地化"(on ground)的过程中既要注意到这种制度与理论的优势,同时也要尽可能地提醒并避免其所存在的不足。而与此同时,对于当前中国的司法改革与发展来说,要全面提升中国司法的公信力与权威,它更需要地是当下中国有关司法的理论与实践既要直面中国司法的现实性,同时也要充分考虑其中的复杂性;它更有可能的是尝试着用一种既具有中国灵魂又具有世界胸怀的司法知识立场、以一种超越东西方法律文化的司法模式来进行开放性的有效实践。❷ 又比如,面对中国法院制度体系中的审判委员会这一颇具特色的制度,目前国内学界的看法大多倾向于取消这一制度。其理由有二:一是所谓的世界通例;这一制度只有中国有,其他国家都没有。二是这一制度有碍于法官独立判案,与司法职业化相违背,也不利于司法的公正。然而一旦我们深入了解中国法院系统里的审判委员会的构成并真正进入其实际运作时,我们便会发现,至少在目前,它还是利大于弊的。与此同时,中国法院系统里的审判委员会制度所存在的问题,其实并不是不符合世界通例或者有碍于司法公正,不是所谓价值层面上的问题而毋宁更是一种规范性层面的问题;是审委会自身专业性不够强、审委员的人员组成尚需进行合理化地调整、审判委员会制度运行不规范等方面的问题;❸是一个在开放的社会中如何确保审委会能够积极有效地回应社会大众日益增长且多元化的司法需求的现实问题。

这意味着在当下中国的社会结构与当今世界的格局之中,中国司法所遭遇的问题不仅远要比当前西方或者西方同时期复杂得多,而且任一看似简单的问题的解决都又因由这个社会的开放性而远要比我们原初设想的复杂得多。❹ 与此同时,在西方司法知识看似普世性面向的背后,其实它们的司法发展及其理论

---

❶ 陈嘉映:《哲学·科学·常识》,东方出版社 2007 年版,第 48 页。
❷ 参见方乐:《超越"东西方"法律文化的司法——法制现代性中的中国司法》,载《政法论坛》2007 年第 3 期,第 29~39 页。
❸ 参见苏力:《基层法院审判委员会制度》,《送法下乡》,中国政法大学出版社 2000 年版,第 88~145 页。
❹ 参见葛洪义:《司法权的"中国"问题》,载《法律科学》2008 年第 1 期,第 39~43 页。

远要比我们想象的务实得多：不仅它们的理论都是深深嵌入其所处的社会之中的，而且它们有关问题的解决之道也是与问题得以产生之社会背景紧密相吻合的。换言之，它们司法知识理论中的"问题"与"理论"、制度的"表达"与"实践"都是针对特定的社会文化—情境系统而言的。当下中国的司法知识理论研究必须要清醒地注意到这一点并在此基础上通过对既有理论研究的反思来更新自身的问题意识和完善自身的理论体系。与此同时，当下中国的司法理论研究也必须要清楚地认识到中国司法及其理论的独立品格并不只是相对于西方而言的，同时也是相对于其自身来说的。换言之，司法的中国特色既不是西方理论视域中"中国是一切例外中的例外"（黑格尔）的这一命题的再次诠释，也不是那种"宁要社会主义的草，不要资本主义的苗"的封闭心态之中的理论的狭隘固守与制度的固步自封进而导致其缺乏与西方进行对话的能力；相反，司法的中国特色既是一个极具现实关照的理论命题，也是一个极具开放性与包容性的论题群；它既要求我们充分考虑当下中国社会的现实性，"要有我们对自身生存际遇的体会，要有对传统、历史、家族和阶层的处境、个体身份更直观的自觉"[1]；也要求最大化的吸收来自世界司法知识结构中的共识性因素，要有理论的世界胸怀与开放关照；它是一种将司法知识图谱中的地方性与普世性、特殊性与共识性要素以不同的比例有机相融合起来的知识混合物。[2] 因此，当下中国的司法知识理论研究就需要努力从"问题中国"转换到"理解中国"的立场上来，回到对中国司法及其问题的充分理解和足够地移情上来，进而完成研究方法的更新与知识理论的革命，在此基础上从而革新中国司法知识生产的产品质量，最终赋予我们对司法权、司法制度的建构以新的意义。

司法知识生产与再生产的混乱逻辑不仅表现在司法知识的理论研究方面，而且在司法职业的教育制度上也同样是如此。比如司法考试，作为进入法律职业尤其是成为法官的一道硬性门槛，司法考试这一关涉法律职业知识资格的重要考察活动，其游戏规则的制定和话语的风格却都主要是在理论法学者（即"法学家"）的指导下（考试大纲的制订、辅导教材的编写、试题的设置和试卷的批阅）完成的；突出的表现就是考试的整体风格"重记忆、理解，追求唯一正确答

---

[1] 李皖：《多少次散场　忘记了忧伤——六十年三地歌》，生活·读书·新知三联书店2012年版，第145页。
[2] 参见［美］卡多佐：《司法过程的性质》，苏力译，商务印书馆1998年版，第2页。

案;轻运用、分析,忽视思维模式的开放锻炼"❶。这其中鲜有法官的参与,法官只是作为考生(即被考核的对象)进入到这场法律知识的游戏活动之中的;也少有对司法实践的深切关注,来自司法生活的个体感悟与生命体验都被知识理论化与题目格式化掉了。与此同时,即便是有关试卷的命题,又不仅仅只是一个法学学科知识的实践问题,还关涉着学科知识的利益;——法学理论界内就曾围绕着司法考试的内容以及考题的分值比例展开过激烈的争论。❷ 这导致每年司法考试的命题很多都是以学科的知识利益为基础来进行局部规划的,不仅造成各自为阵的局面,相互之间缺乏内在的知识逻辑上的紧密联系,而且还演化成为了考试而专门设计题目的活动,甚至每年的考试内容都会因出题人的改变而改变,成了出题人所持理论观点的考试。结果使得这场有关司法的知识考试,在整体上成了法学院的法学家们命题、法院的法官们参加考试的活动。这一知识活动带来的结果,不仅是一些优秀的司法官员尽然通过不了司法考试,❸而且由此还造成中国西部尤其是基层法院面临法官缺少的危险局面。比如在湘西凤凰县,因无法通过司法考试,全县4个派出法庭各只有一个法官,一个书记员,连3个人的合议庭都组织不起来,正常的审判活动无法进行;而这样的情况在中国其他西部和贫困的地区并不鲜见。❹ 基层法院司法考试通过率过低,不仅使得这些基层的司法体系纷纷陷入人才困境,❺而且伴随着近些年法院系统"案多人少"矛盾的日益凸显,最高人民法院和司法部也越来越迫切地感受到了司法考试设置的不尽合理所带来的巨大压力进而开始着手改革司法考试。❻

又比如法律硕士特别是在职法硕的培养工作。伴随着近些年来法学硕士教育的大规模发展,一大批法院的法官进入到法学院之中进行再教育。法官"充电",这本是件好事。但由于受传授方法和知识类型的限制,目前中国法学院的

---

❶ 李红海:《统一司法考试与合格法律人才的培养及选拔》,载《中国法学》2012年第4期,第57~62页。

❷ 有关的争论请参见,张文显、信春鹰、孙谦主编:《司法改革报告:法律职业共同体研究》,法律出版社2003年版,第138~146页。

❸ 参见《法官:我们对司法考试有话要说》,载《人民法院报》2008年7月24日,第2版。

❹ 参见《中央四部委首度直面法官检察官短缺现状》,载《21世纪经济报道》2006年3月21日。

❺ 参见《司法考试通过率过低 基层司法体系陷入人才困境》,http://news.163.com/07/0727/17/3KE2RQ6V000120 GU.html,2013年4月26日最后登录访问。

❻ 参见《报考法官条件限制有望放宽,实施办法正在拟定》,http://www.legaltheory.com.cn/info.asp?id=11178,2010年3月2日最后登录访问。

法学教育不仅在传授知识的方式方法上存在诸多问题❶,而且所传授的知识类型在很大程度上并不是司法实践中所需要的知识❷。换言之,法学院的法学教育目前仍然主要是在灌输一些司法信条与命题口号,与此同时法学教育者又因其各自研究的侧重或者学术的偏好而造成授课内容的过于晦涩艰深进而与社会相脱节,——他们往往"喜欢并自满于已有的自我预设理论,喜欢在与职业相关的自己著述和交谈中保持一些神秘;喜欢一种他人——这一学科的内行除外——不能理解的知识;透露出完全确信自己的技术和能力的气氛;表现出一种神圣、傲慢和非常自负的举止"❸。结果,经由整个法律训练的同质化所形成的关于法律理论的共识,使得法学院所造就出来的相关学生和法律人物以为自己已经登上了通向真理的知识专列。然而一旦走向社会,面向现实司法场域里的纠纷,他们却变得手足无措,而经由这种挫败感累积起来的初步认识便是学校所学的知识与现实是相脱节的,甚至认为学校的知识是无用的。❹ 这是因为,法学院中的那些高级理论、教义学说与法院每天所要面对和处理的实际问题之间并没有什么直接的关系:前者经由高度提炼和严格规训而变得抽象与格式化,后者则是现实的、鲜活的与零散的;前者是以思想和分析为导向的,后者是以解决问题和经验为追求的。❺ 也就是说,法学院每天思考的主要是如何将具体而散乱的法律问题的知识化、体系化和"流水线化";❻而法院每天所面对的问题更多则是具体而琐碎的,是与情感纠葛、社会经验、制度因素以及司法体系本身息息相关;"法学院传授的法学知识往往是分门别类、相对系统的,而司法活动中所运用的知识主要是实在法的知识和法院系统内的惯例、操作规程以及司法规范,而这些司法的惯例、规程和规范往往又是法学院不教授的"❼。而这其实也就意味着即便终生研究法律原则与法学理论,可能对理解法院的日常生活并解决其所

---

❶ 参见孙笑侠:《法学教育的制度困境与突破》,载《法学》2012年第9期,第110~111页。
❷ 参见苏力:《法官素质与法学教育》,《道路通向城市——转型中国的法治》,法律出版社2004年版,第232页。
❸ [美]波斯纳:《超越法律》,苏力译,中国政法大学出版社2002年版,第66~67页。
❹ 参见王健:《构建以法律职业为目标导向的法律人才培养模式——中国法律教育改革与发展研究报告》,载《法学家》2010年第5期,第150页。
❺ 参见梁开银:《法律思维:法学教育与司法考试的契合点》,载《法学评论》2011年第4期,第78页。
❻ Kaarlo Tuori, *Critical Legal Positivism*, England: Ashgate Publishing Limited, 2002, p.56.
❼ 参见苏力:《法官素质与法学教育》,《道路通向城市——转型中国的法治》,法律出版社2004年版,第239页。

导论　转型中国司法的知识反思

遇到的实际问题,也会无甚帮助。这样,法学院的一些教授被司法实务界斥为"法盲"也就不足为奇了。❶ 同样的,经由法学院理论化再教育的法官返回到法院之后,他们往往会急于把在法学院所接触到的新理论、新知识付诸于实践之中,运用于裁判活动之中;而并未反思这些知识与理论是否真正适合于实践,是否能够切实提高司法裁判的可接受性。因此,一旦他们在工作中坚持这种理论化的思维方式或者办案的路子,不仅很多原来的同事会认为他是在唱反调、搞特立独行,而且其自身的工作开展也会遭遇到比原来更多的麻烦。如果接受法学院理论化再教育的是法院主要岗位上的领导,那么其影响就会更大,会导致整个部门工作方式的转变。❷

可见,司法知识生产与再生产的机制障碍与混乱逻辑,使得法官原有的司法技艺很有可能会被法学院的语法规则所驯服,而教科书中的司法理论之于法官的司法经验又会因此获得"语法对于语言那样的意义"❸。与此同时,在当前司法考试和法官教育现象的背后所隐藏着的、更深层次的问题是这两者之间内在而奇妙的关联。这种关联是建立在这样一种认识的基础之上的:一方面中国的司法活动不生产司法知识,法官所需要的司法知识很大程度上都来自于法学教育与法学家,来自于法学院的知识计划与知识分配;另一方面,即便司法场域中生产出了司法知识,法学家也总是习惯于以批评的姿态对其予以否定,认为这些知识要么是落后的,要么就是有问题的;要么是不符合某种普适性的理论要求或者知识的标准,要么就是不符合中国社会的传统或者现实;要么是没有与国际接轨,不符合国际通例的;要么就是不适合未来之中国的。❹ 为此久而久之,司法工作者的内心在这种批评声中不仅会形成自己的知识急需更新的看法,而且会认为自身的知识实践唯有符合理论才是正确的。而也正是在这两种心态的共同焦虑与整齐谋合之下,——当然还会有其他方面的因素,比如考虑到学历的问题,不仅大量的法官从法院进入到了法学院接受再教育,而且学术型的法官越来越多,法院系统也越来越重视理论的研

---

❶ 参见[美]波斯纳:《联邦法院:挑战与改革》,邓海平译,中国政法大学出版社2002年版,序Ⅵ。
❷ 来自与在职法硕班授课法官们的交流、访谈后整理的访谈素材,2012年4月15日。
❸ [美]比克斯:《法律、语言与法律的确定性》,邱昭继译,法律出版社2007年版,第35页。
❹ 这一点,在有关"能动司法"的争论中可以清晰地看到。方乐:《能动司法的模式与方法》,载《法学》2011年第1期,第30～31页。

究和论文的发表。❶

　　这种奇妙的联系也反映出,当下中国法律理论知识对司法知识霸权的形成以及法学院对法院的知识宰制,显然并不只是法官/法院被动接受的结果,而恰恰是在其"被动者"的身份转化为"主动者"之后才获得其现实之可能性的❷;亦即是法官/法院与这种知识逻辑相合谋的结果。与此同时,对于原本应属于规划性的知识,作为主体,比如法学家,会自觉不自觉地将自己个人化的理解与观点添附于其中,贯穿在知识生产与再生产活动的始终,进而将原本集体化的知识悄悄地转化为个体化的知识;而更为重要的是,一旦这种裹挟了并且又是借助于法律人的个人表达的司法知识对现实的司法裁判进行了干预,那么这种干预实际上又是内化于现实的司法及其裁判活动之中的,并进而转化为对现实司法及其裁判活动的合法化支撑。这其中的运作逻辑无疑非常隐蔽,但其过程与效果却是隐含诸多风险的:它过于侧重司法知识理论的细枝末节,不利于对司法知识理论及其实践进行整体性地规划与远景性地想望。

　　还能列举更多;但所有这些现象在司法知识学层面上所显现出来的知识缺位、因缺乏一以贯之的知识立场而在知识系谱上所呈现出的杂乱无章甚或相互冲突,以及在知识立场和知识逻辑上所表现出来的相互矛盾与背离,都足以使得我们更加确信当下中国的司法已然陷入到一个知识上的困境,并因其的连锁反应而引发了层出不穷的知识危机。这些危机一方面不断以社会热点法律事件的形式爆发出来,困扰着当下中国的司法实践,阻碍司法改革的顺利推进;另一方面也在社会对司法的不断质疑中,继续削减司法权威得以形成所急需的社会资源,进而消解司法的公信力。因此,面对这样一个司法场域内知识六神无主、纷冉争霸的时代,我们不仅需要反思现有的司法知识理论和实践,也更需要进一步追问,下一步的中国司法我们该走向何方?

---

❶ 从最高人民法院组织的有关"全国审判业务专家"的评选程序以及两届"全国审判业务专家"称号获得者的人员构成来看,他们不仅要获得法学理论界的普遍认可,而且大多在学历教育(基本上都是法学博士)和学术论文的产出上都非常突出。参见《最高法组织全国审判业务专家评审》,载《人民法院报》2009年9月9日,第1版。与此同时,近几年来一些法院还与高校合作,就学术论文的写作制度化、邀请法学院的教师进行指导。参见《开创法院与高校合作新模式,努力提升法院司法研究水平》,http://ynqfy.chinacourt.org/public/detail.php?id=260。2013年4月27日最后登录访问。

❷ 参见邓正来:《研究与反思——关于中国社会科学自主性的思考》,中国政法大学出版社2004年版,第3页。

"不知道目的地,选择走哪条路或确定如何走某条路都是无甚意义的;与此同时,不知道目的地的性质,无论选择哪条路还是确定如何走某条路,却都有可能把我们引向深渊。"❶特别是当今天"我们当中的大多数人,既不幸地丧失了思考的时间与空间,也丧失了思考的耐心与思考的能力"的时候❷,若想要建构起一个独属于中国自己的司法知识理论体系,以便能够在更宽广的平台和更深刻的意义上理解中国司法现象的政治意涵和伦理关照,或许首先还是要搞清楚,当下中国纷繁的司法问题的背后究竟有没有一个知识哲学问题?如果有,那将是一个怎样的知识哲学问题?待解决了这个基础性的问题之后,我们还必须要在社会学的视阈中对此做进一步地追问:为什么当下中国司法场域中的知识实践与社会发展会发生如此严重的裂变?以及转型中国的司法究竟被什么样的知识问题所纠缠,以至于无论是司法实务界还是法学理论界都不得不一而再、再而三地调整、修正既有的司法知识建构?

很显然,在对这些问题进行的层层盘剥与不断推进之中,本书的问题意识也就逐渐清晰了起来。一句话,司法知识理论研究,就是要对当下中国的司法及其理论予以一种整体性的认识与批判性的反思,进而在此基础上建立起一种新的司法知识理论。这种整体性的认识既是宏观的,也是平衡性的,"因为我们(有关司法)的原则和判断最后达到了和谐";这种批判是反思性的,"因为我们知道我们的(有关司法的)判断符合什么样的原则以及是在什么前提下得出的"。我们正是要通过这种认识论上的反思性平衡(reflective equilibrium),让最终建构起来的司法知识理论"既表达了合理的条件,又适合我们深思熟虑的并已及时修正和调整了的判断"。❸而这其中借以判断的方法,便是知识哲学与知识社会学。换言之,在司法知识理论的视阈中,只有将纷繁复杂的司法现象放置在知识哲学与知识社会学的延长线上来理解,有关司法现象的问题思考才会变得有意义。因为只有通过知识哲学的内在视角与知识社会学的外在观察相结合,有关司法现象的知识意涵才能够被完整的展现出来。

这种有关司法知识理论的研究无疑会对中国的法学研究以及当下中国的社

---

❶ 邓正来:《中国法学向何处去——建构"中国法律理想图景"时代的论纲》,商务印书馆2006年版,第1页。
❷ 徐贲:《怀疑的时代需要怎样的信仰》,东方出版社2013年版,第189页。
❸ [美]罗尔斯:《正义论(修订版)》,何怀宏等译,中国社会科学出版社2009年版,第16页。

会生活产生现实意义。因为一直以来,一方面由于对司法知识的无意识,法学理论界对中国法院的经验研究(包括对法官在调解与判决时所使用的语言及其风格上的研究)一直是缺省的,对中国法官司法行为的研究也是大而化之的,缺乏细腻的关照。比如我们很少看到有关四级法院的法官之间的角色不同,似乎他们之间并没有什么区别;我们也很少看到不同区域里法官角色的差异,似乎他们每天面对的都是同样的问题且处理纠纷的行动也是一致的。此外,人们对法官的司法活动尤其是司法判决,还无法在知识的层面上给予应有的理解和必要的尊重,❶相反对司法判决的本能怀疑倒成了社会的一种下意识或者习惯。❷ 由此造成法官被排除出司法知识生产与再生产的活动之外的尴尬局面。这意味着在当下中国,司法者不生产司法知识;他们不是知识的主体,只是知识的对象甚或客体。另一方面,由于对司法知识的无知,——当然他们的无知更多就像苏格拉底对诗人和政治家的指责,并非一无所知,而是对自己的无知不以为意——使得我们对于一些司法场域中的现实问题失去了智识上的反思力和批判力,进而对中国法制现代化进程中的一些司法现象的可能意义也失去了必要的敏感,从而无法审慎地对待司法知识及其政治—社会功能;并且"城门失火,殃及池鱼",也无法客观而理性的对待社会科学领域中其他方面的知识。

　　司法知识自然是要参与社会生活的塑造、建构并指导、促进社会生活朝着知识所蕴含的方向前行的,但一如上述,当下中国司法场域中的知识构成又是十分的混杂。我们因此就必须要对司法知识保持应有的警惕与警醒:既要努力开放或挖掘出有用的司法知识并加以不断累积,同时也要抛弃或隔离掉那些迷惑我们视野的知识。遗憾的是,我们长期以来对司法知识始终有一种隔离化的理解,更多只是将其视为一种不可辩驳的真理,进而无法对知识的多重面相拥有真切的体会并予以恰当地把握,从而夸大知识的形态,造成对真知或智识与伪知识的无法分辨。通过对司法知识及其理论命题的讨论和关注,我们既能够在看清司法知识及其理论对于当下中国社会的生活所能产生的功能及其意义的同时注意

---

❶ 或许有人会把原因推到我国无"判例法"之传统上,但是要注意,这只可能是司法实践中忽略判例/判决书的一个功利性很强的理由,而并不是在知识研究上忽视判例/判决书的全部借口。与此同时,当下对于"案例指导"问题的研究逐渐兴起,是否能够改变这一局面,扭转对于中国法院的忽视,推动法官的经验研究,显然还有待于观察。

❷ 参见周安平:《涉诉舆论的面相与本相:十大经典案例分析》,载《中国法学》2013年第1期,第163~166页。

到其作用发挥的限度与可能性,进而培养一种审慎地对待知识的态度和方式,也能够揭示社会结构与其他理论对司法知识及其理论的影响力,进而看到司法现象与其他社会现象之间的内在关联,从而培养一种整体性(holistic)[1]的理解司法现象及其知识理论的立场与视角。

研究司法知识及其理论命题的意义显然还不止这些。实际上,对于这一问题的研究还暗含了对中国法治以及中国的未来命运这一更大问题的贴身关切。换言之,当下中国法律场域之中的有关司法知识的理论争论以及对这些争论所进行的反思与总结,能够为我们开放出一系列极富实践意义同时也与"中国法治向何处去"这一宏大命题紧密相关的理论问题。这一系列的问题可以在三个层面上进行拆分和追问:首先,在一般性的叙事背景之下,为什么当下中国的司法知识及其理论与社会发展之间会产生如此严重的裂变?司法知识理论问题背后真正的中国问题是什么?包括我们的司法在内的整个法治中国的事业是否仅凭现有的理论言说就能够支持其实现?如果能,那么这些理论言说的背后所指向的未来图景是什么样子的?如果不能,需要在反思之后建构一种怎样的新理论?其次,推而广之,在较为宏观性的知识脉象里,近三十年来甚至更长时间里的中国法治实践,为我们提供了怎样的经验体会与知识资源?这些地方性的经验和资源与普遍化的司法知识理论和法治信条之间有着怎样的关系?第三,在一个更为宏大的论题群体与意义空间里,中国人开始思考自身未来的法律图景了吗?如果思考了,那么为什么这个时候才开始思考以及他们思考的法律图景是什么样的?如果没有,那么为什么还不思考呢?更为关键的是,无论思与不思,如何以一个务实的态度来认真对待当下中国司法场域中的这些问题以及通过对这些问题的思考和解决来引领我们有关法治的理论和实践朝着"美丽中国"和"美好生活"的方向前行?

这意味着任何的知识事件都不可能只是孤立的、偶然的和断裂性的,相反,它们不仅具有相当强的内在关联性,而且也能够承载某种普遍性的政治—社会意义。因此,为了拓宽我们的视野,察觉到转型中国司法问题背后的连续性因素和恒久性的制约力量,以及这些因素和力量背后所隐含着的一套深刻的知识哲

---

[1] 有关方法论整体主义的部分论述,可参阅,张千帆:《论宪法的选择适用》,载《中外法学》2012年第5期,第890页。

学思想;为了辨识出中国司法现象背后的知识问题,并找寻到这些知识问题群背后的统一的知识根源和知识理论,那么就必须动员各种日益分化的知识性力量,积累对于这些问题所有的知性把握及其理论形态,开始反省。因为有关司法知识的"一套恰当的社会政治理论必须是经验性的、解释性的以及批判性的"。[1]

第二节 司法知识反思司法知识?

这其实是要对现有关于司法现象的理论研究进行知识性归纳与反思性总结。因为任何有效的研究都必须要建立在已有研究成果的基础之上。因而要建立一种新的司法知识观并在此基础上形成一个体系性的司法知识理论,那么也就有必要认真对待现有的相关研究及其知识产品,要对这些司法知识审慎地进行批判性或者知识性的反思,要让知识反思知识。

然而客观地来说,目前尽管有关知识和有关司法的研究在国内外都非常之多,也尽管有关司法的知识哲学及其理论研究也很多,但是明确提出司法知识概念并对此进行系统地理论研究的,无论国内还是国外都非常薄弱。

以内在的规范性视角来研究司法知识的情况为例,从国内期刊所发表的零星文章来看,它们对司法知识多采描述性,对司法知识的构成要素做简单的区分,并没有系统地揭示出司法知识所内含的知识力,更没有在建构一个完整的司法知识体系上作出应有的努力。与此同时,这些有关司法知识的描述性研究在不同程度上也存在着问题:它们要么把司法知识作为一个静态的概念或者封闭式的范畴来使用,要么就是对司法知识的理解太过宽泛;不是对司法知识本身以及司法知识的生产与再生产活动采取不反思、不批判的拿来主义态度,就是完全忽视司法知识的公共性与开放性,忽视司法知识要素的能动性;不是忽视司法知识的知识制度与机制,就是忽视司法知识的知识特性与知识功能;更重要的是,它们往往也忽视掉司法知识与法律知识的区别以及这种区别对于当下中国所可能存在的影响,进而忽视掉司法知识背后的知识的社会立场、伦理意涵与政治意图。

比如通过《中国学术期刊数据库》(CJFD)的检索和查阅,明确以司法知识

---

[1] [美]伯恩斯坦:《社会政治理论的重构》,黄瑞祺译,译林出版社2008年版,第4页。

为主题的论文从 1994 至 2013 年总共只有 1 篇,❶即苏力老师于 2000 年发表在《现代法学》第 3—4 期后收录其专著《送法下乡——中国基层司法制度研究》一书的《基层法官司法知识的开启》一文。这篇文章对司法知识做了初步的研究,看到不同司法场域中的司法知识之间的区别以及这种区别对于理解中国司法裁判的可能意义。但遗憾的是,文章对于司法知识更多也只是描述性的,——仅仅告诉我们什么是司法知识以及基层法官的司法知识是不同于其他社会—情境系统中的法官的;只是"照着"亚里士多德对于知识的原初分类——"纯粹理论、实践理性和技艺"——笼统地做了介绍并进行了初步的划分,它的目的主要是强调司法经验与司法技艺以及特别是地方性知识对于基层司法的重要性和意义;并且又基于这样一个前提性的判断——"法学家应当不仅重视纯粹理性,而且应当重视实践理性,重视法律技艺;并在可能情况下,将后两种知识以恰当的方式转化为可言说的、可交流且交流起来经济的知识"❷;文章进一步强调,"只有将法官在司法实践中逐步累积起来的对司法有参考指导意义的某些经验和技术都纳入到现有的司法知识体制之中,这样,法官才能成为司法知识生产的主体,才能成为司法知识的生产者。"❸

坦率地说,文章的这种出发点本身并没有错,文章的内容也值得肯定并促使我们进一步去思考中国司法场域中的司法知识命题;但是如果我们以更高的期望来看待这篇论文,让它承担难以承受之重,那么由于没有对司法知识本身进行深入地剖析和足够地理解,特别没有注意到将司法知识在知识哲学与知识社会学的方法上予以必要的展开,因而使得文章的论述不仅在知识上产生了混乱——比如文章没有揭示法律知识与司法知识之间的细微区别,尽管它或多或少也曾提到;也没有对司法知识和技艺做系统化、条理化的描述,还更缺少对司法知识的知识要素、知识特性、知识功能等进行必要的解析——尽管它认为提这样的要求是强人所难的。与此同时,文章不仅忽视了法律知识与地方性知识这两者不同的知识体系之间的通约转化是否真正可能的问题,也没有注意到地方

---

❶ 当然,这一数据不包括一些期刊网上没有收录的杂志上的论文和单位内部交流的工作论文(集)、未公开出版的专题会议的论文集以及公开出版的论文集和学术专著等。
❷ 苏力:《法学知识的分类》,《制度是如何形成的》,北京大学出版社 2007 年版,第 158~164 页。
❸ 苏力:《基层法官司法知识的开启》,《送法下乡——中国基层司法制度研究》,中国政法大学出版社 2003 年版,第 264~295 页。

性知识其实并不只是一个单指性的普遍概念而实际上也是隐含着多种知识类型的;尽管文章中也曾提到,但遗憾的是,文章更多地只是将地方性知识作为一个整体性的概念来模糊化的使用。除此之外,由于文章所强调的知识的地方性更多是限定在特定的制度与特定的时空之内的,因而导致其无视司法知识的内在品格和内在脉络,进而使得它无法意识到其实相对于文章所谓的地方性知识而言,国家制度法知识也是一种"地方性"知识,只不过这里的地方是相对于"地方"而言的"国家"。当然,也正是因为文章对地方性知识的这种简化使用,使得它没有看到地方性知识引入司法所可能带来的,还需进一步厘清的问题。这些问题包括:地方性知识成为地方性法律知识如何可能?地方性法律知识本身的历史流变和知识脉络又是怎样的?地方性法律知识进入司法知识的生产与再生产机制可能藏着什么样的风险?等。如果这些问题不及时厘清,那么就无法真正看到司法知识的知识谱系与知识图像,就不能真正理解和把握司法知识的运作逻辑。更为重要的是,由于文章对地方性知识的过分强调,使得它忽视了作为整体性的司法知识而不仅仅只是基层法官的司法制度,对于整个中国社会转型所能够发挥的功能。例如文章强调基层司法作为一种保守性力量对于基层社会的维护功能,但却并没有凸显司法对于社会转型时的城—乡二元结构的民主维持功能,❶以及法律知识对基层社会的改造功能,比如移风易俗。❷

除了这篇文章之外,以下的文章或多或少也涉及到了司法知识的论题:《司法知识与法官流动——一种基于实证的分析》(艾佳慧:《法制与社会发展》2006年第4期)、《最高人民法院大法官的流动分析》(侯猛:《法律科学》2006年第2期)、《最高法院大法官因何知名》(侯猛:《法学》2006年第4期)。然而遗憾的是,这些文章同样也仅仅只是涉及到司法知识的命题而已,它们也同样只是把司法知识作为一个静态的概念或者封闭的范畴在使用;更重要的是,它们要么将司法知识完全等同于司法经验,要么就是将其完全等同于司法技艺甚或法官所拥

---

❶ 参见朱德明:《法院在分裂社会中之民主维持功能——司法治理现象的制度性分析》,(中国)台湾大学法律研究所2005年硕士论文。
❷ 当然,正确揭示文章之中有关"司法知识"的论述所隐含的问题其实是一件非常困难的事情;这需要放置在作者整个学术问题意识和知识背景以及问题分析的知识谱系中去理解;因此,我的这些疑问尚需要进一步的思量和考证。当然,前期的相关分析,可参阅邓正来对作者问题的批判;邓正来:《中国法学向何处去(下)——对苏力"本土资源论"的批判》,载《政法论坛》2005年第3期,第52~73页。

有的、极具个体性的司法体验;而并没有在文章中对司法知识做任何较为严格的、描述性的概念界定,也没有对司法知识的类型予以必要的界分。

如果我们把视野放得再宽一些,那么这些从内部视角对司法知识所做的规范性研究显然又还是不够的。因为这些研究都不仅缺乏对相应的、宏观视角下的司法知识理论予以及时而妥恰地关注,而且它们对司法知识所做的规范性研究的背后其实也缺乏一个能够足以统摄这一研究的、宏观层面上的司法知识理论;也即它们对于司法知识的规范性分析的理论判准与知识基础可能既不统一也是相当模糊,甚至模棱两可或者矛盾着的。因而在对这些有关司法知识命题的规范性分析进行反思与总结时,我们可能还是需要跳出原本的内在规范性视角而采用一种更为宏观的外部视角来不断追问从而获致问题的共识,那就是:它们对于司法知识的规范性分析究竟都基于一个什么样的标准?这些标准所间接隐含或者直接指向的司法知识理论又是什么?这些不同的司法知识理论之间有何共同之处?又有何差异之方?以及更重要的,这些司法知识理论能否为中国的司法发展和法治建设提供强有力的智力支持?能否为中国社会的文明进步践行司法所应有的责任与担当?所有这些问题的提出其实意味着,有关司法知识命题的内在规范分析与有关司法知识的外在理论建构是紧密相关的,它们的判准也都应该是统一的。因此,这也就意味着在对司法知识进行内在规范性分析的同时,我们也应当适时关注外在性的、有关司法知识理论的研究。

客观地来说,近些年有关中国司法问题研究的理论成果是相当丰富的。[1]特别是伴随着当下中国司法改革的深入推进,以及社会主义法律体系初步建成之后国家法治的重心从立法转向法律实施,司法活动越来越受到人们的关注,有关司法问题的研究也日渐成为一门显学。[2] 这些从外部性、开放性以及宏观层面上研究中国司法知识理论命题的成果,典型的如:《中国特色社会主义司法理论体系初论》(张文显:《法制与社会发展》2012 年第 6 期)、《人民法院司法改革的基本理论与实践进程》(张文显:《法制与社会发展》2009 年第 3 期)、《中国司

---

[1] 例如,《中外法学》编辑部在对 2010 至 2011 年法理学研究的论文发表情况进行总结时,共筛选符合法理学研究论题的研究性论文为 266 篇,其中有关能动司法的 21 篇,司法制度与改革的 11 篇,司法与民意的 4 篇,司法与媒体的 7 篇,司法其他基础理论的 21 篇;司法问题研究的论文合计 54 篇,占法理学研究论文总数的 20%以上。参见本刊编辑部:《中国法理学科发展评价(2010—2011)——基于期刊论文的分析》,载《中外法学》2013 年第 2 期,第 225~226 页。
[2] 参见明辉:《通往司法的法理学》,载《北方法学》2012 年第 5 期,第 15~25 页。

法改革的宏观思考》(顾培东:《法学研究》2000 年第 3 期)、《中国法治的自主型进路》(顾培东:《法学研究》2010 年第 1 期)、《人民法院内部审判运行机制的构建》(顾培东:《法学研究》2011 年第 4 期)、《当代中国法治话语体系的构建》(顾培东:《法学研究》2012 年第 3 期)和《中国特色社会主义司法制度的"特色"研究》(虞政平:《中国法学》2010 年第 5 期)等大批量论文以及《司法的理念与制度》(贺卫方:中国政法大学出版社 1998 年版)、《送法下乡——中国基层司法制度研究》(苏力:中国政法大学出版社 2000 年版)、《司法实践中的理论探索》(景汉朝:法律出版社 2003 年版)、《司法改革:分析与展开》(张卫平等:法律出版社 2003 年版)、《司法独立问题研究》(谭世贵:法律出版社 2004 年版)、《司法制度的理性之径》(孙万胜:人民法院出版社 2004 年版)、《司法哲学与裁判方法》(孔祥俊:人民法院出版社 2010 年版)、《司法改革方法论的理论与实践》(最高人民法院课题组:法律出版社 2011 年版)、《司法理念与司法改革》(张文显:法律出版社 2011 年版)、《当下中国的司法改革》(公丕祥:法律出版社 2012 年版)、《当代中国能动司法的理论与实践》(公丕祥:法律出版社 2012 年版)、《法官的实践理性论》(王申:中国政法大学出版社 2013 年版)等大量专著。很显然,这些有关中国司法问题的大量理论思考与实证分析,无疑为我们深入而体系化地研究转型中国的司法知识理论提供了方法指导与理论支持。

　　哲学的任务就是要把熟知的东西变成真知,就是要把零散的东西串成系统化的东西。因此,在已有研究成果的基础上,通过对这些研究成果之中尚未解决的问题进一步问题化以及对其中已经解决的问题重新再问题化,并将这些问题(群)合并归纳起来,找到其中的共同之处与差异之方,就此开启本书有关司法知识理论的体系化研究。当然,在启动整个思考与反省活动之前,研究范围以及言说方式的界定无疑是必须,因为这不仅有利于进一步限缩研究对象,进而可以集中研究的火力,而且也方便于恰当的研究方法的选取,进而有助于提高司法知识理论的分析力和解释力。

第三节　司法知识反思的进一步限定

　　如果我们在最宽泛的意义上来理解司法知识,把它看成是一种对司法的认识的话,那么就不得不承认,司法知识的理论命题所涉及之范围无疑是相当广泛的。因为在这个认识活动的结构之中,不仅作为认识之主体是各式各样且参差不齐的,而且作为认识对象的"司法"本身也是一个繁复杂乱的范畴体系。特别是对于当下中国来说,"司法"是什么?它的含义有没有变化?如何理解并说明这种变化?这些都不仅直接关系到我们所选择的认识参照系和话语表达的方式,也决定着司法知识的观察起点与叙事范围。

的确,"司法"是一个意涵非常丰富的概念;它不只是在不同的语境中有着不同的所指,而且在同一语境里也会有不同的内涵。前者比如中、西方之间以及传统中国社会和当下中国社会之间对于司法在认识上所存在的差异;后者比如在当下中国的语境里,司法的概念意涵则一直是流动着的:它不仅经常与"政法"这一概念纠葛在一起,而且还往往徘徊在"立法"与"执法"活动之间,它的主体不仅包括法院,还包括检察机关、公安机关,甚至连国家安全机关也可以被纳入其中;❶因为从最广泛的意义上来讲,"司法"乃是一种"法的适用"活动。❷"司法"意涵的这种繁杂性使得有关"司法的现象"也同样变得繁杂起来。因为作为认识对象的司法,它不仅仅包括这些机关的行动与话语,还包括记载这些行动与话语的文本(如司法判决书)。这样,面对这样一个不确定的、开放性的概念,要使本书的言说能够相对集中,就必须要对"司法"予以适当的界定,以便有的放矢。当然这种限定性的概念言说,同样既是司法知识理论研究得以展开的前提,也是司法知识理论体系得以建构的基础。

一、认识什么?

开宗明义,本书所讨论的"司法",主要是指以法官的案件裁判活动为中心的行为;而有关司法的认识也即是探讨法官的司法裁判活动以及与此相关联的司法现象。然而这一看似明确的有关司法以及司法知识理论命题的限定,却又至少包含了以下三个方面的内容:一是面对裁判过程中的"事实"与"规范"问题,法官是如何展开法律认知的;也即他是如何认定事实、确认因果关系、发现法律、分配责任的。这无疑是有关司法最为内部性的一种认定,也是有关司法知识最为核心的一种认识。而这其中,法官自然是认识活动的主体。二是作为司法

---

❶ 参见滕彪:《"司法"的变迁》,载《中外法学》2002年第6期,第725~741页。
❷ 参见张文显主编:《法理学》,法律出版社1997年版,第365页。

审判的核心部分,司法裁判从整体上来看又是作为一个活动以过程的方式来展现的,这一过程包含了裁判的程序性、中立性、独立性、合法性等方面的要求;那么该如何来看待这些程序要素与程序性要求?这显然是有关司法的一种制度性认定,也是有关司法知识较为过程性的一种认识。而在这其中,包括法官在内的法律人无疑都可能成为认识活动的主体。三是面对司法裁判的结果及其表现形式——司法裁判文书,如何进行解读?又有怎样的社会意涵和法律功能?这是有关司法的一种社会性认定,也是有关司法知识较为开放性的一种认识。这其中的认识活动,法律人与社会大众都可能会参与进来;我们据此既要看到两者之间的共通性,也要揭示两者之间的差异性。而这三个方面的内容,对于司法知识理论的体系性建构都具有非常重要的作用。

客观地说,上述有关司法的概念限定其实意味着我们有关司法的概念使用是在一个开放性的结构和语境之中进行的。换言之,本书有关之"司法"实际上仍然是一个相对开放的概念体系:不仅有其核心的内容所指,同时也有其宽泛的语义边沿和具体化的语境;我们需要根据理论言说的不同侧重点,来对"司法"的意涵范围做适当的灵活处理。之所以如此,主要是考虑到以下三个方面的情况:第一,任何司法活动都不可能只是一个在"封闭的权力容器"里进行的法律适用活动,[1]而是在一个相对开放的、特定社会—文化情境系统里所发生的一起社会事件,因而社会文化—情境系统里的结构性力量和社会性因素都会对司法裁判活动产生或大或小的影响。第二,任何主体对于司法裁判活动的认知都不可能是静态的、机械化的,都不可能就事论事而同样必须放置在特定的历史语境和社会场景之中来进行的。第三,我们对于整体性的司法的认知,对于当下中国社会里的政法问题的把握,甚至对于当下中国社会的理解,都会反过来作用并影响到我们对于司法裁判的认知。换言之,这种"部分"与"整体"的关系,从认识活动的过程来看,无疑是相辅相成、互相统一的。而这其实也就意味着,不仅司法裁判活动本身是开放性的,而且对于司法裁判的认知也是开放性的。因而若是我们硬性地割裂司法裁判与其他社会活动之间的关联以及司法知识的外部性要素,无疑就会限缩司法知识生产与再生产活动的现实性与复杂性,并因此也就

---

[1] 参见[法]布迪厄:《法律的力量:迈向司法场域的社会学》,强世功译,http://www.law-thinker.com/show.asp?id=2265。2013年4月30日最后登录访问。

限制了司法知识所可能具备的社会—政治意义。为此,为了更好的理解司法并据此建构好司法知识的理论体系,本书在有关"司法"的概念限定上采取一种近乎随机的、"形散而神不散"的态度。很显然,这种态度有其优势:它可以具体问题具体分析,具有很强的实用性;与此同时,这种言说立场的劣势也是非常明显的:概念没能一以贯之,容易使得理论体系散架,产生理论言说离题之感。因此,在有关理论言说的过程中,我将尽可能紧密地围绕着"司法"概念的核心意涵来展开集中诠释,尽可能地小心谨慎,以期扬长避短。

二、"谁"在认识?

尽管选定了认识的对象,但对象存在的意义却又是相对于主体而言的。"情人眼里出西施",说的就是这个道理。然而,基于司法裁判基础之上的司法知识理论命题,究竟是一种内在性的规范认识,还是一种社会性的认识?是一种法官对于司法裁判活动的认识,还是社会大众对于司法裁判活动的认识?是法律人的一种认识,还是非法律人的认识?所有这些关于主体的身份限定,既表明了认识主体存在可能的多样性,也反映了认识主体身份立场选择的重要性;因为后者直接关涉司法知识理论言说的方式以及产品的质量。

的确,如果我们在最一般性的意义上来探讨司法知识理论命题的主体问题,那么根据理论的文本叙事或者话语言说的人称指代,主体应当是第一人称的"我",司法知识也就是"我"对司法裁判的一种认识。那么作为抽象的、符号化的身份角色,"我"又是谁?"我"的立场何在?"我"是站在法律人的立场上,还是以普通的社会大众的立场?等等。与此同时,这种主体的言说立场的选择,是出于下意识的、自我的本能,还是有意识的、自我设计?如果是一种本能性的认识,那么"我"所自带的、诸多根深蒂固的知识偏见会不会遮蔽掉事物的全貌?是否会人为地裁剪掉一些重要的内容?如果是自我设计的,那么这种移情式的认识在多大程度上是合理的?会不会带来认识上的偏差?[1]

如果我们把视野放得再宽一些,把认识活动所在的时空域开放出来并将其参与到认识活动之中,那么司法知识理论命题,究竟是何时何地之"我"对司法

---

[1] 这种有关主体身份的焦虑更详细描述,还可参阅,汪晖:《去政治化的政治:短20世纪的终结与90年代》第二章,生活·读书·新知三联书店2008年版。

裁判活动的一种认识？如果是当下中国的，那么我们对这里的当下中国又该做何种把握呢？特别是在开放的世界结构与社会场域之中，当西方已然成为我们日常生活的一个有机组成部分时，今日的中国还是以往我们所了解的中国吗？❶与此同时，如果我们把这种时空因素也同时引入到与认识主体相对应的认识对象上来，那么司法知识理论命题，究竟是我对中国司法裁判的一种认识，还是对西方司法裁判的认识？如果是西方的，那么这种跨文化的认识可能吗？更重要的是，这种跨文化的认识对于中国有意义吗？如果有意义，那么是对何时空段里的中国有意义呢？如果是中国的，那么又是对中国什么时候的司法裁判活动的一种认识呢？是过去的还是当下的？为什么要选择这一时间段来作为认识的对象呢？这种时间段的选择恰当吗？等等。

　　尽管上述的这些问题有些绕，但不得不承认，通过对这些问题的追问，我们既想借此表明司法知识问题的复杂性以及理论思考司法知识问题的必要性，因为对于这些问题的妥当思考与公允表述，都直接关系着本书论题所选定的司法知识的意义内涵和理论体系；我们也想通过此来在关注和尊重司法知识理论命题个体化言说与个性化表达的基础上逐渐达致一种言说主体身份的共识性选择与言说立场的公共性塑造，以便能够以一种相对理性且客观的态度、一种共识性的立场和公共性的身份对司法知识理论命题做公共性的言说和体系性的建构，因为只有通过对这种主体身份的公共性塑造以及在这种塑造的过程中对其中的个体性因素的不断删减，只有通过这种有关主体身份的理性的公共讨论和争辩，我们所建构出的司法知识理论命题才具有一定的公共性，"才有可能形成某种共识或者互相理解"❷，才有可能对现实社会生活中纷繁复杂的司法现象产生较为强大的解释力和分析力。

　　虽然有关主体的身份选择是一个从个体性逐渐走向公共性的过程，但实际上有关主体身份的公共性限定也是相对于客体而言的。换言之，若要很好地回答谁在认识的问题，并且判断这种言说的主体身份是否是一种共识性的立场以及这种有关司法知识理论命题的表述与回答是否达致公共性的标准，那么又必须要将认识的主体放置在与认识对象相关联的结构性关系上来进行理解。那

---

❶ 参见邓正来：《中国法学向何处去》，商务印书馆2006年版，第15～22页。
❷ 许纪霖：《当代中国的启蒙与反启蒙》，社会科学文献出版社2011年版，第62页。

么,本书在进行有关司法知识理论命题的体系化表达时,是将认识主体与认识对象之间的关系做一种怎样的处理的呢?

三、认识主体与认识对象之关系为何?

我们延续上面有关认识主体与认识对象的系列追问:如果说司法知识是一种对司法裁判的认识的话,那么司法知识理论命题所要展现出的,究竟是做出司法裁判或者进行司法裁判活动的法官所拥有的知识结构与体系,还是包括了司法裁判结果(文本)的阅读者的知识?也就是说,司法知识仅仅只是司法者的知识结构与体系,还是法律共同体有关司法的知识结构与体系,抑或是社会大众有关司法的知识结构与体系?与此同时,如果从司法判决的形成或者司法判决功能的实现的角度来看,那么司法知识有其相应的社会功能吗?这种功能是知识本身所具有的,还是主体所赋予的?如果说是主体赋予的,那么它是通过阐释者的阐释主观建构起来的,还是社会中的各种知识力量共同作用的结果?是一种合力?此外更重要的,我们还要搞清楚,在司法问题的认识活动或者解释脉络上,是否存在着一个"理想的阐释者"或者"善良的阅读者"?[1] 以及是否能够凭借于此建构起一个纯粹的、有关司法知识的理论体系?

的确,认识的过程是繁复的,因为认识活动本身不仅内含有极为复杂的思维结构,而且还包含着一连串的思维事件。[2] 与此同时,尽管一种理想的、纯理论性的认识的态度便是要完全跳出文本之外、走出前见的圈子、价值无涉的、直接对准事物来进行描述或者叙事。[3] 但实际上,当我们叙述或者表达关于我们观察到的东西的意义时,这其中的有关认识的说明就不仅仅只是描述性的,还会是解释性的;这其中的工作,就不仅仅包括主体以置身事外的姿态、冷静而客观去考察进而描述事物的本来面目,也包含主体置身于其中、积极主动地去诠释自身对于事物的理解,还包括主体下意识地对相同或相近的事物已经作了观察的"文本"的再次诠释或者重新阅读。因此,作为一个整体性的活动的认识,自然也就不仅仅包括了对作为客体存在的事物的观察,而且还会蔓延出来,使得认识

---

[1] Matthias Steup & Ernest Sosa(eds.), *Contemporary Debates in Epistemology*, Oxford: Blackwell Publishing Ltd.,2005,p.37.

[2] 参见[德]恩吉施:《法律思维导论》,郑永流译,法律出版社2004年版,第15页。

[3] 参见[美]阿瑟·丹图:《叙述与认识》,周建漳译,上海译文出版社2007年版,第223~226页。

的对象包含着对已有相关研究成果的阅读和再次阅读；❶不仅包括了对客体—对象物的客观描述，也包含了主体—观察者/阅读者的主观阐释。那么在此意义上，就认识活动而言，主体与对象之间抽象的二元对立关系就必须要被消除掉，主体与客体之间的二元对立结构也就应当被消解掉；与此同时，就认识的结果而言，不仅"观察"与"文本"之间的鸿沟应当被打通，而且"主体"与"客体"的知识信息都应当被串联并整合起来。

这样，在司法知识及其理论问题的研究上，我们也就必须要意识到，任何对于司法的认识以及对于司法现象所做的解释，不仅在主体与对象物之间无法拉开一个绝然的距离，而且也无法将两者都悬置起来进而予以一种客观化的认识与陌生化的反思；相反，不仅观察者会根据自己的喜好来选择观察点进而得出不同的观察结论，而且司法也不可能是沉睡着的，不可能是静态而僵化的；它其实是动态而开放的，因而也就会反作用于观察者，影响甚至建构观察者对于对象物的观察视角以及有关对象物的观察结果。因为在认识活动中，作为认识的主体，"人既是追问、理解存在的主体，又是为它的存在本身而存在的存在者"❷。而这其实也就意味着，在有关司法的认识活动中，无论是主体还是作为客体存在的对象物，都是置身于其中的，都会自觉不自觉地认为"彼此是相当熟识进而相互打量着彼此"❸。当然，也正是在此过程之中，"身体也就摆脱了知识的诘难"❹，进而使得有关司法的知识表达变成了司法者与阐释者语境交织而成的意义之网中的一整套综合叙述。这样，在有关司法的认识活动中，不仅"说明"（account）与"事物"是互相渗透且关联着的一种表达结构和叙事关系，❺而且知识的主体也由原本的、对象是否独立存在转变成为一种关于对象的陈述的意义的说明是否合理的复杂关系。❻ 而也正是因为此，使得在不同的语境之中，有关司法的认识或者司法知识就由此而有着不同的"所指"与"含义"。

---

❶ 参见[美]恩布里：《现象学入门——反思性分析》，靳希平等译，北京大学出版社2007年版，第2~52页。
❷ [德]海德格尔：《存在与时间》，陈嘉映、王庆节译，生活·读书·新知三联书店1999年版，第15页。
❸ Nicholas Rescher, *Epistemology: An Introduction to the Theory of Knowledge*, New York: State University of New York Press, 2003, p.58.
❹ 汪民安：《身体、空间与后现代性》，江苏人民出版社2006年版，第6页。
❺ 参见[德]海德格尔：《现象学之基本问题》，丁耘译，上海译文出版社2008年版，第127页。
❻ Matthias Steup & Ernest Sosa (eds.), *Contemporary Debates in Epistemology*, Oxford: Blackwell Publishing Ltd., 2005, pp.132-133.

可见，司法知识既是一个存在于时空交叠之中的范畴，也是一个活在历史国情或者社会—文化情境系统之中的范畴；它不仅是一个发展且开放着的范畴，而且也是一个不断自我更新与自我复制、不断自我生产与再生产的范畴。而在此其中，在有关司法的认识活动之中，不仅主体打量着客体，而且客体也反观着主体；不仅主体与客体这两方面的要素各自都会对司法知识的生产与再生产活动产生影响，而且主体与客体这两方面的要素之间也是互动的，特别是两者之间的互相建构与反建构，都会对司法知识及其理论体系的建构发挥着重要的作用。为此在某种程度上可以说，有关司法的认识过程，其实是一个主—客体相互动的过程，是一种融主—客体二元于整体性的结构关系之中的社会活动；有关司法知识的理论命题，实际上也是一个主—客体相互作用、互释互构的理论表达与话语言说。而这其实也就意味着有关司法知识的理论命题，就不完全只是一个客观性的逻辑命题，不完全只是一种确定性的规范分析，而会是在这种客观性的逻辑表述的基础上同时又有机地融合了经验性的表达在内的一种混合物。因为不仅人的认识都是始于经验的，而且俗世的诸种纷扰与沉重的肉身都会是接近知识的一个伴随要素。❶ 这样，司法知识就不仅仅只是一个独立的客观的世界，还会是一个思想与语言互动交融所型构起来的意义世界，❷是这个客观的世界与意义的世界相融合而成的整体世界。

这种有关司法知识的理论命题显然既意在提醒我们，要适当地摆脱以往那种以逻辑性和客观性为唯一主旨的司法知识观，要注意到一种个体性与主观性的司法知识观的存在；也意在提醒我们后者不仅是前者的有益补充，而且两者是相辅相成并辩证统一于整体性的司法知识观之中的。为此，对于司法的认识以及司法问题的解释，我们就要意识到不仅只是存有一种客观的逻辑式的分析路径，而且也还有一种主观的诠释性的观察切入点——它"着力于阐释者的学术渊源、治学门径、学问大小、学术理路、学术境界等"❸；我们要充分意识到不仅阐释者的个性特征会对阐释的结果产生影响，而且他们的社会身份、政治立场与人生阅历也并非与认识的过程和结果毫不不相干。有关这一点，女性主义的经验论者就有相应的阐述，他们认为女性或者女性主义者作为群体进入科学将为产

---

❶ 参见［美］费耶阿本德：《知识、科学与相对主义》，陈健等译，江苏人民出版社2006年版，第103页。
❷ Keith Lehrer, *Theory of Knowledge*, Boulder: Westview Press, 1990, p.205.
❸ 周红阳：《预期与法律——朝向哈耶克的时间域》，法律出版社2008年版，第3页。

生无偏见的真正客观的知识提供更大的可能性。❶

这其实意味着有关司法的认识或者司法知识的理论命题,它既会受制于作为认识活动的对象物的司法本身所具备的诸多现实情况,也要受支配于作为阐释者他所关注的核心问题以及由此而显示出来的、特定的知识内涵。这样,"通过阐释者的眼睛来看司法",对于有关司法的认识活动来说或许已然成为一件件正在发生着的日常生活中的事件。因此,作为理解条件的"前见",阐释者在观察事物的同时就会将自己的知识体系自觉不自觉地注入到他所要认识的对象的结果之中,进而相杂糅起来并就此复合成对事物的认识。毕竟"个人的前见比起个人的理性判断来说,更是个人存在的历史实在"❷;甚至在某种意义上,离开了作为先见的"偏见",我们根本无法进行任何有效的思考。❸ 而也正是在此基础之上,我们或许可以认为,对于司法的认识或者有关司法知识的理论命题,在某种程度上也能够被看成是在个体的话语系统与逻辑情境之中"介入"司法进而在此语境之中描绘出有关司法的图像的。与此同时,若是我们考虑到主体与对象物的关系是一种相互阐释、相互建构的关系,那么这种有关司法知识图像的描绘就又并不是单方面的,而是双方共同作用的结果。

很显然,与客观性的司法知识观相比,主观性的司法知识观更强调主体在认识事物的过程中,尤其是在知识理论建构的过程中,其态度是参与式的而不是旁观者,其立场是主观的能动选择而不是客观的被动反映。在这种司法知识观看来,不仅认识者/阐释者的知识体系会转化成为认识对象的知识图像与谱系中的一个有机组成部分,任何人为地将这两者区隔开来或者分离开来的做法都是没有意义的;而且认识者/阐释者的其他主体性特质最终也会融入其中进而影响着认识的结果,并因此赋予有关司法的认识以主体的个性色彩与身份标签,甚至演化成为主体个人的司法知识理论。

与此同时,尽管我们承认在客观性的司法知识观之外还存在着一种主观性的司法知识观,也尽管我们认为这种主观性的司法知识观对于我们完整的理解司法知识的理论体系起着非常重要的作用,但是我们并不就此认为,这种主观性的司法知识观就一定优于以往的、客观性的司法知识观,也并不承认这种主观性

---

❶ 参见吴小英:《科学、文化与性别——女性主义的诠释》,中国社会科学出版社2000年版,第101页。
❷ [德]伽达默尔:《真理与方法》,洪汉鼎译,上海译文出版社年2004年版,第357页。
❸ Michael Williams, *Problems of Knowledge*, Oxford: Oxford University Press, 2001, p.114.

的司法知识观对客观性的司法知识观就拥有一种支配性的力量。相反,我们平等的尊重并对待这两种司法知识观,认为这两种司法知识观都各有利弊;认为它们的关系是互相补充的,它们的功能是相辅相成的。

除此之外,尽管主观性的司法知识观对于司法的认识与解释主要都是围绕着认识者/阐释者所关心的问题和理论来展开的,也尽管这种认识又主要依赖于认识主体的充分移情,但我们还必须要认识到,有关司法的言说还只是认识活动之中的一个开放性的要素,司法知识的意义既尚需要在阅读语境的其他构成方面予以不断渗出并延展,也需要在时间与空间的场域延长线上并且伴随着认识活动的不断展开而予以事实的修正和调整。为此,对于司法知识的外部空间以及时间的必要限定,实际上也是在尽量避免在对司法知识理论进行建构时论题域的可能扩散以及由此所带来的理论失真。

当然,如果我们就此把视野放得再宽一些,那么由于有关司法的认识主体和认识对象都是深深地嵌入到社会之中的,因而不仅有关司法的认识活动就是一种社会活动,而且有关司法的一切认识都是置身于当下社会之中的。当然也正是因为此,我们有关司法的认识及其理论命题,只有放置在特定的主体视界与社会语境之中才能被理解,才具有意义;与此同时,司法知识及其理论也只有被放置在特定的社会知识体系与社会—文化情境系统之中才能发挥其应有的作用。而也正是在此意义上,有关司法的知识理论甚至也就可以被看成是一种社会的建构,是社会的产物。❶

然而承认司法知识理论的社会性并非因此否定其中的个体性,相反是为了更加准确而审慎地对待其中的个体性因素。换言之,尽管从主观性的司法知识观来看,有关司法知识理论命题的问题意识的出场其外缘始于当下中国司法知识理论及其范式的转型,始于有关司法的中国模式或者中国道路的现实需求,❷但它实际上也隐含了认识者/阐释者("我")对于当下中国司法的问题关注和理论焦虑,包含了主体对于更广泛意义上的、当下中国社会的生存哲学和生活智慧的知识关注与意义关怀。因此,尽管将司法知识的理论命题置身于个人的知识

---

❶ 参见方乐:《转型中国的司法策略》,载《法制与社会发展》2007年第2期,第36页。
❷ 参见公丕祥:《当代中国的自主型司法改革道路》,载《法律科学》2010年第3期,第40~55页;顾培东:《当代中国法治话语体系的构建》,载《法学研究》2012年第3期,第3~23页;顾培东:《中国法治的自主型进路》,载《法学研究》2010年第1期,第3~17页。

体系之中并没能很好地凝结起有关司法整体性知识的问题束,但通过个人与社会的关联却可以看出这一问题化的推进过程,看到个人的知识结构与社会—文件情境系统之间的内在关联。而也正是在此意义上,本书所提倡并由此建构起来的整体性的司法知识观,实际上就是来自于我对于当下中国司法问题所做的一个既具个体性又兼顾社会的思考。

由于承认了个体与社会之间的知识关联,因此有关司法知识的理论命题就并不因为融入作为观察者或者思考着的主体因素或者个人特性而导致其解释力与说明力的缩小,恰恰相反,正是通过对认识主体与知识的这种相互关系的解释,通过将认识个体及其知识生产活动都放置在更大的社会语境之中来理解,因而我们不仅看到当下社会的知识体系如何提供给个体一个阐释司法知识的(interpretative frame)进而成为其结构性的限制,而且与此同时也还能够看到阐释者在阐释对象物时,紧密关注自身与对象物的社会关系,进而将自身的命运与有关对象物的认识联系在一起,从而不仅关注作为独立个体的阐释者自身的命运,而且推而广之,还会据此来关注人类的命运。

进一步,如果我们在有关司法知识理论建构的过程中忽略作为主体的"观察者"和客体的"对象物"之间诸多的起承转合,推崇一种所谓纯粹的认识或者司法知识观,那么由此所建构起来的司法知识理论体系,很可能会因为其缺乏对于司法知识产生于其中的、当然也是其所要关照的社会以及其中的人的伦理关怀(或者真正的关怀)而蜕化为一种有关认识活动的操作指南或者一套有关认识活动的技术。相反,如果我们主动承认司法认识活动之中主体与客体以及主—客体之间的要素对于司法知识的理论建构以及其意义的充分发挥都是必不可少的,承认主体的个体特质与主—客体所具有的社会性因素都会对司法知识及其理论命题的建构产生重要的作用,那么很显然,我们就此能够很好地整合起有关司法知识的繁杂问题与多元命题。更重要的是,通过主体与客体的关系性视角,尤其是在认识主体与认识对象的这种纠葛关系所编辑出来的图像中,我们既可以看到有关的司法问题得以被说明,也可以据此再开放出一些问题。这些问题包括:个体化/地方性的司法知识生产的产品是否具有普遍性? 司法知识又是何以自证其真实的? 以及在司法知识的理论命题中,知识与社会的关系是如何的? 知识与人的命运的关系又是如何的?

更进一步,其实在有关司法的认识活动之中,不仅仅是作为认识对象物的客体,而且包括认识的主体以及主—客体相互间的关系,与司法知识及其理论命题的关系都是非常微妙的。❶ 因而在有关司法知识理论建构的过程中,我们必须要始终对自己的思考持一种开放的反思态度。我们需要反思:不仅需要反思所看到的问题,也需要反思看问题的方式。换言之,这种反思不仅是针对问题的问题意识所予以的反思,还要对问题的问题化的方式和参照系予以重新定位。通过这种反思,我们要清醒地意识到,在有关司法知识理论命题的思考过程中,"拥有一种认识,或者一种共有的认识,并不意味着我们拥有真正的知识。因为两个人或者更多的人的相互一致并不意味着我们的正确"❷。通过这种反思,我们也要清楚地看到,尽管本书有关司法知识及其理论的言说乃是一种个体化的努力,因此就需要在自我批判之中不断地修正和调整。但由于这种个体化的认识又是建立在参与并分享一种生活方式和社会经验的基础之上的,也即有关司法的认识活动乃是作为联接过去与未来之有机生命链条中的一环,有关司法的认识主体乃是作为参与社会生活的行动者的主体,有关个体的"我"以及"我"所关注的问题,包括我所观察和思考的对象存在物又都是深深地嵌入到这个社会的,而又基于"共同的认识植根于共有的生活经验,而且一种共有的语言可能带来所有参与者之间'毫无疑问的、未加思考的一致'"❸的这一判断,因此在某种程度上本书有关司法的个体化的理论言说也就获得了一定的普遍意义。❹ 尽管这种意义的普遍性还随时随处都面临着验证。

当然,从根本上来说,我们之所以要重新思考司法知识的理论命题,重新建造有关司法知识的话语体系,就是因为我们需要对当下中国司法所面临的问题以及未来中国司法所可能会遇到的问题进行重新认识;无论这种认识是思想性的,还是实践性的。与此同时,尽管重新理解并解决这些问题的方式方法与立场态度会相当的纷繁复杂,但无论如何有一点却是我们所必须要共同坚持的,那就是:"我们既要从对西方文化误解而不自知的状况跳出来,反思我们之所以不自

---

❶ 参见马永翔:《心智、知识与道德——哈耶克的道德哲学及其基础研究》,生活·读书·新知三联书店 2006 年版,第 132 页。
❷ 王天思:《哲学描述论引论》,上海世纪出版集团、上海人民出版社 2009 年版,第 65 页。
❸ [美]丹尼斯·史密斯:《齐格蒙特·鲍曼——后现代性的预言家》,萧韶译,江苏人民出版社 2007 年版,第 99 页。
❹ 参见[美]沃勒斯坦:《否思社会科学——19 世纪范式的局限》,刘琦岩等译,生活·读书·新知三联书店 2008 年版,第 76~77 页。

知的传统思维惯性,建立文化批判的自我意识机制"[1];我们也要从对中国问题熟悉的确信中跳出来,挖掘中国司法的真正问题所在,进而在此基础上,理解当下中国司法的问题。更重要的是,我们要通过对当下中国司法问题的知识思考,特别是通过将当下中国司法放置在整个中国社会及其生活的场域中来理解,理解并掌握住当下我们的生活状况和生活方式,进而提炼我们的生活智慧与生存哲学,并在此基础之上勾画出未来中国人所期望的理想生活与幸福状态,以及建立在这种生活模式与状态基础之上的司法知识理论。

然而,要想将对司法现象问题的知识思考延展到对中国社会及其生活方式的考虑与勾画上,就不仅需要革新我们对于当下中国司法问题的思考进路——这其实也就意味着我们必须要摆脱既有的司法知识观,进而建立起一种新的司法知识观;而且需要我们以新的司法知识观来批判、反哺并关照司法知识与社会生活之间的关系,进而指引当下中国的司法发展。而要全面革新既有的司法知识理论并同时建构起一种新的司法知识理论,那么有关司法知识及其理论研究的方法的选择,无疑就变得极为重要了。

第四节　反思的方法及其可能的突破

研究方法无疑是由研究对象所决定的。而研究方法的选定,又会在某种程度上决定理论分析的可能突破点和研究结果的可能创新之处。

尽管如此,直接面对如此宏大的命题,我们该如何进行审慎地思考与妥当的言说,这其实又不仅仅只是一个立场的问题,也是一个态度的问题,更是一个方法的选择问题。然而长期以来,有关中国司法问题的理论研究,一方面甚少关注到我在上文之中所揭示出的那些法律/司法现象背后的知识逻辑与知识立场的问题;即便有少许言说,也基本上都是一些强势的、论断式的言说;这些言说到处充满着真理性的命题和知识性的判断而并没有形成真正的、可验证式的论证与包容性地叙事。另一方面,它们所开放出来的论题,不仅甚少具备独立与自主的学术立场,而且也因此缺乏学术意义上的、强有力的理论阐释力;甚至在多数情况下,它们基本上都是现实政策的一种理论型的法律话语注解或者法律话语转

---

[1] 邓晓芒:《启蒙的进化》,载《读书》2009年第6期,第4~5页。

换，缺少构建体系化的司法知识理论的必要努力。为此这其中，有关司法的话虽然很多但脱离现实的虚妄之词，不容置疑的、独断式的霸权话语也不少，因而显得相当地无趣。即便不那么无趣，但也因其高高在上的立场，使得它有关司法现象的理论言说显得极为骄纵、霸道与专横，并且还因其一副拒人千里之外的态度而又显得冷漠世故，进而与我们这些现实的具体的人的真实生活距离太远。为此它们的理论"看上去很美"但却"不食人间烟火"。❶ 因此，这就导致了当下有关中国司法问题的理论研究，在解释中国具体的问题上所表现出的、在理论与现实上的知识断裂。❷ 这样，作为关于司法/司法事件的知识化，有关司法知识的理论研究，最根本的就是要扭转当前学术界甚至是司法实务界对司法理论的过多倾注或者过分依赖。这或许只是一种文人的自恋性话语，❸努力把司法知识生产与再生产从"学术"的问题意识中拯救出来，让其重新回归到"问题"的问题意识当中，促使司法知识履行从"知识"以及"知识实践"上审视司法/司法事件的话语职能，进而形成一股分析司法制度和理论形态之处身位置的现实性力量，从而连接经验与理论。

　　的确，从司法活动的本质来看，它其实是双重面向的：既面对着现实世界的经验拷问与实践验证，又承受着理论世界的话语验证与"思想实验"。❹ 因此，有关司法的认识活动若还算得上是一种知识生产与再生产活动的话，那么它就必须同样具备这双重性的品格。而这其实也就意味着，一方面司法知识必须与社会结构以及人们的生活方式相契合，必须与培养其的社会—文化情境系统相契合，必须能够直面社会现实，必须要能够积极关怀现实的问题，唯有此，它才能够经受得住经验的考虑与实践的验证。另一方面，它不仅要能够为法学理论提供知识基础，还要能够促进甚至推动法律知识的不断创新和可持续发展，唯有此，它才能够经受得住理论的考验和思想的论证。因而在此意义上，有关司法知识的理论研究，它不仅需要反思当下中国司法知识生产与再生产的机制与体制，也需要将司法知识从法律知识甚至还要从其他社会科学知识中剥离出来，将它们

---

❶ 有关这一研究取向，详细的还可参阅徐贲的归纳与分析。参见徐贲：《什么是好的公共生活》，吉林出版集团有限责任公司2011年版，第408~409页。
❷ 参见方乐：《从"问题中国"到"理解中国"——当下中国司法理论研究立场的转换》，载《法律科学》2012年第5期，第11~21页。
❸ 参见刘小枫：《现代性社会理论绪论》，上海三联书店1998年版，第4页。
❹ 参见凌斌：《思想实验及其法学启迪》，载《法学》2008年第1期，第31~46页。

拉开一段距离以便于冷静地观察,进而对司法知识单独予以审视,从而努力揭开司法知识的多重面纱,展现司法知识所内含的并且也是其自身所独具的知识力。

进一步,"距离产生美";靠得太近,不仅会看不懂、看不透,而且也会深陷其中,无法自拔;"不识庐山真面目,只缘身在此山中",说的就是这个道理。遗憾的是,当下中国有关司法的理论言说很多就犯了这样的错误。换言之,尽管在当下中国有关司法的言说在话语的表述和逻辑的陈设上来看可谓千姿百态,各有千秋;但言说中国司法并不必然是一种关于中国司法现象的知识学建构,它也很可能会是,而且经常会是一种非知识性的个体情绪的反应。比如有学者提出将"人民法院"中的"人民"去掉并以此作为中国司法改革新的开始,❶进而缺乏对当下中国司法以及社会生活足够的移情(理解)与知识关怀,理论不仅成了"自说自话",而且之于实践却犹如"高射炮打蚊子";以及更为严重的是,无法从既有的知识体制和言说方式的宰制中摆脱和解放出来,无法观察并抽象出真正制约中国司法发展的问题所在,从而缺乏对未来中国法治发展的知识指引与知识展望。❷ 这是其一。其二,这种知识人的反思性距离又不是一种价值绝缘或者价值无涉的距离(韦伯意义上的),而是一种建立在各种价值理性立场的交往秩序和对话结构(哈贝马斯意义上的),是一种足以促成批判社会的乌托邦转变为交往社会的乌托邦。❸ 其三,转型中国司法所面临的许多问题以及对于这些问题的问题化处理,的确是我们在理论上所必须要主动承担的,必须要在理论和行动上对其予以公共性的反思;但对于这些问题的认识、考量却往往又会是个体性的;并且当下中国司法的知识言述和理论表达还无法彻底地摆脱这种个体旨趣与价值立场。这样,若是要有效地审视中国司法,提炼出中国司法的理论关键词和知识命题,而非或激进、或保守地批判之,那么同样就需要将司法现象被实证知识性地推距为一个可以审视的对象,也即将司法现象先予以客观化,这样才能够审慎而客观地处理有关司法知识的理论命题。

如果我们把视野放得宽一些,那么有关当下中国司法现象的研究,又不仅仅

---

❶ 《人民法院不能没有"人民"》,http://news.sohu.com/20041208/n223393973.shtml;《人民法院绝不删除"人民"二字》,http://news.sina.com.cn/c/2004-12-13/09444507439s.shtml。2010 年 3 月 24 日最后登录访问。

❷ 相关的论述,还可参阅,黄宗智:《经验与理论:中国社会、经济与法律的实践历史研究》,中国人民大学出版社 2007 年版,第 178~197 页。

❸ 参见刘小枫:《现代性社会理论绪论》,上海三联书店 1998 年版,第 292 页。

只是存在着一个理论与实践上的知识断裂问题,还存在着一个更为根本性的"思"与"不思"的问题,以及基于此之上所形成的第二重知识断裂的问题。也就是说,一旦我们深入分析当下中国司法场域中的这种有关司法的理论研究在知识与实践上相脱离的关系时,就无法不涉及到司法知识本身所具有的品格担当,就会涉及到司法知识本身对它所指涉的对象所具有的正当性赋予力量与反思性、批判性的力量之间的关系。这样,联系到当下中国法学场域中的知识生产活动,那么又该如何从思想根据上去关注我们为什么要考虑诸如建设有中国特色的公正高效权威的司法制度的问题,以及如何实现中国司法的现代化等问题。其实这些问题从根本上所关涉的都会是一个从司法的角度来反思当下中国社会的生活及其秩序的正当性问题,是一个从现实性的角度来宏观思考中国人理想的社会秩序和美好的生活方式的问题;而这些问题又恰恰正是本书潜藏在有关司法知识理论命题建构背后的根本性问题。因而这其实也就意味着,我们有关司法知识问题的理论研究以及在这种研究中不断强调其所处的"中国立场",就是期望通过此问题里"中国因子"的勾勒而看到与此相关的一个更大的问题所在。这个更大的问题便是:中国人应当生活在何种性质的社会秩序之中?如何通过司法知识与中国社会之间所建立起的关联来大致界定一个中国人理想的社会秩序以及这种社会秩序下的司法运作模式,进而认识清楚对于维持包括司法在内的、中国法律系统与中国社会的发展都至关重要的中国人的努力方向?❶这样,有关司法知识理论问题研究中所显现出的这种"思想"与"不思想"或者"反思想"的对立,实际上就已然构成了当下中国法学场域中有关中国司法现象的研究中的第二重知识断裂。

之所以会造成上述诸多对于在有关司法的认识过程中所涉知识问题上的"不识"与"不思",在我看来相当程度上还是与司法知识在当下中国司法场域中丢失掉知识所必备的反思力进而使得知识的批判力被弱化甚至被遮蔽有着很大的关联。具体说来,由于长期以来,特别是受移植而来的大陆法系的知识传统与司法模式的影响,以及中国自身一直处于立法中心主义的时代,中国司法知识的生产与再生产活动中,不仅有关逻辑—理论性的知识一直压制着经验性—个体

---

❶ 对于秩序的正当性问题,富勒曾作了类似的发问,参见[美]富勒:《法律的道德性》,郑戈译,商务印书馆 2005 年版,第 6 页;国内学人的有关研究,参见邹立君:《良好秩序观的建构——朗·富勒法律理论的研究》,法律出版社 2007 年版。

化的知识生产及其规模,而且理论知识长期统治着经验知识,其结果不仅导致司法及其实践活动在法律知识系统中的地位相对比较低下,容易被忽视。人们可能更关注立法活动,关注司法在制度层面上的建构而容易忽视司法的具体实践,忽略司法实践中的个人感受,而且造成司法的经验知识对理论知识系统及其更新的影响力相对较低,甚至人们往往都不注重于对司法经验知识的提炼与总结,更遑论试图从司法的经验知识系统之中读出以及读懂这个"社会"与"人生"了。❶ 因而长此以往,这种司法知识的格局所带来的问题便是,不仅中国司法知识的生产与再生产活动无力为中国司法的发展提供其所必需的、关键性的知识供给,而且更为重要的是,现有的司法知识生产模式还无力为中国司法的未来发展提供一个评价、批判和指引中国司法发展的理论判准与方向的理想知识图景。

进一步,由于没有在有关司法知识的生产与再生产活动中达致一种知识的反思性实践,❷以及由于它并没有在自身与其所置身于其中的这个社会以及这个社会中的人之间建立起紧密的关联来,因而使得有关司法知识的理论命题既不能为自身何以能够充当这个诸神纷争世界唯一的清醒者提供正当的理由和基础,也无法指出一条更为合适的道路来引领世人。结果,它不仅因此丧失了因合法而强硬的现实批判力,而且也就此丧失了因理解而深刻的现实建构力。而这其实也就意味着,当下中国司法场域中的司法知识生产与再生产的模式必须予以更新,以确保司法知识的生产能够从以往单一的、理论性的司法知识的统治中解放出来,摆脱以往那种以逻辑—理论性的司法知识为中心的旧时代,开启一个兼顾司法的理论性知识与经验性知识的、追求整体性的司法知识的时代,一个以"问题"的问题意识为起点并及时且充分地进行反思性知识生产与再生产的新时代。

这一点非常的重要。因为客观地来说,其实当下中国有关司法问题的理论研究也并不是完全没有反思性的,只不过他们所惯用的反思与评价的立场常常是用一种启蒙的心态,以一种否定性的眼光来对当下中国的司法予以评判。这其中典型的比如我在上文中所指出的,人们不仅常常以西方(甚至是"假想中的西方")的司法及其知识理论为参照系,而且还通过这种知识的裁量来评论中国

---

❶ 参见[美]波斯纳:《法理学问题》,苏力译,中国政法大学出版社2002年版,第137页。
❷ 参见[法]布迪厄:《实践感》,蒋梓骅译,译林出版社2003年版。

司法的得与失，或者论证中国司法制度的进步与落后。尽管这种做法曾经在一段时间里非常流行，也尽管这一视角所开放出的问题以及所建构出的理论似乎具备相当强大的解释力，但显然是不合理的。❶ 这种有关司法知识理论命题建构的背后，归根结底是"落后挨打"情结的延续，是期望以西方之文明来救东方之弊，"师夷长技以制夷"的当下做法。❷ 然而实际上，真正有意义的"思"乃是要"迎向事物的风，它要卷入到思的事物中去，经受住卷入的考验，上了思的路就要经受思的各种险象，就要在思的林中路中转易，就不能回到世俗的安逸，就不能躲避思的冲突，而是要勇敢并感激地领受冲突的惠顾与馈赠，把它们转为思的路标和基本语汇，借以向更幽暗的思想边际突围。……"❸这样，在有关司法的认识活动中，对于中国司法的知识反思以及对于司法知识的知识反思，都不应当是一种任意性的联系，也不应该是一种情绪的宣泄，更不应当是一种价值现行的判断；不仅不应当是一种纯粹的智力游戏，也不应当是一个概念的谜题；相反，它不仅会涉及到对于司法知识本身在内容上的反思，也会对司法知识生产与再生产、司法知识的体系与制度等知识现象背后的逻辑脉络进行彻底反思，还会对司法知识的言说者以及阅读者进行反思。也即这种反思，不仅要反思认识的活动和认识的对象，而且还要反思认识的主体。当然也唯有此，有关司法知识反思才是真正的，而有关司法知识理论命题的建构才是稳健的。

为什么？因为一如上述，不仅认识对象和认识主体有机地构成了一个完整的认识活动，而且认识对象和认识主体都是知识的有机组成部分。与此同时，若是我们从知识与行动的角度来重新理解司法知识的社会构成，那么司法知识的内容、结构及其各种现实样态就不能仅仅只是停留在"到社会之中去寻找"的层面，否则知识就是软弱无力的。相反，要全面地理解和把握司法知识与中国社会之间的关系，不仅应当以审慎的眼光和立场来反省司法知识与当下中国社会中各种价值之间的多重联姻，来审理司法知识与价值论述中的利益诉求，由此将理论、信念、知识本身演变成一个社会学问题；❹而且还应当审视包括司法知识与

---

❶ 参见许纪霖等：《启蒙的自我瓦解——1990年代以来中国思想文化界重大论争研究》，吉林出版集团有限责任公司2007年版；[美]维塞尔：《启蒙运动的内在问题》，贺志刚译，华夏出版社2007年版。
❷ 参见相蓝欣：《传统与对外关系》，生活·读书·新知三联书店2007年版，第38~39页。
❸ 陈春文：《回到思与思物世界的恋人》，载《读书》2008年第3期，第58页。
❹ 参见刘小枫：《现代性社会理论绪论》，上海三联书店1998年版，第237页。

当下中国社会中的人在内的关系,也即要借用知识社会学这把"手术刀",力求在其认知地图中窥见到"人"的侧影。毕竟,任何一种知识都并非是一种"忘我"的言说,恰恰相反,人都会是以某种方式"将各种认识、把握和预设'注入'到行动过程,在公共性的社会生活中、在社会成员的行动关联中,产生实际的'效应',使自我的理念、预设、利益变为现实。这样,人就不仅仅是法理意义上的行动主体,而且也是现实中的真正具有实践能力的行动者"❶。因此,对于司法知识及其理论命题而言,司法知识的认识主体就不仅仅只是知识的旁观者,更应当是知识及其建构活动的参与者。❷ 而也正是基于此,这种有关司法知识的反思其实就变成了一种强迫性的反思:强迫自己、强迫理解、强迫反思;并且,这种反思又不是建立在观察理性之上的,因为这种理性只评(批)介他人。相反,这种研究和反思更多是建立在反思理性之基础上的,这种理性不只是评(批)介他人而且还否思自己。因此,这种反思不是冲动的理解,也不是一种简单地否思,更不是无根基时代的知识否定;相反,这是一种真正的、严肃的反思。比如,在对待中、西司法知识系统的差异上,这种反思提倡的是应当以恭敬的态度来对待各自的传统与现状,提倡一种交相互融的态度来对待相互间的知识打量与相互间的知识建构,而不是粗暴地对待各自的知识传统和知识制度,不是简单地以西方的东西来诠释中国的传统或者以中国的传统来对比西方的理论进而以优秀者自居;也不是情绪化地对待现实,不是简单地以西方来裁量中国或者以中国来否定西方;它所提倡的乃是要以中、西两者之间的司法理论来相互辅涉、相互融通、相互阐释。当然,也正是因为此,这种有关司法知识及其理论命题的反思便是肃穆、虔诚的。

很显然,长期以来正是由于对知识与社会关系的甚少关注,以及这种反思性的态度的缺失,因而尽管作为问题的司法知识及其理论命题在中国的提出并被关注甚早,但理论型的建构和体系性的规划却迟迟未出场。与此同时,尽管本书的研究对象试图兼顾司法知识的理论与事件,也尽管本书的研究立场无疑是中国的并且基本的态度又是反思性的,但是从本书所设定的理论论题及其研究思路来看,显然最为妥适也最具分析力的概念工具和方法路径,便是"知识"。因

---

❶ 杨敏:《社会行动的意义效应——社会转型加速期现代性特征研究》,中国人民大学出版社 2005 年版,第 14 页。
❷ 参见[澳]沃特斯:《现代社会学理论》,华夏出版社 2000 年版,第 73 页。

为司法知识及其理论命题的源出处和出发点,都是处于知识及其理论的宏观背景之中的。这样从"知识"到"知识理论"(或者"知识论")再到"司法知识理论",无疑就是一个理论逻辑的当然推演进程。但是面对中国司法场域之中如此之多的已有关于司法理论的研究,以及面对中国司法场域所置身于其中的、更大的中国法学场域中如此之多的相关性主张和观点,为了使有关司法知识的理论言说更具说服力以及使建构起来的司法知识理论体系更具分析力和解释力,因此就很有必要对本书所采用的"知识"概念做一番前提性的说明。虽然这种说明在之前或多或少已经有所交代了。

毫无疑问,知识的概念问题既是哲学领域中的一个古老话题,也是它的基本论题;甚至在某种意义上我们可以说,一部哲学史其实就是一部知识史。然而尽管自苏格拉底始,"知识即美德"这一命题早已奠定了知识哲学的言说起点与叙事风格,但无论是西方还是中国,它们有关"知识"的概念描述和意义解释就如同"科学"这个名词一样,可谓纷繁杂陈。不仅如此,其实在概念史上,"知识"也如同"正义"一般都有着一张普罗透斯似的脸,变幻无常,随时都可能呈现出不同的形态并具有极不相同的面貌。而当我们试图去仔细查看这张脸并尝试着揭开隐藏在其表面背后的秘密时,却又往往会深感迷茫。这样,面对知识的概念史以及认识论上业已被公认了的有关知识范畴的研究困境,面对因这种困境所带来的沉重的认识论包袱,我并没有野心也没有能力去提炼一个不仅具有统摄性而且又独具品格的有关知识的概念。当然若是细究起来,这么做其实也是没有必要的。因为哲学史上围绕着知识的概念和语义之争其实本身并没有太大的意义,有意义的是通过这几千年的争议史,我们能够从中发现有关知识范畴的研究规律、动态、趋势与时代使命。

例如,在有关知识具有争议的学术研究和逻辑推理的细节背后,知识的概念史希望传授的主要内容似乎是:

第一,知识以及知识的理论并不是一种固定不变的观念范畴和意义架构;相反,有关知识的研究已然走向的是逐步地开放化、明朗化、冷静化和学术化。因而面对知识哲学史上的、各种并非相互排斥的有关知识的概念界定与意涵选择,我们仍然需要将"知识"的概念命题保留在知识哲学的整体结构之中来理解,承认它作为观念体系的认识论起点。与此同时,我们再也不会纠缠于知识概念的真实与虚假之争,恰恰相反,我们将努力发现各种有关知识的理论所内含的辩证关系以及概念与概念、观念与观念之间的相互关涉,进而在它们的共识性基础上找寻出一套恰当的当然也是融经验性、解释性以及批判性为一体的知识理论。❶

第二,尽管不得不承认,对于知识定义分析必将有助于我们对于知识的性质和作用的理解,但是我们也还是必须要认识到,对于知识的定义分析和对知识本身的分析其实并不是一回事,相反两者之间存在着较大的区别。与此同时,考虑到本书的论题是"司法知识",因而我将知识的概念阐述限定在对知识命题进行逻辑或者语言分析的范围之内。

第三,我们还必须要清楚地认识到,不仅知识是社会秩序中的一个至关重要的因素和充满能力的部分,而且知识的意义也必须要嵌入在特定的社会—文化情境系统之中才能够被准确的考量。因为"一切知识,包括知识社会学所产生的知识,都处在社会和历史背景下,而且只有联系这种情况才是可理解的"❷。而即便是伴随着知识学的勃兴所带来的西方学者对于知识的现代性问题的省思以及经由这种省思所带来的、现代西方所面临的思想/知识与社会的断裂,也促使西方学者期望通过知识这一共同媒介来洞见到现代性问题背后的社会力量,进而描绘出思想/知识与社会断裂的知识谱系。

第四,尽管"知识同它所赖以产生的历史中的社会密不可分"❸,但是"除了各种社会决定因素之外,或者我们在讨论各种社会决定因素时又恰恰遗忘了一个不可消除的因素,那便是行动者,指出这一点,不是要摒弃知识的任何社会因素,而在于考虑必须以什么方式重新阐述知识的概念"❹,以及重构"重建时代的人与社会的关系"❺。这意味着我们在思考知识的语义命题和理论体系的时候,就必须要突出"行动者"的意义,重视主体对于司法知识的建构作用。

当然,有关知识的概念归纳以及言说方式的选择的背后,其实也反映出并验证了本书对司法知识所采取的一种建构论(constructivism)的立场。❻ 这种立场

---

❶ 参见[美]伯恩斯坦:《社会政治理论的重构》,黄瑞祺译,译林出版社2008年版,第4页。
❷ [英]汤普森:《意识形态与现代文化》,高铦等译,译林出版社2005年版,第54页。
❸ 周晓虹:《西方社会学历史与体系》(第1卷),上海人民出版社2002年版,第413页。
❹ [德]曼海姆:《意识形态与乌托邦》,黎鸣等译,商务印书馆2000年版,第301页。
❺ [德]曼海姆:《重建时代的人与社会:现代社会结构的研究》,张旅平译,生活·读书·新知三联书店2002年版。
❻ "建构论"乃是一种与"社会决定论"迥异的立场,两者之间最大差异在于,"建构论"力图揭示蕴涵于司法知识理论的世界中的价值因素,力图从知识与社会互动的角度,体现人在其中的作用,而"社会决定论"则更多强调社会因素对司法知识的结构性作用与力量。

即是要承认司法知识不仅仅只是一种抽象的与价值无涉的知识形态,它同样是根植于特定的社会—文化情境系统之中的;而且司法知识的演替同样也是由多种社会结构及社会价值因素所影响甚至决定着的。而这也就意味着,在司法知识生产以及更新的过程中,主体与客体、社会与人,这些相对应的范畴和要素之间的关系其实都是互动互构的。

如果我们进一步综合有关知识的各种理论来对司法知识及其理论命题进行体系化的考察,那么这其中最为重要的就是要超越对司法知识做一种简单的概念化理解的做法,是要尝试着在具体的社会—文化情境系统之中对司法知识的具体内涵进行寻求。也即是要尝试着将有关司法知识的理论命题放置在时空维度之中来予以限定,或者在特定的司法知识事件之中来进行理解;并且在这种寻求与理解的过程中,要尽可能地用一个动态化的视角来流动性地解析司法知识及其理论命题,进而回避概念化、僵化的理解司法知识的做法,避免"一切认知只是涉及认知者社会—历史环境的结论"[1],以及避免简单化的理解或者寻找其单一的本质。而这其实也就意味着,有关司法知识的理论命题只有融化在具体的司法事件或社会情境之中才具有现实性和重要性。与此同时,作为思想的沉淀物,对司法知识及其理论命题的考察同样还会夹杂着来自于对现代性问题的知识反思;并且在我看来,这种知识背景的拓展也是必需的。因为只有把司法知识及其理论命题放置在特定的社会结构之中,放置在其得以发展与发挥作用的并且又是内含多重力量相互角力与紧张着的、流动着的社会结构里,知识才能更具活力。除此之外,一方面就司法知识的知识体系而言,它应当始终是一个开放的、复杂的范畴体系,而不是一个封闭着的、简单化的系统;并且它又主要是根据不同的主体的阅读以及主体与主体之间的互动阅读来界定这个知识体系的知识种类与范围的。另一方面就司法知识的知识形态来说,毋宁说它是一个单一的司法知识体,倒不如说是一个知识体在不同的知识主体的阅读过程中所现出来的、纷繁多样的"象"。当然,一旦将主体作为行动者纳入到司法知识及其理论命题的范畴,那么我们在建构有关司法知识的理论命题时所需要思考的就不再只是"知识与社会"之间的关系,而是"知识与生存"之间的关系;就不仅是要关照知识主体在阅读时所暴露出来的作为个体性的知识观,而且更要关注普遍的

---

[1] [英]威廉斯:《现代悲剧》,丁尔苏译,译林出版社2007年版,第44页。

知识观以及这种知识观所关照下的现代人的未来命运的问题。而也正是因为此，司法知识及其理论命题才获得了充足的理解力和现实力。

由此可见，作为一个不容忽视但却又经常被忽视的学术概念，司法知识在法理学与法社会学的研究中不仅是极具现实性和前瞻性的，而且也是极具分析力与解释力的。本书所致力的就是要据此开启一个有关司法知识所特有的知识体系，并就此揭示出其所内含的知识理论问题，进而展现司法知识所内涵的知识力。因而在此意义上，与其说司法知识的知识力是被展示出来的，倒不如说它是被创造出来的。与此同时，考虑到有关司法的认识需要一定的观察距离，因而整个有关司法的研究工作就被一分为二，即首先做知识的理论分离并建构，然后再将建构起的理论回归到现实之中予以验证。这样在具体的方法上，我将分别采用知识哲学与知识社会学的分析角度，以与具体的研究需要和推进步骤相映照：一方面努力在知识哲学的作坊里分离并建构起一套司法知识的知识体系，通过认识论的层层盘剥来解释司法知识的知识特性与功能，以为审视和反思司法知识及其理论命题本身设置好了"镜子"；另一方面则努力在法律、社会与文化之间交错互动验证所建构起来的司法知识理论体系，进而在此之中考察司法知识在其他知识的结构缝隙中是如何通过自身的知识努力和知识实践来获得自己得以生存并持续发展的空间和地位的。除此之外，需要提醒注意的是，我们有关司法知识理论的体系建构和重新锻造，是在把司法知识从其他知识体系之中分离出来之后，再把有关社会生活的感觉持续不断地融入其中，才得以在整体上完成的。因此从过程上来看，有关司法知识的哲学分析与社会经验论证就不是截然分离的两个过程，恰恰相反是一个"你中有我，我中有你"的过程。这样，尽管本书在结构上分为上、下两编，但是通过素材的寻找与整合，通过方法的牵连与黏结，尤其是在我所建构起来的所谓的整体性的司法知识观的统摄之下，这两部分的分析被整合进一个统一的问题意识之中，从而也就确保了本书整体的研究思路没有截然的分界线，没能导致上下两张皮的格局。

由于司法知识及其理论命题并非只是一个概念式的命题论断，相反它所关涉的内容其实是多方面的：不仅会有经验性的材料，还会有解释性的理论以及批判性的话语。因而这也就决定了本书的研究方法，虽然总的来说是在知识哲学与知识社会学这两种大的方法论类型的范围之内，但就具体方法而言却并非单一的而肯定会是多样化的，是需要根据研究对象以及观察对象的视角的不同来

导论　转型中国司法的知识反思

进行选择的。换言之，一方面，方法决定观察问题的视角，视角的不同则会带来不同的观察结果。因为"当你无意识地从属于某一个视角的时候，你会强调它给你呈现的那些内容而忽视它所遮蔽的部分。这样也就没有万能的方法和视角，而都必须随着对象物和情境（context）的变化，视角也要跟着发生改变。我们对此必须要有足够的敏感"❶。另一方面，在建构司法知识及其理论命题的过程中，我所使用的"材料"既有来自于西方的，也有来自于中国的；我所用的材料的"质地"，既可能是法学的，也可能是知识学，还可能是其他方面的；但无论如何，我的知识立场是中国的，我的态度也是审慎的。而这其实也就意味着，在推进有关司法知识理论命题建构的过程中，不论材料的出产地如何，也不论视角和方法又是如何切换的，本书的研究立场却始终是坚定的，是一以贯之的。

与此同时，由于本书对司法知识及其理论命题持一种建构论的立场，那么其理论上的贡献自然是不言而喻的，而它同时所隐含的风险也是显而易见的；❷尤其是在这样一个知识信息日益多元化和主体理性日渐趋于有限的时代里，任何试图建构整全性的、体系化的理论的个体化尝试都可能会遭遇前所未有的困难。因而我们也就不得不承认，一方面尽管很努力，但是我们最终所建构起来的司法知识系统必定无法达到尽善尽美的程度，相反它始终会是一个公共并且开放的知识体系；它以包容的心态接受任何来自严谨态度上的质疑，是一个随时都可能被证伪且随时等待不断修正与完善的知识理论体系。而这其实也就意味着，除非能够经受得住司法知识理论的不断经验和反复裁决，否则的话，任何的哲学体系和科学体系都变得越来越不可能。❸另一方面，尽管从表面上来看，这套司法知识理论在逻辑上似乎是纯粹的，然而由于建构这套司法知识理论的知识材料和行动者本身却早已是"生活于一定的知识网络之中的，是不可自拔的深陷于既有的知识系统世界的"，而不是来自于真空的世界，❹因此对于这套司法知识理论的批判，也即对于"判准"的反思与批判必将同时构成有关司法知识理论命题建构活动中的一个有机组成部分。

---

❶ ［美］波斯纳：《超越法律》，苏力译，中国政法大学出版社2002年版，第132～133页。
❷ 参见高小康：《建构论与本质论：为承认而斗争？》，载《文艺争鸣》2009年第5期，第6～11页；王晓华：《走向实质多元主义的理论建构——我看本质论与建构论之争》，载《文艺争鸣》2009年第5期，第12～17页。
❸ Aarnio and MacCormick, *Legal Reasoning*, Dartmouth Publishing Company Ltd., 1992, p.58.
❹ 参见胡军：《知识论》"前言"，北京大学出版社2006年版，第3页。

此外，由于"批判的武器当然不能代替武器的批判"，因而在建构有关司法知识理论命题的过程中，我将首先把司法知识从其他的知识形态、甚至要从法律知识的知识形态中将其唤醒并把其分离出来，进而在此基础上努力建构起一个看似纯粹的司法知识的理论体系，一个司法知识得以反思其自身、批判其自身的前提。但对于当下转型中国的司法以及对于司法知识理论体系的建构活动本身来说，这都不是全部的活动；更为重要的是，要将这一有关司法知识的理论命题重新放置进入法律知识的知识体系甚至是其他的知识体系之中，让它重新回归到社会—知识的知识群体之中，回归到具体的社会—文件情境系统之中，仔细观察并不断反思司法知识的生产与再生产活动、司法知识的机制与体制等方面的问题，审视司法知识与其他知识之间在具体司法过程中的结构比例及其流变，进而努力理解并试图找寻到司法知识与其他知识之间的、也即各种知识质料的共同媒介（知识力），❶从而建构起司法知识与转型中国的司法和社会之间的具有知识意义的内在关联，最终提醒转型中国的司法必须对此要有所敏感和警觉，促进并推动中国司法的良性发展。

很显然，从中国的问题出发转而进入司法知识的理论建构，然后再返回到中国的问题之中进行理论的验证，进而以此为审视中国的问题提供一个学理上的知识参照系，一面镜子，从而推进对中国司法经验的理解以及对当代社会转型中的中国司法问题的把握。这是本书有关司法知识理论论题的前提和落脚点，也是结论归纳的出发点所在。与此同时，尽管司法知识这一论题尤其是在知识哲学层面上进行盘剥并建构，似乎距离中国的现实问题最远，但其实却未必。"项庄起舞，意在沛公"。我将始终在关注中国司法问题的前提下，带着对中国司法问题的思考与忧虑，努力通过对司法知识的理论解读，进而更加认真地对待转型中国以及转型中国的司法，努力尝试着反思当前很多学者在司法知识问题上的"定论"，并希望借此讨论从另一个角度思考中国当前正"方兴未艾"的司法改革运动中强调司法知识专业化的观点和思想。

当然，即便足够的小心，这种关注以及归纳也都还是会引发某些盲点。换言之，由于司法知识事件及其背后的生活实践的复杂性，因而从经验材料中分析所得出的任何可能的结论，都极有可能被轻易的证伪。毕竟，中国之大、情况之复

---

❶ 参见［德］黑格尔：《精神现象学》，贺麟、王玖兴译，商务印书馆1997年版。

杂、发展之不平衡,任何结论都可能在中国的其他地方找到个案或材料来获得证实或证伪,甚至找出众多个案和材料都很容易。因而这就需要我们对从有限的经验材料中所得出的结论保持警惕和反思。这其实意味着,由于经验材料的来源和处理方法本身都有可能会影响到研究的可靠性和真实性,因而在把调查信息一般化时,我还是时刻都提醒自己,要有所保留,结论不能下得太快;在处理作为研究对象和研究基础的统计数据时要慎重,要结合具体事例;在处理经验材料时,要处处小心展开,也不要带入自己的"想象力",更不要妄自揣度和猜测,要密切结合访谈材料,不要以偏概全,以求分析尽量逼近存在的现实。聊以自慰的是,对于转型中国的法学来说,本书的这种研究或许只是一个不恰当的起点,但绝对不会是终点。

第五节 本书的框架和内容

围绕着司法知识这一核心论题,本书将进行必要的理论建构、意义阐释和问题开放。因而在细致梳理并深入探究司法知识的理论命题时,我将始终面对的关键问题是:在前人涉及未深的领域,该如何思考和言说司法知识及其理论?这一问题又可以被拆解为如下的四个问题追问:第一,该如何界定司法知识以及又该如何对司法知识理论作出具有说服力的意义阐释和影响力的问题开放?第二,如何开放出司法知识及其理论命题的知识力,并就此确立言说司法知识及其理论命题的问题立场?后者其实涉及到如何定义以及根据什么定义来重新界定中国的问题。第三,如何揭示司法知识的知识要素并建构起司法知识的知识体系。第四,如何在司法知识与转型中国这两个命题之间建立起有学术意义的内在关联,并在当下中国的司法场域里,甚至是在转型中国的社会生活中展示司法知识及其理论命题的知识力。

这注定是一个创造性的开拓工作。因为一如我在上文中所说的,尽管有关"知识"和有关"司法"问题的研究在国内外都非常之多,但是有关"司法知识"论题的理论研究,目前还主要停留在描述性阶段,也即它们仅仅只是简单地指出"'A'属于司法知识",而并没有说明"'A'为什么是司法知识"。也就是说,它们不仅没有确立司法知识的知识标准,而且也没有揭示出司法知识及其理论命题所内含着的强大的知识力,更没有在建构一个完整的司法知识理论体系上做出应有的努力。因而这些有关司法知识及其理论命题的介绍性内容一般都比较分散、零碎且不系统,缺乏一种对司法知识及其理论命题的整体性把握和全局性关注。即便是描述性的,现有关于司法知识的理论研究也都不同程度地存在着问题:要么就是把"司法知识"作为一个静态的概念来使用,要么就是对"司法知识"的理解太宽泛,要么就是对司法知识本身以及司法知识的生产与再生产活动采取一种不反思、不批判的"拿来主义"态度,要么就是对"司法知识"作一种简单化的处理,完全忽视司法知识的公共性和开放性,忽视司法知识因素的兼容性与能动性,忽视司法知识的知识特性和知识功能,特别是忽视司法知识与法律知识的区别以及这种区别对于当下中国所可能存在意义或者影响,进而最终忽视掉了司法知识背后的知识立场与政治意图。

  本书试图作这样的突破。通过对"司法知识"这一论题的理论讨论来致力于对"司法知识"问题作深度的分析。本书力求集中在知识脉络和知识过程上来把握司法知识。当然,在具体思路的展开上,本书首先通过对"司法知识"在知识哲学尤其是在知识的认识论上作层层地盘剥,然后将这些剥离下来的"知识质料"放入知识社会学的容器里来展示其所内含的知识力,并以此为基础努力揭示司法知识的知识因素和知识活动,考量司法知识的知识逻辑与知识脉象,阐明并建构起司法知识的知识体系和知识判准,恢复司法知识应有的知识反思力和知识批判力,促使"以知识批判知识、以知识反思知识"这一知识活动的完成,生动展示司法知识的知识力;并以此为契机,对当下中国司法场域中既有的司法知识生产与再生产活动进行反思,进而努力将以往被遮蔽掉的问题以及问题背后的问题都开放出来,尝试着在具体的情境下予以审视,反省知识形态的现代性,洞见到并强调司法知识在社会转型中的可能贡献或者可能扮演的角色,清理司法知识生产活动中的非知识因素,确立司法知识的知识标准,提高司法知识的自我再造和自我更新的能力,保证司法活动在知识生产领域的优质并且高效,为中国法治发展服务,进而对有关司法知识研究与转型中国这两者之间做出一个深入而令人信服的剖析;并在此基础上,通过将司法知识与其他类型的知识、与具体的社会情境建立起有意义的关联,展现司法知识理论研究的现代性问题意识,建构起一个既符合当下社会结构以及社会生活逻辑,又能够大致引领中国司法甚至是中国社会的未来发展的司法知识体系;从而推动中国司法及其改革朝着能够构建"更有德行、更有品格和更令人满意"的社会生活的轨道上奋勇前行。

因此，从文本叙事的整体脉络上看，本书有关司法知识及其理论命题的研究，是以知识哲学为方法论基础并以知识社会学的解释框架为理论的附着点的。但是在整体行文的叙事风格上，我将努力以"中国"为出发点和归宿点，深描有关司法知识的各种发现。因此从根本上来说，本书的研究应当属于一种解释性的叙述(narrative)而不是应用对策性的研究。而在具体的言说步骤上，全书分上、下两编：上编侧重于司法知识的基本理论，主要致力于司法知识理论的框架建构；下编则着重分析司法知识与转型中国社会的关系，执行对司法知识理论进行深入地经验性诠释。全书共分九部分：

导论重在阐明全书的问题意识，表明研究的学术意义，阐述言说的立场，给出一个整体上的结构安排和大致的内容介绍，力图展示出一条清晰的司法知识理论研究路线。

第一章侧重于司法知识理论基本命题的限定、研究方法的选取和分析框架的建构。通过对传统知识论与现代知识论的理论梳理，不仅指出传统的知识论与现代主体间性的知识理论所具备的各自优势，而且也指出传统的知识论所存在着的将主、客体二元都客观化的倾向以及现代知识论所存在着的将主、客体二元都主观化的倾向所可能造成的各自弊端。因而这意味着同样建立在主—客体二元对立关系结构之上的现代主体间性知识理论其实并没有很好地解决传统知识论所遭遇到的困境，相反更应当被看成是认识活动的另一个面向，是对传统知识论所反映出的认识活动及其规律的一种有益补充。因为作为一个复杂的过程，认识不仅要从主体到客体的，也要从客体到主体；它其实是一个主、客体相互动的过程，一种融主、客体二元于整体性的结构关系之中的社会活动。

第二章对司法知识的概念意涵予以展开。通过对司法知识理论所开放出的命题讨论，尝试着对司法知识的概念意涵在双重意义上予以展开：一是描述司法知识的意义范畴，揭示司法知识的概念意涵；二是论证司法知识的理论命题，丰富司法知识的理论意涵。很显然，这两方面的努力都是统一于作为对象存在物的司法知识整体的。

第三章围绕着司法知识的性质来展开。通过多重视角透视司法知识的知识特性，深入展现司法知识的知识立场，进而还原司法知识所可能内含的多重知识角色和知识功能。当然，这种对司法知识在多维度里的追根溯源，意在说明：不仅作为概念的司法知识不是单一的或者单指的，而且作为实体的司法知识在知识要素上也并不是单一性的，而是多重性的或者多样性的，甚至司法知识的知识要素与要素之间也都会存在着差异。而之所以强调这种细致的差异，意在说明，不仅司法知识的知识力是综合性的，而且在现代社会中，司法知识的知识角色和知识功能也是多样性和多元化的。最终也即是通过此，达致一种整体性的司法知识观并据此建构起一个司法知识的理论体系。

下编四章对司法知识理论进行经验性的诠释。围绕着司法知识与转型中国社会的主题和背景，选取"司法裁判中的法律知识与道德认知之间的关系"、"司法判决的知识基础"、"司法知识的形态及其流变"、"司法知识实践中如何处理判决与调解的关系"这四个更为具体的问题，同时在司法知识的结构与体系、司法知识的制度与机制、司法知识的生产与再生产等这些较为宏大的理论命题的关照下，以点带面，对转型中国的司法进行知识诠释和经验提炼，以此来展现上编所建构起的、整体性的司法知识观对于转型中国司法的理论分析力和解释力的同时，揭示当下中国司法问题的复杂性和独特性。

第四章关注司法如何面对道德的问题。对于当下中国的司法实践与改革来说，以法治话语及其思维方式为基础的司法知识观和以道德话语及其思维方式为基础的司法知识观之间的冲突，既十分的突出和严重，又十分的复杂和迫切，因而必须引起司法及其裁判活动的足够重视。而这也意味着当下中国司法所面临以及所需要解决的问题，就不仅仅只是司法制度与司法体制的进一步法治化的问题，更为基础的或许仍然是司法的法治话语系统如何与日常生活世界的话语系统相兼容的问题，也即必须要尝试着调和这两种司法知识观之间的结构性冲突与紧张性对峙。一个可能的态度，不是简单的以法治话语为标准来改造，也不是片面地用道德话语来附会，而是要以两者之间的合作为目标来达成相互间的沟通；一个可行的方案或行动，便是要在开放的司法实践中践行有德性的法律统治，要辨法析理，并通过这样一系列的司法操作，努力建构起属于中国的、德法兼备的政法话语和政法意识形态。

第五章则围绕着司法判决的知识基础这一论题，以两个看似并无多大关联的案例为基础，着力分析常识与司法知识之间的体系区分以及常识进入司法判决之中的制度性障碍，展现司法判决的知识基础。通过这种历时性与共时性因素相综合起来的分析，它还将展现转型中国的司法裁判（也即司法知识的生产与再生产），不仅仅只是一个法律的实践活动，而必定同时既会涉及到更为广阔和深远得多的社会结构与社会因素,也会吸纳庞杂与繁复的思想实践与生活实践,进而以特定社会文化—情境系统里的一起事件的整体面貌来呈现。

第六章探讨司法知识的形态及其变迁这一论题。通过展现疑难案件得以产生的知识—社会因素,对转型中国社会里的司法知识生产与再生产活动予以进一步考察,揭示司法知识的形态及其变迁,指出当下中国的司法改革更多只是注意到社会转型与制度变迁之于司法知识变迁的可能意味,而容易忽视司法知识变迁的社会意涵。实际上,知识与社会是相互作用的,社会转型与司法知识形态的衍生、传承和流变亦是密不可分。这样,司法知识及其形态的流变就不再仅仅只是一起知识事件,由司法知识自身的逻辑所决定的;而更应当是一起社会事件,受整个社会的结构与逻辑的影响。因而这意味着,当下中国既要关注社会转型对司法知识的变迁所可能产生的作用,同时也更要留意司法现代化进程中司法知识及其形态的变迁与中国社会及其现代转型之间的互动关系,以便使中国的司法改革在推动司法知识转型的同时,能为现代司法技艺的发挥提供相应的制度空间,进而促使司法知识与社会结构和社会文化—情境系统能够发生全面而良性的互动,从而形成或创造知识与社会彼此互动的发展机制,最终共同推动中国司法的优质发展。

第七章是超越东西方法律文化的司法知识实践,研究的是司法知识实践中如何处理判决与调解的关系问题。因为经由社会转型与经济转轨所带来的利益格局的多元化和利益关系的复杂化,使得人与人之间、不同群体之间的利益关系纠缠交错,利益的结构性冲突也日渐频繁。为此当下中国的法官在处理纠纷时,就必须在理顺关系、权衡利益、评估得失、摆平事件上下功夫,进而及时地为社会提供一种既缓和并协调好了利益的紧张关系,又衡平了价值冲突的法律产品。然而,这一司法知识产品的生产,实质上是中国法官充分利用起了东西方两种文化之中的法律资源,并又超越两种司法模式而采取了一种更为实用的司法策略;与此同时,这一司法运作模式的背后,恰恰又反映出了"调解"与"审判"这两种截然不同的纠纷处理方式在当下中国实已无区分开来的必要。当然,所有的这些其实都生动地反映出整体性的司法知识观在当下中国司法场域中的运行方式与运作逻辑。

最后是结语。我尝试着以当下中国的司法理论研究,也即以当下中国司法知识的生产与再生产的活动及其知识产品的质量为主轴,并以司法理论研究的方法和立场为线索,力求通过对这一问题较为详细的考察,管中窥豹,努力在展现中国司法知识理论整体图像的同时,揭示其问题,进而予以反思和重构,最终回应本书的论题。

尽管从表面上来看,本书下编所涉及到的四个问题看似有些零散,但毫无疑问,这些话题的展开又都以转型中国司法为大的背景,努力在司法知识与其他知识的结构中、在社会结构的流变中来展示"司法知识"在知识形态和知识结构上的演变,进而尝试着回答:在转型中国的司法活动中,什么知识被挤压出"司法知识"的知识形态中了?什么知识又被吸纳进司法知识的知识形态中了?什么知识在司法知识的知识结构中所占的比例增加了?以及什么知识在司法知识的知识结构比例中所占的份额减少了?司法知识的知识结构本身有什么变化?是什么原因导致了这些变化?等等;以及,走进法官,努力以法官的角色来更为现实地考察法官的法律日常生活实践,进而书写司法知识生产与再生产的模式,对"沉默的大多数"、"默会之知"进行深入的研究,从而揭示当下转型中国的司法场域中司法知识的运作状况和知识逻辑,展示司法知识的实现机制。

由此可见,尽管本书言说的问题与命题都是哲学的,但本书的解释框架却是深深地嵌入到转型中国的司法之中的,也即把司法知识的理论分析放置到转型时期中国的整个司法背景与情境之下并随时拿来验证的。作出此种安排的主要考虑,是期望抽象的言说能有所附着避免空对空。与此同时,在具体内容的结构安排上,除了"导论"和"结语"外,本书的内容又大致可以分为"知识"、"话语"与"行动"三个部分。除此之外,需要特别提请注意的是,作为全书一个有机组成部分"导论"的意义。尽管在目录的标题的逻辑上看,本书是顺叙的,但若从内在的逻辑上来看,本书其实是倒叙的:作为本书第一部分的"导论",其实是本书写作的最后一道工序。在这一部分中,我将从知识学与法律社会学尤其是社会理论的基本命题出发,努力将全书的内容进一步统合起来,整合成为"命题"与"概念"论题,旨在对全书真正做出一个前在性的说明和引导,从而将全书整合成一个稳定的结构。

当然,必须要提醒注意的是,尽管本书旨在体系性的建构司法知识的理论命题;但是本书却无意提供一个所谓终极的体系。因为,"体系"作为"既济"的形态,往往容易导向自我封闭,进而造成知识的迷思。很显然,这与本书写作的初衷是极不相符的。换言之,司法知识理论作为哲学之思,则总是处于"未济"的过程,并具有开放的性质。❶ 这样,本书所言之"体系",从本质上来说,主要是指其自身的内在脉络和系统。因而,它所着重的,并不是外在的形式,而是具有实质意义的内在问题;并且,这其中所展示的知识哲学的视域,则同样蕴涵着社会性、历史性和开放性。

在开端之处认识事物,在事态的进行状态中识别它,不用静态的眼光去观察它;这意味着本书对"司法知识"的考察是建立在一种动态的分析习惯的基础之上的,而不是盲从于静态的结论。"视其所以,观其所由,察其所安"❷,司法知识"藏都藏不住"。当然,不得不承认,有关"司法知识"问题的研究并不能够促使"当前人民群众日益增长的司法需求与人民法院司法能力相对不足"这一中国司法的基本矛盾得以解决甚至是缓解,也无法让法官"一夜之间"找到变成"办案能手"的操作指南,或者提高法官综合素质的"知识手册";但是却可以让人发现自己在司法知识行为(身)、司法知识话语的表达(语)、司法知识的理念与意识(意)方面的问题;因此,我对司法知识问题研究的期望是:它是对司法命题的知识性反思与描述,并发现其中规律性的东西。

与此同时,还必须说明的是,就旨趣而言,本书不仅是对以往我有关转型中国司法问题研究的一种强迫性的自我反思和自觉批判,❸也是我有关司法知识这一论题的片断性言述的开端。但是,尽管这种自我反省和修正是渐进的,不显眼的,或者是在迂回曲折中推进的,然受个人眼光的局限,本书也必将同样是在一个有限的框架里来演绎一些个人看法的。然而,尽管这种言说的方式是个性化的,但言说的内容和可能的意义却并不是特殊化的、碎片化的,而是力求在一定的问题意识的统摄下综合运用和有机组合各种知识质料所进行的有可能有知识增量的知识生产与再生产活动。这样,"从中国问题中来,回到中国问题中去",是本书研究在叙事方法上所致力于追求的;而"用结论来证明前提,而前提又包含在结论之中",则是全书在论述技巧上所致力追求的。

---

❶ 参见杨国荣:《存在之维——后形而上学时代的形上学》,人民出版社2005年版,第3~4页。

❷ 《论语·为政》。

❸ 有关司法问题的既有研究成果,包括《司法的场域分析》,载《法律科学》2006年第1期;《法袍、法槌:符号化改革的实际效果》,载《法律与社会科学》2006年第1卷;《转型中国的司法策略》,载《法制与社会发展》2007年第2期;《超越东西方法律文化的司法》,载《政法论坛》2007年第3期;《论农村纠纷的多元解决机制》,载《清华法学》2007年第3期;《司法行为及其选择的文化注释》,载《法律科学》2007年第5期;《法官判决的知识基础》,载《法律科学》2009年第1期。

上编　司法知识理论的框架建构

第一章　知识论与司法知识理论

围绕着司法知识这一论题进行必要的命题设定、理论建构、意义阐释和问题开放,本章将尝试着为司法知识及其理论命题的展开寻找到一个妥切的理论分析工具并基于此初步地建构起该命题的主要分析框架和基本内容。当然,若是从关联性上来看,那么本章也是对导论第三、第四节内容的一个进一步拓展。

客观地来说,司法知识及其理论命题实属一个宏大而抽象的问题(群),因而这会使得任何试图靠近它的智识努力都容易显得苍白无力。这样,一个恰当的分析工具的选取和理论言说命题框架的建立,无疑就能够为研究者在这个概念混杂、理论繁复、内容庞大、观点林立的迷宫之中找到其言说的立场定位以及叙说的逻辑路标,进而确保在消除关注分歧、厘清叙事思路的基础上,能够将那些看似游离的理论关切点和碎片化的智识点都整合起来,使得它们都能够围绕着共同的理论目标和叙说焦点建构起来,从而将有关司法的点滴认识理论化为一个连贯的有意义的整体。而又正是通过这个思想的整体和理论的体系,来帮助我们寻找到那些隐藏在理论言说的表面之下却能够启示人们的深层次问题。

似乎是自然而然的,司法知识及其理论命题的开启应当选取知识或者知识理论作为其叙述的源点或者逻辑起点。然而客观地来说,虽然知识是一个人们再熟悉不过的概念,并且知识理论研究的对象就是"什么是知识"这样一个根本性的问题,但一方面,知识论却是一个非常庞大的理论体系,这其中无论是源流还是理论的脉象都极为复杂。毕竟"不论是从认识的起源,还是在知识的有效性方面(知识是否客观的、普遍的、必然的,还是可错的?)甚至是在认识是否可能的问题上,长期都存在着争论"[1]。因此选择什么样的知识概念或者哪一种知识理论来进行言说,就并非想象地那么理所当然了。另一方面,如果将司法知识

---

[1] 陈嘉明:《知识与确证——当代知识论引论》,上海人民出版社2003年版,第27页。

简单的看成是一种对司法现象或者司法问题的哲学认识,把司法知识理论看成是以司法现象为研究对象的各种认识活动及其认识成果的总称的话,那么我们就必须要认识到,无论是这种认识活动的对象还是其认识的过程与结果,都已与知识论的问题关注、言说方式、理论脉象等大为不同了。而这其实也就意味着,虽然司法知识及其理论命题的言说可以知识理论为言说的基础,但它们也有其自身特定的问题意识、内容范围和意义设定。因此就需要仔细地斟酌。

考虑到言说对象的特质以及理论建构的特定目标,本书选取知识理论当中对司法知识及其理论研究影响相对较大的知识点以及解释力也相对较强的理论片段(例如,怀疑论之于司法现实主义,融贯论之于司法论证理论,以及传统知识理论之于司法三段论或其他相关理论),来探寻当下中国司法现象之中急需解决的重大问题背后的知识理论基础(例如,经验与事实的关系问题如何处理?开放结构中的确定性如何找寻?以及,论证或者证明的融贯性或者一贯性如何达致?)。而之所以做如此选择,又主要是考虑到这些有关知识的理论点及其横切面的连接已然能够大致地反映出整个知识理论发展的脉络。❶ 因此,通过将这些有关知识的理论引入司法现象及其理论问题的分析,我们就不仅能够看到知识论与司法知识理论之间的共同关注,进而强化这些共同问题的司法理论关注和言说,以推进司法知识问题的理论化处理以及这种理论的体系性建构;而且也能够在看到司法知识理论背后的哲学逻辑与知识脉象的同时,拓深司法知识的理论研究,进而借此尝试着打通有关司法的认识活动之中认识主体与认识客体的距离隔阂,将其中主体与客体原本二元对立的关系结构转变为主—客体相和合的关系模式,从而将有关司法知识的理论研究与转型中国的社会生活连贯起来,最终延伸本书研究的问题意识并拓展这一研究的理论意义。

还有一点需要说明的是,司法知识及其理论命题所针对的显然都主要是司法现象中的一般性问题或者整体性的问题;这种认识活动的目的乃是要在司法现象的一般性问题或者整体性问题的背后寻找到一种更一般性的或者整体性的理解与阐释。毕竟"一切有水平、有深度的理论认识,都离不开对具体现象的总体把握以及对问题背后的问题的深度发掘与解释"❷。但是关注一般性或者整

---

❶ 参见胡军:《知识论》,北京大学出版社 2006 年版,第 23~24 页。
❷ 杨国荣:《存在之维——后形而上学时代的形而上学》,人民出版社 2005 年版,第 89 页。

体性的问题却并不代表它们不关心具体的司法问题或者特殊的司法现象,只不过它们是以一种关系性的视角来整体性地看待这些具体的司法问题与特殊的司法现象的。换言之,它们在有关司法知识及其理论体系建构的过程中,不仅只是将司法现象作为一个一般性的问题来进行整体性的观察,而且也会将原本具体而松散的司法现象压缩成"现象包"或者把原本特殊而零散的司法问题打包成"问题束"进而研究其中所反映出的一般性问题以及这种一般性问题背后的整体性问题,从而以这样一种观察的视角和知识的产出为转型中国司法现象的阐释与理解提供基础,也即为整个司法知识理论提供根基,最终在此基础上建构起有关司法知识的理论体系。而这其实也就意味着在有关司法知识理论命题的渐次展开中,我们将对知识理论与司法现象这两个主要的方面予以仔细且直接的关注,以期通过追根溯源并在此基础上打通两者之间的理论关隘和制度限制,进而在此基础上沟通起两种不同的知识类型与知识形态,促使这两种知识间的互渗与互融,达致这两种知识的相互解释与相互理解,从而为司法现象的理论言说找到新的关注点与知识增长点,最终更好地服务于当下中国的司法以及更大范围里的法治中国及其现代化建设。

第一节 知识论与认识论

尽管知识概念与理论的复杂性使得我们虽然有意回避知识哲学中有关认识的问题上的繁复与琐碎,但司法知识及其理论命题的展开首先仍然是要很好地解决"什么是知识"这一前提性的命题。而关于"什么是知识",诺齐克曾在《哲学说明》一书中做了初步地探讨。在他看来,"知识论"(*Theory of knowledge*)与"认识论"(*Epistemology*)的探讨对象都是"知识";它们都是对知识的概念以及性质、可能性、种类和范围等的一种系统探究和体系言说。[1] 显然,从诺齐克关于知识的这段简要说明里,我们从中便可发现它所包含的关于知识理论的一个重要问题,那便是:知识论与认识论究竟是一个怎样的关系?

虽然从语义学上来看,*Theory of knowledge* 所指称的"知识论"和 *Epistemology*

---

[1] Nicholas Rescher, *Epistemology: An Introduction to the Theory of Knowledge*, New York: State University of New York Press, 2003, pp.135–137.

所对应的"认识论"近乎是同义的,❶但细究起来两者之间还是存有些微之差别的:在近代哲学那里,Epistemology 研究的主要是"认识"的问题,也即是探讨有关知识的起源、根据和界限的问题。因而这一时期认识论的核心问题是:"怎么才能获得可靠的知识?"而从这一问题的发问之中也可以看出,这一时期的认识论实际上是清楚地知道自己与科学之间的关系,进而以此显示出它与知识论之间并不同。Epistemology 在现代哲学里研究的则主要是有关"知识"的定义与要素(比如知识何以能够成为知识)问题,尤其是知识的确证(justification)问题,也即"对知识作方法论的说明和辩护"❷。那么,从 Epistemology 在不同时期的不同侧重点来看,认识论与知识论的区别其实就主要体现在它们各自不同的研究范围或者内容上:"认识论"主要是从发生学的角度探讨人的认识是怎么发生的,因而有关它的研究就主要包括了对认识的来源、阶段、机制、方法、范围等问题的探究;而"知识论"则主要是针对作为认识成果形态的科学知识的反思性学说,是对其进行"理论性的或批评性的研究"❸。而这其实意味着"知识论"它主要是以现成的认识成果——"知识"为主要探讨对象,其内容主要包括对知识的本质与特性、知识的标准、知识与其所指向的对象的关系、知识的确证、知识与信念的关系等问题进行的反思性或理论性的探究。❹ 此外,如果我们把视野放的宽一些,那么从词源上来说,知识论的 Epistemology 其实是由两个词汇合成的:Episteme 和 logos;前者是"认识"或者"知识",后者是"逻辑"或者"理性基础"。这样从字面上来理解,"知识论"就是一种对获得或者确证知识的理性途径的研究。

知识论在英美哲学的脉络中又往往被称为"知识的理论"。它是一种有关知识的本质、限制与有效性的理论,主要专注于一般性的知识本身、知识的性质、知识的来源以及来源的证据判断和真理的问题等等。❺ 然而同样,知识的理论

---

❶ 参见徐向东:《怀疑论、知识与辩护》,北京大学出版社 2006 年版,第 3 页。
❷ [德]哈贝马斯:《认识与兴趣》,郭官义、李黎译,学林出版社 1999 年版,第 66 页。
❸ Geoffrey Samuel, *Epistemology and Method in Law*, Ashgate:2003, p.11.
❹ 参见陈嘉明:《知识与确证——当代知识论引论》,上海人民出版社 2003 年版,第 1~2 页;金林南:《西方政治认识论演变》,上海人民出版社 2008 年版,第 41 页。当然,有关"知识论"与"认识论"的区别以及两者区别的理由和目的,详细的可参阅,黄颂杰、宋宽锋:《再论知识论的精神实质及其出路》,载《哲学研究》1999 年第 2 期,第 23~25 页。
❺ Edward J.Conry and Caryn L.Beck-Dudley, *Meta-Jurisprudence*:*The Epistemology of Law*, American Business Law Journal 33(1996), p.374.Olsen A.Ghirardi, *Epistemology in Law*, in:Christopher Berry Gray(ed.), *The Philosophy of Law*:*An Encyclopedia*, Vol.I, New York & London:Garland Publishing,1999, p.261.

也并非从一开始即为一种有关知识本身之所以为真的条件的研究。相反在西方哲学史上,古代与近代的哲学家们有关知识的理论研究都主要是从人的认识能力的角度来展开的,他们把有关知识的理论研究建立在人的感性与理性的基础之上,从而产生了知识理论上的经验主义和理性主义这两种完全不同的理论主张。当然,这一时期有关知识的理论探讨又主要是在发生学意义上进行的,研究的主要是关于知识或者认识的"起源、范围(是否只是在可见的现象、经验范围之内)及其客观有效性"❶。而从有关认识的发生学研究转变为有关知识本身之所以为真的条件的研究,特别是有关知识的确证问题的研究,乃是当代知识理论的主要贡献。因为在它看来,"确证"构成了认识达致真理的道路;也即"知识的确证概念是知识论的核心概念",它不仅对于认识达到其所把握真理的目标来说是本质性的,而且与真理之间也具有内在的紧密联系。❷ 但由于这种有关知识理论的当代探讨更加强调的是"逻辑"与"理性",因而这种有关知识的理论又往往会被看成是一种"没有经验上的偶然性,只有形式上的必然性;没有认识内容上的意识活动,只有认识形式上的逻辑规定"❸的知识理论。

尽管逻辑与理性的因素确实构成了当代知识理论的重要部分,但就整体而言,知识理论其实还应当是一种反省性的认识与批判性的认知,应当是一种非逻辑意味上的思想性力量。换言之,有关知识的理论应当旨在通过对一些常识性的认知或者习以为常的东西甚至是源远流长的真理进行批判,以确保其能够得以永葆活力。❹ 这样,知识就"必须是批判的知识,因为实证主义的知识或单纯的理解,都是对现存社会的断言。批判内在地相关于解放……知识的目标之一,就在于通过深化知识自身的意识来改造社会"❺。而也正是在此意义上,作为哲学的一个重要且古老的分支,知识论的地位是毋庸置疑的。这其中,不仅知识问题的提出与讨论实与形而上学一样的久远,而且"治哲学,应当起自知识论"❻;甚至在某种意义上,我们今天所说的"科学态度"其实就是一种哲学的态度、知识的态度。

---

❶ [德]康德:《纯粹理性批判》,蓝公武译,商务印书馆2005年版,第74页。
❷ 参见陈嘉明:《当代知识论:概念、背景与现状》,载《哲学研究》2003年第5期,第89~90页。
❸ 江怡:《论作为一种形而上学的知识论》,载《文史哲》2004年第2期,第14页。
❹ 参见陈嘉映:《哲学·科学·常识》,东方出版社2007年版,第9~10页。
❺ Gerard Delanty, *Social Science: Beyond Constructivism and Realism*, Open University Press, 1997, p.60.
❻ 邬昆如:《哲学概论》,(中国台湾)五南图书出版公司1990年版,第215页。

当然，也正是由于知识论是哲学中最古老且最主要的一个分支，因而知识的理论问题自然也就是最为庞杂的一个问题（群）。这其中不仅流派众多，而且言说纷纭。❶ 综括起来，知识论哲学又大致可以分为三个方向：一是直接追问世界的起源、本原和本质的，这在古希腊哲学中得到了最为典型的表现；二是着重探求人的认识能力和认识活动，这在笛卡尔以来的近代哲学中，特别是在英国经验哲学论哲学中得到了集中表现；三是致力于探讨客观知识（逻辑、语言等）在人的认识活动中的地位和作用，这在当代西方的分析哲学中显得尤为突出。❷ 当然也正是基于此，所谓知识理论及其思想传统，则主要是指发源于古希腊、经过中世纪、一直延续至今的一种以寻求客观知识、真理性认识为宗旨的思想方式；而从功能上看，知识理论它不仅致力于理解与诠释世界，而且更侧重于控制和改变世界。❸

实际上，不仅知识的问题历来都是哲学上最重要的问题，而且由于通过它能够理解人类认识活动的本质和限度进而它也就成为了理解人类状况的一条重要途径。毕竟，一方面"世人平日以'认知'为理所当然而不详加追究，但当他一旦开始质疑其认知真理的可能性时，知识问题才成了迫切有待化解的难题"❹。而另一方面从根本上来说，我们其实不仅都是知识的追求者——藉由知识的帮助，我们得以理解并开展我们认知事物的过程；而且也是各种知识论的应用者——藉由知识论的启示，我们得以对各种学科知识的可信度予以批评的评价。这样，作为连通思想世界和社会生活中的重要支点，作为架起认识与行动之间的桥梁，对于通过知识理解我们所置身于其中的社会并据此阐释和建构我们所欲的美好生活而言，知识理论自然也就因此变成一种格外重要且十分有意义的东西。如果再进一步，我们将有关知识及其理论都纳入到社会的视野之中，将知识的生产与再生产活动放置到社会结构与文化情境系统之中来展开理解，那么知识及其理论在某种程度上就都可以被看成是社会所建构起来的产物。而这其实也意味着，不仅"每一种知识类型都有社会学的基础，各种观念的形成过程也应当从

---

❶ 参见［美］约翰·波洛克、乔·克拉兹:《当代知识论》，陈真译，复旦大学出版社2008年版，第32～37页。
❷ 参见陈嘉明:《实在、心灵与信念——当代美国哲学概论》，人民出版社2005年版，第56～72页。
❸ 参见［美］阿尔文·普兰丁格:《基督教信念的知识地位》，邢滔滔等译，北京大学出版社2004年版，第126页。
❹ 关永中:《知识论:古典思潮》，（中国台湾）五南图书出版公司2000年版，第2页。

社会学的视角才能获得解释"❶;而且"全部知识的社会学本性以及所有各种思维形式、直观形式、认识形式的社会学本性都是不容置疑的"❷。因此,不仅在通常意义上,"知识类型与一定的社会结构之间有着相互依赖关系"❸,而且在极端一些的意义上,"知识与社会之间的联系其实根本就不具有任何神秘之处,而完全是由我们的生活方式所产生出来的一种自然而然和平平常常的结果"❹。这样,通过知识理论的演变,特别是将知识理论及其演变与社会及其问题建立起一定意义的关联来,我们从中不仅能够看到知识是"如何及以什么方式受它所处的社会环境的决定的、意义的变化是如何发生的、知识是如何被用做进行各种不同的互动的文化资源的"❺,进而据此展示出其背后所带来的一种思想认识上的跃进;而且也能够透过对知识这一概念术语在意义上的变化的考察估测出期间发生了一场多么大的革命。毕竟,知识及其理论总是与它所深嵌于其中的社会及其现实问题的脉搏一齐跳动的。

一、传统知识论的问题及其困境

什么是知识？这无疑是一个古老的哲学话题。早在柏拉图那里,其实就已经开始了以"知识"和"意见"的区别入手,尝试着"把许多类别的知识归之于一个统一的定义之下"❻,进而对知识的概念意涵做初步地探讨。在他看来,所谓"知识"应当被看作是一种确证了的、真实的信念(*justified true belief*)。也就是说,知识是由"信念"、"真"与"确证"这三个要素所组成的。这即是"知识"的"柏拉图定义"(或又称为知识的"三元定义")❼:

如果我们将知识的拥有者设定为 S,而信念为 P。那么 S 知道 P,当且仅当:

1.命题 P 是真的;

2.S 相信 P;

3.S 的信念是确证了的(*justified*)。

---

❶ [德]曼海姆:《文化社会学》,刘继同、左芙蓉译,中国城市出版社 2002 年版,第 45 页。
❷ [德]马克斯·舍勒:《知识社会学问题》,艾彦译,华夏出版社 1999 年版,第 66 页。
❸ [波兰]兹纳涅茨基:《知识人的社会角色》,郏斌祥译,译林出版社 2000 年版,第 1 页。
❹ [英]布鲁尔:《知识与社会意向》,艾彦译,东方出版社 2001 年版,第 117 页。
❺ [英]马尔凯:《科学与知识社会学》,林渠任等译,东方出版社 2001 年版,第 79~80 页。
❻ Plato, *The Collected Dialogues*, New Jersey: Princeton University Press, 1961, p.853.
❼ R.Chisholm, *The Foundation of Knowing*, Sussex: The Harvester Press, 1982, p.43.

从逻辑上来看,这一命题显然意味着当且仅当以上三个条件都得到满足时,我们才能说"S 知道(know)P"。而由于"S 知道 P",从而"S 有关于 P 的知识"。而如果我们对此命题做进一步的要素拆解和规范分析,那么这其实也就意味着在以柏拉图的知识定义为基础而形成的传统知识论看来,首先"信念"是知识的第一个要件。也就是说,知识一定要是一种信念,因为任何知识都必须是认识主体所能够把握或者相信的,要能够成为认识主体的思考内容或认识对象。其次"信念必须是真的"。只有真的信念才有可能成为知识。当然,这里的"真",不仅指"知道"必须要指向一个特定的客观存在的事实,而且这个客观存在的事实还又必须要与我们所已经拥有的信念相符合。第三便是"证实的条件",也即我们必须要有充分的证据来证明我们所拥有的信念是真的。换言之,人类知识的可能性和可靠性从根本上来说都有赖于其理由的充分和证据的恰当。这样总而言之,在传统的知识论看来,知识就是一种证实了的、真的信念(knowledge is justified true belief)。[1]

当然,这种有关知识的定义客观地来说还是比较初浅的。因为这其中,不仅"信念"的构成要素和"真"的标准问题都是极为复杂的问题,而且还有"证实"的问题也是一个极为困难且又充满最多争议的问题。与此同时,我们还必须要清楚的意识到,对知识定义的分析和对知识本身的分析并不是一回事,两者之间有着相当大的区别。尽管强调知识的定义与知识的区别其目的在于清楚地表明我们在知识理论研究上的立场乃是实在论的看法,这种看法主张,"知识的定义或概念是内在的,是为认识者所已经把握的,而知识的内容却是客观的,是对外在实在的正确的反映"[2]。但即便如此,上述的这种有关知识构成要素的剥离以及知识定义的简要语义分析,不仅有利于我们对知识定义的把握,也有助于我们了解知识的性质与作用。

由于传统知识论主张"知识"是建立在"知道"(know)的基础上的,这样不仅有关"知识"定义的内涵讨论实质上就是有关"知道"的讨论,而且"知道"又是建立在以"主体"为前提性存在的基础上的。因而从根本上来说,传统知识论所坚持的乃是一种有关认识的"主体优先原则",即"S 知道(know)P"。同时

---

[1] 参见胡军:《知识论》,北京大学出版社 2006 年版,第 53~66 页。
[2] [美]齐硕姆:《知识论》,邹惟远、邹晓蕾译,生活·读书·新知三联书店 1988 年版,第 75 页。

第一章 知识论与司法知识理论

这种有关知识的理论表达也会主张我们关于外在世界的知识在证据上必须取决于与我们的精神状态的内容有关的事实。而这其实也就意味着,传统知识论得以成立的根本前提乃是将"心灵"与"外物"转化为二元对立的关系;而它所坚持的认识结构就是一种"主体—客体"二元对立的认识模式。❶

但也恰恰正是这两点,却使得传统的知识论受到了来自各方的质疑与挑战:一方面,"知道"与"知识"客观上来说是有很大差异的。因为"知识"并不如传统知识论所分析的那样仅仅蕴涵在"信念"的概念范围之内,相反它其实应该将"信念"包括在其中的。换言之,我们所"知道"的有时会是一种信念,有时却也未必会是一种信念。例如:"在听到一些非常不好的消息的时候,我会说'我知道它发生了,但我却无法让我自己去相信它'。"❷与此同时,"知道"的意义也是非常复杂的,它至少有两个层面上的意义:弱意义上的知道和强意义上的知道;弱意义上的"知道"是指:当我相信命题P,并有好的理由(good reason)或者足够的证据(adequate evidence)来相信它,此外它是真的,那么我就说我知道P。强意义上的"知道"则是指:为了知道命题P,它必须是真的,我必须相信它,我必须有绝对的决定性的证据(absolutely conclusive evidence)或者充分的理由(sufficient reason)或完全的确证(completely justified)相信它。❸那么根据路易斯·波杰曼对"知道"的这两种意义的区分,日常生活中的"知道"显然基本上就是弱意义上的知道。而这种"知道"通常也只是与个别的主体有关,它带有强烈的主观色彩和鲜明的个性因素,因而也就不能构成知识。而这些其实都意味着,"知道(know)"并不总是与"知识(knowledge)"相关的。

另一方面,就"S知道(know)P"这种主体与客体二元相对立的认识模式来说,由于怀疑感性知觉的可靠性,这种认知模式便只能把知识的可靠性根源归之于理性自身,进而也就强化了认识活动之中主体与客体、理性与情感、心智与肉体的两分,从而造成了知识之中"经验"与"理性"等相关因素的直接对立。❹换言之,为了解决知识的客观有效性问题,传统的知识论特别关注于认识主体孤立

---

❶ 参见[法]福柯:《词与物》,莫伟民译,上海三联书店2001年版,第23页。
❷ Michael Williams, *Problems of Knowledge*, Oxford: Oxford University Press, 2001, p.18.
❸ Louis P.Pojman, *Philosophy: The Quest for Truth*, London: An International Thomson Publishing Company Inc., 1999, pp.177-178.
❹ 参见关永中:《知识论:现代思潮》,(中国台湾)五南图书出版公司2000年版,第135～137页。

的心灵运作，进而也就忽视了知识本身所具有的特别是在现代社会中密切的协作与互动的性质。❶ 而也正是基于此，在认识的活动中不仅认知的客体被对象化了，而且认知的主体也被对象化了。甚至从一开始我们便可看到，在认知活动中"人"其实一直处于一种暧昧不清的地位：它既是知识的主体，又是知识的对象。❷ 这显然并不符合我们对于知识活动中有关主体的认识与判断。

除此之外，伴随着认知活动的日趋复杂和有关知识理论探讨的日渐深入且多元，这种以自我为中心的传统知识论学说在面对日益繁杂的现实社会问题时就略显简单化了，进而不可避免地陷入到各种困境之中。而这种困境在当代的体现则主要是知识定义上的问题，也即如何应对葛梯尔问题的挑战。❸ 因为在《确证的真信念是不是知识？》一文中，葛梯尔针对传统知识论的知识定义提出一个反例，这个反例认为即使满足知识的真、确证与相信（信念）这三个条件，但确证的真信念也可能不是知识。如果我们用抽象的逻辑式来进一步表达这个反例，那么它其实想表明：S 对于他的信念 P 具有某种证据，由此也就演绎出了 p∨q。但由于 S 并不知道(-p)&q，因而这其实意味着虽然所有三个知识的条件都已得到满足，但我们仍然不能说 S 认识 p∨q。❹

可见，来自于知识定义、确证和怀疑论这三方面困境的集中质疑，使得传统知识论受到了一定程度的动摇。因而在《客观的知识》一书中，波普尔指出：

> 我的第一个观点是这样的。传统知识论已经在主观的意义上——在通常使用"我知道"或"我在想"这些词语的意义上——研究了知识和思想。我肯定地说，这已经把知识论研究引向了枝节问题上去了：人们打算研究科学知识，实际上却研究了某些与科学知识不相干的东西。因为科学知识根本不是在通常"我知道"一词的意义上的知识。"我知道"意义上的知识属

---

❶ 参见曹剑波：《知识与语境：当代西方知识论对怀疑主义难题的解答》，上海人民出版社 2009 年版，第 162 页。
❷ 参见[英]彼得·柏克：《知识社会史：从古腾堡到狄德罗》，贾士蘅译，（中国台湾）麦田出版社 2006 年版，第 51 页。
❸ "知识论的几乎所有进展，都以这样或那样的方式对它们作出反应。"See Jane Duran, *Knowledge in Context: Naturalized Epistemology and Sociolinguistic*, Lamham: Rowman & Littlefield Publishers, 1994, p.93.
❹ 有关这方面的更多分析，可参见，吕旭龙：《论传统知识论的问题与困境》，厦门大学 2007 年博士论文。

于我称谓的"第二世界",即主体的世界,而科学知识属于第三世界,属于客观理论、客观问题和客观论证的世界。

因而,我的第一个论点是,洛克、贝克莱、休谟甚至罗素的传统的知识论从相当严格的词义上来说是离题的。这个论点的推论是,大部分现代知识论也都是离题的。这包括现代认知逻辑(epistemic logic),如果我们记得它的目的是要成为关于科学知识的理论的话。可是,任何认识逻辑学家只要表明其目的并不在于对科学知识理论做出贡献,就可以轻易地使他本人完全避免我们的批判。❶

从波普尔的这段论述来看,不仅"科学知识"或许只是一种猜想或者假说,而且我们有关知识的获得其实也可能并不都是需要达致"确证为真的信念"的这种传统知识论的要求的。❷ 因而,虽然普波尔所主张的这种"没有认识主体的知识论"无法对传统知识论构成颠覆性的挑战,但它意味着传统知识论至少需要重新反思其自身理论的自洽性。换言之,尽管波普尔基本上没有针对传统知识论面临的困境直接展开分析和讨论,但无论如何,这种另辟蹊径的论述其实透露给我们的一个重要信息就是:知识是否具有客观有效性?以及如何处理认知主体及其先验的主观性?

的确,传统的知识论基于"理性人"假设而将认识主体同质化进而放弃了认识活动之中的主体(也即"人")问题,将认识主体从知识之中淡出从而把全部的注意力都集中在了"如何使得对于客体的认识达到科学的要求"之上,也即集中在了作为命题和处理问题的方法体系上。换言之,由于作为理论赖以建立和检验的全部规则都诉诸于了理性与科学之上,因而传统的知识论对于主体的认识论意义无法予以充分的关注。而也正是在此意义上,知识论上的"实证主义(也就)标志着认识论的结束,代替认识论的是知识学"。"知识学替代认识论,表现为认识着的主体(现实的人)不再是坐标系"❸,而是知识的一个有机组成部分。当然也正是在此逻辑的统摄之下,对于传统知识论所遇到困境,应对性的理论所做的破解努力则又大致可以分为以下的两个方向:一是继续在知识确证的条件

---

❶ [英]卡尔·波普尔:《客观的知识》,舒炜光等译,中国美术学院出版社 2003 年版,第 111 页。
❷ 参见[英]卡尔·波普尔:《猜想与反驳》,傅季重等译,上海译文出版社 2001 年版。
❸ [德]哈贝马斯:《认识与兴趣》,郭官义、李黎译,学林出版社 1999 年版,第 66~67 页。

上进行努力,寻求用加强确证条件的途径来解决传统知识论的困境;另一种则是在知识的条件上面做文章,它们要么通过寻求增加知识条件的做法来解决,要么就是用完全替换知识条件的做法来达到目的;前者往往被看成是知识论上的"内在主义",后者则为"外在主义"。❶

然而,由于同样深陷传统知识论所依赖的、主体—客体二元对立的认知模式之中而不自知,为此从根本上来说,知识论的内、外在主义都无法很好地解决传统知识论所遭遇到的问题。❷ 与此同时,伴随着知识理论的深入探讨,特别是伴随着科学技术革命的深入进行以及由此所带来的对知识理论的日渐渗透和逐步改造,当代西方知识论也发生了"哥白尼式"的变化。这种变化主要体现在以下三个方面:一是量子力学的"测不准原理"使得主体与客体之间的界限在认识活动之中被进一步模糊了,它使得人们至少意识到人类对微观世界的认识已经不是主体对客体的理性反映了;二是认知神经科学、人工智能技术等现代科学所提出的认识的本质不是反映而是主体(大脑)对信息的选择,这使得主体或者个体在认识活动之中的地位以及在知识之中作用再也容不得半点忽视;三是哲学上始终存在的唯心主义在当代有了新的发展,主要观点是认识的实质是主体在观念中对客体的建构而不是反映,这自然也就进一步强化了主体对于知识形成而可能发挥的作用。❸ 因而客观的来说,尽管知识论的这三个方面表面上看似分立、分阶段,但实际上它们又是相互作用和影响着的。而也正是通过此,我们可以明显的看到,在当代西方知识论的发展过程中,主体的地位日渐凸显,主体间性的知识论也日益显露出来,并越来越成为当代知识理论的一个重要分支。

与传统的知识理论不同,主体间性的知识理论所强调的"客观性的标准始终是主体间性(intersubjectivity)的标准,即对一切人都有效"❹。而这其实也就意味着传统知识论所一直坚持的知识的"客观性"不再被设想为一种与主体无关的东西,而是只有在主体与客体的相互关系之中尤其是在主体与主体的关系结构之中才能被显现出来。当然也正是在此意义上我们看到,主体间性的知识理论实际上是尝试着将"普遍的有效性"来规定和替代"客观地有效性"。因为在

---

❶ 参见陈嘉明:《当代知识论:概念、背景与现状》,载《哲学研究》2003年第5期,第91页。
❷ 参见徐向东:《怀疑论、知识与辩护》,北京大学出版社2006年版,第258~263页。
❸ Alvin I. Goldman, *Knowledge in A Social Word*, Oxford: Oxford University Press, 1999, pp.205-230.
❹ [英]海伦姆:《西方认识论简史》,崔建军等译,中国人民大学出版社1987年版,第65页。

它们看来,知识的"客观有效性和(对任何人的)必然的普遍有效性这两个概念其实是可以互换的概念……如果我们把一个判断当作普遍有效的并且同时当作必然的,那么,我们就懂得了客观有效性"[1]。然而接下来的问题是,主体间性的知识理论是足以克服传统知识论的一种有效选择吗?

二、主体间的知识论:传统知识论的超越?

由于传统知识论所坚持的是一种理性与科学的知识观。这种知识观的理论基础又是建立在主体与客体两分的二元对立模式和理性人假设所造成的价值中立的客观性法则。因而在这种知识论之下,不仅主体与客体、心智与肉体、理性与情感呈现二元对立的结构和态势,而且这种二元对立的关系模式又被进一步泛化开来,进而使得它既为一种主流的科学观以及公认的研究模式奠定了基础,也构成了所有我们关于知识以及人类思想、行动和组织的本质概念的基础。换言之,传统知识论之所以被看成是科学的,就在于它所倡导的价值中立和无偏见的客观性。而由于作为科学研究结果的科学理论的客观性又主要依靠科学研究准则和方法的非主体、非个人和价值无涉的普遍性才得以确保,并且这种客观主义的认识论主张所隐含的乃是一种客观性与主观性、事实与价值的二元对立,[2]为此这种客观性自然也就会被理解成为一种排除了主观情境并且又超越了主体的个体性特征的方法论准则,而事实同样也就会被看成是与价值相对立的客观实在。这使得有关知识的科学研究往往被视为是在真空中进行的一般,而自然科学家也就最容易被认为是进行知识生产与再生产活动的典型,因为他们就是通过确定的程序和规则来发现事实、检验规律并以消除个体偏见和主观价值为最高目标的。当然也正是因为此,自然科学家也就会被作为分离的、无偏见的观察者的形象并在此之中得到进一步地确定和加强,而且这种分离也会是多层面的:它既包括了与他人相分离,也包括了与周围的文化相分离;不仅要与他们自身的情感相分离,而且也要与他们创造的知识的可能运用及其结果相分离。[3]

---

[1] [德]康德:《任何一种能够作为科学出现的未来形而上学导论》,庞景仁译,商务印书馆1997年版,第64页。
[2] Vincent G.Potter, *On Understanding:A Philosophy of Knowledge*, New York:Fordham University Press,1994,p.17.
[3] Elizabeth Fee, *Critique of Modern Science:The Relationship of Feminism to Other Radical Epistemologies*, in *Feminist Approaches to Science*, ed.Ruth Bleier,Pergamon Press Inc.,1986.

的确,在公认的科学观中,不仅科学往往被看成是一个自主与客观的认知过程,而且科学知识的产生也往往被认为是与它的社会目标及社会运用相分离的。而那种独立于人类的政治、经济、道德和情感意识的科学理性,才又是确保科学知识和认知方式的普遍性和纯洁性的关键。因而在此意义上,观察者或者研究者(也即科学家)就往往被认为只是需要对科学的认识结果负责,而与科学的社会功能无关。与此同时,由于传统知识论又是以元科学认识论层面上的理性与情感、认知与社会的两分法为前提的,因而在它看来,自然事实与人类价值的分离其实也就意味着理性不仅是未经情感与价值沾染的,而且也是获得可靠知识不可缺少的因素。当然在此意义上,这种理性往往被视为是一种从已有假设之中做出有效推理的能力,而这种逻辑推理的有效性往往又被认为是一种需要独立于人的情感和意愿才能够达到普遍客观的结果。而由于情感往往又被视为是一种发生在个体身上的、人所遭遇的无法控制的"激情"(passion),为此它就是与理性相对立的、更为低劣的东西,进而使得主流的科学观将情感与价值视为认识论的外来侵入者与动摇者,因而就必须要依靠科学方法和逻辑推理的严格运用来将其清除出去,从而确保知识的无偏见性和有效性。而也正是因为此,科学研究中发现的情境与证明的情境、科学的认知活动与社会活动也被严格地区分开来。❶

进一步,由于传统的知识论及其理论体系是"对于我们知识源泉的问题作肯定或否定回答的产物。但这些理论及其体系却从来不对这些问题提出质疑,也不怀疑其合理性"。因为在它们看来,有关"我们知识源泉的问题,像那么多独裁主义的问题一样,是个遗传的问题。它询问我们知识的起源,本着这样的信仰即知识可以其谱系证明为合理的。这问题的背后有着这样的(常常是不自觉的)形而上学观念:纯种知识、未玷污的知识可导源于最高权威、(可能的话)导源于上帝的知识的高贵性"。而也正是这种将知识的来源最终诉诸于未知力量的观念,使得原本应当被质疑和反思的这些问题却"被认为是合情合理的,(因而)谁也没有看出它们的危害"❷。

然而在主体间性的知识理论看来,传统知识论所坚持的"认识"仅仅只是需

---

❶ 参见吴小英:《科学、文化与性别——女性主义的诠释》,中国社会科学出版社2000年版,第116页。
❷ [英]卡尔·波普尔:《猜想与反驳》,傅季重等译,上海译文出版社2001年版,第35~36页。

要冷静的理智,完全依赖于人的理性与科学的方法;唯有形而上学才会涉及到整个的人,需要考虑个体的情感与价值。但实际上,这种有关认识的理论只要辅之以认识的现实和经验来稍加佐证,我们就会看到它不仅过于截然地分离了形而上学与认识论,而且多少也将认识的主体格式化与抽象化了。因为,一方面就认识的过程而言,"一切知识,只要它们不是主要关注于对象,而是关注于我们认识对象的方式(就这种认识方式是先验可能的而言),就都可以被称为是'先验的'"❶。而这其实也就意味着,我们需要对经验进行先验性的反思,尽管这种反思并不意味着我们将要超越一切经验来进行反思,而是意味着发现和审视使经验认识得以可能的普遍条件。另一方面就认识的主体来说,实际上任何的认识主体都无法被简单地归结为是理智的化身或者理性化为一个符号性的抽象存在,因为认识活动需要的是整个的人,是作为具体存在的人,是鲜活而多向度的人。因而这个人他既会有感性的规定,也会有理性的面向;既渴望情感的满足,又包含着内在的意愿;如此等等。与此同时,即便是作为一个具体的存在,是所谓的"整个的人"或者同一群体的人,但"整个"与"同一群体"都并非是一个抽象的概念,它们对应着的都可能会是不同的种族、阶级、民族和职业、阶层以及其中的人。而伴随着社会生活以及个体之间所呈现出的越来越多样化和多元化,同一群体之中的人彼此之间也会存有相当大的差异,也会有各自的偏见、意识形态和权力欲望,并且他们又会因各自遭遇不同的生活环境和文化传统而使得这一群体之中的人是否具有同一的认识或者经验以及立场而越发值得怀疑。而实际上,这些附着于认知主体之上的各种不同因素,在认识的过程之中往往都会是相互交错、彼此作用的,都会共同制约着知识的形成的。❷除此之外,如果我们把视野放得宽一些,尝试着把认识的"主体"、"对象"以及认识的"过程"都放置在其所置身于其中的社会文化—情境系统里来考察,那么以下的问题更是无法回避了:知识的条件是否以及在何种程度上包含了社会的条件? 知识是否是认知者孤立于社会的一种行动,它是否包含了认知者与社会环境之间的关系?❸

可见,在主体间性的知识论看来,传统知识论所主张并倡导的那种客观的、

---

❶ [德]康德:《纯粹理性批判》,蓝公武译,商务印书馆2005年版,第84~85页。
❷ 参见杨国荣:《存在之维——后形而上学时代的形上学》,人民出版社2005年版,第101页。
❸ Frederick Schmitt, *Social epistemology*, in *The Blackwell Guide to Epistemology*, Oxford: Blackwell Publishers, 1999, p.354.

普遍的、价值中立的科学知识以及方法论准则是否真实存在是值得质疑的。因为不仅任何的认识活动都是有主体参与至其中并发挥着重要作用的,而且任何知识的生产及其结果又都是在社会情境之中的(social situated),都是建立在具体的历史语境之中和特殊的人类生活经验之上的。❶ 与此同时,传统知识论中有关主体与客体、理性与情感、心智与肉体等范畴之间的两分且相互对立的认识模式与结构关系也必须要予以彻底的反思和批判。因为这种笛卡尔式的二元论人为地将世界分割成对立的"生活/物质世界"与"精神/意义世界",并赋予后者优于前者的价值等级规定,❷这不仅造成了西方认识论和科学知识的"精神图谱"以及对"物质世界"的指导和统治功能——"理论先于实践","理论指导实践",说的就是这个意思;也设定了现代形而上学在其基本建制("我思")中的主体对于客体的优先性、主导权和进攻态势;❸还使得科学成了一种社会历史进程而非对真理和实在的冷漠与无偏见的追求。因而消除这种非此即彼的二元对立结构关系和思维模式自然也就成了反映并批判科学认识论的关键,而这往往又被看成是对传统知识论中的客观性标准予以重新诠释和再次强化的一种补充性做法。因而我们看到,作为现代知识论的一个影响力强劲的分支,主体间性的知识理论不仅力图消除传统知识论所赖以存在的主体与客体二元对立的认知结构与思维模式,强调主体与客体、情感与理性在认识论中实际上发挥的是一种相互依赖且不可分割的作用,指出在人类认知的过程中它们其中的"每一个因素的发展都是所有发展的必要条件"❹,而且重新思考知识与情感、知识与社会之间的关系,并以此试图建构起一种证明理性与情感之间相互构成的(constitutive)而非相互对立的关系的概念模式。因为在他们看来,所谓科学发现和科学证明的情境划分实际上并不能消除科学研究中渗透的社会价值和主观因素,相反情感与价值对于可靠知识的获得来说是必需的。❺

---

❶ Sandra Harding, *Rethinking Standpoint Epistemology*: *What Is "Strong Objectivity"*?, in *Feminist Epistemologies*, ed.Linda Alcoff & Elizabeth Potter, Routledge, 1993.
❷ 参见[美]戴维·凯瑞斯编辑:《法律中的政治——一个进步性批评》,信春鹰译,中国政法大学出版社2008年版,第483~484页。
❸ [美]费耶阿本德:《知识、科学与相对主义》,陈健等译,江苏人民出版社2006年版,第55页。
❹ Alison Jaggar, *Love and Knowledge*: *Emotion in Feminist Epistemology*, in *Women, Knowledge, and Reality*, ed. Ann Garry& Marilyn Pearsall, Routledge, 1992, p.56.
❺ 参见[英]巴恩斯:《科学知识与社会学理论》,鲁旭东译,东方出版社2001年版,第82~84页。

第一章　知识论与司法知识理论

　　进一步,主体间性的知识论认为,作为观察者或者研究者的认识主体都是处于特定的社会历史情境之中的具体的人,因而他们不可避免地会把个人的偏见和社会意识形态带入到科学研究的整个过程之中。与此同时,科学共同体的研究传统和背景假设也会影响到认识过程之中有关问题的提出、材料的取舍、证据的解释、理论的评价和选择等等。除此之外,既不存在不受理论和假设沾染的所谓"原始材料"或"中立的观察",也不存在超越历史和文化情境的透明、中性的科学描述语言。这样,在主体间性的知识理论看来,知识它是不会自己表达自身的而是要借由主体的言说的,为此它应当是负载了主观价值和个性因素的,是人们主观创造和有意识地选择的结果。因而这也就意味着我们必须要将主观性和情境性因素都作为知识理论或知识研究的一部分,将价值标准作为科学事实确定过程中一个不可忽略的重要因素。❶ 换言之,在主体间性的知识理论看来,知识是主观的和情境化的,是由研究者的具体情境和社会定位提供了认知的计划和知识的来源,因而社会的情境性与历史性都应该构成任何社会知识的核心信念。这种知识论的"情境主义"将科学的认知进程理解为不是与社会进程相对立的活动,而是本身即为社会的。与此同时在它看来,知识也不是产生于单个的个体,而是产生于与他人相互作用着的个体,是产生于共同体之中的。这样在知识论的"情境主义"看来,科学的认知与社会进程就在彼此相互作用之中融为了一体。❷ 因此,科学既不是纯粹认知的,也不是非个人的东西,而是一种与社会价值和政治权力息息相关的社会活动。

　　更进一步,由于在主体间性的知识论看来,知识其实并不是纯粹的、客观的,任何知识都应当是在特定的历史语境和社会文化—情境系统的范围内存在的,是与特定的价值相关的认识或者说是某类认识以及意义的复合体。这样,我们就必须要在主体与主体的交流和对话之中来完成对特定语境意义里的知识建构与意义理解,进而形成共识。与此同时在此过程之中,理解者也还必须要在自己的诠释活动之中优先引入反思意识。因为唯有在反思的关系之中,被理解者的语境才能存在于理解者的视野中,才能在有关认识的活动之中达成理解者与被

---

❶ 参见吴小英:《科学、文化与性别——女性主义的诠释》,中国社会科学出版社 2000 年版,第 115 页。
❷ Helen E.Longino, *Essential Tensions——Phase Two: Feminist, Philosophical, and Social Studies of Science*, in *A Mind of One's Own: Feminist Essays on Reason and Objectivity*. Ed.Louise M.Antony et al, Westriew Press, 1993,pp.123-124.

理解者的视域融合。换言之,"理解者试图通过与被理解者的对话,理解理解者的境域与视野,然后反过来用被理解者的境域与视野去考量自己的理解境域与视野,以期提出一个'超越传统本身的联系'的新的'关联体系',把'以前传统的片断,融进直觉的把握的普遍的历史总体',在对话双方不断地视界融合中走上一个新台阶,使对话双方消释自己独特的语境而从属于新的意义的生成。由此可见,理解的有效性取决于对理解前见的批判与反思,而知识的最终建构成功也取决于诠释学经验下的意识形态批判是否进行彻底"❶。

很显然,主体间性的知识理论对传统知识论的核心概念——客观性所进行的批判主要包括以下两个方面的内容:一是认为科学研究并不像它所追求的那么客观,也即是认为在科学实践中客观的理论或方法是不可能达到的;二是认为客观性本身其实也就反映了一种偏见,也即认为它是建立在笛卡儿式的认知确定性基础上的一种错误理想,因而是不值得想望的。尽管如此,我们还是应当看到,主体间性的知识理论对客观性的可达到性(attainability)和可想望性(desirability)的批判,从根本上来说并未导致对客观性的彻底否定,而是引发对主流科学观中的客观性概念进行重新定义和再度诠释。因而也正是在此意义上,主体间性的知识论对传统知识论的客观性理想的批判乃是为了"帮助澄清科学的基础,以便保留科学所教给我们的东西,使其更加客观"❷。换言之,如果说早期关于知识客观性的讨论强调的是要消除个人和集团的主观倾向性,那么更现代的方法和论述则是要求人们足够重视这一倾向性在认识论方面的积极意义以及在知识构成要素中的应有地位。前者是一种对客观倾向的理论探求,它所假定的是"客体"与"主体"业已分开和对立的认识结构;后者则是看到了认知客体同感知主体之间的密切联系,强调认识主体在认知活动中的主导地位。

如果我们把视野拉的再近一些,那么有关知识理论的最新观点其实也已经表明,在认识的活动之中,当主体的兴趣集中在事件的某一特殊方面时,客体就显示给了主体。那么在此意义上,认识理论之中的客观性就表现为两个方面的特征:一是在客观性中,客体与主体是相互分离的两个实体;二是在客观性中,两者的相互作用又很重要的。从第一个意义上来讲,客观性是指我们掌握数据的

---

❶ 江怡:《论作为一种形而上学的知识论》,载《文史哲》2004 年第 2 期,第 18 页。
❷ Goldman, *Knowledge in A Social Word*, Oxford: Oxford University Press, 1999, p.2.

可靠性和我们得出结论的有效性;而从第二个意义上来讲,客观性与我们的兴趣之间具有一定的相关性。这一点在社会科学领域中的表现最为明显。因为在社会科学的知识领域中,真理不仅是思想与存在之间的简单一致,而又会是带有调查者对其调查对象的兴趣、他的观点和评价色彩的,也即是带有对其关注对象的界定色彩的。这样客观性就与主体的兴趣紧密相关联。然而即便如此,这种有关客观性的概念却并不意味着真理与谬误之间因此失去了明确的界限,也并不意味着人们可以随意想象的看法、态度和观点或者他们想要其他人相信的东西都与事实相符。相反,在这种客观性的概念之下,我们需要考虑的依然是,不仅人们的认识不足和自身的错误知识都很有可能会造成对事实的歪曲,而且在某种环境之下人们没有能力或者不愿如实地说出自己的看法和观点也可能造成这种认识上的歪曲。❶

可见,主体间性的知识理论在对以科学认识论为基础的传统知识论所进行的批判中,一方面一致批判传统知识论对认识主体及其个人经验在科学认识过程之中的独特价值的忽视与贬抑,并且希望通过挖掘和弘扬主体的经验价值来克服和消除科学中的知识偏见与知识冷漠,以达到关于自然、世界、知识和主体的更少压制与更少虚假的理解。另一方面它又尝试着把认识主体从科学研究的客体变成主体,强调主体的经验与认知结果之间的紧密相关性,从而打破了传统知识论中孤立的、自主的、中性的科学形象,进而赋予科学以活生生的、情境化的特征。它们坚信,只有通过对长期笼罩在传统知识论之中的启蒙认识论传统进行整体反思与彻底解构,只有通过对特权立场和客观真理主张的放弃以及对知识创造和权力捍卫之间关系的不懈批判,一种真正的解放知识的主体思维和生动实践才能达到。

很显然,主体间性的知识理论不仅凸显了主体对于知识的建构以及反过来知识所具有的对于主体而言的可能意涵,而且也恢复了知识哲学对健全的人类理解力的认知的迫切需要以及恢复了知识对于建构其所在的社会与主体的悉心关怀。因而,它为处于困顿两难之中的传统知识论展示了一种突破理论困境并重新诠释理论意义的可能性。但是这种对于传统认识论的批判与解构一旦走向了彻底甚至是极端,那么无论是作为一种政治运动与意识形态,还是作为一种知

---

❶ 参见[德]卡尔·曼海姆:《意识形态与乌托邦》,黎鸣等译,商务印书馆2007年版,第10~11页。

识理论和变化策略,它们都很有可能会面临着丧失自身存在基础的威胁。换言之,尽管主体间性的知识理论的建构主要是通过反思和瓦解传统的、主体—客体二元对立的认识模式进而强调知识的主体性与主观因素从而达致了知识理论中的主体解放来完成的,但是在此过程之中,如果我们对主体的因素强调的过于极端而忽视了客体存在的意义,那么原本期望将主体建构成为新的知识理论的基础的做法却很有可能在这种主体的知识解放运动中随之被拆散掉。这其中最典型的理论便是女性主义的知识论。这种知识论不仅将作为知识主体的女性身份予以瓦解,而且还将作为知识背景和来源的女性经验的统一性——予以肢解。在它们看来,不仅真理和实在就成了统治者话语权力的体现,而且科学也只不过是由社会建构的一种故事讲述的方式而已。那么这种知识论很显然就缺乏一种可立足于其上进而对科学与性别主义、种族主义、阶级主义、帝国主义的社会计划之间的深刻联盟做出根本性挑战的依据和统一立场,缺乏将远离世界中心的、受压迫的边缘人群联合在一起,在不同的知识话语之间进行选择的根据和力量。[1] 此外还有更激进也走得更远的西方后现代主义和后殖民主义所持的反元叙事、反基础主义的知识观。它们"对确认关于理性、进步、科学、语言和'主体/自我'的存在、本质和权力的普遍(或普遍化)主张抱有深刻的怀疑态度"[2];它们不仅否认任何形式的普遍性话语(discourse)存在的可能性,甚至强烈反对所谓自然化的、本质化的、独一无二的"人类"的危险虚构;它们拥护知识(认识论和科学)的异质性,否定"共识"(consensus),认为"歧见"(dissensus)是知识的源泉。[3] 这种后现代的知识论立场所隐含的对未来法律秩序的预见意义或许在于:没有确定的知识和自负的理性可以成为法律的合法性基础——临时契约正在取代永久的制度。[4]

从传统知识论到主体间性的知识论,尽管这其中可能还会有其他各种细微的学说派别并且各种理论的言说及其解释都极富有洞见,但我们还是应当看到,

---

[1] Richard A. Posner, *The Problems of Jurisprudence*, Harvard University Press, 1990, pp.27-30.
[2] See Jane Flax, *Gender as a Social Problem: In and For Feminism Theory*, (Q&T.from) Sandra Harding, *The Science Question in Feminism*, Cornell University Press, 1986, p.28.
[3] 参见[法]利奥塔:《后现代状态——关于知识的报告》,车槿山译,生活·读书·新知三联书店1997年版,第138页。
[4] 参见[法]利奥塔:《后现代状态——关于知识的报告》,车槿山译,生活·读书·新知三联书店1997年版,第139页。

无论是传统知识论还是主体间性的知识观,它们其实都有各自难以解决的问题。因为如果说传统知识论的困境在于过多强调客体而造成对主体的忽视的话,那么主体间性的知识理论则一旦走向极端也很可能会带来过于强调主体而忽视客体的问题。因而也正是在此意义上,哲学和社会学理论史上围绕着知识的语词及其理论之争本身可以说是没有太大意义的,有意义的是通过这几百年的争议史让我们从中能够发现"知识"理论的研究规律、动态、趋势与时代使命。而这其实也就意味着从传统知识论到主体间性的知识理论,在此理论演变的进程之中,我们既需要认识到它们就知识问题的理论讨论所达成的某种共识性的结论,也需要认识到它们所共同关注的问题以及寻求问题解决的思路。与此同时,尽管主体间性的知识理论对传统知识论所包含着的普遍主义的"宏大叙事"(*grand-narrative*)以及它们所主张的科学知识的合理性就在于"具体化的实践"(*localized practice*)予以了反思和批判,但是它们其实与传统知识论一样,都是在努力寻找着有关知识的客观有效性的基础。不同的只是,主体间性的知识论坚持,建立在支离破碎的主体身份以及它们所创造的政治之间的一致性基础上的多元认识论,才能够为现实提供一种更少偏见的话语说明。

如果我们把视野放得宽一些,那么知识及其理论确实"是一个复杂的观念体系,知识并不是关于某事物存在与否的经验,单纯的简单观念也并不能构成严格意义上的知识"[1]。为此"当我们对知识有所理解的时候,我们总是以不同的方式在理解"[2]。而这其实也就意味着不仅观察和言说知识的方式不应当只有一种模式(比如说传统的主—客体二元对立的认识思维或者主体与主体对话、沟通的关系结构),而且人类知识的理论面貌也不会就只有一种,问题的关键就在于我们应该意识到我们正在用什么样的方式在显示它,[3]并且清楚地意识到这种方式在显示知识形象时的优劣。这样,我们就不仅需要以多样化的角度来观察并理解和阐释知识的问题,而且也需要以一种立场或者方法来统合因不同的视角而来的不同的知识观,进而在某种程度上达成共识。

"一旦我们认识到,甚至我们最珍惜的观点(比如传统的知识理论)都可以

---

[1] 王维国:《论知识的公共性维度》,中国社会科学出版社 2003 年版,第 3 页。
[2] [德]伽达默尔:《在现象学和辩证法之间》,载洪汉鼎主编:《理解与解释——诠释学经典文选》,东方出版社 2001 年版,第 603 页。
[3] [英]赖特:《知识之树》,陈波等译,生活·读书·新知三联书店 2003 年版,第 76 页。

受到挑战,那么我们就无法回到前批判的、传统主义的框架中。因而在这个意义上,对于知识的关注就不再是一个可有可无的问题。恰恰相反,当这个理性主义的框架把那种批判的精神应用于自身时,知识论,作为对我们的认知目标和认知程序进行反思的一种'元批判'传统,也就产生出来了。"[1]而这其实也就意味着,主体间性的知识理论所分享的乃是与传统知识论所共同的问题意识以及问题群。这个问题意识以及问题群便是:建立在主体—客体二元对立认知模式之上的传统知识理论,其前提乃是主体的同质性(也即"理性人"假设)以及通过主体的同质性来完成客观对象世界的一致性的证成,进而获致知识的合法性原则;而建立在主体间性基础之上的现代知识理论则是将客体纳入到主体的范围之下,也即将客体看成是主体所建构起来的对象世界甚至是一个主体赋予的意义世界,进而期望通过主体与主体之间的交流对话来获得其中的一致性(即所谓的"共识"),从而完成知识的合法性证成。当然也正是因为此,我们看到:一方面主体间性的知识理论它所期望的乃是通过建立一种主体间(或者主体际)的视角来纠正已经被传统的知识论所确立的"主体优先原则"所引向歧途的知识偏见;但也恰恰正是在此过程之中,它自身也就陷入到了它所要批判的原则的窠臼之中。另一方面,无论是传统的知识论还是主体间性的知识理论,它们其实都是将有关的认知模式建立在"主体—客体"二元主义的关系与相互对立的结构之上的,不同的主要是各自在侧重点上的差异:要么强调主体的一方,要么强调客体的一方。

  客观地来说,知识的生产与更新其实是一个主体与客体之间互动互通且互融互构的过程。在此之中,它既包括了主体与客体之间的深层次沟通、交流与对话,也包括了主体与主体之间的相互理解、阐释与多面向的合作。这样,此一过程它就既不可能仅仅只是一个呆板的主体对于客体的直观而理性的反应过程,也不可能只是一个脱离于客体的、主体与主体之间仅仅只是为了达成共识而交流、对话的过程。它是一个主—客体双方互释互构的过程。而也正是在此意义上我们可以说,传统知识论与主体间性的知识理论其实都是在同一问题(群)的涵摄之下所进行的两种不同的回答方式。与此同时,在一种范式之中相互矛盾的现象却很有可能在另一种范式中得到相对合理的解释。这样,就传统的知识

---

[1] 徐向东:《怀疑论、知识与辩护》,北京大学出版社 2006 年版,第 15 页。

论与主体间性的知识论两者之间的关系而言,后者也就无法构成对前者的替代。恰恰相反,它们之间更应当是一种互相补充、相辅相成的关系。换言之,虽然到目前为止,我们还尚不能明确的说主体间性的知识理论一定优于或者超越了传统的知识论,但我们至少可以明确的是,一方面主体间性的知识理论是传统知识理论的有益补充,它可以有效的克服传统的知识理论的许多困境,使得人们对于知识的了解更加全面且也更加的丰富;另一方面传统知识论也是主体间性的知识理论的基础,它可以有效限制主体间性知识理论的言说对象与叙事范围,使得人们对于知识的讨论不至于走的太远而偏离论说的主题或者核心命题。

很显然,如果我们期望通过上述的寥寥几段落和数语就能够对哲学史上有关知识的理论言说予以恰当的处理,这几乎是不可能的。但通过对知识理论的这种梳理,我们不仅清楚地看到了知识论的共同话题与共通难题,也意识到了有关知识及其理论表达无疑都与言说者所处的时代紧密相关的,它们都是言说者在他们既有的知识与认识的基础上对这个时代以及这个时代中的这个命题所做出的思考。因而我们可以肯定的是,伴随着社会的进一步发展以及新的社会问题的不断出现,有关知识的理论革新还会继续下去,有关知识的新言说也还会不断出现。毕竟,"知识无尽头"。但是,无论这场认识论的革命走向何方,无论有关知识的言说变得多么地复杂,伴随着业已发生的知识与思想上的争议和实践,知识论的各种知识成果都必将会对司法知识的理论产生巨大的影响,进而在丰富司法理论研究的同时,推进司法知识及其发展。与此同时,知识论在发展过程之中所出现的有关主体性与客观性、确定性与开放性、经验与理性等诸多困惑与理论迷思,同样也会留给有关司法知识的理论思考。而这其实也就意味着,有关司法知识的理论言说,它既需要司法知识理论从自身的角度来思考这些问题,更期望那些有抱负的司法问题的理论研究者能够从司法的角度来尝试着回答这些问题。

第二节 知识的理论与司法知识理论

虽然通过对知识的概念意涵及其变化的简要考察以及对知识论的理论演进脉络的素描,我们不仅可以大致估测出这期间里发生了一场多么大的认识论革命,而且也可以深刻地体会到它所带来的有关思想层面上的认识跃迁与知识革新。但是，如果我们仅仅只是将其中的某一种观点、立场或者理论表述照搬甚至照抄进入司法知识的理论研究，进而指望通过其能够建构起一个司法知识的理论体系，尽管从表面上来看这的确能够丰富有关司法的理论研究，但实际上意义并不大。因为这种对于知识理论断章取义的做法既无助于从整体上对司法问题的把握，也有碍于我们体系化的建构司法的知识理论。而这其实也就意味着，作为建构司法知识理论的基础性质料或者作为一种分析工具，知识理论的引进不能仅仅只是在司法理论研究中"照葫芦画瓢"，而是要推动我们深入思考司法理论，尤其是要推动我们对司法理论的整体性把握。

的确，回溯知识及其理论的哲学言说，其目的并不是想借助于哲学家和神学家们的那些表述来把有关司法问题理论研究的地位提升得多么高，更不是将司法知识的理论命题借知识理论的有关言说而搅的越发玄虚，而是期望通过借助知识论与司法知识理论的共同问题关注，一起进入到现代思想和社会生活之中有关知识与社会的一些思考。而这其实也就意味着，引入知识理论乃是要努力以反思自身的方式不断追问司法知识究竟是什么或者何谓司法知识？当然也正是因为此，一个关键性的问题也就摆在了我们的面前：作为分析工具的知识理论究竟能够在多大程度上推进司法哲学研究？其实这一问题又可以拆解为以下的系列追问：存在着司法知识吗？如果存在，那么它又是一种怎样的存在？如何来界定它呢？它又具有怎样的性质或者特征？它有什么样的功能？以及更大范围上的，当下中国的司法知识及其理论研究究竟遇到了哪些关键性的问题？这些问题与知识理论所遭遇到的问题之间存在着关联吗？它们会不会是同一个问题？以及重要的又该如何来解决当下中国司法知识及其理论所遭遇到的问题呢？

一、存在司法知识吗？

从发生学的意义来看，知识是经由认识转化而来的。而作为人的活动，认识无疑又离不开作为主体的人自身的存在。这样当我们从认识主体（即现实的人）的角度出发来考察和认识事物，那么就会提出如下的问题探究：它是什么？它意味着什么？它应当成为什么？在这里，"是什么"关注的首先是事物的内在规定，"意味着什么"追问的则是事物对于人的存在的意义，"应当成为什么"则涉及是否应该或者如何实现事物对于人之存在所具有的那种意义。当我们在人的存在的意义上(也即是在主体性的意义上)将这三个极具关联性的问题进一步联系起来的时候,那么"是什么"、"意味着什么"以及"应当成为什么"实际上又可以看成是作为存在者的人对于存在本身的主体性追问。而这种追问,不仅展现了存在与主体、价值之间的联系,同时也从另一个方面体现了存在的具体性以及主体存在意义的可延展性。❶ 为此,当我们询问司法知识是否存在时,其实这也就意味着我们既要在本体论上来揭示作为一种存在的司法知识及其意涵,也要在主体性的层面上来对司法知识的生存意义进行一定程度的展现。

主张有司法知识的存在毫无疑问是一个很强的命题判断或者强势的论题独断,因为是否存在司法知识的问题"是命题式的(*propositional*),而且只有命题 P 为真时,我们才可能有真正的认识与知识"。换言之,主张有"司法知识"的存在,其实便是主张"至少存在着一些真的命题,而这些真的命题是司法裁判本身的命题,而非有关司法裁判的命题;并且命题还要是有关事实的,这样若说 P 是真的,那么 P 就是事实"❷。与此同时,从主体性的意义出发,如果我们认同如柏拉图在《美诺》篇中所指出的,"对于完全无知的对象,我们是无法提出认识上的问题的"❸。那么有关司法知识是否存在的问题提出,实际上对于认识者来说就已然蕴含了对所追问对象的某种知识,而这其实也就意味着我们关于"司法知识是什么"以及"司法知识如何存在"的命题阐释与意义辨析,无疑都是基于司法知识本身的存在为前提的。❹ 也就是说,"存在司法知识吗?"这样的问题形式,其实就已然既包含了对所询问对象之存在之肯定以及同时也包含了其之所以存在(或者之所以成为这个对象)的可能性与条件的追问。因为当我们在设问"存在司法知识吗?"这样一个问题的时候,其实不仅就已然暗含了从客观的本体意义上来说作为实体的对象物之司法知识的客观存在,❺同时也暗含了作为主体性意义上的作为抽象的对象物之司法知识观的主观存在。而也正是基于此,我们可以肯定的说,司法知识不仅有其确然的对象和客观的存在,而且也有

---

❶ 参见杨国荣:《存在之维——后形而上学时代的形上学》,人民出版社 2005 年版,第 67 页。
❷ Neil MacCormick and Ota Weinberger, *An Institutional Theory of Law: New Approaches to Legal Positivism*, Dordrecht/Boston/London, 1986, pp.95-97.
❸ See Menon80e—82d, *The Collected Dialogue of Plato*, Princeton University Press, 1961, pp.363-367.
❹ 这一点,与我们在有关"知识的定义"上所坚持的"实在论"的立场显然是一致的。
❺ 参见俞吾金:《存在、自然存在和社会存在——海德格尔、卢卡奇和马克思本体论思想的比较研究》,载《中国社会科学》2001 年第 2 期,第 58 页。

其本然之存在和主体性意义上的存在。

　　这种看似极为薄弱而牵强的论证不仅真实的反映出知识与认识活动的相互交融性与重叠性,同时也蕴含着"知"(knowing)与"在"(being)的统一。❶ 与此同时,我们还要意识到,作为存在的所谓司法知识或者司法知识观,乃是针对司法现象的认识的一种对象化。而这其实也就意味着,尽管就司法知识而言其认识活动的对象就是司法及以司法为研究对象的司法理论,然而就其本然性之存在而言则是基于这种认识活动所产生出来的认识成果,是这种认识成果的对象化与具体化。除此之外,尽管是否存在司法知识在哲学上确有争议,但要想从绝对性的意义上来彻底否定司法知识的存在却也往往很难摆脱哲学上的悖论。这一点在笛卡尔和海德格尔的论述中早已有之。比如,笛卡尔就曾指出,当一个人否定或者怀疑世界的存在时,这种否定或怀疑本身其实也就已经确证了某种"在"(怀疑者及其怀疑活动本身的"在")。同样也是在此意义上,海德格尔将"为什么在者在而无反倒不在"视为形而上学的基本问题或最原始的问题。❷ 因为这一问题看似拗口,但它的提出同样也是以存在的本源性为前提的,是确证存在之所以存在的重要理由。也就是说,尽管论证的方向是反向的,但在笛卡尔和海德格尔看来,唯有"在者"已在,追问在者之"在"才有意义。

　　的确,"认识的发生要以对所认识的对象有所知为前提,如果对该对象一无所知,便根本无法确定其为认识的对象;当然,如果所研究的对象是已经知道的东西,则认识也就变得没有必要了"❸。也就是说,知识实际上是徘徊在"有所知但却不尽知"与"无所不知"之间的。这既是知识存在的结构空间,也是知识的辩证法。与此同时,对存在的追问,也即展开"为什么在者在"这一类终极根源或原因的追问,无疑又都会是指向具体的知识领域的。而这不仅意味着每一种知识都常常会对应于存在的某种具体形态,比如就司法知识而言,它就往往会指向司法裁判的运作过程或者司法与社会的关系,或者司法在社会结构中的地位或者司法之于社会转型的功能等等;而且也意味着以存在的某一或者某些形态为对象的特定的知识领域又往往总是有其界限的,比如具体到司法知识领域,那么它所指涉的虽然是司法的现象,但这一现象显然与法律实施的其他方式(比

---

❶ 参见杨国荣:《存在之维——后形而上学时代的形上学》,人民出版社2005年版,第103页。
❷ 参见[德]海德格尔:《形而上学导论》,熊伟、王庆节译,商务印书馆1996年版,第3～4页。
❸ 程炼:《思想与论证》,北京大学出版社2005年版,第128页。

如立法、行政等）在彼此之间往往又是界限分明且各有定位的。

可见，不仅"每一特定的知识领域所指向、所达到的，都只是存在的某一方面或某一层面；当人的视域限于这一类特殊的知识领域时，存在也相应地呈现片面的、分离的形态"❶。而且"认识与存在常常被分别视为认识论和本体论讨论的对象，这种理解在逻辑上每每又以认识论与本体论的相分为前提。就其内涵而言，认识与存在无疑包含某种差异，在一定意义上，对它们分别地加以考察，也有助于深入地把握二者的不同规定。然而，如果将区分引申为分离，则容易导致对二者的抽象理解。从现实的形态看，认识过程总是以存在的敞开为其题中之义；认识的展开，也难以离开本体论或形而上的视域。广而言之，认识领域的存在不仅指向对象世界，而且涉及人自身，认识与存在的相关性则相应地展示为'知'（knowing）与'在'（being）的互融。认识的如上图景所蕴涵的更深层意义，是认识论与本体论的统一"❷。

这或多或少与马克思主义哲学理论对不可知论的批驳是相符合的："我们的行动的成功证明我们的知觉是和知觉到的事物的对象［客观］本性相符合的。"❸当然，我们之所以对司法知识是否存在产生疑问，从根本上来说就是因为有关知识的形上之维受到了来自实证主义的挑战，进而不仅使得司法知识各个领域之间的界限渐渐分明起来甚至壁垒日益森严，而且也由此导致司法知识理论本身在相当程度上由"道"而流为"术"、由"智慧之思"走向技术性的知识。换言之，"形而上学的意义就在于考察知识所以可能的条件"❹，然而自实证主义对形而上学提出种种质疑后，冷落、蔑视、嘲弄、拒斥，便渐渐成为后者在知识探索活动之中时常遭遇的厄运。这样，随着形而上学在知识领域之中渐遭疏离和拒斥，司法知识究竟是什么自然也就越来越成为一个问题。而与此一情形相对应的现象之一，便是司法知识理论与具体领域的司法知识开始呈现某种趋同之势。这一趋势若是从历史的演进来看，它当然与近代以来司法知识理论研究本身渐趋职业化、专业化相关。换言之，从本质上来看，司法知识及其理论应当是一种哲学之思、智慧之思，但是一旦将司法知识及其理论限定为某种职业或专业

---

❶ 杨国荣：《存在之维——后形而上学时代的形上学》，人民出版社 2005 年版，第 35 页。
❷ 杨国荣：《存在之维——后形而上学时代的形上学》，人民出版社 2005 年版，第 91 页。
❸ 《列宁选集》第 2 卷，人民出版社 1995 年版，第 98 页。
❹ ［法］孔狄亚克：《人类知识起源论》，洪洁求、洪丕柱译，商务印书馆 1997 年版，第 230 页。

化的知识理论,那么有关司法知识的理论思考也就往往容易转化成仅仅从事某一层面、某一方面思考的"专家"。因为职业化、专业化的工作涉及的主要是存在的特定领域、特定方面,专家的关注之点也每每限于某一领域或方面。很显然,司法哲学或者司法理论的职业化与专业化以及司法理论研究者的专家化,既将形而上的沉思推向了知识理论的边缘并相应地悬置了对司法知识存在本身的追问,也在历史与逻辑双重意义上导致了司法的知识化。

我们显然不仅需要在实证主义的角度探寻作为技术化的司法知识与科学化的司法操作指南,也要在形上之维去探究作为存在意义的司法知识和主体生存世界里司法知识的理论存在,还要努力探索将形上之维的司法知识转为存在论或者本体论意义上的具体的司法知识。而这自然也就会涉及到一个方法论的问题。换言之,认识论唯有经过方法论才能转化为本体论意义上的存在,才能成为"感性的、具体的活动"❶。而这其实也就意味着,司法知识理论中的方法论问题,其实是建构一门有关司法知识学的重要原则或者"指令舱"❷。我们研究司法知识及其理论必须要遵循一定的方法论原则,或者说要借助于一定的分析工具。只有借助于一定的逻辑方法,对司法及其运作过程进行系统化地阐释或者整体性地解释,才能确保我们有关司法的认识或者司法的知识具有一定的体系性和客观性。

当然,在方法论的选择上,如果我们把视野放得宽一些,从最广泛的意义上来看,那么司法知识及其理论无疑属于法律社会学或者知识社会学的范畴,它所要探究的乃是司法/知识与社会之间的关系,它所期望建立的乃是司法/知识与社会之间良性互动的一般模式。因而许多思想家在进行这一理论的探索时,首先关注的都是分析问题的工具即方法论问题。❸ 因此,我们在展开司法知识及其理论的言说之时,首先自然也就必须要做出一种方法论的选择,以便提供一种理解司法知识及其理论问题的基本的知识基础。那么,对于司法知识及其理论的探究,我们该选取何种方法呢?

---

❶ 《马克思恩格斯全集》第42卷,人民出版社1979年版,第176页。
❷ [英]马尔凯:《科学社会学理论与方法》,林聚任译,商务印书馆2006年版,第231页。
❸ Doral, Jose M. Martinez, *The structure of Juridical knowledge*, University of Navarra, 1963, pp.62–85.

二、知识理论能为司法知识理论研究带来什么?

这一问题的提出其实便隐含着一个非常重要的前提性判断,那就是:当前的司法理论研究遭遇到了怎样的难题或者说陷入到了一个怎样的知识困境?以及作为总体性的分析工具,知识理论的引入又能否带领当前的司法理论研究突破这一困境?或者说,通过追溯司法理论背后的知识基础是否有助于我们看清楚当前司法理论的真正难题所在,进而提醒我们以前所忽略掉的东西,或者帮助我们发现一些过去未曾发现的东西,抑或者帮助我们澄清一些流行的误识?

的确,"知识理论能为司法知识理论研究带来什么?"的这一问题设问以及这一设问背后的问题意识与理论逻辑,其实意味着当我们从现实—经验的层面复归到法哲学—思辨的层面上来重新思考和研究司法现象及其理论背后的知识图式或者认识论基础时,它与其他研究思路和领域相比,比如从规范的角度或者制度能力的角度切入对司法问题所进行的研究,应该有其独特之处。也就是说,当我们追问司法现象及其理论背后的认识论基础时,它应当贡献出有别于其他研究思路和领域所无法提供的思想方法与思想成果。相反,如果说在法哲学意义上对司法现象及其理论所展开的研究无法有力地完成这一任务或者达致这一目标,那么我们的研究也就必将会是缺乏理论依据进而处于无根基的理论漂浮状态之中。这样,问题的关键就在于,在司法现象及其理论研究之中引入知识理论或者追问司法现象及其理论背后的知识论基础,究竟拥有什么独特之处呢?

重要的显然还是问题。换言之,不仅知识理论所解决掉的问题已经转化为司法理论的各种成果,进而指导着我们现实的司法实践与司法发展;而且知识理论所开放出来的问题以及其中所附带的未解难题,例如"知识的有效性如何证成?"以及知识理论的问题困惑比如"主体性"与"客观性"、"确定性"与"开放性"、"经验"与"理性"等的诸多迷思,同样也会留给司法知识的理论。为此,它就既需要司法知识理论从司法自身的角度来思考这些问题,更期望那些有抱负的司法问题的理论研究者能够从司法的角度来尝试着推进这些问题甚至回答这些问题。换言之,通过引知识理论入司法现象及其理论问题的分析,特别是通过追溯司法现象及其理论背后的知识论基础,以及追问知识论难题的司法意涵与问题困扰,进而在展现司法理论逻辑脉象的同时开放出司法理论背后的知识问题,从而力求在"司法"这一特定的论题域里对这些问题予以进一步展开,也即尝试着通过司法自身的方式和逻辑来回答这些问题,揭示出这些问题设问的意义同时,建构起司法知识的概念命题。当然也正是在此意义上,我们可以说,"知识并非始自经验,而是开始于问题的"❶。

如果我们再基于"眼界决定境界"之意涵来进一步处理知识论与司法知识理论之间的关系,那么不仅它们的关系极为紧密和复杂,而且司法理论及其发展又都是建立在知识论及其演进的基础之上的。为此我们看到,伴随着知识论从传统知识论向主体间性的知识理论的转换,司法理论及其形态也发生了相应的变革;尽管这种变革可能不是同步的,但频率却是相当一致的。比如,以传统知识论为基础的古典司法理论它同样通过客观性为理论叙说的基础来编织司法的确定性神话,以完成司法理论的理性建构。因而我们看到,这种司法理论主张"法律是所有完美之物的象征,它既没有错误也没有疏漏,而法官则只是法律的化身"❷,是活着的法律的宣示者。换言之,在这种司法理论看来,"一个法律制度就是一个'封闭的逻辑体系',为此,在这个体系中,正确的判决可以仅用逻辑方法从预先规定的法律规则中推断出来"❸。而这其实也就意味着,这种司法理论一方面是将客观性与确定性等这些理念贯彻入立法之中,强调法律规则与体系的完整性、闭合性与确定性;另一方面,这种司法理论也"坚持主体与客体的分离,强调主体应以纯粹的、不偏不倚的、中性的视角反映客体,其中不能掺杂个人的态度、情感、信念和价值等主观因素"❶,也即强调法官应当是一个价值无涉的、中立的角色,进而通过此来强有力地确保当事人在司法实践中对于判决结果的精确预测。为此我们就不难理解,为什么司法在这种理论之中被看成是一台"自动售货机",只要往里输入"事实要素"与"法律规范",判决结果就会自动的生成。同样我们也就不难理解,为什么法官被看成是留声机,一个法律规范的适用者,即"传声器"的角色。因而对审判结果的预测则只要依赖于概念到概念、

---

❶ [英]波普尔:《走向进化的知识论》,李本正、范景中译,中国美术学院出版社2001年版,第56页。
❷ 转引自[英]柏宁斯、戴尔:《英国的法官》,李浩译,载《现代法学》1997年第2期。
❸ H.L.A.Hart, *The Concept of Law*, Oxford University Press, 1961, p.253.
❹ 贾敬华:《确定性的法向客观性的法的变迁》,人民出版社2009年版,第104页。

规则到规则的逻辑推演即可。❶

与传统知识论所影响的古典司法理论不同,以主体间性的知识观为基础的现代司法理论则往往强调司法的能动性和不确定性。在这种司法理论看来,一方面案件的事实以及法律之规范是不确定的,是需要作为主体的法官根据具体的语境或者情境进行裁判的;因而这意味着司法裁判之中有关"法律规则的分析并不能对关于法官'实际上'怎样决定案件以及他们'应该'怎样决定案件的、极其重要的道德和政治问题提供答案"❷。另一方面法官也是相当能动甚至是非常"随意的"。在这种司法理论看来,司法判决既受到来自"一个时代为人们感受到的需求、主流道德和政治理论、对公共政策的直觉——无论是公开宣布的还是下意识的,甚至是法官与其同胞们共有的偏见"❸等社会学与经验性因素的制约,也会受到法官的情绪、直觉的预感、偏见、脾气以及其他非理性的因素所决定;甚至在某种极端的意义上来看,"法官的判决是建立在感觉和直觉之上的,是'跟真感觉(hunch)走'的!因此,它是不能从法律方面来驾驭的。甚至根本不能真正谈论法的'应用'"❹。这样,在这种司法理论看来,"人们关于法律规则方面的知识在预测某个特定的法官所作的判决时几乎不能提供任何帮助"❺。因而这其实也就意味着在这种司法理论看来,司法裁判是极为不确定的和很难预见的,它往往需要在具体的个案的具体情境中来理解和把握。

很显然,与古典的司法理论所强调的"法律规则是司法判决做出的决定性因素、审判过程中法官的'个人因素'不应该而且也很少能够对司法判决产生影响"❻的非人格化的机械司法不同的是,我们看到现代司法理论则是把人们对于

---

❶ 例如,孟德斯鸠曾说,"法官是立法者的喉舌,他不过是在重复法律的语言。他纯粹是个被动的人物,既不能缓解法律的威力,也不能削弱其严格性"。[法]孟德斯鸠:《论法的精神》(上),张雁深译,商务印书馆 1961 年版,第 163 页。而贝卡里亚则认为,"立法者为法律之正当的解释者,裁判者并无解释法律之权;盖以法律仅能作成于立法者之手,裁判者本不得为之。裁判官对于科罚犯罪,仅可适用三段论法,以法律为大前提,事实为小前提,而断定其罪之有无及轻重。若裁判官行使推度理论之权,则一切均成为暧昧不确定"。[意]贝卡里亚:《论犯罪与刑罚》,黄风译,中国大百科全书出版社 1993 年版,第 18~19 页。

❷ [英]罗杰·科特威尔:《法律社会学导论》,潘大松等译,华夏出版社 1989 年版,第 250 页。

❸ [美]霍姆斯:《普通法》,冉昊、姚中秋译,中国政法大学出版社 2006 年版,第 1 页。

❹ [德]H.科殷:《法哲学》,林荣远译,华夏出版社 2002 年版,第 219 页。

❺ [美]博登海默:《法理学——法律哲学与法律方法》,邓正来译,中国政法大学出版社 1999 年版,第 154 页。

❻ R.Pound, *Juristic Science and the Law*, Vol.31, Harvard Law Review, pp.1082-1083.

司法过程中的法官形象的认识视阈从形式逻辑意义上的"法规范、制度体系或法规则"引向了作为主体的"法官"本身,并进一步将观察的视角从法官的"理性人"假设转换为"平常人"的生活视角与态度。与此同时,它还将司法活动从以往的以法官为中心的封闭模式转换为一种由法官和当事人共同参与、在开放性的结构空间里所进行的法律活动,将由法官所主导的法律意义上的裁判活动转换为由法官和当事人所共同参与的以说服—被说服为结构的对话活动,进而以一种平常人的心态和生活化的立场来看待法官及其司法行为。这样,其结果不仅消解掉了法官的理性(也是概念)神话,而且也强化了法官行为的现实性、经验性和主体性,进而强调了生活知识与社会经验进入司法机制并融合成为司法知识的可能性,从而也同时促成法官积累司法知识与司法经验的必要性。而也正是因为此,我们才能理解霍姆斯大法官的那句名言:"法律的生命从来就不是逻辑,而是经验。……法律……不应当被看成是数学书中的公理及必然结论。"❶

进一步,以主体间性的知识理论为基础的现代司法理论,其实是将有关司法的叙事和法官的角色言说从传统的以理性和客观性为基础的形式主义司法模式的宰制之下解脱了出来,同时引入开放性的社会视角和生活化的知识立场对司法活动进行描述性分析,进而确证司法知识的多样性叙述路径和多重性结构,从而推动司法知识理论研究的多元性风格。与此同时,由于这种司法理论特别强调主体之于知识的可能意义(比如主张法官和当事人都为司法活动的主体,它们的关系更多又是一种说服与被说服的关系而不只是一种规则适用—强制接受的关系),❷因而它就会拓展我们对于司法认识的想象空间以及司法知识的意义结构,进而在逼近于社会现实的同时丰富我们对于司法的认识。而这其实也就意味着,不仅主体间性的知识理论对司法实践的影响是巨大的,而且它对司法理论的改造也是较为彻底性的。更重要的是,它还为我们进一步开放出了以前所未曾注意到但却是当前司法的实践与理论都值得留意的问题。

这些问题包括:第一,主体间性的知识观强调主体与知识之间的内在关联,将主体的问题焦虑和意义思考注入到知识之中,强调认识主体的能动性或者创

---

❶ [美]霍姆斯:《普通法》,冉昊、姚中秋译,中国政法大学出版社 2006 年版,第 1 页。
❷ 参见焦宝乾等:《法律修辞学导论——司法视角的探讨》,山东人民出版社 2012 年版,第 87~105 页。

造性思维对于知识所可能产生的影响。因而在它看来,不仅知识是个性化的,而且也恰恰正是这种个性化/个人化的知识,又因其饱含深情进而显得有血有肉,从而易于获得认同并被接受。受此影响,我们看到现代司法裁判理论的一个假设便是:"由于个案裁判兼具解决特定纠纷与指明行为标准的双重功能,而每个人都存在成为类似案件当事人的可能,所以当今的社会公众越来越多地关注案件裁判;这种身临其境、感同身受的自我代入,使得他们有意愿针对司法裁判发表意见,并且,如果案件裁判结果与公众的(道德或经验)直觉产生剧烈的冲突,那么批评性意见的汇集就成为裁判机关的无形压力,这甚至在事实上构成了案件改判的主要动力和根本原因。"❶因而这意味着经由个体化的感同身受转化而来的对于司法裁判的正当性与合理性所发挥的不同作用,对于当前司法实践来说显得越发地重要。

第二,主体间性的知识观强调知识来源的多样性以及知识问题意义的多重可能性,强调在开放性的结构之中对知识予以理解和展示。因而在它看来,不仅知识相互间的交流与互动成为必要,而且也是可能的。❷ 这种看法对于司法及其裁判而言,不仅意味着司法与裁判必须平等性地尊重来自不同产地或者主体的对于法律的认识,而且意味着司法知识也是一种极具开放性的知识系统。这样,现代司法知识理论就必须在尊重法律是一种地方性知识和个体化表达的基础上,强调司法知识的开放性结构与公共性特征,注重司法知识的公共职能与公共利益,拓展司法知识的功能空间和意义领域,以期通过司法的公共运作,展示司法知识的多维向度,进而最大化地满足不同主体或者不同产地的知识需求。

第三,在主体间性的知识理论看来,当人们提问"是什么"的时候,他所置身于其间或者所面对的存在实际上已然取得了人化的形态。而人化形态存在的同时也是具体的存在。这意味着在主体间性的知识理论看来,以往的"主体—客体"二元对立的认识模式及其知识理论实际上并没有包含事物的全部规定,它略去了事物所涉及的多重关系以及这些关系所赋予事物的多重规定,从而呈现某种抽象的形态。相反,强调主体—主体的相互关系,强调以人化的存在作为形式,那么事物不仅自我同一和统一,而且与人紧密相关并内含着对人的不同意

---

❶ 陈景辉:《裁判可接受性概念之反省》,载《法学研究》2009年第4期,第3页。
❷ 参见赵汀阳:"序言",《没有世界观的世界》,中国人民大学出版社2005年版。

义。[1] 这样,就涉及人的需要而言,这种关系和意义无疑具有价值的性质。而价值的性质在这种知识理论看来又并不是外在或者主观的附加,而是作为人化存在的属性,价值关系及价值规定同样具有现实的品格。这种知识理论对于司法知识理论来说其实也就意味着,在司法裁判的过程中,法官与当事人总是站在自身的立场上来"问"与"答"的,都是基于自身的需要来推动司法的知识实践的。然而由于法官对司法的认识(法官的司法知识)和当事人或社会大众对司法的认识(司法知识的社会认识)这两者之间必然存有差异,并且作为一个"文本",作为一个认识的过程,作为一起事件,不同主体间的司法知识都是由作为认识主体的"我"来进行认识或者再认识的,因而如果法官和当事人所分享的知识系统不一样的话,那么相互之间,知识与知识的关系尽管从知识的意义上并没有高下之分,但是知识背后的权力等因素却能够使得表面上看起来平等的知识之间展现为一种知识战胜另外一种知识。因此,这就要求,一方面司法知识的主体必须要对自身有关司法的认识进行自觉地反思与批评,以期通过这种面向自身的活动来减少其中的个性化因素并同时增强公共性的因子,以免过于强调司法知识的个体性而遮蔽掉司法知识的通融性和共时性,同时也尽可能降低司法知识的个性化因素所带来的司法共识达成所需的成本;另一方面也意味着在司法裁判的过程之中,必须尽可能地将其有关"事实"与"认识"以及"过程"都开放出来,以便人们能够轻易地参与和知晓,进而通过充分的交流与广泛的协商,达成共识,以期推动司法知识生产与再生产的顺利进行。

第四,主体间性的知识理论强调主体观察视角的多样性,并且认为观察者所钟情的理论会对观察的全过程及其结果产生决定性的影响。因为在它看来,任何的"观察总是有选择的,它需要选定的对象、确定的任务、兴趣、观点和问题"[2]。而这其实也就意在提醒我们要注意并辨析不同主体有关司法的认识之间的差异以及这种差异形成的原因,以期通过知识的公共性实践来理解、尊重以及削减其中的差异性并张扬和达成其中的共时性。这也就意味着在司法裁判的过程中,不仅法官与当事人或者社会大众就司法的认识上会存有差异,而且即便是法官与法官之间以及法律共同体内部(比如法律学者与法官之间)也会在很

---

[1] 参见杨国荣:《论意义世界》,载《中国社会科学》2009 年第 4 期,第 19 页。
[2] [英]波普尔:《科学知识进化论》,纪树立译,生活·读书·新知三联书店 1987 年版,第 74 页。

多方面存有理解上的差异。例如,法律共同体内部有关法律学者与法官之间的这种差异可能表现为:

- 法律学者没有权力作出有约束力的判决;他们可以自由地选择研究的主题,但法官则要受当事人的诉求、需要和动议(*motion*)的约束。
- 司法论证仅仅关注那些最多与所考量的案件有着间接关系的信息。与之相反,学者们则以一种更为抽象的方式表达自己的观点,并且更少地指向现实的案例和事实。
- 学者们找出问题,而法官则把自己限定在对司法判决具有必然性或必要性的那些问题上。
- 学者们可以自由地诉诸心中的理想法(*de lege ferenda*),甚至大胆地提出新的法学方法(*juristic methods*),而法官则必须根据通行的法律方法(*legal method*)作出正确的裁决。
- 学者们必须明确地进行争辩。与之相反,法官可能自然而然地认为裁决是可以得到证成或辩护的(*justifiable*),但仍然发现他们自己处在某种无法做出某个令人满意之证成或辩护的立场之中。而且,在很多案件中,法官无暇准备一个一般性的和广泛性的(*extensive*)的证成或辩护。
- 最后,当多个法官共同裁决某个案件时,他们经常需要找到某种可以接受的妥协。在某些案件中,只有较少广泛性和一般性的证成或辩护才能满足这一要求。❶

因此,这就要求司法裁判活动能够重视这些差异性的存在,要努力将司法裁判活动开放出来,不断通过充分对话与广泛协商的方式进而在共识达成的基础上逐渐消解这种差异性,以便能够形成合力,获致一个可接受性的结果,从而来提升司法裁判的正当性与合理性,增强司法裁判的公信力和权威性。

可见,伴随着传统知识论所遮蔽掉的问题的重新开启,我们看到了主体间性的知识理论已然尝试着从多个角度来恢复司法的本来面貌。它不仅将司法活动

---

❶ [瑞典]亚历山大·佩岑尼克:《法律科学:作为法律知识和法律渊源的法律学说》,桂晓伟译,武汉大学出版社2009年版,第6～7页。

从规则与理性的宰制中开放出来,让我们从中看到主体的作用和社会—经验性的力量,而且还将司法裁判由以法官为中心、以规则的强制性实施为特征的模式转变为由多元主体共同参与对话协商的、以说服与被说服为特征的公共活动,让我们从中看到不同的主体对于司法裁判的形成所可能发挥的作用和影响。毫无疑问,它不仅丰富了我们有关司法的各种认识,进而逼近于事物之现实,而且也鼓励甚至是逼迫我们对以往的司法知识甚至是司法常识进行自我否定、反思与批判,以达致司法的共识。

然而,尽管其意义不可小觑,但随着主体间性的司法知识理论对传统的司法知识论的理性前提、客观性基础和确定性因素的解构,这样一个问题自然也就摆在了我们的面前:如果说司法知识都是主体的和主观的,都是必须要取决于不同主体之间的交叠共识或者取决于某种群体的内在观点,❶那么这是否意味着,从知识生产与再生产的逻辑来看,某种特殊性格或者地位之人的观点或者看法对于司法知识的形成才更有意义——因为这种主体的存在使得司法裁判之中有关共识的达成变得更加便捷和容易,❷以及在更宽泛的层面上,宣判"某人有罪"究竟有何种意义?是否意味着犯罪是个人对集体意识的一种侵害?或者"社会惩罚哪些犯罪,说到底在于社会将什么样的行为看做是不可饶恕的,必须进行惩罚的,又将什么样的东西看做是神圣不可触犯、侵犯或违犯的"❸,是一种人为的文化建构?而宣判某人有罪又是否意味着群体对个体的放逐?甚至是一种群体情绪的宣泄?❹

的确,从整体上来看,以传统知识论为基础的司法理论强调的是从"制度/规则"的角度来观察并描述司法及其裁判活动。而以主体间性的知识理论为基础的现代司法理论则尝试着从"人/主体"的角度来言说司法及其裁判活动。尽管它们都有各自的言说方式,并且有关司法以及裁判活动的看法差别很

---

❶ Alf Ross, *On Law and Justice*, Berkeley & Los Angeles: University of California Press, 1959, p.14ff.; Hart, *The Concept of Law*, Oxford University Press, 1994, p.56, pp.115–116; R.Dworkin, *Law's Empire*, Harvard University Press, 1986, pp.14–15.

❷ Oliver Holmes, *The Path of the Law*, Harvard Law Review, 10(1897), p.459.

❸ 参见强世功:《惩罚与法治:当代法治的兴起(1976—1981)》,法律出版社 2009 年版,第 2~4 页。

❹ 这种看法在受福柯理论影响的惩罚学说或者惩罚人类学的理论中经常可以看到。相关的论述可参阅,应星:《村庄审判史中的道德与政治——1951—1976 年中国西南的一个山村的故事》,知识产权出版社 2009 年版;朱晓阳:《罪过与惩罚》,天津古籍出版社 2003 年版;[美]大卫·葛兰:《惩罚与现代社会》,(中国台湾)商周出版社 2006 年版。

大,但实际上它们都是围绕着一个共同的问题在进行理论展开的。这个问题便是:司法知识的客观性该如何建立? 可以说,古典的司法理论和现代的司法理论都尝试着以自身的知识立场和知识逻辑去论证司法的客观性与确定性,不同的只是在方式上存有差异:古典司法理论通过强势的命题判断或者依赖于理性和形式逻辑来完成司法的客观性证成,它将这一问题的回答归结到"制度/规则"的客观性和确定性上;而现代司法理论尽管从表面上看似乎主张司法的能动性、主体性和不确定性,但实际上它同样也是反对司法的恣意和擅断的,它对司法的客观性与确定性的追求不仅通过降低客观性与确定性的标准(将其从"真理"的层面转换为"共识"意义上),而且通过尽可能多地掌握或者排除司法过程中的不确定性因素来获致司法裁判确定性。因而我们看到,尽管现代司法理论强调司法裁判过程中虽然存在着不确定性的因素,但它们同时也还是相信在这种不确定性力量的背后,仍然存在着某种程度上的确定性是可以期待和依赖的。

例如,尽管现实主义的司法裁判理论一再声明法律规则在一般情况下并不足以直接预测或者合理解释案件是如何处理的,但是他们却并未就此完全否认司法过程中法律规则对裁判结果的生成所可能具有的影响力。只是在他们看来,尽管法律规则并不能完全决定司法裁判及其结果的生成,但它确实又是司法裁判及其结果得以生成的基础之一。换言之,在他们看来,法律"规则的功能并非在于支配结果而是指导判决"❶。与此同时,尽管他们强调法官的个性因素以及置身于其间的社会—情境系统中的社会性因素和结构性力量对司法裁判及其结果生成的重要影响,但是他们也并不认为法官在司法裁判的过程中就是随心所欲的,甚至是恣意与擅断的。换言之,

> 即使法官是自由的时候,他也仍然不是完全自由的。他不得随意创新,他不是一位随意漫游、追逐他自己的美善理想的游侠。他应从一些经过考验并受到尊重的原则中汲取他的启示。他不得屈从于容易激动的情感,屈从于含混不清且未加规制的仁爱之心。他应当运用一种以传统为知识根据的裁量,以类比的方法,受到制度的纪律约束,并服从"社会生活中对秩序

---

❶ [美]卢埃林:《普通法传统》,陈绪刚等译,中国政法大学出版社 2002 年版,第 211 页。

的基本需要"❶。

这样,尽管在司法的过程中裁判结果的形成的确带有法官很强的主观性,但是法律"原则、规则和概念毫无疑问(也)都展示了其再生的能力;……换言之,即使最彻底的现实主义者对此都不准备持否定态度。他们承认再生现象"❷。这意味着,尽管在司法理论上我们可以大胆的假设,但在司法实践之中,我们不得不承认,纯粹且完全任由法官的个性因素所支配的恣意司法或者司法权的专横擅断等现象其实并不具有普遍的意义——"或许存在,但与司法过程产生的判决总数相比,这一现象仍并不如通常认为的那样普遍,或者说,其意义和影响也不如他们希望我们相信的那样重大"❸。与此同时,法官也绝不可能只是根据他个人的价值感观甚至情绪来进行司法的裁判,而完全不顾社会群体或者法律共同体的评价。而也正是基于此,我们可以肯定的说,从总体上看,在司法裁判的过程中法官的行为仍然是受制于法律规则与原则甚至概念的制约的;同样,尽管司法活动之中的确存在这种不确定性的因素,但在法律规则与原则、政策的共同作用下,司法裁判的确定性或者可预测性,大致上还是可以期待的。

尽管这两种司法理论看似都解决了对方理论中所隐含的难题,或者说破解了对方理论上的知识困境,比如主体间性的司法知识观所尝试回答的问题,恰恰正是传统司法知识理论所设定下来的。而主体间性的司法知识理论的难题,看似又是需要回到传统司法知识论的问题上去的。但它们同样无法回避一个共同的难题,那就是:何谓司法知识的有效性基础? 也就是说,司法知识的有效性基础究竟是"客观性"还是"主体间性"抑或是其他? 因为我们看到,虽然它们都追求司法的客观性和确定性,但是从古典司法理论到现代司法理论,司法知识的客观性标准已经从"真理"走向了"共识"。那么,究竟哪一种客观性才真正构成司法知识的有效性基础呢? 这是否意味着我们会走入认识论的"明希豪森—三重困境"?❹ 与此同时,也正是在此意义上,我们必须要清醒的意识到,在以主体间性的知识理论为基础的现代司法理论对以往有关司法的理论描述予以批判的同

---

❶ [美]卡多佐:《司法过程的性质》,苏力译,商务印书馆1998年版,第88页。
❷ [美]卡多佐:《演讲录·法律与文学》,董炯、彭冰译,中国法制出版社2005年版,第25页。
❸ [德]霍尔:《法律科学与法哲学导论》,罗莉译,法律出版社2005年版,第306页。
❹ [德]阿列克西:《法律论证理论》,舒国滢译,中国法制出版社2002年版,第74~76页。

时,其实同时也开启了一个新的问题,那就是:究竟以何种方式观察和言说司法以及裁判,才是妥恰的?

这意味着,当我们面对传统知识论与主体间性的知识理论的共同难题以及古典司法理论和现代司法理论的共同问题时,我们需要以一种新的视角来重新观察并言说司法及其裁判活动,进而借此来推动有关司法知识的理论研究。换言之,围绕着司法的"确定性"与"不确定性"、"客观性"与"主观性"的矛盾,围绕着这些矛盾背后的有关"主体"与"客体"在认识结构上的二元对立矛盾,我们或许可以尝试着以一个整体性的认知模式与关系性的思维方式,从"制度/规则"与"人/主体"的动态且相互的关系角度来认识司法及其裁判,从"确定性"与"不确定性"、"客观性"与"主观性"相关性的角度来论证司法知识的有效性,从"主体"与"客体"二元主义且和合的关系模式中来认识司法的现象及其理论,进而以一种动态性的、整体性/关系性的、开放性的视角来认识司法,摆脱以往的那种对司法及其裁判的静态的、孤立的和封闭的认识。

而当我们以"制度/规则"与"人/主体"相互动的关系角度来整体性地理解司法及裁判时,那么这同样就不仅需要对"制度/规则"和"人/主体"要有清醒的认识,而且还要求我们留意这里所说的"制度/规则"与"人/主体"又不仅仅只是限于法律制度或者法官和当事人,还应当包括其他的司法及其裁判活动之中所可能涉及到的制度(比如在正式的制度之外的非正式的制度、显性规则之外的隐性规则)以及这些制度所面向和所有需要考虑进来的"人/主体"(比如社会大众、媒介)。这样,司法及其裁判就不仅仅只是一个封闭的法律运作过程,而是一个置身于特定社会文化—情境系统里的、开放性的知识生产与再生产事件。当然也正是基于此,有关司法及其裁判的知识哲学思考,自然而然地就从知识哲学的规范性分析转到了知识社会学的开放性和现实性研究上来。

至此,我们表面上看,似乎"破解"了知识理论的难题与司法理论的问题,但实际上,我们还需要对这种整体性的司法知识观拥有开放性的心态,对这种关系性的视角葆有一种反思的态度,既要接受这种知识理论的修正和更新,也要坦然面对它随时被予以否定与批判。因为没有一种十全十美的理论,任何的理论都是在不断的试错和反思之中推进的。因为从根本上来说,这是符合知识的本质特征以及知识生产的规律的。换言之,作为一种整体性的思维方式,一种反思性和批判性的方法立场,在司法理论中引入知识理论,追问司法理论知识背后的问题意识与精神本源,其目的就是要试图超越碎片化的司法知识观,努力在整体意义上对司法知识予以把握。因为从根本上来说,"哲学以思想、普遍者为内容,其内容就是整个存在"。❶这样,"它研究作为存在的存在以及这种存在因自身而具有的属性。这种学科不同于任何其他特殊的学科,那些特殊的学科没有一个普遍地将存在作为存在来对待。他们把存在的某一部分截断,研究这一部分的属性,例如数学便是这样做的"❷。而这其实也就意味着,当我们从整体性的角度出发并在知识哲学的理论视域中对司法现象进行研究,克服知识存在的分离性和避免知识的碎片化,其所涉及的便是要超越分门别类的知识领域,由关注特定的存在形态引向对存在本身的沉思和领悟,也即要超出特定的存在视域,尝试着从整体或者总体上对存在加以把握。当然也正是在此意义上,我们认为"人类精神一劳永逸地放弃形而上学研究,这是一种因噎废食的办法,这种办法是不能采取的。世界上无论什么时候都需要形而上学"❸。对司法知识做整体意义上的思考,就需要这种"形而上学"。

与此同时,对司法知识予以形而上学意义上的追问,其目的又并不仅仅只是为了建构一种有关司法现象的整体性思维,从整体性、关系性和体系性角度出发来思考司法现象并建构司法知识的理论,也不仅仅是为了建立一种有关司法高大全的理论体系,而是要努力建构其一种开放性的司法知识观。换言之,本书有关司法知识理论的探讨无意提供一个所谓的终极理论或者标准化理论。因为从根本上来说,"体系"作为"既济"的形态往往容易导向自我封闭,进而造成知识的迷思。❹这显然与本书写作的初衷是极不相符的。我们将知识理论引入司法的研究,客观的来说乃是要尝试着将既有的司法理论及其研究都开放出来,洞见到司法活动以及裁判过程的繁复性,揭示既有理论的问题,以及意识到它们所遮蔽掉的问题和它又是经由何种理念而将这些问题遮蔽掉的,进而展现出这些理论及其问题所同时蕴含着的社会性、历史性和开放性,从而推动我们关于司法知识及其理论问题的持续思考。

---

❶ [德]黑格尔:《哲学史讲演录》第一卷,贺麟、王太庆译,商务印书馆1995年版,第93页。
❷ [古希腊]亚里士多德:《形而上学》,李真译,上海人民出版社2005年版,第731页。
❸ [德]康德:《任何一种能够作为科学出现的未来的形而上学导论》,庞景仁译,商务印书馆1982年版,第163页。
❹ 参见杨国荣:《存在之维——后形而上学时代的形上学》,人民出版社2005年版,第3~4页。

三、司法知识及其理论建构的意义

司法知识及其理论建构的意义,不仅在于能够自觉地批判和反思既有的司法知识观,而且也力求通过新的观察与描述来重新论证司法知识的有效性,进而建构起一种看似矛盾其实统一的、多元化且开放性的司法知识观。当然,这种新的观察视角,就是我在上述所提之以"制度/规则"与"人/主体"相互动的关系性视角。这种新的论证方式,就是强调在司法知识的有效性论证的过程之中,"确定性"并不排斥"不确定性","客观性"并不反对"主观性","逻辑性"并不压制"能动性",相反,它们都是以非常繁复有时甚至是相互冲突的方式来展开互动或者纠缠在一起的。换言之,在这种整体性的司法知识观看来,司法知识的有效性论证并不是一个单一化、同质化的过程,而是一个开放性的、复杂性的、异质化的过程,是原本矛盾的范畴消除对立并转化为和合的、相辅相成之关系的过程,是"确定性"与"不确定性"、"客观性"与"主观性"、"逻辑性"与"能动性"相互辩证且统一的过程。

确实,"理解一个命题,意思就是要知道如果该命题是真的话则是怎么一回事"❶。因而一旦这种建立在整体性的司法知识观基础之上的司法知识命题为真,那么这其实也就意味着司法知识及其理论命题的有效性论证就不是一个一元化的、同质化的、封闭的过程,而是一个由一系列或多或少同时发生且多元的相互矛盾、相互纠缠、相互强化的过程,是一个多元矛盾相统一的开放性的过程,甚至还是一个受多种关键性因素影响的复合化过程。当然,在此过程之中,客观性与主观性、确定性与不确定性、逻辑性与能动性,其中的任何一方都是以另一方的存在为意义或者条件的,甚至其中的任何一方在很大程度上都只有作为整个复合或重叠体重的一部分才具有价值和意义。❷ 而也正是因为此,它赋予了司法知识及其理论命题更为丰富的意涵。

(一)司法知识概念及其理论命题建构的可能意义

毫无疑问,人们对于司法的认识是随着人类认识能力以及人类对社会的规则安排与秩序设计的能力的发展而逐步增加的。因此,从最初的神明裁判到现

---

❶ 维特根斯坦语,转引自[德]卡尔-奥托·阿佩尔:《哲学的改造》,孙周兴、陆兴华译,上海译文出版社1994年版,第8页。
❷ 参见邓正来:《谁之全球化?何种法哲学?——开放性全球化观与中国法律哲学建构论纲》,商务印书馆2009年版,第143页。

代意义上的法律裁判,从早期的司法依附于行政权到现代的司法与行政相分离,从司法的大众化和神职化到司法的专业化与职业化,这其中的一切都在向我们表明,人类关于司法及其裁判活动的认识曾经经历的过程和采取的形式或许远要比某些哲学家的描述和神学家的想象要现实和复杂得多。与此同时,当下我们所拥有的关于司法及其裁判的认识也并不是完善的。因为人的认识能力是有限的,人对于认识事物的言说与表达的能力也是非常有限的;因为从最理想的角度来说,唯有等到人类洞悉了社会的所有规则安排和秩序设计的原理之后,甚至只有洞悉了人本身之后,司法知识之花才会绽放;因为伴随着社会的不断发展,不仅司法本身还会继续发展下去,而且有关司法的认识也会不断地深化。但是,这些都并不妨碍司法知识的概念及其理论命题的建构之于它所置身其中的社会所可能具有的独特意义。

如果我们把视野放的宽一些,尝试着从司法知识的概念史角度来对其进行考察,那么不仅有关司法的知识理论长期以来都纷繁杂陈,而且有关司法知识的概念名称及其命名过程也是极为曲折的。[1] 与此同时,作为一个相对固定的概念,司法知识的出现也是姗姗来迟的。而又由于这一概念所指涉的内容一直以来都相当庞杂和混乱,这便使得司法知识这样一个原本很有意义的概念范畴,由于人们将不同的内容都纳入到其中而导致其内涵变得越来越模糊,最终使得这个概念本身失去了其原有和应有的意义。这些显然都反映出了因人、事模糊而导致的犹豫,也深刻地透露出人们在建构司法知识这一概念时心态上的慎重。

同样,近些年来,伴随着中国司法改革的深入进行以及人们对于中国司法制度及其运动的密切关注,司法知识一词已然成为我国法律界和实务界的常用术语。可遗憾的是,人们在使用这一概念时却很少深入地去思考它的确切含义以及它与"法律知识"、"法学知识"等关联性概念之间的相关关系,仿佛这些都是自明的、无需深究的。然而实际上,哲学与常识的根本差异就在于,哲学的思考是从人们从不怀疑的、自明的东西入手的。这正如海德格尔所指出的:"如果'自明的东西',而且只有'自明的东西',即康德所说的'通常理性的秘密判断'应当成为并且始终是分析工作(即'哲学的事业')的突出课题的话,那么在哲学

---

[1] William Lucy, *Understanding and Explaining Adjudication*, Oxford University Press, 1999, pp.35–42.

基本概念的范围内……求助于自明性就是一种可疑的方法。"❶而这对于当下中国司法场域之中的"司法知识"概念来说,则更是如此。因为"自明性"会造成司法知识这一概念及其理论命题逸出人们的视野,甚至被牢牢地遮蔽起来,进而阻扰人们去深思这个问题。

实际上,不仅人们长期以来会认为司法知识这一概念是不言自明的,而且还有人会认为司法知识这一概念是无法定义的,是司法哲学之中"最晦暗的"❷。因为"从传统逻辑学的眼光看来,给一个对象下定义也就是:对象所属的最近的种概念+把这个对象与同种的其他对象区分开来的属差"❸。但是,不仅司法知识所指涉的对象或者存在、也即"司法"本身往往是模糊并且无法被清楚地界定的,而且"司法知识"又往往被看成是一个最普遍和最高的概念,在它之上显然是不可能存在其他任何的种概念的。

然而,即便司法知识的概念不可定义,但却并不等于说它不构成任何问题,也不等于说我们无法对它进行必要的理论探讨。相反,司法知识的不可定义性并没有取消司法知识及其概念命题的意义问题,而恰恰成为了我们需要正视这一问题的理由。与此同时,伴随着中国司法及其改革问题讨论的深入,尤其是伴随着司法实践的日渐成熟、司法理论研究的日趋凸显以及司法知识问题的日益突出,客观地说,"司法知识",一方面它不仅具有了相对固定的指涉范围,而且也形成了相对稳定的概念边界,同时还具有相对体系化的知识结构与知识制度;另一方面,对"司法知识"概念及其命题的思考也因由中国自身对司法话语体系和知识理论的主体性需求而被提上了各项议事日程。❹ 而也正是基于此,对司法知识命题予以概念分析和理论建构,显然就既是迫切急需的,也是具备重要的理论意义和实践意义的。

第一,认识功能。从一般意义来看,司法知识无疑是一个对司法及其裁判现象予以观察、反映、理解和把握的概念形式,是认识司法活动及其普遍性的切入

---

❶ [德]海德格尔:《存在与时间》,陈嘉映、王庆节译,生活·读书·新知三联书店1999年版,第4~5页。
❷ W.Shih, Reconstruction Blue: *A Critique of Habermasian Adjudication Theory*, 36 SUFFOLK U.L.REV, 2003, pp.1120-1123.
❸ 俞吾金:《存在、自然存在和社会存在——海德格尔、卢卡奇和马克思本体论思想的比较研究》,载《中国社会科学》2001年第2期,第55页。
❹ 参见顾培东:《当代中国法治话语体系的构建》,载《法学研究》2012年第3期。

点。这样，作为一个相对严谨的法律概念，司法知识的概念不仅意味着其所指涉的对象——司法及其裁判，与其他社会活动（尤其是与行政、立法等这类法律活动）的边界以及相互间的区分相对清晰起来，而且也意味着人们对司法及其裁判的认识相对成熟和固定化。

第二，交流功能。作为一个法律意义上的概念，"司法知识"应当在有关法律话语的对话过程中发挥信息交流的功能。换言之，当下中国司法理论研究所存在的混乱状况，很大一部分原因就在于人们对司法的认识以及对司法知识的概念界定存有差异紧密相关。因为很多时候，虽然各自司法理论中所使用的概念从表面上看很相似甚至相同，但其实概念与概念之间在实质内涵上的差别还是相当大的，进而经常造成理论的争议和对话不在同一个层面进行的情况。典型的比如，由于人们一方面接受了以西方司法话语系统和制度体系为参照系所建构出来的司法知识理念，同时又无法摆脱传统中国司法的知识传统，还不得不面对当下社会里的司法现实，这使得他们有关司法知识的知识立场常常在西方的、传统的以及现实的司法之间摇摆不定。相关的争议也就由此而生，并且由于指涉对象的差异性进而导致这些争论无法达成共识，从而演化为一场非建设性的、纯粹的话语之争。在有关指导性案例的讨论上，这一点表现的就非常明显。有人将最高法院所颁布的指导性案例等同于英美法系的判例或者判例法，也有人认为这是传统中国法律文化中的"先例"、"判决例"等事物的当下变形，❶还有人认为这既不同于西方的判例法也不同于传统的先例，而完全是一种新的司法操作。

的确，任何概念在交流的过程之中都会因为其家族的相似性而会在强化某些信息的同时遮蔽掉一些信息。因此，借助于概念进行交流对话的过程中，它在节约成本的同时也会埋下陷阱，它在传递信息的同时也会传达其背后的权力关系。❷司法知识概念同样也是如此。客观地来说，司法知识既具有相互的通融性，也具有地方性；既具有共识性，也具有个体性。前者由于司法及其裁判拥有其相对普遍的运作模式和运行规律，有大致相同的社会定位并发挥着相类似的社会功能；后者则意味着任何司法及其裁判都是在特定的社会—文化情境系统里发生的，人们有关司法的认识也是经由"在地化"和"个体性"所生产出来的知

---

❶ 参见刘风景：《"指导性案例"名称之辩正》，载《环球法律评论》2009年第4期，第35～41页。
❷ 参见凌斌：《法治的代价：法律经济学原理批判》，法律出版社2012年版，第45页。

识，是具体社会与人群中的知识，是发生在具体的时空之中的活动。而这其实也就意味着，作为概念的司法知识，它不仅具有产地标签和个人的身份特征，也具有通行证和普遍性。这样，我们在有关司法知识的概念交流之中，就既要注意发挥其中的优势，也要避免其中的弊端；要通过促使这些来自于不同产地的司法知识概念展开积极的对话和广泛而深入地交流，使得它们得以取长补短、相互理解并相互尊重。

第三，实践功能。司法知识是一个饱含丰富实践理性因子的概念。其中如"司法"，它就更多代表着一种法律的实践活动。司法知识又是一个表征着司法及其裁判活动的基本性质、主要内容、价值取向、整体功能等的语词形式。比如"知识"则意味着职业化和专业化的司法运作取向。司法知识概念所包含的信息一方面会直接影响着司法主体，特别是法官等的日常司法行为。毕竟，"知行合一"，即便作为概念，"司法知识"也会在无形当中对法官产生影响并提出要求，进而调整法官的司法行为。例如它更多的会期望法官能够不断加强司法及其裁判的知识含量，增强自身司法知识的积累，因为从某种意义上来说，概念话语并不能完全建构现实，但它无疑会影响到建构现实的人的行为。另一方面它也会影响着人们对司法及其裁判活动的认识，因为它会使得有关司法的认识活动带有明显的"从司法活动中来又要服务于司法活动"的目标取向。毕竟，司法知识来源于司法生活更要回应于司法生活的知识需求，指导司法生活的知识实践。而也正是因为此，作为一个概念，司法知识不仅具有明显的实践功能，而且也使得有关它的理论命题成为一个极具实践性的命题。

第四，建构功能。一直以来，中国的思想传统都非常重视"词"与"物"、"名"与"实"的对应关系。❶ 典型的比如孔子，即把"正名"看做维护社会秩序的重要条件。"名不正，则言不顺"，说的就是这个道理。这样，作为一个概念，司法知识它不仅会影响甚至制约着司法的运行方式以及裁判的运作模式，而且也会影响法官在司法裁判过程中的行动逻辑与话语修辞，甚至其本身就是法官司法活动的重要组成部分。也正是在此意义上，它不仅会表达着一种有关司法活动的现象与规律，而且也会积极地影响着法官司法活动的形式与内容，影响着司法裁判行为的构成与运作。

---

❶ 参见[法]福柯：《词与物——人文科学考古学》，莫伟民译，上海三联书店2001年版。

如果我们把视野放的再宽一些,那么作为社会科学知识的一种,司法知识的概念及其理论命题同样也是一种以权利和"正当性赋予"为基本实质的话语。也就是说,司法知识的概念及其理论命题绝不像客观实证主义者所宣称的那样,只是反映性和描述性的,也不只是技术管制性的,而更是具有极强的建构性和固化性的。因为有关司法知识的概念会通过各种制度化的安排进而渗透和嵌入到各种管制技术和人的身体之中,并成为我们型塑和建构社会秩序及其制度的当然"理想图景"。而这其实从根本上也就意味着,只要我们洞见到司法知识所具有的这种"正当性赋予"力量并恢复其批判性品格,我们同样可以此来建构司法制度以及法律制度的正当性基础,并以此为基点来建构中国社会的秩序。❶

可见,作为一个概念,司法知识理论命题的建构,其目的乃是在于寻求知识的自觉以及寻找到对司法及其裁判的性质和它的社会背景的某种程度的透彻理解。当然,即便是如此,我们还是要清醒的意识到,就存在的现实(现实的存在)和对这种现实的概念化或者命题化之间仍然是有非常大的差距的。毕竟,作为概念的司法知识和关于司法的知识是两回事,因为司法知识只有在被知晓并在实践理性的主张中得到表达之后才具有意义。这样,我们有关司法知识的概念命题就必须要放置在整个司法知识理论之中来进行考察,以通过司法知识理论的分析力和解释力,来进一步理解司法知识概念命题的可能意义。

(二)司法知识理论的分析力和解释力

不同的研究视角会揭开有关司法的不同知识维度。问题是,引入知识哲学与知识社会学的研究方法,在认识论上对司法现象及其理论进行再反思、再批判与再认识,进而以一种整体性的立场和关系性的视角来建构起一种司法知识的理论体系,那么这与其他研究方法或者观察视角之间又存在何种区别?它的理论分析力和解释力又体现在什么地方?

客观地说,在知识领域中建构司法知识的理论体系可以被视为一种新的学科或者派别的体现。因为司法知识理论所寻求的乃是对司法现象某种程度上的总体关注,是希望建立一门旨在解释并解决一般性的司法问题的法律哲学。这样,司法知识理论的研究对象就不能局限于某一特定司法现象的领域,而是要对所有司法现象做总体性的研究和整体性的表达。当然,这种总体性的研究又并

---

❶ 参见邓正来:《中国法学向何处去》"引论"部分,商务印书馆2006年版。

不是所有司法现象的直接相加,这种整体性的表述也不是所有司法理论简单的辩证统一,而是要通过引入新的观察视角或者新的范式,在已有的知识基础之上作出的一种超越和整合。换言之,尽管司法知识及其理论乃是一个整体性的概念或者论题,但这绝不是大而化之的,而仍然是需要对这一命题以及命题所涵摄的对象作区别性的对待,进而避免忽视司法知识本身所可能存在着的不同知识形态之间的征服、压制或者互通流动、互惠互补等关系。因而这种总体性的研究和整体性的表述,又是在一种区别出司法知识的种类及其构成的基础上,揭示出不同知识种类之间的复杂关系的理论形态。

传统的司法理论以"制度/规则"为进路,以理性为前提,强调制度/规范在司法知识建构中的主导作用;现代的以"人/主体"为进路的司法理论则偏向于强调作为制度行动者之一的法官在司法知识生产与再生产活动中的主导力量。很显然,这两种司法知识理论都同时有其长处和缺陷。但问题的关键在于,以"制度/规则"之逻辑为司法知识的理论的司法理论,恰恰最后又被制度和规则所遮蔽甚至宰制;而以"人/主体"之能动性或者个体性为特征的现代司法理论却也在不知不觉之中陷入"主图"客体化或者对象化的泥沼之中,进而使得法官与制度形成了合谋,从而在另一个层面上反而更加强化了制度的力量。与此同时,这两者司法知识理论都不仅忽视了司法知识的社会意涵,也忽视了司法知识的现代性意义。而与此不同,以"制度/规则"与"人/主体"相互动的关系性视角来整体性的表述司法的知识理论,它所强调的乃是将司法及其裁判看成是一种"制度/规则"与"人/主体"相对抗以及互动、交流、交融、相合作的整体性社会事件,进而凸显司法知识生产活动中人与制度的共同参与性,强化司法知识的整体性意涵以及司法知识的社会意味,从而在倡导司法知识的现代性意义的基础上,凸显司法知识的人性关怀。

这无疑是司法知识理论的解释力和分析力的体现之一所在。与此同时,尽管作为一种体系性的建构,司法知识及其理论看似应当追求大而全;然而这其实又不仅会封闭掉司法知识概念命题与理论所特有的开放性,而且也会削弱司法知识及其理论的分析力和解释力。毕竟,"同一认识平面上的知识扩展,并不带来认识水平上的深化和提高"[1]。因此我所谓的对司法现象进行的总体性的研

---

[1] [美]沃勒斯坦:《沃勒斯坦精粹》,黄光耀等译,南京大学出版社2003年版,第52页。

究，仅仅只是对所有的司法现象能够达致的一种理论上的内在统摄。这样，并不是所有的司法问题都具备司法知识理论所要求的那种高度，那些具体的司法现象或者现实的司法问题只能是司法知识理论统摄的对象而不可能直接通过它们发展出司法知识的理论体系，因而也就不是司法知识理论所要研究的问题。司法知识理论研究的问题只能是一些理论性的问题，也就是对具体司法现象或司法问题进行抽象思考或者说理论概括所产生的问题。而这其实也就意味着，司法知识理论必然是以能够达致对整个司法现象或者整体的司法问题进行内在理论统摄的问题为研究对象的，它要探讨的是司法现象背后的深层联系，要寻找到司法问题背后的深层原因。当然也正是在此意义上，司法知识理论就是由司法领域中的这些深层问题所组成的学术体系。而这显然是司法知识理论的解释力和分析力的又一体现。除此之外，与司法知识理论的总体性、概括性和抽象性紧密相关联，司法知识理论还具备其基本特征上的第二个规定性：即司法知识理论必须具备某种程度的思想性特征。换言之，司法知识理论应是关于一般性司法问题的理论体系和思想体系。司法知识理论正是凭借自身思想性的学术品性和学术质量才得以实现其总体性的学术抱负和研究目的的，也即司法知识理论正是借助于对司法现象的整体性表达来实现其对司法现象的总体把握，进而为整个司法理论提供"根基"。只有这样，司法知识理论也才能够是司法理论的"元理论"。[1] 而也正是在此过程之中，正是经由司法与"人/主体"的内在联系，经由司法与社会的紧密关联，有关司法的认识就具有了生活的经验性关照和生命的社会性意义。

可见，司法知识及其一般性的理论无疑会是极为抽象的，因为它旨在阐释司法实践的主要特点和基本结构而不是司法实践的某一具体方面或者具体部分。然而抽象的理论就如同人的思维一样，都必须要意识到："人的思维是否具有客观的真理性，这不是一个理论的问题，而是一个实践的问题。人应该在实践中证明自己思维的真理性，即自己思维的现实性和力量，自己思维的此岸性。关于思维——离开实践的思维——的现实性或非现实性的争论，是一个纯粹经院哲学的问题。"[2] 这其实也就意味着，尽管司法知识的理论是抽象的，但这却又并不意

---

[1] 参见宋海彬：《意义与功用的纠葛》，载《法律科学》2009年第4期，第5页。
[2] 《马克思恩格斯选集》第1卷，人民出版社1995年版，第55页。

味着这一理论没有意义,失去了市场;相反,任何人都会有足够的理由认为,随着中国社会转型进入越来越关键的阶段,随着中国的司法改革和司法发展步入到越来越重要的时期,司法知识理论研究理应成为一个深具潜力的研究领域,起到为中国法治社会发展提供"思想力"的作用。

第三节　司法知识理论的基本命题与分析框架

从最一般性的意义来看,司法知识及其理论毋宁说是一个静滞的命题或者抽象的概念亦或者是一整套理论化的说辞,倒不如说是一种方法,一种观察并反思司法的立场和出发点,一种对司法进行探寻、分析、批判、综合、诠释与建构的方法。❶ 它所架构起的不仅是"知识"与"社会"的关联桥梁,更是"人"与"司法"之间互相打量、相互认识与相互沟通的桥梁,是一个"人与司法"相互连接、互为建构的过程。

确实如此。

从知识哲学的角度来看,司法知识及其理论应当说在大体上力求解读两个基本的问题,即"什么是司法知识?"和"我们如何获致有关司法的知识?"对于第一个基本问题的思考,构成了司法知识理论本体论和价值论的范围;而对于第二个基本问题的探寻,则是司法知识理论认识论和方法论所关注的重心。当然无论如何,对这两个问题的回答其实都是为了更好的确定作为认识主体的"人"和作为认识结果的"知识"之间的深层关系。

进一步,如果我们想要对司法知识进行更深层次的分析,那么首先就必须要区分司法知识的两个要素:本体论要素(*Ontological Element*)和认识论要素(*Gnoseological Element*)。本体论要素它所追问或者强调的乃是存在着司法知识,并且司法知识背后所隐含着的一整套秩序或安排;而认识论要素则意味着:人类要认识它,就存在或多或少的困难,在不同程度上还要冒认识错误的危险。"我们在这些事项上的决定可能存在这样或那样的错误和偏离,这只表明了我们的判断能力是有限的,我们的秉性是粗鄙的,各种偶然性因素都会干扰我们的判断。正如蒙田(*Montaige*)认为乱伦和偷窃都是有德性地行为,而帕斯卡(*Pas-*

---

❶ 参见李其瑞:《法学研究与方法论》,山东人民出版社2005年版,第26～29页。

cal）对此则很反感。"❶

正是由于认识存在着风险或者会走弯路，甚至会出错，因而也就需要对认识予以检验。而这其实也就意味着，"当我们按照我们所感知的事物特性来利用这些事物的时候，我们就让我们的感性知觉的正确性受到确实可靠的检验。如果这些知觉是错误的，那末我们关于这种事物可能有什么用途的判断，必然也是错误的，而我们的尝试就必然要失败。可是，如果我们达到了我们的目的，如果我们发现事物符合我们关于它的观念，并且产生我们所预期的目的，那末这就肯定地证明，在这一范围内我们关于事物及其特性的知觉是同存在于我们之外的现实相符合的"❷。而要检验我们的认识，那么自然而然的，对于司法知识的哲学思考就要转换到司法知识与社会的关系上来，也即要求我们从知识社会学的角度来思考司法知识的社会功能、司法知识的知识体系与知识制度、司法知识的生产与再生产等相关性的问题。这些问题不仅极具实践性，而且也是对认识所展开的一种社会检验。更重要的是，通过对这些问题的考究，实际上也完成了对我们之前的认识所展开的一种自我审查和思想检验。

然而尽管试图超越，但其实我们对于司法的认识以及对司法知识的理论建构，与我所反思的司法理论把认识建立在"主体—客体"二元主义的基础上相同，我所倡导的整体性的司法知识观也是建立在"主—客体"两分的认识结构之上的，不同的只是我淡化主—客体二元对立的思维模式进而强调主—客体之间的和合关系以及相互间的互释互构；与我所批判的理论家的关注点及其研究中把"未来"作为显性的分析成分的做法是一致的，我同样也是把"理解"当成是"行动"的前提，并且承认在相反的意义上，行动又使得重新定义成为了与经验积累同样重要的知识的发展部分。

这样，有关司法知识及其理论的基本命题，其实也就是一种认识司法的基本步骤。而它又大致包括以下的几个方面：

第一，"司法是什么？"

这虽然是一个有关司法知识的本体论问题，但是当我们追问"司法是什么"的时候，我们其实又并不仅仅只是为了塑造一种"司法知识的本体论"，也不是

---

❶ ［法］马里旦：《自然法：理论与实践的反思》，鞠成伟译，中国法制出版社2009年版，第24页。
❷ 《马克思恩格斯全集》第22卷，人民出版社1965年版，第344页。

为了追究某种司法思想或者某位法律学者的阶级立场或者哲学阵营,而是为了探寻司法知识的早期形态、发展脉络与基本内容。换言之,通过对不同时代主要司法观的解读,特别是通过主体与主体之间具有深度地知识交流和具有密度地知识互动,我们就有可能在思想家的个人经历与有关司法的讲述中、在有关司法的表达与宏大的社会历史进程之间建立起联系,进而使得我们从中既可以了解司法知识的不同来源和内容,也可以使我们领会司法知识生活在当时的法律学人那里所可能具有的意义和位置,而不同的意义和位置又会对人们的司法知识产生决定性的影响,进而在个人的"知识观"与社会结构变迁过程之间建立联系。最终,通过此进程获得对司法知识的理解和解释,从而奠定超越既有司法知识的知识基础与可能的方向。

第二,我们如何认识司法？特别是在解决疑难案件时,司法裁判是如何做出的？

这其实是一个问题的两个方面。前者所探讨的乃是司法问题的知识史,后者则是在社会哲学上对司法裁判问题予以进一步的展开。很显然,有关这一问题的探讨尽管与回答"司法是什么？"这一问题近乎相类似,但我们如何认识司法以及司法裁判是如何做出的,后者更突显的是司法知识的认识论与方法论意涵。与此同时,通过对这一问题的追溯,我们其实需要重新认识或者反思当面对司法的理论及其实践所带来的各种困惑时,我们今天的经验和知识已经解答这些困惑了吗？以及我们的认识,尤其是作为整体意义上的认识,怎么算是正确的,怎么又算是不正确的？

应当承认,"裁判是知识形成上,重要的程序。科学理论,往往是在相互辩论与竞争的过程发展；其间,必须作出选择时,便必须藉助裁判。科学上,知识见解之争,便预先要求解决这些争执的态度与方法；科学上不同见解的裁判,也因此反应或构成了科学的理性"[1]。也正是因为此,"裁判"近乎成为一种知识的概念。[2] 那么基于此,如果我们从知识的视域里出发,将疑难案件化解为知识上的难题的话,那么司法裁判如何化解这一知识难题或者突破这一知识困境,就无疑需要我们进行深入地探讨。

---

[1] F.D'Agostino, *Adjudication as an Epistemological Concept*, 79 Synthese, 1989, pp.231-256.

[2] 参见陈起行:《由裁判理论的观点析论 United States V. American Library Association》,载《政大法律评论》2006年第96期,第15页。

第三,我们如何证立司法裁判的正确性? 如何证成司法裁判的客观性?

这些都是司法知识的有效性所关注的问题。因为"在许多情形(案件)中,那种对某个法律纠纷作出裁决并且可以用某个单纯的规范性语句来表达的法律判断,并不时在逻辑上从预设有效的法律规范连同被认为是真实或证明是真实的经验与句之表达中推导出来的"❶。因而也就由此提出了这样的一个问题:该判断是如何能够被证立的?

任何的证立过程的确都依赖于"程序"。❷ 换言之,"在法院的程序中,对法官的判决必然提出如下要求:法应当正确地适用,即使这个要求实现起来可能还很弱。特殊情形的命题的最大难题在于正确性的内容。法律的主张和决定(裁判)不是要求其绝对地正确,而只是说:它们在有效法秩序的前提条件下,即:假如它们在遵守法律、判例合法教义学的情况下能够理性地证理的话,那么它们就是正确的"❸。而即便是"程序",那么"没有任何其他程序比论辩程序更合适来同时展开人的辨别和判断能力并对此理性地加以控制,根据这种方式能够更接近正确性地结果"❹。因此我们看到,现代司法知识理论都尝试着通过程序规则的设计,也即通过"论证"和"论辩"来弥合"知识确实性之墙"的裂隙。❺ 但问题是,这种借助于程序的论证最终成功了吗? 我们将关注这一问题。

第四,司法知识的性质是什么?

知识是纯真的吗? 长期以来,知识都是带着一尘不染的纯洁形象展现在世人面前,客观性、普遍性、必然性、真实性、确定性,它们不仅是知识的特征,也是其赖以存在的基础。然而伴随着以理性主义为基础的、绝对论色彩极为浓厚的知识观在现代社会受到广泛地批判,知识的现实发展一下子却又走到了知识的反面,知识变成了随意性、主观性、零散性、碎片化等范畴的代名词。那么,知识的特性究竟是什么? 以及司法知识又有着怎样的特征? 很显然,我们既需要在

---

❶ [德]阿列克西:《法律论证理论》,舒国滢译,中国法制出版社 2002 年版,第 2 页。
❷ 参见焦宝乾:《法律论证:思维与方法》,北京大学出版社 2010 年版,第 67 页。
❸ 舒国滢:《走出"明希豪森困境"》"代译序",[德]阿列克西:《法律论证理论》,中国法制出版社 2002 年版,第 24 页。
❹ 舒国滢:《走出"明希豪森困境"》"代译序",[德]阿列克西:《法律论证理论》,中国法制出版社 2002 年版,第 23~24 页。
❺ 参见舒国滢:《走出"明希豪森困境"》"代译序",[德]阿列克西:《法律论证理论》,中国法制出版社 2002 年版,第 7 页。

一种更为宽广的视域里极为慎重的来审视"知识的特性"这一命题,也需要结合司法及其裁判的自身属性,以便能够在具体的司法场域之中来归纳和验证司法知识的这些特征。

第五,我们如何获得关于司法的知识?

从根本上来说,这一问题其实与"司法知识的性质是什么"的这一命题紧密相关。它所要考察的其实是人们究竟是通过智力的概念性应用或者理性知识的方式来发现并获得司法知识?❶还是通过实践来获得司法知识? 如果说是理性,那么这里的理性是什么? 比如哈耶克就认为,我们对于许多制度性的知识,包括绝大多数伦理规范和法律,是知其然而不知其所以然,我们能利用自己的感官意识到它们,并使自己的行为与其相适应,但却对这些知识的发生原因和一般效用茫然无知。❷ 而雅斯贝尔斯则提出,所谓认知理性,不是超验理性而是交际理性。换言之,在雅斯贝尔斯看来,只有借助于交际理性,它才能把人们关于客观知识的最大一致认定为一致分享知识。因为交际本身就包含一种客观的逻辑,它能够促使人可以凭借理性不断扩大相互一致和相互承认的普遍形式。理性离不开语言,人的最基本的言论也会起到增强知识一致性的作用。❸ 如果说通过实践,那么这里的实践又指的是什么? 因为按照毛泽东的说法,知识只有生产斗争的知识和阶级斗争的知识。知识只能通过参加生产斗争和阶级斗争才能获得;也就是说,只有生产斗争和阶级斗争的参与者——群众才具有真正的知识。❹ 抑或是两者其实是统一的?

如果我们把视野放的再宽一些,那么在有关司法知识获致途径的追问中,我们必须要意识到,不仅社会权力会塑造我们的认知方式,而且我们的认知方式转而又会形塑社会权力中有关司法的知识。而这其实也就意味着,在最广泛的意义上,我们应当将看到的知识与社会—政治相关联起来,进而在此意义上展示司法知识的重要性。也就是说,我们不仅需要在认识论的层面上探讨司法与社会的关系问题,也要研究司法与政治的关系问题,从而不断丰富有关司法认识以及

---

❶ 参见丁峻:《知识心理学》,上海三联书店2006年版,第127页。
❷ 参见[英]哈耶克:《致命的自负》,冯克利等译,中国社会科学出版社2000年版,第19~22页。
❸ 参见徐贲:《人以什么理由来记忆》,吉林出版集团有限公司2008年版,第81页。
❹ 参见侯欣一:《从司法为民到人民司法:陕甘宁边区大众化司法制度研究》,中国政法大学出版社2007年版,第194页。

司法知识的意涵。

第六，如何理解司法知识的社会意涵？

任何有关司法的认识活动都是发生在特定的社会——文化情境系统之中的，因而司法知识就具备了社会性的特征，有关司法知识的理论研究自然也就需要探讨司法知识的社会意涵。为此在本书的下篇，我将在知识社会学的角度来探讨有关司法的认识问题，以期在知识与社会以及知识与人类的框架结构里，展示司法知识的社会意涵与人性关怀。我们必须要意识到，从根本上来说，司法知识的困境其实又可以看成是一个司法知识的生产如何看待人的问题。

如果我们把视野放的再微观一些，其实一个法官，不论他有什么样的知识结构和知识缺陷——他可能无知，他可能对化学一无所知，他可能对数学和逻辑一无所知，他可能对历史或者其他社会科学一无所知；但是在面对疑难案件时，他或许依然可以发现问题解决的合理答案。虽然这个答案所要追问的就是在他面对疑难案件时，他应当有什么样的行为举止？但是这个答案的回答却都必定是一致的，那就要尽可能地处理好司法与人的关系问题。因而，尽管每个法官处理这一问题的方式可能各不相同，但我所要强调的是：一个听凭冲动行动的人，不管他的行为多么慷慨；一个依照本身性格行动的人，不管他的行为多么高尚；一个屈服于无从避免的压力行动的人，不管这压力来自外界或自己的性情，这个人不算是在行动，至少不是作为知识的载体在行动；只要他没有思量，进而也就无法领悟到司法知识生产与再生产活动的逻辑与真谛。而这其实也就意味着，如果"不思"，任何主体都无法获致有关司法的知识；"思"虽然是迎着风的，但却是获致司法知识的重要途径。

然而即便是如此，我们都必须要承认，任何理论都不可能解决人类在理论与实践上所遭遇的所有难题。毕竟，"个人日常生活世界中无法解决的知识困境是他们无法控制的社会结构变迁造成的"[1]。因此，即便通过引入新的范式，即便采用一种所谓整体性的视角和关系性的模式，有关司法知识及其理论在建构起自身的体系时必然会隐含自身所难以解决的问题，同时还会开放出一系列急需通过其他的理论来解决的问题，甚至是一些暂时还无法回答的问题。而或

---

[1] [美]米尔斯：《社会学的想象力》，陈强、张永强译，生活·读书·新知三联书店2005年版，第31～43页。

第一章　知识论与司法知识理论

许也正是因为此,因为这种开放性,因为这种悬而未决性,司法知识及其理论本身才获致了面向转型社会的可能意义,❶也由此同样获致了其得以不断复制与革新的空间和力量。

虽然我们对司法知识理论的基本命题和分析框架进行了限定,但由于司法知识本身是一个很大的命题,并且偏离主题的吸引力也会很大,而一旦离开了大道,天晓得将在哪儿歇脚。那么既然如此,我们在言说有关司法的知识命题时倒不如且行且思,在咬定问题不放的同时,尽可能使"概念"明确并一以贯之。当然,较之于概念的明确且一以贯之而言,最为根本的在我看来,还是希望文中所开启的问题,是真正值得思考并需要认真对待的问题。

---

❶ 参见 Ruti G.Teitel:《变迁中的正义》,郑纯宜译,(中国台湾)商周出版社2001年版。

第二章　司法知识的概念意涵

很多人也许会期待我一开始就给司法知识做出定义或者试图做些定义,或者至少给些归纳概括或者其他说明什么的,以便借此阐明我所说的"司法知识"到底是什么。但我却并不想重蹈定义的理论陷阱与概念限定的泥沼。因为第一,尽管在日常语言中,司法知识这一概念或者语词的含义似乎是清楚而明确的,但实际上关于司法知识的这一概念只要稍经分析就会发现真实情况远不是我们想象的那般简单。现实的情况往往可能是:我们使用它却并不能准确地理解它的含义。❶ 甚至"我们应该首先意识到这样一个事实,同一个术语或同一个概念,在大多数情况下,由不同情势中的人来使用的时候,所表示的往往是完全不同的东西"❷。而这其实意味着,类似于"司法知识"这样越是熟知的概念,其涵义可能越是晦暗不明,往往产生的分歧也是最多的。❸ 第二,对司法知识所下的不同定义,随之而来的就是基于这些定义产生的不同的思想框架、问题意识和解释方式。因为下定义的过程也是一个选择研究方法的过程。因此,这不仅意味着对司法知识可以有不同的定义,而且也意味着司法知识的含义本身可能就是变化的、流动的和开放性的,更意味着言说司法知识的方式其实是多元化的。第三,如果我们走的更远一些,认为"语言又是人类最富有欺骗性的发明之一,所有的定义都是武断的"❹。那么"一旦你试图对任何一个事物下定论,那么,新的深渊还会打开,而这些深渊又通往别的深渊。明白这一点的人是唯一能搞得

---

❶ 参见王庆节:《知识与怀疑——当代英美哲学关于知识本性的讨论探析》,载《中国社会科学》2002年第4期,第62~63页。

❷ [德]曼海姆:《意识形态与乌托邦》,黎鸣等译,商务印书馆2000年版,第245页。

❸ 比如,对于"时间"的定义就同样如此。奥古斯丁就曾对"时间"的概念进行了如下的反思:"时间究竟是什么?没有人问我,我倒清楚,有人问我,我想说明,便茫然不解了。"[古罗马]圣·奥古斯丁:《忏悔录》,周士良译,商务印书馆1981年版,第242页。

❹ [美]房龙:《宽容》,迮卫、靳翠微译,生活·读书·新知三联书店1985年版,第13页。

清现实的人,他们明白试图限定事物、试图确定它们、试图描述它们,无论做得多么严谨,结果还是徒劳无功"❶。而这其实也就意味着,当一个人意欲从事对"司法知识"概念论题进行必要的意义归纳时,哪怕只是无关宏旨的话题,都会有人从各种方面找到相反的证据以批驳定义的不周延性。因而基于这些考虑,同时也为了更好地逼近司法知识的概念边界与意义内核,我在本章的一开始并不准备对司法知识的定义进行教科书般地归纳概括,而是用其方法传达我所思考的司法知识的含义。当然,这里的方法,不仅仅只是尽可能多地列举与司法知识有关的概念或定义,与此同时,我还会对这些言说或表达予以反思与批判,进而描述出一个正确对待司法知识定义的立场与态度。

第一节　司法知识的定义

一、知识定义的不可能性

在开启有关司法知识概念命题的讨论之前,我们所面临的首要的也是前提性的问题,就是如何界定知识的问题。然而在传统的知识理论看来,知识的定义是不可能的。换言之,对于传统的知识论来说,要给"知识"下一个准确的定义是非常困难的。因为,不仅构成知识定义的三个要素其实都是富有争议的——比如知识与信念的关系,又比如何以为真(如何确证)等;而且由于知识更多表现为"由各种不同表达方式(locution)所组成的一个家族,如认识谁(who),认识如何(how),认识某物与他物的区别等",因而对知识的概念说明就不仅应当要能够提供一种关于它们的异中之同的统一说明,而且还应当以"辨别"(discrimination)而不是以下"定义"的方式为核心。❷

然而重重的困难却并未止住人们追求对知识进行定义的脚步,因为定义的作用是毋庸置疑的。对于这一点,波普尔在《猜想与反驳》一书中曾谈道:

---

❶ [英]柏林:《浪漫主义的根源》,哈代编,吕梁等译,译林出版社 2008 年版,第 121 页。
❷ 参见陈嘉明:《知识与确证——当代知识论引论》,上海人民出版社 2003 年版,第 30 页。当然,也有学者认为,"对知识给出一个最低限度的条件或者定义应该说是可行的。"胡军:《知识论》,北京大学出版社 2006 年版,第 76 页。但就我的阅读范围来看,尽管这种"定义"的行动一直都在尝试着,然而至今尚未成功。

定义的作用，实际上是我称之为"本质主义"的那种哲学学说的一部分。按照本质主义（尤其是亚里士多德的那一种），一个定义就是关于一事物的固有本质或本性的一个陈述。同时，它还表明了一个语词即指称该本质的名词的意义。（例如，笛卡尔和康德都认为，"物体"这个语词指称某种本质上广延的东西。）

　　此外，亚里士多德和所有其他本质主义者都认为，定义是"原理"；这就是说，它们产生初始命题（例如"一切物体都是广延的"）；这些命题不可能从其他命题推导出来，因而，它们形成每个论证的基础或者其基础的一部分。这样，它们也成为每门学科的基础。……❶

　　从此之中我们可以看到，人们之所以执着地追求概念的"定义"，其根本乃是为了追寻到事物之本质或者理论命题的原初命题，进而通过这种本质来满足对事物的共性或者普遍性的渴望，以期达致对事物规律性的一劳永逸把握；以及通过原初命题或者元理论，推演出其他的命题或者原理，从而使事实与真理之间建立起可以追溯的思想联系。而这其实也就意味着，"定义"不仅可以增加我们的知识，而且定义中"一个核心概念在各向度的充分展开，就是全部理论"❷。为此，这种本质主义的认知模式，追求的乃是一种普遍性的知识，认为知识（真理）是在一个内在一致的逻辑体系内不断积累，坚信存在着某种永恒不变的知识基础与本质。❸ 换言之，本质主义坚持这样一种基本信念："在某一事物 X 所具有的那些性质中，我们能够区分出它的本质属性和它的偶然属性。根据这种观点，X 的某些性质构成它的本质，而余下的性质则是偶有的。……与此同时，在不同类型的本质主义看来，本质属性使得 X 成为它所是的那个个体，它所是的事物类型，或者它的类型的一个元素。"❹而这其实也就意味着，本质主义它所集中关注的乃是本质与个体同一性之间以及本质和类型之间的关系。与此同时，"哲学家的任务就是去发现这种本质是什么，并用强有力的理由去支持这种发现本

---

❶ [英]波普尔：《猜想与反驳——科学知识的增长》，傅季重等译，上海译文出版社 2001 年版，第 28～29 页。
❷ [德]鲁道夫·卡尔那普：《世界的逻辑构造》，陈启伟译，上海译文出版社 1999 年版，第 22 页。
❸ 参见卢风：《两种科学观：本质主义与非本质主义》，载《哲学研究》2008 年第 10 期，第 68～71 页。
❹ [英]尼古拉斯·布宁、余纪元编著：《西方哲学英汉对照辞典》，王柯平译，人民出版社 2001 年版，第 322 页。

质的要求;如果我们不为哲学、知识和语言找到这样一个阿基米德点,我们便无法避免激进的怀疑主义"❶。

然而,这种观念,也即"社会现实的任一要素或部分可以被规定为本质的、基本的、决定性的因素"❷,却不只是受到来自于后现代哲学思潮的质疑、发难与批判。因为伴随着社会的发展,人们不仅意识到理性自身是有限的,而且意识到事物本身可能又是多样且复杂的,还认识到词语或者语言表述的局限性;因而要获致一个普遍性的结论并以定义的形式表现出来,这绝非易事。其中尤其是在非本质主义者看来,事物的本质难以追寻,"没有什么绝对不可修正的命题或者概念足可成为真理大厦的不可动摇的基础"❸。也就是说,在非本质主义者看来,意义世界之中或许并"没有一个能使我们用相同的词语来概括的共同特征;这些存在的现象都是以不同的方式联系在一起的,它们之间不可能成为从语言的现象中所制造出来的一个共同的东西"❹。当然即便是有,却又由于语言的复杂性,进而不仅会造成概念意涵的模糊性与不确定性,而且也会使得"有时不同处境的人们虽然使用相同的字眼(或概念),其意义却十分的不同"❺。而这其实也就意味着,语言或者文字的概括性却概括不了知识的特性,❻概念或者定义的抽象性却无法保障知识的普遍性。因此,即便是通过语言文字所形成的"定义",它很有可能不仅无法奠定我们有关科学知识的基础,增进我们的知识,而且也无法决定一部分基本"原理",使我们获得知识的权威性来源,反而还有可能会影响到我们理论的形成,以及影响我们的事实知识的进化。❼ 当然也正是在此意义上,科学就并不需要仅仅只是去追求那些所谓普遍性的知识,地方性的知识也可以是科学的知识。与此同时,科学也并不仅仅只是去追求知识及其概念表述的确定性,也应当承认知识有其不确定性以及定义的不可能性,还应当自觉地描述知识变化的可能性以及知识概念的流动性和开放性。

---

❶ Hilary Putnam, *Reason, Truth and History*, Cambridge University Press, 1981, p.49.
❷ 王治河:《后现代哲学思潮研究》(增补本),北京大学出版社 2006 年版,第 57 页。
❸ W.V.Quine, "*Two Dogmas of Empiricism*," in Paul Benacerraf and Hilary Putnam(ed.), *Philosophy of Mathematics: Selected Readings*, Prentice-hall, INC., 1964, pp.346-365.
❹ [奥]维特根斯坦:《哲学研究》,李步楼译,商务印书馆 1996 年版,第 73 页。
❺ 黄瑞祺:《社会理论与社会世界》,北京大学出版社 2005 年版,第 218 页。
❻ 参见谢晖:《中国古典法律解释的哲学向度》,中国政法大学出版社 2005 年版,第 3 页。
❼ 参见[英]波普尔:《猜想与反驳——科学知识的增长》,傅季重等译,上海译文出版社 2001 年版,第 29 页。

无论是本质主义还是非本质主义,也无论这两者之间究竟孰是孰非或者孰优孰劣,我们都必须要留意非本质主义所开放出的问题,进而重视知识定义的可能陷阱——它或许真的很有可能会把我们诱入歧途,并谨慎地对待知识定义的可能贡献,从而权衡利弊,以便接近于真实之存在。除此之外,我们还必须要意识到,即便是下了"定义",然而由于"哲学不能干涉语言的实际用法,它只能描述用法。它也不能为语言的用法提供基础,它让一切按其本来的面目存在"。因而"当哲学家们运用词汇——'知识'、'存在'、'客体'、'自我'、'命题'、'名称'——并极力去把握事情的本质的时候,我们必须发问:这个词是如何在日常语言中那样被运用的呢?我们所做的是把词汇从它们的形而上学用法拉回到日常用法"❶。

可见,如何对事物的本体进行语言描写以及如何对知识下定义,这其实是一个困扰西方知识哲学的恒久难题。因而我们看到,围绕着这个本源性的命题和持久性的困扰,西方的知识论不断地从一个困境走入另一个困境,进而身陷"给知识下定义"的魔咒之中而无法自拔。这种"定义"工作上的恶性循环,使得一个一直未曾意识到但却又极为简单的问题逐渐浮现出来,那就是:"为什么必须要给知识下定义呢?"❷

这一问题实际上提醒我们,或许破解知识定义的难题乃是要转换立场,是要尝试着将有关知识定义的工作从静态的语言"界定"走向动态的话语"描述"中来,进而回到知识定义的日常生活实践史中去,通过仔细考究特定时期知识定义的细致变迁,描述知识定义与话语实践的各项流变及其背后的理论逻辑,并在此基础上,将它与其所置身于其中的社会—文化情境系统建立起紧密的关联来,从而展示知识定义与社会之间的交流互动以及其中的多重关联,最终强化知识定义的实践意味与社会意涵。

二、司法知识:概念定义的可能性何在?

"知识"定义的不可能性无疑增加了任何试图对司法知识进行强势但却又简洁、准确界定的困难。这样,与其把司法知识当作概念进行意义上的诠释与语

---

❶ L.Wittgenstein, *Philosophical Investigations*, Oxford:1978, pp.116-124.
❷ Michael Williams, *Problems of Knowledge*, Oxford:Oxford University Press, 2001, p.142.

义上的分析,不如将其当成一种具象物或者存在来进行"描述";也即将"司法知识"看成是一种对司法及其裁判活动的观察与阐释。而这其实意味着,我们在有关司法知识定义的工作上,"正确地说,我们的思考不可能是科学的,我们不提出任何理论。在我们的思考中,没有任何假设。我们必须抛开一切解释,仅让描述发生作用"❶。因为从某种意义上来说,不仅人类所有的知识和学问都只不过是有关存在的叙述或者描述,而且司法知识及其理论也不过是一种有关司法的叙事或者描述的理论(narrative theory)。❷

的确,一旦开始观察并思考司法知识的问题时,我们便会发现它其实与"知识"一样是复杂无比的。为此,同样的冲动便是要着手去简化它、定义它,直到将其面貌简化为一两个可选项或者一个简单的叙述性命题为止。然而,尽管我们简化或者根除司法知识的复杂性乃是为了可以概念化的处理司法知识,但遗憾的是,不仅这些被简化过后的面貌反而无法更好地处理司法知识,而且其仍然要被当成理解和解释司法知识整体面貌的一个重要依据。因此,尽管简化乃是定义世界里的一种应对和维系生活的策略,但我还是要提出,一旦我们想要像社会科学家那样去理解和定义司法知识,那么这其中无论是假设性的简化还是强制性的简化,可能都不再是行之有效的手段。怎么办?司法知识的概念及其意义展开的可能性又在何处呢?

必须要诉诸于描述或者叙事,以恢复可能会被概念简单化了的司法知识意涵。但问题是,又该选择一种怎样的描述或者叙事呢?在这里,我们或许应当借助韦伯的一段论述来加以说明。在谈到解释社会学时,韦伯认为,尽管社会学的根本目标乃是重新找到日常用语之中所指的集体实体背后的个体,然而将这个规则强加给所有的知识领域则会是一件可笑的事情。因为在韦伯看来,"对于知识(如法律知识)的其他目的,或者是实践目的,用与研究单个个体完全相同的方法研究一些社会结构('国家'、'合作社'、'股份公司'或者'基金会')"是合乎时宜的。❸换句话说,在韦伯看来,我们使用的概念定义或者对概念所进行的描述,应当是适应或者取决于我们的研究所要达到的目标。这就好像外科医

---

❶ L.Wittgenstein, *Philosophical Investigations*, Oxford:1978, p.106.
❷ Doral, Jose M.Martinez, *The structure of Juridical knowledge*, University of Navarra, 1963, pp.18-25.
❸ [瑞典]理查德·斯威德伯格:《马克思·韦伯与经济社会学思想》,何蓉译,商务印书馆2007年版,第125页。

生不能用扳手来切割扁桃体,思想史学家也不需要解构集体实体来挖掘个体。社会科学中许多关于认识论的争论,可以被比作医生和机械师争吵到底手术刀是不是比螺丝刀更先进的工具。❶ 重要的显然还是要考虑进行描述或者从事叙述工作的目的或者目标,不能仅仅只是为了描述而描述,为了定义而定义。

这意味着我们对事物的概念性研究必须要包括"理解"观察事物之意义,并且观察者又只能是根据那些与事物有关的特殊规则来进行。这样,不仅概念性地理解需要重视"实践的理论化"(practical theorizing),甚至把它看成是建构或者"产生"社会事物的概念的至关重要的因素——"尽管这种知识往往会是行动者很少能以预先设定的形式进行表达的'知识',也是和科学观念(即表达的精确性、逻辑的彻底性、明白无误的词汇定义等)并不相关的知识";而且他/她有关事物的概念性描述也就必须要将他或她的词汇局限于普通行动者自己使用的范围内,因为"社会科学家所运用的概念,应当连接于或依赖于普通百姓在维持一个有意义社会世界时对运用概念的这种先在理解"❷。

如果我们把视野放得再宽一些,那么不仅"没有任何一种描述能摆脱'解释'",❸而且概念的叙事又要求我们遵守司法知识的规则;因为唯有重视司法知识本身的规则支配(rule-governed),我们才能真正理解司法知识。而也正是在此意义上,同时也考虑到知识定义的三个基本要素(尽管这三个基本要素的内容受到普遍地质疑,但这三要素本身却并没有被否定掉),我们有关司法知识概念的描述或者叙事就必须要在两个层次上予以充分的展开:一是经验性的描述,这属于一种司法知识概念式的"命题判断";一是规范性的论述或者论证,这是一种司法知识概念的"命题论证"。

我们之所以强调在司法知识概念的界定方法上区分"命题判断"与"命题论证",❹乃是因为并非所有的认识都可以看成是一种知识,唯有通过验证并确证了的认识才是知识。当然,在司法知识的概念界定上,描述性的概念强调的乃是司法知识的正当性是通过价值中立来予以证明的,也即主要是通过证明司法知

---

❶ 参见[法]热拉尔·努瓦利耶:《社会历史学导论》,王鲲译,上海人民出版社 2009 年版,第 10~11 页。
❷ [英]安东尼·吉登斯:《社会学方法的新规则——一种对解释社会学的建设性批判》,田佑中、刘江涛译,社会科学文献出版社 2003 年版,第 130~131 页。
❸ [美]詹姆斯·博曼:《社会科学的新哲学》,李霞等译,上海人民出版社 2006 年版,第 128 页。
❹ 这两者之间的区别,进一步地辨析,还可参阅,张继成:《事实、命题与证据》,载《中国社会科学》2001 年第 5 期;张继成:《论命题与经验证据和科学证据符合》,载《法学研究》2005 年第 6 期。

第二章　司法知识的概念意涵

识的立场的价值中立以及叙述命题的正当性来完成司法知识有效性验证的过程;而建立在逻辑验证基础上的规范性论述,其所强调的乃是司法知识的正当性基础是建立在形式逻辑的自洽性基础之上的。很显然,这种"命题论证"要比"命题判断"的验证强度强很多。与此同时,有关司法知识的描述性概念由于其非常的形象因而也就容易获得极强的正当性认同,而这却又是逻辑确证所无法达致的。因而这其实也就意味着,这两种对于司法知识的概念界定方式始终都应当是相辅相成且一直存在着的。

　　进一步,司法知识的描述性概念只有在通过检验了之后才能够确保我们通过此所获致的有关司法知识的描述是否正确。但遗憾的是,一方面尽管可以通过诉诸价值中立来证成知识的有效性,然而严格地来说,司法知识的描述性概念其实又是无法通过其自身来获得有关概念命题的正当性解释的。因而这意味着,不管这种描述性的概念它们实际上在促进我们新的洞察力和增加我们的知识方面是否有效,但由于这种检验都是经验性的检验,因而在任何情况下都可能会受到质疑,甚至被看成是无效的。这样,有关司法知识的经验性描述,就必须借助于形式逻辑予以验证。换言之,唯有通过形式逻辑的验证,有关司法知识概念的描述才可以被看成是可验证和可证立的,司法知识的定义才有效。[1] 但是另一方面,尽管形式逻辑对于"日常生活"和"科学的小买卖"不仅是容许的而且也是必要的,也尽管它确实又是人们比较容易接受和掌握的东西,然而当它面对复杂的社会生活,面对描述性概念命题的验证求助,它却显得远远不够了。[2] 它还需要诉诸于一种所谓的辩证的逻辑,需要借助于辩证逻辑中论辩—对话结构上的合理性资源来予以相互性的论证。[3]

　　更进一步,因由司法知识概念命题论证之中所出现的顾此失彼的不足,使得我们诉诸一种新的逻辑。这种逻辑既是一种对以往经验性验证或者实质逻辑的反思,也是一种对形式逻辑的批判。这种新的所谓辩证的逻辑将"所遵循的形式逻辑推论正确性的观念放宽为赞同或者反对的论证"[4],强调论证中"占据绝

---

[1] 参见陈金钊、熊明辉主编:《法律逻辑学》,中国人民大学出版社2012年版,第262页。
[2] 参见[英]波普尔:《历史决定论的贫困》,杜汝楫、邱仁宗译,上海人民出版社2009年版,第9页。
[3] Mark Van Hoecke, *Law as Communication*, Oxford: Hart, 2002, pp.72-73.
[4] 焦宝乾:《法律论证导论》,山东人民出版社2006年版,第343页。

对优势的不是一个来自于系统中的形式的逻辑推导(演绎),而是辩论的方法"❶、对话的理性和辩证的逻辑。因为在有关司法知识概念命题的阐释、证明和论证之中,它不仅关注形式逻辑而且也关注实质逻辑,还关注一切非形式的逻辑;❷它不只是将形式逻辑与实质逻辑在有关司法知识概念命题的验证之中孤立起来作对立化的处理,而是在一种在关系性的视角中整体性的处理形式逻辑和实质逻辑的做法;它强调司法知识概念命题"论证的评价模式应当为形式有效、实质有效、论辩有效的论证标准的结合,三者互为依靠,形成论证评价的三角形框架模型"❸,所建立的这种论证评价模式才是司法知识概念命题论证评价的恰当标准;它是形式逻辑和实质逻辑辩证统一后所达致的知识衡平点。❹ 因而,它是一种远要比形式逻辑复杂且高级得多的思维形式。这样,当我们对司法知识予以辩证逻辑意义上的解释时,我们其实是将司法知识放置在整体性的视角之中来考察,是将司法知识的概念命题放置在关系性的结构之中来展开。这种有关司法知识概念命题的展开方式,又确保了相互性的验证工作的顺利展开。而这种对于司法知识的整体性解释,同样也是属于司法知识概念命题展开的内容。

　　这样,问题的关键就在于,司法知识定义的描述展开或者解释议题是否离题了呢?显然没有。在我看来,如果将"理解概念"主要看成是一种精神活动,而"应用概念"则主要是指一种物质活动或者概念命题的实践的话,那么对司法知识概念的描述性展开或者阐述性说明,则不仅仅只是一种把精神活动外化的活动,而且也是一种把"理解概念"这种精神活动和"应用概念"或者"实践概念"这种物质活动连接起来的中介和桥梁。而在此过程之中,它不仅拓展和延伸了司法知识概念的"意义性",而且也夯实了司法知识概念的现实性。那么这对于"司法知识"概念命题的理解无疑是一种深化。因此在本章中,对司法知识概念命题的展开自然也就被分成了三个部分:在第二节中,我将结合社会转型的总体脉络,通过对"司法"与"裁判"的各种理论言说的描述,以期展现司法知识概念

---

❶ [德]N.霍恩:《法律科学与法哲学导论》,罗莉译,法律出版社2005年版,第145页。
❷ 在佩雷尔曼看来,形式逻辑是一种证明的逻辑,非形式逻辑是一种论证的逻辑。二者分属于不同的研究领域。也就是说,证明是一种形式逻辑的思维方式,论证是一种非形式逻辑的思维方式。参见侯学勇:《法律论证中的证明思维与论证思维》,载《法制与社会发展》2006年第6期。
❸ 焦宝乾等:《法律修辞学导论——司法视角的探讨》,山东人民出版社2012年版,第20~21页。
❹ T.Morawetz, *Understanding Disagreement, The Root Issue of Jurisprudence: Applying Wittgenstein to Positivism, Critical Theory and Judging*, U.PA.L.REV., Vol.141, 1992, pp.2450-2451.

的演变及其背后的理论逻辑;第三节是司法知识概念命题的论证性叙事,主要通过对司法三段论和司法论证理论对司法知识的概念证成,来描绘出司法知识内在证成与外在证成的逻辑方式;第四节则是对前面两节内容的一个整体性解释或者再叙事,以便夯实司法知识的概念意涵,为进一步分析司法知识的性质和社会意义奠定良好的基础。

第二节 司法知识的意涵

我们如何认识司法?以及司法裁判又是如何做出的?这既涉及司法知识的本体论问题,也涉及司法知识的认识论问题;而所有这些问题的解答,都是有关司法知识概念命题得以展开的前提和基础。

一、司法是什么?

这显然是个庞大的命题,并且个中复杂的理论言说都会使得任何轻易所下之结论被证伪掉。因而要生动且全面地展现司法的知识图谱,就不仅需要对司法进行一种详细的历史社会学分析,同时也需要对司法的内在运行机理,即法官的裁判活动予以一种内在视角的细致观察和体系描述。然而这虽然必要,但却会使行文变得臃肿。为使言说更加集中和有效,我将重点关注司法活动中的法官角色。因为通过法官角色的描述,我们既可以看到司法及其裁判活动的内在运行逻辑,也可以看到外在的司法角色。因此,通过梳理有关法官司法裁判行为的角色描述,在展示司法图谱的同时揭示其背后所遵循的逻辑,进而尝试着回答:司法活动中法官的角色是什么?它有没有发生变化?是什么导致了这种变化?这种变化背后不变的又是什么?

长期以来,有关法官司法裁判行为的描述似乎一直徘徊并纠葛在以下的这些论述之间:司法裁判究竟是由法官来发现法律早已白纸黑字的、明确无遗漏地宣告过了的决定?还是一切只能听凭法官个人的恣意独断?抑或是聆听并遵从"法律自身以其难以辨听的呢喃低语诉说自己未来的决定",进而据此建构性地写就连环小说中的最佳故事?[1] 这些不同的描述背后所关联着的不仅是不同的

---

[1] Ronald Dworkin, *Law Empire*, Harvard University Press, 1986, p.239.

司法理论,是人们对于法官角色以及司法的不同理解,而且也反映出特定社会时期司法的不同实践,某种程度上是现实司法及其实践在理论中的投射。

(一)无"人"的审判:古典司法理论中的法官角色

在古典司法理论看来,法律是所有完美之物的象征,它既没有错误也没有疏漏,而法官则是法律的化身,是活着的法律的宣示者。换言之,法官"之所以是法官,并不是因为审判站在他们面前的违法者的行为是他们自己的意志和愿望,而是因为他们是宣读法律的喉舌,法律才是真正的法官"❶。这意味着在古典司法理论看来,"法官其实只是法律的工具,他们只是代表法律来排解争端和纠纷,制止强暴行为,保障公民的人身、财产不受侵犯,他们是代表法律给予违法分子以应得的惩罚"❷。这样,司法的过程自然也就是"一个纯粹的以实现立法机关的意志,即法律规范为目的的,而决不能受法官个人意志的丝毫影响"❸。因而"在司法审判的过程中,法官,他需要的只是眼睛,他只能准确复制法,而不得有其他任何目的"❹。换言之,在司法裁判的过程中,"法官必须保持着对法律的绝对忠诚"❺。而也正是在此意义上,不仅"判决只是一个发现法律规范的过程,在任何方面,它都不是一个创造的过程"❻。而且"法院成为一种司法的自动售货机。这种必不可少的机器把已用立法或已经接受的法律原则事先准备好,一个法官唯一的工作就是把案件事实从上面放进去,从下面取出判决"❼。这样,"司法者就是司法机器的工人,毫无创造机会"❽。而这其实也就意味着,法官的权威来自于法律,是法律的神圣性或者说立法者的权威性为法官司法行为的权威性提供了强有力的支持。

很显然,在古典司法理论看来,司法及其裁判的过程"就是将某个生活事实归入某个法律概念之下的逻辑涵摄过程"❾。而法官的任务就是找到正确的法

---

❶ [美]考文:《美国宪法的"高级法"背景》,强世功译,生活·读书·新知三联书店1996年版,第8页。
❷ [法]霍尔巴赫:《自然政治论》,陈太先、眭茂译,商务印书馆1994年版,第179页。
❸ [美]卡多佐:《司法过程的性质》,苏力译,商务印书馆1998年版,第169页。
❹ [英]洛克:《政府论》(下),叶启芳、瞿菊农译,商务印书馆1964年版,第10页。
❺ [德]穆勒:《恐怖的法官》,王勇译,中国政法大学出版社2000年版,第204页。
❻ [美]卡多佐:《法律的成长、法律科学的悖论》,董炯、彭冰译,中国法制出版社2002年版,第31~32页。
❼ [美]庞德:《普通法的精神》,唐前宏等译,法律出版社2001年版,第119~120页。
❽ 吴经熊:《法律哲学研究》,清华大学出版社2005年版,第225页。
❾ [德]拉伦茨:《德国民法总论》(上册),王晓晔等译,法律出版社2003年版,第96页。

第二章　司法知识的概念意涵

律规则,从而把规则和事实联系起来,进而从法律规则与事实的结合中生成解决问题的办法。换言之,在这种司法理论看来,法官只是法律的执行者而不是法律的制定者。因而,即便是在缺乏明确的法律规范的情况下,法官也"必须按照假如真正的立法者面对该案件也乐意适用的规范进行裁决。……这样,每个案件就能得到其正当"❶。与此同时,在这种司法理论的视域中,司法裁判也可以被简化为这样的一个公式:法律规则+案件事实=司法判决。这样,不同法官因个人意志、思维方式、认知能力等方面的差异给裁判所带来的不确定性因素,都被压缩到了最低的限度。一切来自法官主观方面的道德、情感和偏好,在适用法律的过程中,也都被严密的法律思维、逻辑推理之网逐一筛除。当然,这种模式体现着法治的一个基本目标:"同类问题同样处理"。❷

然而,这种有关司法的理论很快就被动摇了。因为法官并不是在机械地适用法条,司法也不是一台自动售货机。相反,来自司法实践的经验表明:首先,"规则"只是法官的一个"漂亮的玩物",❸它无法决定最终判决的形成,因为规则的"一般性并不决定具体的个案,判决取决于判断与直觉更胜于取决于明确的大前提"❹。其次,"就困难案件而言,问题不在文字对我们有什么意义,而是我们应该如何尽量呈现文字真正的意义或做出最好的解释"❺。但是,解释文字又往往会是主观的。第三,法官也可能是随意的。换言之,不仅在解释规则时,法官具有很强的主观性,❻而且"在针对主要的证据事实进行筛选、排除或修正之际,没有什么严格的规则可以依靠,全凭良好的判断与感觉而定"❼。甚至连判决也是由法官在受到外界刺激的情况下,根据自己的特殊个性、脾性、偏见和习惯而作出的。❽ 这样,"人们关于法律规则方面的知识在预测某个特定的法官

---

❶ [德]罗门:《自然法的观念史和哲学》,姚中秋译,上海三联书店 2007 年版,第 16 页。
❷ 陈林林:《裁判的进路与方法——司法论证理论导论》,中国政法大学出版社 2007 年版,第 82～138 页。
❸ Karl N.Llewellyn, *The Bramble Bush: on our law and its study*, New York: 1973, p.9.
❹ Lochner V.New York, 198 U.S.45(1905).
❺ Sotirios A.Barber & James E., Fleming, *Constitutional interpretation: The Basic Questions*, Oxford University Press, 2007, p.155.
❻ Andrei Marmor, *Interpretation and legal theory*, 2nd, Hart Publishing, 2005, p.57.
❼ [美]亚狄瑟:《法律的逻辑——法官写给法律人的逻辑指引》,唐欣伟译,法律出版社 2007 年版,第 25 页。
❽ Jerome Frank, *Law and the Modern Mind*, New York: Coward-Mccann, 1930, pp.50-51.

所作的判决时就几乎不能提供任何帮助了"❶。

(二)无"法"的审判:现代司法理论中的法官角色

在现代司法理论看来,古典司法理论有关法官角色的前提性假设都是虚妄和不现实的。因为一方面,伴随着立法者的形象的日益世俗化(例如从自然"神"到世俗的"国家"再到代议制下的"立法机构"),不仅立法者的理性其实是非常有限的,甚至与常人相差无几,而且立法者及其所制定出的法律/规则的权威性也可能会遭到社会的普遍质疑。与此同时,由于社会现实的复杂性以及社会结构与制度的不断变迁,不仅立法者再难以制定出一部一劳永逸的完美法典,而且成文法有限数量的条文在其立法之时很可能就难以网罗一切,更遑论其后了。❷ 另一方面,无论是对案件事实的认知还是对法律规范的理解,都不可能再诉诸于神明或者其他未知的力量而不可避免地会涉及到法官个人的因素,会牵扯进来法官个人的价值判断、主观认知和情感。也就是说,在司法过程中"法官不可能像实验室的技术员与他正在使用的化学药剂分开那样脱离他们所审理的案件。只要有当事人(或其代理人)向他们陈述,他们就不可避免地作为个人被卷入其中"❸。这样,要求法官在司法裁判的过程中保持价值无涉显然是不可能的,要求"法官没有是非感,不具先见,在任何情况下不把是非感带入判决之中,仍然'只服从法律'无疑也是非常罕见的"❹。更重要的是,"尽管司法三段论的逻辑的方法与形式能满足每个人内心对明确和稳定的期盼,可是'明确'一般而言,只是幻想,而'稳定',更不是人类的命运。在逻辑的形式背后,隐藏着一个判断,是有关于在彼此竞争的法律论证之间对其相对价值与意义的判断。或许这个判断通常并没有明白地陈述出来,甚至不为人意识到,但它却是这整个过程的真正根源与中枢"❺。这样,任何尝试着把司法裁判等同于形式逻辑学以及试图通过建构所谓的司法数学或者司法几何学来寻求司法裁判的纯粹性,无疑就

---

❶ [美]博登海默:《法理学——法律哲学与法律方法》,邓正来译,中国政法大学出版社1999年版,第154页。
❷ 因为"绝大多数的立法历史表明,立法机关不可能遇见法官所可能遇到的问题"。[美]梅利曼:《大陆法系》,顾培东、禄正平译,法律出版社2004年版,第48页。
❸ [美]伯尔曼:《法律与宗教》,梁治平译,中国政法大学出版社2003年版,第108页。
❹ [德]考夫曼、哈斯默尔主编:《当代法哲学和法律理论导论》,郑永流译,法律出版社2002年版,第170页。
❺ 田默迪:《东西方之间的法律哲学》,中国政法大学出版社2004年版,第20~21页。

等于徒劳。❶

据此,现代司法理论认为,法官在司法过程中不仅是法律规范的解释者,也是法律意义的重要生产者,还是法律事实的建构者。因而在此意义上,它们不仅关注法律规范对法官司法行为作用和影响,而且更加注重"把法官个人的价值观和社会态度作为对法官行为分析的真正基础,并具体地运用各种手段对法官宗教倾向、政治观点、教育和社会背景的资料进行分析,力图'把法官个人的特性或观念与他们在法院的判决联系起来';在法官个人的特性或观念中寻找法院判决的真正基础,借以揭示'法律原则作为判决的因素的假象'"❷。在它们看来,不仅对于"法律规则的分析并不能对关于法官'实际上'怎样决定案件以及他们'应该'怎样决定案件的、极其重要的道德和政治问题提供答案"❸,而且"法律的规则与原理本身也并不足以预示和解释案件是如何怎样判决的。因为法官通常是根据他们的个人信念和情感来断案的"❹。而这其实也就意味着在现代司法理论看来,司法过程中不仅影响法官作出判决的因素有很多,法律规则与逻辑并非其中唯一重要的因素,甚至并非其中的主要因素,而且法官自身实际上对于法律应当如何也并不关心而更加注重实际上它是怎么样的。

进一步,在现代司法理论看来,司法裁判的过程中不仅法律规范的取舍与选择都主要取决于法官及其主观性的价值判断和个性化的经验因素,而且对于案件事实的认定也需要借助于法官自身的知识结构(这里既包括专业知识,也包括司法经验和生活体验,甚至还包括某种"直觉")。因此,当司法裁判活动的知识基础从法律规范/司法制度的框架之中漫溢开来的时候,当司法裁判活动及其运作逻辑从法律世界开放进入社会生活世界时,那么"法律的生命从来就不是逻辑,而是经验。法官对时代需求、主流的道德和政治理论、对公共政策的直觉——无论是公开宣布的还是下意识的,甚至他与同僚们一起分享的偏见,在决定他们的行为时,远远比三段论的作用大得多。法律(以及司法裁判)……不应当被看成是数学书中的公理及必然结论"❺。而这其实也就意味着,"影响法官

---

❶ 参见[德]卡尔·拉伦茨:《法学方法论》,陈爱娥译,商务印书馆2003年版,第43页。
❷ 顾培东:《社会冲突与诉讼机制》,法律出版社2004年版,第111页。
❸ [英]罗杰·科特威尔:《法律社会学导论》,潘大松等译,华夏出版社1989年版,第250页。
❹ [美]布莱克:《社会学视野中的司法》,郭星华等译,法律出版社2002年版,第3页。
❺ [美]霍姆斯:《普通法》,冉昊、姚中秋译,中国政法大学出版社2006年版,第1页。

做出判决有许多因素,法律逻辑就并非是唯一重要的因素"❶。与此同时,"法官若是想要满意的完成其任务,就必须对形成和影响法律的社会因素和经济因素有充分的认识"❷,同时也必须要对可能影响司法裁判的非法律性的因素(例如社会的主流意识形态、道德观和是非判断等)有所认识。唯有此,法官才能顺利地生产出既符合社会情境—系统又满足社会大众需求的司法知识产品。

很显然,与古典司法理论强调法律制度/规范是司法判决作出的决定性因素而法官个人因素不应该也无法对司法判决产生影响的那种"非人格化的机械司法模式"❸不同,现代司法理论把人们对于司法过程中的法官角色的认识视域从法律规范或者司法制度的宰制性制约中解放了出来并引向了法官本身,尝试着以"人"的眼光而非"理性人"的视域来看待法官及其司法行为,集中关注法官的司法行为与法官个人的生活背景、受教育的情况和社会价值观、政治态度,甚至法官个性特征以及个人的情绪感受间的联系,承认法官的自然个性与身体特质及其社会属性和司法行为及其判决结果的选择之间的内在联系,同时强调司法过程中法官的司法行为以及对裁判结果的选择的自主性。

更重要的是,尽管现代司法理论是以"人"的眼光来看待法官及其司法行为,但却不只是以法官的主体—法律身份也不是以理性的"超人"的身份,而更多还是以参与司法活动的当事人或者社会大众的视角并以"普通人"的立场甚至是以"坏人"(bad man)❹的心态或者角度来对法官的司法行为进行观察与描述并对裁判的结果予以"预测"。因而它们不仅强调法官的个人因素及其所置身于其中的整个社会—情境系统的因素对司法裁判的可能影响,更强调要以社会大众的日常生活经验和当事人的心态来看待并预测法官及其司法行为。因为在现代司法理论看来,不仅法院/法官所"为"仍然远要比它们所"说"的更为重要,而且所谓法律其实并不只是现存法律规范所形成的结构,而毋宁更是一种预测法院在特定案件中可能制作何种裁判的技术。这样,"了解法律规范只是一

---

❶ [英]罗杰·科特威尔:《法律社会学导论》,潘大松等译,华夏出版社1989年版,第249页。
❷ [美]博登海默:《法理学——法律哲学与法律方法》,邓正来译,中国政法大学出版社1999年版,第149页。
❸ R.Pound, *Juristic Science and the Law*, Harvard Law Review, Vol.31, pp.1082–1083.
❹ Holmes, *The Path of Law*, Harvard Law Review, 1987(10), pp.457–478;更详尽的论述,可参阅, David Luban, *The Bad Man and the Good Lawyer: A Centennial Essay on Holmes's "Path of the Law"*, New York University Law Review, 1997, Vol.72, p.1547.

个起点,因为它们仅仅代表法院说些什么,而真正重要的却不是辞藻而是行动,不是法院说的而是它所做的"❶。

尽管现代司法理论鲜活并丰富了我们对法官角色以及司法裁判活动的认识,强化了法官角色及其司法行为中的个性化因素以及个人的生活经验和生命体验,进而使得这种有关法官角色的理论描述越发接近于现实法律世界中的法官,但是这种以"常人"眼光甚至"坏人"的角度来看待法官角色的知识立场,在某种程度上也削弱了法官角色中的理性因素进而消解掉了法官司法行为与裁判结果的权威性,从而不仅使得法官更多以"常人"或者普通人的姿态存在于司法裁判活动之中,而且也使得司法裁判活动及其结果的权威性受到社会的普遍质疑。这样,法官角色以及司法裁判的合法性危机也就由此爆发,并且这种合法性的危机伴随着后现代司法理论对法官角色更加彻底的肢解,而愈来愈严重。由此所带来的,不仅是司法形象的"祛魅",司法活动从一种理性和权威性的国家权力运作转变为一种社会性和日常性的纠纷解决,而且也造成了司法定位的世俗化,司法权从一种国家权力日渐演化为一种日常性的权力。

(三)支离破碎的法官角色:行为主义与后现代司法理论的言说

行为主义的司法理论不仅对司法过程中法官角色里的个人因素的强调远要比现代司法理论更为极端,而且它们对于法律规则或者原则对法官的司法行为所可能产生的影响力的瓦解也远远要比现代司法理论来得更加彻底。在它们看来,司法裁判活动中最核心的内容就是法官的行为,尤其是表明他们作为法官的行为。而若以常人的眼光或者普通人的态度来理解的话,那么法官在司法裁判活动中所做的"司法判断,就会如同其他判断一样,在大多数情况下是逆向推理的"、是由果到因反向推理的,而并非严格遵循形式逻辑上的三段论推理模型。❷与此同时,较之于主流的价值观、政治的立场、经济的观点或者道德的偏见,甚至较之于法律,法官的个性对于司法裁判的行为及其结果而言无疑才是最重要的因素。因此这就使得在司法裁判的活动中,"'公正'的含义通常总是难以捉摸和无法言说的,而且在法官和法官之间,以及法庭和法庭之间也会迥然不同"❸。而这其实也就意味着,即便面对同样的证据以及案件事实,可能因为进行判断的

---

❶ [英]罗伊德:《法律的理念》,张茂柏译,(中国台湾)联经出版事业公司 1984 年版,第 120、202 页。
❷ Hans. Valerh. and Ven Vidmar, *Judging the Jury*, New York: Plenum Press, 1986, p.89.
❸ [美]卢埃林:《普通法传统》,陈绪刚等译,中国政法大学出版社 2002 年版,第 24 页。

法官的不同而出现截然相异的裁判结果。

的确,在行为主义的司法理论看来,由于法律规则与原则早已不足以预示法官的司法行为并解释案件的结果是如何生成的,而法官通常又总是根据他们自己的个性而非社会性的因素和结构性的力量来断案。这样,无论是对案件事实的认定还是对于法律规范的适用,其中所包含的客观性因素以及据此达成社会共识的可能性就全都被瓦解掉了。换言之,由于这种司法理论强调法官裁判或者"司法行为中的非理性因素就是现实的或实在的,而其间的理性因素则是幻觉;强调不确定性以及特定情形中个人的和主观的因素(对司法裁判)所具有的影响,并且把那些背离机械适用法律规则的这一理想做法归因于个人心理的问题"❶。因而在它们看来,"任何试图改变法官司法行为中的个人主观倾向以及消除法官个人的价值观、性格、情绪或者态度对司法判决的影响,都无异于徒劳"❷。与此同时,又由于法官个体间所存在的差异,因而面对现实社会里的纠纷,"司法裁决与法律判例之间的关系还不及这些裁决与法官的早餐更密切"❸。甚至更为夸张一些,司法判决"在很大程度上可以说还是随着法官的腿长而变的"❹。

例如,根据事实怀疑论(fact skeptics)者弗兰克的调查,由于法官个性的不同,司法判决的结果也会截然不同。他指出:"一位法官在其经手处理的546位被控酗酒的人中只释放了一人,其他人(约99%)均为有罪。另一位法官在审理673位被酗酒的人中则释放了531人(约79%)。又比如,一位法官在审理扰乱秩序的行为的案件时只释放了其中18%的人,另外一位法官则释放了54%的人。"❺在此基础上,弗兰克又进一步引证美国前法官哈奇森对自己所做之司法判决的过程的如下描述:

> 在审核自己所掌握的案件材料并加以深思之后,就进行自己的想象力的演出。深思原因,等待感觉,预感——了解问题的直觉的闪光,成为问题

---

❶ [美]庞德:《法理学》(第1卷),邓正来译,中国政法大学出版社2004年版,第270页。
❷ Frank,Jerome,*Law and the Modern Mind*,New York:Coward-Mccann,1930,pp.50-51.
❸ [美]布莱克:《社会学视野中的司法》,郭星华等译,法律出版社2002年版,第3页。
❹ [美]卢埃林:《普通法传统》,陈绪刚等译,中国政法大学出版社2002年版,第211页。
❺ 朱景文主编:《对西方法律传统的挑战——美国批判法律研究运动》,中国检察出版社1996年版,第26~27页。

和决定之间的闪光连接器,并在对司法脚步来说最黑暗的道路上,照出沿途的闪光……在感觉出或预感出他的脚步时,法官的行为同律师在处理其案件时并无不同而正好一样,唯一的例外是,律师由于心目中有一个预定的目标,即为他的当事人赢得这一诉讼,所以只寻找和注意那些使他停留在他所已选中的那条道路上的预感,可是法官,由于仅仅处在负有找出政党解决办法的徘徊不定的使命的路上,所以就要随着去他的感觉所指出的任何地方。……法官实际上是通过感觉而不是通过判断来判决的,是通过预感而不是通过推理来判决的,这种推理只出现在判决理由中。对判决最重要的推动力是在一个具体案件中关于是非的直觉感。一个机灵的法官,一旦这样判决后,就动员他的全部才智和心神,不仅要对他本人证明这种直觉的正当,而且要使这种直觉能通过他的批评者的检查。因而他就要回想直接或间接地有用的一切规则、原则、范畴和概念,以便选出在他看来将证明他所希望的结果是正当的那些东西。❶

进而,他将传统的司法判决的生产方式公式化为:"规则(R)×事实(F)= 判决(D)"。弗兰克在否定这一公式的基础上,提出了一个新的公式:刺激(S)×法官个性(P)= 判决(D)。在弗兰克看来,尽管法官判案需要考虑法律规则和原则,需要考虑一些社会性的因素和结构性的力量,但遗憾的是它们并不构成法官据此作出裁判的依据,相反,作出司法裁判的特定依据是"法官的特殊个性、脾性、偏见和习惯",而后者又往往是司法判决中的决定性因素。❷ 换言之,在弗兰克看来,法律或者司法裁判的确定性只是在有限的程度上得以实现,在多数情况下,法律或者司法裁判是不确定的、含混的和变幻莫测的。因而他坚持,司法判决更多往往是"由法官在受到外界刺激的情况下,法官根据自己的个性而作出的"❸。这样,不仅司法判决及其结果极为的不确定,而且也难以预见。

一旦我们认可弗兰克的观点进而否定法律规则与原则以及社会性因素和结构性力量是法官进行司法判决的重要基础,只是承认司法判决及其结构完全是由法官个人的情绪、直觉的预感、偏见、脾气以及其他非理性的因素所决定的,那

---

❶ 陈文兴:《法官职业与司法改革》,中国人民大学出版社 2004 年版,第 23 页。
❷ 朱景文主编:《法社会学》,中国人民大学出版社 2005 年版,第 45~46 页。
❸ Frank, Jerome, *Law and the Modern Mind*, New York: Coward-Mccann, 1930, pp.50-51.

么极端一些的看法就会认为,不仅"法官的判决是建立在感觉和直觉之上的,是'跟着感觉(hunch)走'的!因此,它是不能从法律方面来驾驭的。甚至根本不能真正谈论法的'应用'"❶。而且"人们关于法律规则方面的知识在预测某个特定的法官所作的判决时几乎不能提供任何帮助"❷。

布莱克有关司法裁判的理论较之于弗兰克显然走得更远。通过观察和分析人们的法行为,布莱克发现了法行为与社会分层、社会形态、社会文化、社会组织和社会控制之间的内在关系,并据此提出了一系列的命题和推论。而这些命题和推论,不仅较为充分地反映了社会大众的法行为的规则性,而且也较好地解释了法行为,甚至据此还能够展开对社会大众的法行为进行初步的定量分析与定性预测。❸ 例如,基于这些命题、推论以及分析理路,布莱克认为,"除了法律的技术性特征之外,案件的整个处理过程事实上主要取决于案件的几何排列或社会结构"❹。而这种"决定"性,在司法裁判的过程中又主要表现在以下的几个方面:

> 拥有权威的法官和陪审员更倾向于选择一个获胜方,而不是寻求折衷的方式并给各方一些利益。他们更墨守法规、更倾向于套用法律条文而不考虑其后果,并且更具有处罚性和强制性。他们一般在对被告作出判决时会应用更多的法律,但有时也会在不应用法律的情况下作出有利于被告的判决。权威性低的法官更为宽容,而且一般不会作出完全有利于一方的判决。……权威性的程度是随着第三方的社会特征的不同而不同的。例如:权威性与第三方的相对社会地位呈正比。与对立双方和他们的支持者和社会地位相比,第三方的社会地位越高,其行为就越容易表现出更大的权

---

❶ [德]H.科殷:《法哲学》,林荣远译,华夏出版社2002年版,第219页。
❷ [美]博登海默:《法理学——法律哲学与法律方法》,邓正来译,中国政法大学出版社1999年版,第154页。
❸ [美]布莱克:《法律的运作行为》,唐越、苏力译,中国政法大学出版社1994年版。
❹ 在布莱克看来,案件的社会结构大致包括:谁控告谁?谁处理这一案件?还有谁与案件有关?每一方的社会地位如何?他们之间的社会距离有多大?律师有什么特征?他们在案件发生之前是否认识?如果认识,他们的关系是否紧密?法官所代表的是联邦政府还是当地政府?法官的人种、种族、社会背景和经济状况如何?法官在接手此案之前对其中某一方是否有所了解?陪审员是哪些人?等等。[美]布莱克:《社会学视野中的司法》,郭星华等译,法律出版社2002年版,第5~6页。

威性。❶

可见,布莱克更关注的,是对案件事实进行数量化分析进而在此基础上预测裁判的结果,或者在更宽泛的意义上,建立起一种能够根据案件事实的结构来解释司法行为及其选择的一般社会学理论或者数量化模型。很显然,这种有关司法裁判的理论,不仅完全忽视法律规则在预测案件判决结果中的可能作用,而且也弱化了法官在司法裁判活动中的主体作用,进而将司法裁判的重心更多放置在案件事实之上。与此同时,在布莱克所建构起的这种纯粹法律社会学或者案件社会学的手术刀下,不仅包括法官在内的司法审判过程中的主体事实上都被原子化、平均化了,而且影响司法裁判的社会因素也被系统化、具体化和数量化了,法官在司法审判中的行为也还被抽象为一连串的函数关系。很显然,正是由于这种对于司法过程中法官角色"超阶级性"的描述立场与"纯科学"的分析方法,"使得布莱克仅仅看到了司法所具有的'形式化'的一面,而遮蔽掉了它未曾、也不可能形式化到可以用数学或形式逻辑来表达的程度"❷。

进一步,尽管以科学的方法来分析或者量化法官的司法行为并据此预测司法裁判的结果,确实能够发挥一定的作用;但是,在解释司法裁判与进行法律推理上:

> 科学方法几乎没有什么用。这是因为,诉讼当事人都缺乏进行试验和其他科学研究所必需的时间和财力;有关的资料常常难以得到或者不可能得到;法律决定也需要依赖对长期后果的预测,诸如人工流产或死刑对生命神圣观念的影响,但是设计大规模试验从事这样的预测,可行性很小,时间很长,或者无法克服的伦理问题;律师和法官(且不提陪审团成员)都没有受过科学方法的训练;审判过程不是以科学研究为模式的;权威和等级的作用是非常有害的;此外,众多法律原则都过于固定,不可能按照科学理解的变化很快调整(科学中并没有遵循先例的原则);社会不能等到或至少是不愿意等到耐心的科学研究结果出现之后再来判决,也不愿意法律原则在科

---

❶ [美]布莱克:《社会学视野中的司法》,郭星华等译,法律出版社 2002 年版,第 12 页。
❷ Cassius J.Keyser,"*On the Study of Legal Science*", Yale Law Journal,1929,vol.38,pp.413-421.

学上一过时就马上改变先前的司法判决。[1]

换言之,尽管让人向往,但我们始终无法像运用数学公式一样来运用法律;毕竟,逻辑上所具有的一致性并不能自然而然地成为生活上的有效规则。与此同时,在进行任何判断,特别是对法律事实进行认定时,为了保持价值的中立而拒价值判断于千里之外,既是不可能的,也是不可欲的。它毋宁更像是"要求法官无知也不要偏见"[2]。

除此之外,还有实用主义的司法理论,比如波斯纳。他就将解释司法裁判行为的理论分为九种:既有"法条主义理论",还有"态度理论、战略理论、社会学理论、心理学理论、经济学理论、组织理论、实用主义理论、现象学理论"。[3] 这些理论所致力于的,与弗兰克和布莱克相同,都是努力使有关法官的描述尽可能地摆脱对规则和形式逻辑的依赖,进而强调法官裁判的个体性,突出法官司法行为的能动性与艺术性。换言之,在波斯纳的司法知识理论看来,司法裁判过程中不仅规范和事实可能会是不确定的,而且法官也是极具个性的,并且法官的个性对于裁判结果的形成又是发挥着重要作用的,甚至司法裁判的结果在很大程度上就是取决于由法官个人背景、教育状况、政治信仰和生活经历等因素所综合决定的个体经验和道德偏好。[4]

对司法过程中的法官角色的解构更加彻底的,无疑是后现代的司法理论。这种理论样态最主要的内涵是试图否定作为全部现代主义哲学基础的"给定实在论"传统进而用一种多元主义的"话语建构论"的立场来代替,而其最主要的特征则是话语的多元、言说的无意识、结构的松散以及表象的支离破碎。[5] 在这种理论的全景透视与话语的解构之下,在司法的过程中,一方面,尽管规则、事实与法官本身可能会在司法判决形成的过程中发挥不同的作用,但由于这三者其

---

[1] [美]波斯纳:《法理学问题》,苏力译,中国政法大学出版社2002年版,第79页。
[2] [美]诺内特、塞尔兹尼克:《转变中的法律与社会——迈向回应型法》,张志铭译,中国政法大学出版社1994年版,第95页。
[3] Richard A.Posner, *How Judges Think*, Harvard University Press, 2008, pp.19-56.
[4] Richard Alan Wasserstrom, *The Judicial Decision: Toward a Theory of Legal Justification*, Stanford University Press, 1972, pp.105-107.
[5] 参见谢立中:《走向多元话语分析:后现代思潮的社会学意涵》,中国人民大学出版社2009年版,第12~13页。

实都内在地具有相当大的不确定性,因而它们对司法裁判活动及其结果的影响越大,就越发加剧司法裁判及其结果的不确定性或者不可预知性。换言之,由于无论是规则还是事实,它们都遵从"只要有人在理解,那么就总是会产生不同的理解"❶的认识论原则和解释法则,因而同一规则或者事实从不同的角度阐述往往就可以得到不同的版本和理解。例如,首先,就规则而言,由于它的载体是语言,而语言又具有确定性和不确定性的双重困境,因此在这种张力之下,同一规则往往就可以从不同的角度予以解释进而形成不同的规则意涵,成为不同的办案依据,最终导致不同的判决结果。❷ 其次,就事实而言,很可能会是"一件事情的真相如何是一回事,将它呈现给法官时又是另一回事。因为经过裁剪与建构的事实往往含有建构者的主观意图,因而使得事实具有了不确定的色彩"❸。再次,就法官本身来说,由于"他们的头脑中充满了各种继承的和习得的成见,且往往不为人所自知。极少有人的头脑像一块玻璃那样无色无彩。而且事实上,具有那种质量的头脑,在司法上恐怕不一定会有太高的效率"❹。这样,当不确定的规则与事实遭遇更加难以捉摸的法官时,这些无疑都会加剧司法裁判活动及其结果的不确定性。

另一个方面,由于司法判决结果的形成还可能会受到各种外界因素(比如政治、宗教、媒体、性别、种族等)的影响和干扰,而又由于这些因素的影响和干扰有时是显而易见的,更多时候却是微妙、难以察觉、隐而不显的。❺ 那么很显然,对于司法裁判及其结果来说,这些不确定性因素的存在其实也就意味着一项已经做出的司法判决及其结果很可能就并非是对某一个案件所作的唯一正确的判决,它必定是几种选择中的一种选择而不一定是几种选择中的最佳选择,并且往往可能是法官随意的一种选择以及不同的法官还可能会据此做出完全不同的随意选择。换言之,在司法裁判的过程中,来自社会—情境系统中的各种因素都会对案件的事实、法律规范以及法官的司法行为产生影响,进而使得法官在司法过程中的"全部生活一直就是在同他们未加辨识也无法命名的一些力量——遗

---

❶ [德]迦达默尔:《真理与方法》,洪汉鼎译,上海译文出版社1992年版,第381页。
❷ 参见[美]比克斯:《法律、语言与法律的确定性》,邱昭继译,法律出版社2007年版,第56～57页。
❸ Matthew H.Kramer, *Legal Theory*, *Political Theory*, *and Deconstruction*, Indiana University Press, 1991, p.152.
❹ Lord Macmillan, *Law and Other Things* 217, 1939, p.218; 转引自,於兴中:《法学中的现代与后现代》,载《法治与文明秩序》,中国政法大学出版社2006年版,第111页。
❺ Dennis Patterson, *Postmodernism/Feminism/law*, Cornell Law Review, 1992, Vol.77, p.254.

传本能、传统信仰、后天确信——进行较量;而结果就是一种对生活的看法、一种对社会需要的理解、一种——用詹姆斯的话来说——'宇宙的整体逼迫和压力'的感受;在诸多理由得以精细平衡时,所有这些力量就会决定法官的选择是什么样子的"❶。当然,也正是由于司法裁判过程中的这些不确定性因素的存在以及它们相互间的叠加,就不仅会使得人们根本无法把握司法过程中法官角色的意涵,而且也会使得人们对法律与法院的公正性产生彻底的怀疑。

可见,与古典主义的司法理论强调司法过程中法官角色的"法律因素"不同,现代司法理论和后现代的司法理论无疑都走向了另一端,开始强调法官角色中的"主观方面"和"个人因素",认为任何试图改变法官行为的主观倾向以及消除法官个人价值观和态度对司法判决的影响无异于徒劳。但正是由于走得太远,因而这种有关司法过程中的法官角色的描述,特别是后现代司法理论对司法过程中的规则中心主义的颠覆以及司法行为确定性价值的动摇,很容易将司法裁判看成是法官个人"恣意"的活动,认为"法官都是一些跟着感觉走的法盲(legal ignoramus)!"❷而这带给人们的,显然不仅是一种对司法甚至是对法治极为怀疑与悲观的情绪,❸而且还招致人们对于法律合法性的动摇以及对法官及其司法判决的不信任与不尊重,❹从而进一步加重了司法裁判与法官角色在现代社会里的合法性危机。

(四)从古典到后现代:开放结构中的法官角色及其确定性追求

从古典主义到现实主义再到行为主义和后现代,从强调法官角色中的法规范因素和制度性的力量,到重视法官的个人行为和个性特征,再到因过于重视法官的个性而湮没其中的制度与规范性的力量,可以说,尽管对司法过程中法官角色的描述日益回归法官本身,日益注重以常人的眼光或者普通人的知识立场来观察法官,日益强调要回归到日常的生活状态而不只是在法律生活的状态之下的法官,但它们其实都只是强调了法官角色中的某一面而忽视了其中的另一面或者更多的面向,进而从一个极端走向了另外一个极端,即我所谓的从一种无

---

❶ [美]本杰明·N.卡多佐:《司法过程的性质》,苏力译,商务印书馆2007年版,第3页。
❷ [美]波斯纳:《法律、实用主义与民主》,凌斌、李国庆译,中国政法大学出版社2005年版,第19页。
❸ 事实上,人们对法律及司法信心的锐减,充满了新近的一些著作之中。如,Eugene B. Rostow, *Is Law Dead*?, New York: Simon & Schuster, 1971 和 Robert Paul Wolff, *The Rule of Law*, New York: Simon & Schuster, 1971 以及 Lester Mazor, "*The Crisis of Liberal Legalism*," Yale Law Journal 81 (1972): 1032。
❹ 参见[美]波斯纳:《法理学问题》,苏力译,中国政法大学出版社2002年版,第261页。

"人"的审判走向了一种无"法"的审判。但也正是在这种古典与现代的理论角力与知识整合的过程中,在行为主义的不断质疑和否定以及在后现代的巨大冲击与瓦解或破碎之下,西方的司法理论对法官角色的分析进路日益多元化,分析触角也已经逐渐从法官"自然—神圣化"向"理性化"再到"生活化"进行着转化,从对"法官是什么"这样一个本体论命题的哲学追问转向了对"法官做了什么"这样一种现实过程的生活化描述。而这其实意味着,面对有关法官角色的知识理论和话语表达,我们在理论上既需要适时分辨话语的知识来源,也需要及时清理话语背后的知识基础。与此同时,这种多元性的司法知识结构也意味着,我们需要从多重视域和多元属性出发来整体性的理解司法过程中的法官角色,既要看到法官角色中的规范性因素,同时也要看到其中的个体性因素;既要从正式制度的角度出发揭示法律上的各种制约性因素对法官司法行为的影响,也要从非正式制度的角度切入进而展示法官的个性以及非法律性因素对法官司法行为所可能产生的作用;既要从中看到理性化的力量对法官的司法行为的影响,也要看到主观性的因素在司法裁判中所发挥的作用。

当然,通过对古典司法理论到现代以及行为主义和后现代司法理论的展示,我们所开放出的其实是一个具有裁判功能的、开放性结构的司法场域,是要在这个开放性结构的司法场域中观察法官角色的扮演或者实践,而不再一味地将有关法官角色的考察放置在一个封闭的物理空间、规则体系、制度逻辑和权力结构之中来进行,不再仅仅只是强调法官角色的规范性因素或者个体性因素而由此忽视法官角色实质上是徘徊在事实与规范之间的,是规范性因素与个体性因素的有机融合。与此同时,也不再仅仅只是强调法律规范对法官角色以及司法裁判结果的唯一且又重要的影响或者法官的个体性因素以及其所置身于其中的社会—情境系统所包含的社会性因素与结构性力量对法官角色以及司法裁判结果的唯一且重要的影响进而忽视法官角色以及司法裁判的结果的生成实际上会是这些多方面的因素和多种力量共同作用的结果,是以法官为主导进而多方考虑并按特定的比例综合了法律规范、案件事实以及与案件相关联的社会性因素和结构性力量所形成的结果。

不仅如此,我们还需要通过此意识到,从古典主义到后现代,无论它们是从规则与正式制度出发来强调司法过程中法官角色以及司法裁判结果的确定性,还是从个体性的因素与非正式制度出发来强调法官的司法行为及其裁判结果的不确定性,它们其实又都是从不同的角度来论证开放结构中的法官角色以及司法裁判结果所应当具有的确定性,不同的只是在追寻确定性的方式上存在着差异:前者主要依赖于对确定性因素——通过理性的、价值中立的法官角色的描述以及完全依赖于"三段论"或"论证理论"这些确定性的理性的逻辑——的确证来获致司法裁判的确定性,而后者其实则是试图通过尽可能多地掌握或者排除司法过程中的不确定性因素来获致司法裁判确定性。与此同时,即便是后者所强调的司法裁判过程中存在着不确定性的因素,但它们同时也还是相信在这种不确定性力量的背后,仍然存在着某种程度上的确定性是可以期待和依赖的。

的确,发现并追求司法裁判及其结果的确定性,可以说一直以来都是司法裁判理论与实践的理想和目标。因为"作为社会中的法律与秩序之含义的解释者,法官就必须提供那些被忽略的因素,纠正那些不确定性"❶。对于此,卡多佐就曾坦言道:尽管伴随着对司法过程的性质越来越多的反思,人们或许也越来越甘心于司法过程中的不确定性因素的存在,但是"没有了确定性,就如同起航远行的大海上没有任何航迹;为此我一直很烦恼,因为我寻找的是确定性"❷。也就是说,在卡多佐看来,"一直以来,法官都孜孜以求地追寻着确定性;让法律在他们的辖区、他们小小的司法管辖范围内保持一致的确定性"❸。同样,卢埃林在肯定了司法裁判过程中法官个人主义的行为倾向以及由此所带来的不确定性的同时,也强调了上诉法院中大量存在着的那些对于司法判决的生成具有重要意义的"稳定性因素"。❹ 此外,即便是后现代主义的司法理论,它们对确定性可以说更多是破坏者而非建设者,但他们在提出多角度的分析和揭示司法过程中的不确定性的同时,从另一个角度来看,不也正是在最大程度地还原司法裁判过程的真实面貌进而展现其确定性的面向吗?而所有的这些其实意味着,尽管"确定性"一直以来都是司法裁判理论及其行动所追求的价值与目标,但却并不就此否定甚至压制"不确定性"因素的存在及其理论价值。恰恰相反,在追求确

---

❶ R.Pound, *Juristic Science and the Law*, Harvard Law Review, Vol.31, pp.1082-1083.
❷ [美]卡多佐:《司法过程的性质》,苏力译,商务印书馆 1998 年版,第 104~105 页。
❸ [美]本杰明·N.卡多佐:《法律的生长》,刘培峰等译,贵州人民出版社 2003 年版,第 10 页。
❹ 这些"稳定性因素"包括:受过法律训练的官员;司法原则;公认的原则性技巧;法官的职责;单一正确的答案;法院的单一意见;来自下级法院的事实冻结记录;预先限制、突出和拟定措辞的审理;律师的对抗性辩论;集体判决;司法保障和诚实;公知的法庭;各时期的风格及展望;专业司法职位。参见[美]卢埃林:《普通法传统》,陈绪刚等译,中国政法大学出版社 2002 年版,第 18~56 页。

定性的同时认识到不确定性因素的存在,不仅有助于全面地观察并客观地看待司法裁判及其结果的生成,而且也有利于正确地对待司法裁判及其结果的确定性。换言之,我们要意识到,司法裁判的过程中所存在着的"法律的许多不确定性其实也并非不幸的偶然事件;不确定性本身也具有重大的社会价值"❶。这种价值体现在:一方面,它可以确保法律能够对变动的社会现实做出及时的调整,以便能够适应社会的不断发展。换言之,对于快速流动和不断发展的社会而言,法律的不确定性"不是什么缺陷,相反,它是先天和必然的,法律可能和允许不被明确地表达,因为法律是为案件而创立的,案件的多样性是无限的。一个自身封闭的、完结的、无懈可击的、清楚明了的法律,也许会导致停滞不前"❷。另一方面,它也可以提高司法裁判结果的可预测性,增强司法裁判及其结果的确定性。换言之,认识到并对"不确定性"因素进行预测,不仅能够对此采取有效的规制措施,以尽量缩小它们对审判活动的影响❸,而且这在某种意义上恰恰也正是提高司法裁判及其结果的确定性的一种表现。

"确定性"对于司法裁判的实践与理论之所以都如此的重要,究其原因在于,如果没有了确定性,或者说无法通过司法裁判生产出具有确定性的司法知识产品,那么就无法通过司法裁判来确立确定性的行动规则,就无法通过司法/法官顺利地将"书本上的法"转化为"行动中的法",最终也就无法通过司法裁判/法官来实现法治。❹ 而也正是在此意义上,我们也就能够理解,为什么不同的裁判理论在对待法律规则的态度上会有截然之差异,但在行动中却都依然坚持在司法裁判的过程中,无论如何"法官受法律的约束、服从法律的原则还是绝对不容许有任何例外的"❺。与此同时,"确定性"问题的背后所关联着的其实又是司法裁判的正当性问题。换言之,从古典司法理论到现代司法理论再到后

---

❶ 张乃根:《西方法哲学史纲(增补本)》,中国政法大学出版社 2002 年版,第 366 页。
❷ [德]考夫曼、哈斯默尔主编:《当代法哲学和法律理论导论》,郑永流译,法律出版社 2002 年版,第 186 页。
❸ 庞德对此就曾指出:尽管"法官在司法过程中保持客观与价值无涉在心理学上是不可能的,但是我们却愿意相信,法律能够通过多种方法避免影响法官公正审判的因素",而且"许多世纪以来,人们一直在设法尽量缩小个别对审判活动的个人影响,而法律的历史和经济秩序的进程都说明他们的努力,如同我们能够期待于任何人类活动的情形,已经取得成功"。[美]庞德:《通过法律的社会控制:法律的任务》,沈宗灵、童世忠译,商务印书馆 1984 年版,第 79 页。
❹ [美]沃缪勒:《不确定状态下的裁判——法律解释的制度理论》,梁迎修、孟庆友译,北京大学出版社 2011 年版,第 165~198 页。
❺ [德]伯恩·魏德士:《法理学》,丁小春、吴越译,法律出版社 2003 年版,第 244 页。

现代的司法理论,它们在追求确定性的过程中其实要证明的问题是共同的,那就是:开放结构中的司法裁判如何获致或者建构其正当性的基础? 在古典司法理论看来,它的证明过程实际上是要尝试着将司法裁判的正当性问题化约为司法裁判过程中法官对"规范"与"事实"这对紧张关系的化解。因此我们看到,它把司法过程中的"规则"与"法官"都看成是确定的事实,当成一个所有讨论司法裁判问题的前提性共识,进而强调通过理性的"司法三段论"或"法律论证理论"来达致裁判的"合法性"并最终获得裁判的正当性。现代司法理论则不同,它所关注并试图解决的,是"规范—法官—事实"这三者之间的紧张关系;它所做的,则是尝试着首先将法官还原成一般的人,并在此基础上把法律规范、案件事实以及法官及其司法行为都看成是社会建构的产物,倡导在特定的社会结构与社会情境中理解司法裁判,强调司法裁判的正当性在于其社会的合理性或者可接受性。

可见,尽管表面上看似不同,也尽管证明的方法和路径不同,但从根本上来说,古典司法理论和现代司法理论其实都把司法知识的有效性建立在确定性的基础之上。与此同时,尽管它们追寻司法裁判的正当性基础及其内容看似互补相同,但其实又恰恰正是通过对这种"基础"的追求,隐含着它们对"确定性"的渴望。因为"所有的基础,都意味着某种不变的存在",意味着人们可以在确定的框架里展开理性、真理、实在、善和正义等有关知识和观念的讨论。❶ 换言之,尽管在表面上看,它们的言说方式截然不同,但是在它们看来,唯有追寻到了司法裁判的正当性的"基础",才能夯实司法裁判的"确定性",而唯有获致了"确定性",司法知识的有效性基础才能够得以达成。

如果我们把视野放的宽一些,那么可以说,正是对于这种"确定性"的追求,古典司法理论的知识观与现代司法理论的知识观又都将其各自知识的有效性建立在了"客观性"的基础之上。换言之,不仅古典主义与现代主义的司法理论都追求司法裁判的"确定性",而且也正是通过这种对"确定性"的追求,它们又各自获得了"客观性"这一作为知识判断的普遍有效地标准。不同的只是,古典主义的司法知识观乃是建立在一种"强客观性"(*strong objectivity*)的基础之上的。这种客观性乃是以价值中立或者价值无涉、无偏见或者无私利的和非主体性为特征的。而现代主义的司法知识观,尽管它们批判古典主义的司法知识所宣称

---

❶ 参见王治河:《后现代哲学思潮研究》(增补本),北京大学出版社 2006 年版,第 79~81 页。

的司法裁判与司法实践中的客观的理论和方法是不可能达到的,但是由于它们对于那些影响司法裁判的社会文化因素、利益诉求、价值观念以及法官的个人欲望等议题进行的乃是批判性的确认和反思性的整合。也即它们尽管承认司法裁判会受社会文化—情境系统以及个人因素的影响,但与此同时它们也要求通过批判性的估价和反思性的认知来决定哪些社会文化—情境和个人因素倾向于产生最可靠的知识主张,进而试图对这些具体化的因素与客观性最大化的信念之间的关系给出一个合理的说明,因而,它们的司法知识及其理论则是建立在"弱客观性"(weak objectivity)基础之上的。这样,虽然表面上两者之间存有差异,也即存在着"强客观性"与"弱客观性"的区别,但是,它们共同强调了司法知识的有效性基础都是"客观性"。❶

当然,如果我们基于这些有关司法纵向层面的论述和内在视角的分析就认为司法知识的概念命题都是围绕着司法知识的有效性基础来展开的,那么这无疑还是有些仓促。我们仍需要进一步借助于横向意义的裁判理论,来系统性地考察司法知识的概念命题。因此在下文中,我们将通过法政人对于司法裁判理论的进一步描述,特别是将他们的理论与其所在的特定的社会—文化情境系统之间建立起一定意义的关联来,进而通过裁判理论演进的细致考量,解释司法知识概念的实践史,从而在进一步展开司法知识概念命题及其意涵的同时,论证我在上述的那些判断。

二、法官如何裁判?

有关"司法是什么"的论述无疑给言说"法官如何裁判"限定了一个舞台背景。换言之,"法官如何裁判"其实是"什么是司法"这个舞台上所演出的戏剧。因而其中很多语言的表述、材料的选取以及叙事的逻辑,都会有所重复,尤其是那些有关法官角色的描述,实际上已经画出了法官进行裁判的行动轮廓。因而为了避免"台词"的重复,在这一部分,我将搁置从纵向的角度来描述司法过程中的法官角色,而是选择横断面上的裁判理论来进一步回答,面对开放结构中的事实与规范,法官该如何裁判?

---

❶ 有关"强客观性"与"弱客观性"的理论及其划分,可参阅,Sandra Harding, *Rethinking Standpoint Epistemology: What Is "Strong Objectivity"?*, in *Feminist Epistemologies*, ed. Linda Alcoff & Elizabeth Potter, Routledge, 1993, pp.143–152.

这显然就需要诉诸于裁判理论。这种有关裁判的本质和法院或者法官事实上以及应该如何进行裁判的表达与言说,既是一种面对司法实践验证进而返回形而下的理论,也是英美法理学的重要研究课题。❶ 比如富勒就认为,作为一种社会秩序化的重要形式,一种调控人与人之间关系的途径,裁判与其他社会秩序形成方式(如选举或合同)的不同之处在于,裁判决定的做出必须要提供理由,否则便无法形成法律教义(legal doctrine),最终无法形成社会秩序。这样,就其过程而言,司法裁判就是一种给诉讼双方提供参与并提供证据以及理性的说服和理智地辩论(reasoned argument)的判决形式。❷ 与此同时,司法裁判的区别性特征就在于存在着一种适合受判决影响的当事方的参与模式;这样,增加这一参与的任何东西就都会使司法裁判趋于完善,而破坏这一参与任何东西也就都将损毁司法裁判本身的完整性。❸

"参与"的观念显然在富勒有关裁判理论的分析中占据着重要的位置并发挥着关键性的作用。而与此同时,围绕着社会秩序化,"社会交往"(social interaction)则构成了富勒裁判理论中有关司法裁判的正当性基础。因为在富勒看来,并不是任何裁判都能够形成社会秩序的,判决意见能否成为法律教义其先决条件在于争议的裁决是否获得社会上相当人的认同并"经由往来互动,对该问题已形成一定程度的见解与价值取向"❹或者业已转化为人们的社会交往规则。相反,如果欠缺社会交往的情形,那么其争议就无法借裁判理由形成法律教义进而也就无法奠定社会秩序的基础。而这其实也就意味着,在富勒看来并不是所有的争议都应当进入到司法裁判程序中的。其中"多中心"(polycentric)的议题就不适合以裁判的方式来解决,它们应当留给立法机构或者行政权力。

尽管富勒对"多中心"并未做出清楚的定义,但是从他的论述中我们大致可以总结出,所谓"争议的多中心"其实并非一个或有或无的问题,而更应当是一

---

❶ 陈起行:《由裁判理论的观点析论 United States v. American Library Association》,载(中国台湾)《政大法律评论》2007 年第 96 期,第 15 页。

❷ Lon L. Fuller, *The Forms and Limits of Adjudication*, Harvard Law Review, Vol.92, 1978, pp.353–409.

❸ 参见邹立君:《良好秩序观的建构:朗·富勒法律理论的研究》,法律出版社 2007 年版,第 104 页。

❹ 陈起行:《由 Reno v. ACLU 一案论法院与国际网络之规范》,载(中国台湾)《欧美研究》第 33 卷第 3 期,第 620 页。

个程度性的问题。❶ 它具体包括以下四个方面:"一是宣示什么行为应以犯罪论,二是社会上见解十分分歧的问题进而影响到法律、政府,及经济组织,三是社会快速而分裂性(disruptive)地改变,四是裁判介入问题的方式是管理性(managerial)的"❷。在富勒看来,这四类争议是无法期待通过裁判的方式形成法律教义的,是应当交由立法机构或者行政机构来处理的。

如果我们把视野放得宽一些,那么富勒有关司法裁判的分析与假设其实都是建立在理性的基础上的。在他看来,不仅"司法裁判它是在制度上保证做出理性决定的社会秩序化的一种形式"❸,而且法官也是理性的。这样,任何判决"它不能被断言,甚或被有意义的谈论,除非根据产生它的理性"❹。与此同时为了形成一个合理的判决,与依照个人偏好行事相反,法官其实一直在试图发现构成群体生活基础的自然原则,以使他的判决可能与它们相符合。当然,在富勒看来,将法官的司法行为诉诸这样的目的性原则,其实就是要调用"在成功的群体生活所需要的条件中被发现的外在标准,它提供了法官判决的正当性应当被衡量的某种标准"。因而在此意义上,"司法过程的基本问题仍然是发现和适用那些原则的问题,这些原则将极大地促进人们通过集体行动所试图达至的目的"❺。

可见,与其整体性的思想相一致,富勒有关司法裁判的论述同样也坚持目的性解释原则和理性原则。当然,这里的"目的"具体到司法裁判之中,是以形成良好的社会秩序为目标指向的;而有关裁判之中的理性因素的坚持,则旨在警惕"将人类本性中所有高尚的东西都看作实质上非理性的这一不言而喻的假设"❻,进而对法律现实主义者对司法裁判的极端"不理性"或情绪化的描述作了一定程度的批判。

---

❶ 尽管富勒的裁判理论无法提供人们分析争议是否适合以裁判解决的精确工作,但他也确实提示了争议适合裁判与否的思考方向。Robert Bone, *Lon Fuller's Theory of Adjudication and the False Dichotomy Between Dispute Resolution and Public Law Models of Litigation*, 75 B.U.J.REV., 1995, pp.1314-1320.
❷ Lon L.Fuller, *Anatomy of the Law*, Westport, CT: Greenwood Press, 1968, p.108.
❸ Lon L.Fuller, *The Forms and Limits of Adjudication*, Harvard Law Review, Vol.92, 1978, pp.361-362.
❹ Lon L.Fuller, *Reason and Faint in Case Law*, Harvard Law Review, 1946, p.386.
❺ Lon L.Fuller, *Reason and Faint in Case Law*, Harvard Law Review, 1946, pp.378-380.
❻ Lon L.Fuller, *The Forms and Limits of Adjudication*, Harvard Law Review, Vol.92, 1978, p.360.

尽管如此,富勒的司法裁判理论还是遭到了多方面的批判❶;也尽管这些批判或许是并未真正理解富勒有关司法裁判的论述,但无论如何有一点却是肯定的,那就是:富勒的司法裁判理论无法很好地解释美国司法实践中法律适用的机制和程序的新发展所带给法院的冲击。比如,这一理论不仅在对"布朗诉教育委员会"案进行分析时显得捉襟见肘,而且无法回应其后来广泛出现的"公益诉讼"问题。❷ 而也正是由于无法很好地满足来自现实司法的理论需求,因而富勒裁判理论在实践中的作用力和解释力也大打折扣了。

作为同样也是经历了第二次世界大战那场政治浩劫并同时也在反思对纳粹的审判问题的学者,尽管哈特与富勒一样,他们所讨论的司法裁判"都不是一般的日常的法律事务,而是在一种非常情形之下人们如何寻找更好的方式来维护人类文明和秩序之延续性的问题,也即如何通过审判与过去决裂的问题"❸。但是与富勒不同,哈特更加注意裁判的规则性与实践性。他认为,某种特定且宏观的"目的"并不能指引法律秩序的自动生成,相反,只有在包括司法裁判活动在内的日常的生活中实践某种"被认可地指明了立法之必要程序的基本规则"❹,最终才有利于法律秩序的产生。为此哈特指出,司法裁判行动应当是一种遵循法律规则性的社会实践活动,是一种日常的规则实践,而司法自由裁量的产生则是由于规则或规则体系本身所具有的开放结构这个特性而来的。

哈特裁判理论的内容主要来自于他对"裁判规则"(rule of adjudication)所作的论述。作为次级规则的一环,裁判规则不仅"指定谁是裁判者,也界定了裁判者必须遵循的程序";它授权法院对规则被违反的事实做出权威性的认定,并"透过法院的判决来鉴别初级规则,而这些判决也将成为法律的'渊源'"。❺ 因此,判决不像权威的文本或法条,它无法用一般用语(general term)来做出。裁判中同样存在着开放结构(open texture)的问题。只不过这个开放结构与立法上的

---

❶ See D. Luban, *Symposium: Rediscovering Fuller's legal Ethics*, 11GEO. J. LEGAL ETHICS805, 1998; A. Chayes, *The Role of the Judge in Public Law Litigation*, 89 Harvard Law Review, 1976, pp.1281-1304; Geoffrey C. Hazard, Jr. *Reflections on Judge Weinstein's Ethical Dilemmas in Mass Tort Litigation*, Northwestern University Law Review, 1994, pp.574-575.

❷ 陈起行:《美国法理学发展概述,1870—1970》,载(中国台湾)《政大法律评论》第69期,第19页。

❸ 谌洪果:《哈特的法律实证主义——一种思想关系的视角》,北京大学出版社2008年版,第116~117页。

❹ H.L.Hart, *Positivism and the Separation of Law and Morals*, Harvard Law Review, 1958, p.603.

❺ H.L.Hart, *The Concept of Law*, 2nd, Oxford: Clarendon Press, 1994, p.97.

开放结构不同,后者在确立应该接受哪一个判例具有拘束力上并无一定的方法。与此同时,在由过去判决抽离规则上也没有权威的或独一无二的方式。而抽离出的规则,无论其权威性如何,受其拘束的法院又都可以找出与过去判决法律上相关的不同之处(*legally relevant difference*)来限缩该规则的适用。当然在实践中,法院也可能以没有法条或判例依据为由来除去规则上的某些限制,进而扩大该规则的适用范围。❶ 而这其实也就意味着在哈特看来,在空白地带,法官或者法院实际上负起了创造规则的功能。

尽管从实际上来看,裁判规则只是那种为了弥补初级规则的社会压力分散所造成的无效率问题而存在的初级规则——这其中包括所有授权个人就特定情况是否违反初级规则所做出的权威性决定的规则;但裁判规则却又并不属于承认规则中的最高效力标准,因为众所周知,不仅法院的判决甚至是判例,都可能为新的立法所推翻,并且"因为法官的权力乃是用来处理特定的具体的案件,因此它无法使用该权力造成大规模的改造与引进新的法律条款;所以,法官的造法权力一方面仅仅是用来填补空隙,一方面也受到许多实质的限制。但无论如何,总是存在着既存法律无法导出正确裁判结论的地方,此时法官就必须要行使其造法的权力。不过,他不可以恣意地行使这项权力。他必须有一般性的理由来正当化他的裁判决定,而且他必须像一位诚心的立法者般,根据他自己的信念和价值来做出裁判。当法官满足了这些条件,他就有权按照他自己的标准和理由来做出没有法律可以导出的结论,在此同时,他的决定可以与其他法官依照它们各自的标准和理由所做出来的结论相异"❷。

这意味着在哈特的司法裁判理论中,他其实并未将重心放置于论证之上,而是通过描述指出司法裁判的正当性作为一种社会性的存在,一种基于被接受的事实,是建立在事实性与可接受性的基础之上。因为在哈特看来,法律在本质上是一项社会实践,重要的规则,包括承认规则的鉴别与适用在本质上乃是一种司法习惯(*judicial customary rule*)。也就是说,"规则只有在为法院接受并实践之后才获得存在的意义"❸。这样,在司法裁判方面,规则首先提供了判决的权威性和终局性,因为不仅规则的核心足够的明确,而且据此也能够提供正确司法判

---

❶ H.L.Hart, *The Concept of Law*, 2nd, Oxford: Clarendon Press, 1994, pp.134-136.
❷ [英]哈特:《法律的概念》,许家馨、李冠宜译,法律出版社2006年版,第254页。
❸ H.L.Hart, *The Concept of Law*, 2nd, Oxford: Clarendon Press, 1994, p.256.

决的标准。其次在开放文本的部分，规则仍然提供法院裁判的限制。最后，如果不确定并非发生在一般规则而是承认规则时，决定的权威只有在决定作出而被接受之后才能够获得。❶ 当然也正是在此意义上，在哈特的裁判理论中，司法裁判的正当性问题只需解决"法律性"（legality）这一个问题就可以了。因为规则的社会合理性问题，实际上依然作为一个前提性的事实而被接受了，它是日常生活及其实践的一部分。

尽管哈特并未真正建构起一个体系完整的裁判理论，❷也尽管他有关司法裁判的论述还无法让人完全信服，❸但由于强调规则的社会实践意义，强调司法裁判过程中法官对规则的适用，因而他有关司法裁判的论说试图对话的其实是机械法理学（mechanical jurisprudence）的形式主义（formalism）以及法律现实主义（legal realism）的裁判理论。❹ 他试图强调的乃是社会性规则对于法官的裁判行为以及司法活动的重要影响。而由于任何的理论都是基于特定的政治、经济、文化和社会特质并且也是为了回应与解决当时的社会问题的，不存在不受一定权力、社会空间和实践逻辑制约的所谓理论，因此哈特有关司法裁判的论述也就同样具有其事实的限定、时空的坐标与意义的脉络。这样，如果时过境迁而无法进行及时的更新或者修整，那么它就或多或少会受到社会结构的冲击与社会现实的挑战进而被动摇。因而我们看到，由于与沃伦法院随后的司法实践不一致，哈特裁判理论的影响力旋即被大大地减弱了。❺

客观地来说，无论是富勒裁判理论中的"社会交往"还是哈特裁判理论中的"社会实践"，面对开放结构中的事实与规范，尽管他们在各自有关司法裁

---

❶ H.L.Hart, *The Concept of Law*, 2nd, Oxford: Clarendon Press, 1994, p.153.

❷ Neil MacCormick, *H.L.A.Hart*, London: Edward Arnold, 1981, p.124.

❸ 例如，David Lyons 就批判哈特裁判理论欠缺强的解释意义，该意义认为一项成功的解释可以显露出法律隐藏的意思。D.Lyons 认为，在哈特的观念里，一般规则的漏洞就是法律整体的漏洞，因此，当事实情况落在规则的边缘时，法院不能依现行法律判决，而必须作出判决，并加诸现有的法律。然而，实际上法官并未形成新的法律并回溯适用，法官提供其解读现行法的理由，及其反对相互竞争解读的理由。See David Lyons, *Open Texture and the Possibility of Legal Interpretation*, Law and philosophy, 1999, pp.297–309.

❹ 参见[美]庞德：《法理学》第一卷，邓正来译，中国政法大学出版社 2004 年版；但是，亦有批评者认为，哈特的规则理论业已被实用主义所包含，因此，其所批评法律现实主义司法裁判论述的冲动，只是徒劳。See Walter Honeyball, *Integrity, Community and Interpretation—A Critical Analysis of Ronald Dworkin's theory of Law*, Dartmouth, Ashgate, 1998, pp.47–68.

❺ Neil MacCormick, *H.L.A.Hart*, London: Edward Arnold, 1981, p.92.

判的论述中都做了较为妥善的处置,但是伴随着社会的变迁以及由此所带来的新的社会问题的出现,尤其是伴随着社会整体价值观念从社会本位转向对个人权利的强调,我们看到,不仅他们的司法裁判理论的说明力和解释力都大打了折扣,而且司法裁判的正当性基础也发生了根本性的动摇。因为到了20世纪70年代以后,无论东、西方,它们所处的时代都"是一个迈向权利的时代,是一个权利备受关注和尊重的时代,是一个权利话语越来越彰显和张扬的时代"❶。因此这一时期的裁判实践就必须处理好权利的问题,这个时代的裁判理论也就必须要关注权利命题并尊重权利的问题,当然这个时代裁判的正当性基础同样也就必须要建立在对权利话语与实践的有效回应的基础上。

　　典型的比如德沃金。他认为,由于立法以及法院过去的判例都已明确指出权利归属的情形,那么在通常情况下,法官只是依法来确认原、被告间权利之归属。但是在面对"疑难案件"(hard case),也即无法直接援引法条和判例来作出判决的时候,法官就必须要进行原则的论证。❷ 而所谓"原则论证"主要是在社会道德概念的不同解读之间,经由价值衡量做出选择。因此,原则论证主要是"衡量"(balance)。但是由于法律权利是一项制度性权利,而原则论证又最终会涉及法律是一项什么制度的再建构,因此,法官在进行个案所涉及社会道德之衡量之前,为了确保裁判的一致性和制度/规则的稳定性,应当先就司法记录来考察个案与过去判例脉络间的关联。因为司法记录的历史考察与社会道德衡量之间亦涉及权衡,而又只有能够通过贴切的"门槛"(threshold)进而将个案纳入到该判例的脉络之中,那么才能由此进入到社会道德衡量的步骤,才能据此做出最终的决定。总之,在德沃金看来,只要法官锲而不舍并持一种解释性与自我反省式的态度,就可以发现当事人的权利。

　　不仅如此,其实当整个司法裁判的过程涉及到"权衡"之时,那么无论是选择判例脉络还是选择社会道德个案的适切解读或者是这两个思考方向的最终调和,都必须要以一致性(consistency)或者最融贯(coherent)的解读来作为决

---

❶ 张文显、姚建宗:《权利时代的理论景象》,载《法制与社会发展》2005年第5期,第3~15页。
❷ Ronald Dworkin, *Hard Cases*, Harvard Law Review, Vol.88, No.6, 1975, pp.1057-1109.

定的基础。❶ 而这里所谓的"融贯",则不仅要考察其是否具备共通的意义,而且也要求在整个过程之中能赋予或者形成意义。这样,当裁判者能够分清个人对个案争点的政治确信与由司法记录应作出的解读时,当他能够区分出这两种不同的因素在司法裁判中的作用时,那么这就意味着作出最终判决的时机已经成熟了。这个时候,若是裁判者认为依据司法记录所导出的结果不当,那么他就可以宣告错误并另行判决。

由于德沃金理论中的融贯性对法律裁判的论证结构与裁判思维提出的是一种整体性的要求,❷因而同时考虑到法律的整全性(*law as integrity*)要求,这样司法裁判对社群予以相同之关怀和尊重,就是人类社会发展之必然了。换言之,在拟人化的社群里,整全的个人应当是前后一致的,因而法官作为社群的道德媒介,自然也就应当在司法裁判的过程中坚持相同事件相同处理的原则。❸ 而一旦法律的整全性成为司法裁判的原则时(*adjudicative principle*),❹法官的裁判活动也就同样应当像是写连环小说一般,有其延续和开创的双重考量。只是这其中不同的地方在于每位裁判者有时间上之先后顺序,而相同之处则在于它们都是将法律予以最佳呈现。❺ 与此同时,如果我们把视野放得宽一些,那么其实在德沃金看来,法官在司法判决时不应当扮演立法者的角色,处处以追求整体利益为目标。除此之外,如果我们联系到德沃金的法理论体系,那么在他所言的强势意义上,法官在司法裁判的过程中其实是不存在什么司法自由裁量权的问题的;因为在每一起司法裁判中,甚至是在疑难案件中,均存在着法官必得遵奉的全都无疑的标准。而这其实意味着,在德沃金

---

❶ 多数理论家认为,融贯性与一致性是不一样的。所谓一致性,就是两个命题之间没有逻辑上的矛盾,而对于融贯性则多认为应该有多于一致性的更严格的要求。比如哈格认为,一个融贯的系统必须是前后一致的、全面的以及它的各个构成部分之间能够形成相互支持关系。麦考密克认为,所谓一致性就是两个命题之间没有逻辑上的矛盾,如果一个命题能够被毫无冲突地嵌入与其他命题的关联之中,那么它们之间就是一致的;而融贯是指一系列陈述融合在一起,作为一个整体产生意义时表现出来的性质。更多论述,可参阅,侯学勇:《法律论证的融贯性研究》,山东大学出版社 2009 年版,第 154~173 页。

❷ 参见林立:《法学方法论与德沃金》,中国政法大学出版社 2002 年版,第 183 页。

❸ 德沃金以 McLoughlin 案作为例子,依据其裁判理论,剖析整个判决过程,应该如何论证;Ronald Dworkin, *Law Empire*, Harvard University Press, 1986, pp.238-250.

❹ Ronald Dworkin, *Law Empire*, Harvard University Press, 1986, p.167.

❺ Ronald Dworkin, *Law Empire*, Harvard University Press, 1986, p.239.

看来,法律乃是一种无缝之网,总有正确的答案或者唯一的正解存在于其中。❶

尽管德沃金的法理学思想可以《法律帝国》为界线分为两个阶段:20世纪70年代的"权利论"与1980年的以"诠释"理论再建构;但就其裁判理论而言,前后却并没有多大的区别。❷ 因为他一直都强调法的整全性,强调限制个别裁判者的决定空间或者说自由裁量权。与此同时,就德沃金司法裁判理论的本质而言,由于强调权利的因素以及裁判对社会道德的考量,因而它又可以看成是罗尔斯自由主义权利理论和道德哲学在美国法律与司法过程中的具体运用。❸ 此外,由于德沃金的裁判理论试图兼顾历史(如司法记录)及社会道德这两者的要求,进而期望能够同时满足法的确定性与可接受性的要求。这样从实质上来看,他的裁判理论显然就批判了哈特等所坚持的"裁判中立"的立场以及法实用主义的司法判决论。❹ 而也正是因为此,德沃金的裁判理论具有相当强的解释力和说服力。

当然,来自美国司法实践的经验以及社会现实更加强化了德沃金裁判理论的知识力。因为一方面,它能够说服沃伦法院超越社会大多数人的传统想法来保障少数族群的基本权益这一美国社会发展过程中的现实需求。❺ 而这不仅是富勒理论下的法律程序学派理论所不及的地方,也是陷入越战以及经济不公等问题而动荡不安的美国所迫切需要的。另一方面,它又符合了美国社会进入价值多元的民主宪政之现实。因为作为一种裁判原则和一种政治道德原则以及一种独特的政治理想,"法律的整全性"其实是符合了美国的宪政结构和实践的。❻ 但即便如此,对德沃金裁判理论的批判正如德沃金法理学所引起的讨论一样,内

---

❶ [英]劳埃德:《法理学》,许章润译,法律出版社2007年版,第518~519页。
❷ 颜厥安:《规则、理性与法治》,载(中国台湾)《台大法学论丛》2002年(第31卷)第2期,第1~55页。
❸ 庄世同:《规则与司法裁判》,载(中国台湾)《台湾哲学研究》1999年第2期,第1~23页。
❹ Philip Soper, *Legal Theory and the Obligation of a Judge: The Hart/Dworkin Dispute*, 75 Mich.L.Rev, 1977, p.473.
❺ 参见[美]鲍威:《沃伦法院与美国政治》,欧树军译,中国政法大学出版社2005年版;陈起行:《由裁判理论的观点析论 United States v. American Library Association》,载(中国台湾)《政大法律评论》2007年第96期,第29页。
❻ 参见王文宇:《论德沃金的司法判决理论》,《民商法理论与经济分析》,(中国台湾)元照出版社2000年版,第246页。

容也是相当丰富的。❶ 这其中,正中问题核心的又要以同样是在民主宪政框架之下展开论述的哈贝马斯的"裁判理论"为典范。

哈贝马斯认为,司法裁判过程中法律内在事实与规范之间的紧张关系实际上存在于法确定(legal certainty)原则与适用法律正当性(legitimate)的不同主张之间。法院的判决因此必须同时满足决定的一致性以及理性的可接受性(rational acceptability)。❷ 但遗憾的是,现实中的法官却并不如德沃金所描述的那般"理想",他们不仅无法仅仅依其德行来做出裁判,而且也无法孤独或者独白地对法律做出其建构性的诠释。❸ 相反,若要将法律视为一种整合社会的方式,那么"一个开放的宪法解释社群,才能完成任务;这也就意味着,法官必须视其工作为一项由市民公共沟通所制成的任务"❹。

这其实意味着在哈贝马斯看来,英美法理学围绕着司法裁判过程中的"事实"与"规范"之间的紧张关系所作的理论调和很有可能都是片面的。因为这些理论无法整体解释司法裁判的正当性问题。特别是伴随着福利国家的发展,以及由此所带来的社会子系统的急剧增长、价值领域的多元化进程和制定法的实质化趋势,这使得现代法的合法性基础在某种程度上较之于过往已经发生了很大的变化。因而面对法治的现代性危机,传统法治理论只有向程序主义法范式转换,只有通过"程序",当事人的价值共识才能达成,司法裁判中"事实与规

---

❶ 例如,有学者认为,德沃金的裁判理论允许法官以错误为由,否定已确定的法律,使其理论欠缺固定的点(fixed point);B.Levenbook, *The Role of Coherence in legal Reasoning*, 3 Law and Philosophy, 1984, pp. 355-374.也有的认为德沃金的裁判理论欲同时描述美国法官如何裁判与论证其应如何裁判,而这是不可能成功的;因为裁判理论是无法描述的;法官决定过去如何判决与个案判决相关,系出自法官背景非意念的适用技巧,而这显然是无法以明确的规则来建立其理论的。B. Leiter, *Heidegger and the Theory of Adjudication*, 106 Yale Law Journal, 1996, pp.271-272.也有认为德沃金主张裁判应让法律最佳地呈现,而这会迫使法官忙于排列其他判决见解的高低,进而忽略了不同见解作出的不同历史发展,从而使得裁判反映的社会真相被法官强力的最佳诠释扭曲。T. Morawetz, *Understanding Disagreement*, *The Root Issue of Jurisprudence: Applying Wittgenstein to Positivism*, *Critical Theory and Judging*, 141 U. PA.L.REV., 1992, p.371.更有论者批评德沃金裁判理论的融贯理论的知识论基础。A. Marmor & Holism, *Coherence and Interpreta-tion: The Epistemic Foundations of Dworkin's legal Theory*, 10 Law and Philosophy, 1991, pp.383-412.

❷ J.Habermas, *Contributions to a Discourse Theory of Law and Democracy: Between Facts and Norms*, W.Rehg, Trans., UK, Polity Press, 1996, pp.147-149.

❸ W.Shih, *Reconstruction Blue: A Critique of Habermasian Adjudication Theory*, 36 SUFFOLK U.L.REV.2003, p.331.

❹ J.Habermas, *Contributions to a Discourse Theory of Law and Democracy: Between Facts and Norms*, W.Rehg, Trans., UK, Polity Press, 1996, pp.222.

范"、"合法性与合理性"的矛盾性关系才能得以妥当解决。❶

不仅仅只是哈贝马斯,其实麦克曼也认为德沃金独白式的裁判理论因欠缺"对话"而失去回应社会现实的能力。❷ 但与哈贝马斯所提出的"程序性模式"的司法裁判理论不同,麦克曼认为只有采用一种所谓"共和模式"的裁判理论,才能真正解决司法裁判的正当性问题。❸ 因为在麦克曼看来,德沃金的裁判理论完全采取司法运行的内部观点而任由法官从其自身的角度出发来进行法的建构;更有甚者,德沃金之"唯一正解"又意指法官最终势必以个人信念做出决定。那么对于德沃金的"整全",麦克曼的疑问是:谁的整全?是法官个人还是社会的整全?❹

很显然,在哈贝马斯与麦克曼的批判之中我们可以看到,德沃金裁判理论中有关法官衡量社会道德进而形成判决的模式和论述还必须要加强。因为这不仅是司法理论所面对的恒常性与结构性的难题,也是当下法院司法裁判过程中所频繁遭遇的现实问题。❺ 换言之,来自司法实践的经验表明,法官也是血肉之躯;他无法自外于社会经验、政治态度、意识形态和情感喜好上的偏差,或者其他外在的因素。这样,尽管自律与自制,但法官的司法裁判行为终究可能会受到欲望的驱动,进而追求诸如收入、权力、名誉、尊重、自尊以及闲暇等他人同样追求的善品。因此,若从实用主义的立场来看,法官的司法判决实际上可能又是因其立场或利益来决定的。❻ 当然,如果我们进一步结合法律实用主义的代表、波斯纳有关司法裁判的论述,那么在他看来,作为一个好的法官,他不仅要能够在纷扰情境的种种面向里认识到哪些价值是相关的或者重要的,而且也要知道该剔除哪些无关的事物并留下相关的部分。因此,考虑到现实中的诸多因素,尽管"司法裁判或决定就不得不立基于政策、政治、社会理想、'价值'乃至'偏见'之上。当然,'偏见'一般又都是隐藏着的。在这样基础上做出的判决就很难确定其'正确'或'错误',在此,那些具有必然真理性的确定词汇是没有位置的。一

---

❶ 参见高鸿钧:《现代法治的困境及其出路》,载《法学研究》2003 年第 2 期,第 3~31 页。
❷ Frank Michelman, *Forward: Traces of Self-Government*, 100 Harvard Law Review.4, 1986, p.76.
❸ Frank Michelman, *Law's Republic*, 97 Yale Law Journal.8, 1988, p.1493.
❹ Frank Michelman, *Forward: Traces of Self-Government*, 100 Harvard Law Review.4, 1986, pp.66-77.
❺ Kenneth Einar Himma, *Trouble in Law's Empire: Rethinking Dworkin's Third Theory of Law*, Oxford Journal of Legal Studies, Vol.23, 2003, No3, pp.345-377.
❻ Richard A.Posner, *How Judges Think*, Harvard University Press, 2008.

个法官的最高追求也许只是裁决得合乎情理"❶。

这与哈贝马斯强调通过"程序"手段来达致共识进而形成判决不同,波斯纳的裁判理论更多是结果主义的。在他看来,司法裁判的结果不仅仅只是接受法律的制度性评价,而更多会受到来自规范外的其他主张(如道德、政策、政治需求、民主多元、宽容包容)所进行的综合检视与整体考量。因此,面对开放结构中的事实与规范,司法行为及其选择的理由就应当尽可能地考量判决的实际结果而做出;因为"结果好,一切都好"。这样,尽管从表面上看,波斯纳有关司法裁判的论述不仅卸下了法官神圣性的面纱同时也稀释了其司法行为的合法性依据。但实际上,这种实用主义的理论言说不仅把法官及其司法裁判行为看成是社会的产物,而且也将法律规范和案件事实看成是社会所建构起来的,因而结果我们看到,波斯纳与哈贝马斯、哈特、富勒甚至德沃金所做的努力是一致的,那就是要解决:司法裁判如何在开放结构中寻找到确定性?

的确,司法裁判中的事实与规范的开放性结构造就了它们的不确定性,而这种不确定性既给追求确定性的法律实践带来了的挑战,也给司法裁判理论的发展提供了巨大的空间。特别是在当下这样一个民主多元的社会里,原本作为基础的价值共识业已分化和丧失,进而逐渐被程序理性的共识所取代。相应的,法律也在转换角色,即从特定结果和评价的指示者过渡为产生决定之程序的提供者。这样,要在司法裁判的过程中普遍获致波斯纳所期望的那个符合"情理"的裁判结果,唯有通过"程序"才是一个基本可靠的渠道。❷ 而哈贝马斯所倡导的程序主义法范式,就是旨在通过一种程序的民主协商和充分的对话论辩,架构起沟通"事实"与"规范"、"合理性"与"合法性"之间平等协商、对话交流进而达成共识从而融合的桥梁。也就是说,在哈贝马斯的裁判理论中,通过程序既能够建立起事实与规范之间的必然联系,进而恢复事实与规范之间的张力,而且就程序本身而言,它又具有一种内在和独具的判决正当化功能。❸ 这样,司法裁判的正当性以及司法知识的确定性,就都可以建立在这种"程序"的基础之上了。

然而看似完美的理论同样也受到了批判。因为一方面,"何者为'正确',由

---

❶ Richard A.Posner, *The Problems of Jurisprudence*, Harvard University Press, 1990, p.30.
❷ Bruce Chapman, *The Rational and the Reasonable: Social Choice Theory and Adjudication*, The University of Chicago Law Review, Vol.61, No.1, 1994, pp.41-122.
❸ 参见陈林林:《裁判的进路与方法》,中国政法大学出版社2007年版,第205~206页。

共识来决定,而共识是在'理想的沟通共同体'(Apel)、'理想的交谈情境'(Habermas)、'普遍的讲堂'(Perelman)中所形成的"。但这一形成的过程更多是"拟制"的,是纯形式的而非内涵的。❶ 也即是说,"理性的对话只是一个在对话伦理学者头脑中进行的思维过程,而这过程基本上并无内涵"❷。另一方面,由于只有符合"'理想的交谈情境'的形式规则才能决定从对话中获致共识的正确性,而这共识的达成,如 Habermas 自己说的,多半只能在涉及很抽象的问题时才有可能;问题愈具体,愈不能达成共识"❸。而这其实也就意味着,不仅通过程序获致司法裁判的正当性和司法知识的确定性这一命题依然是一个开放性的命题,依然会受到来自各种理论与各方实践的质疑;而且也正是这种追寻开放结构中的确定性以及试图通过司法裁判的实践来调和事实与规范之间的矛盾进而获致正当性的手段或者方式上的差异,使得我们能够看到,司法裁判的正当性与司法知识的确定性的问题实际上不仅具有明显的实践指向,而且还是一个开放的问题域。因此,若是我们将这一问题与司法哲学的现实使命进一步紧密勾连起来,那么从中我们又可以肯定的是,这其中无疑还潜藏着某些困难和未决的问题值得我们给予接续性关注和深入的探讨。❹

确实,开放结构中的"确定性"一直都是司法裁判正当性所追寻的基础,而"事实"与"规范"以及由此衍生出来的"合法性"与"合理性"、"经验的正当"与"理性的正当"却都只是司法裁判"正当性"的不同面向,唯有达致相互间的统一与平衡,才是司法裁判"正当性"理论所致力于追求的完满。❺ 这样,司法裁判的正当性问题就不仅要解决"事实"与"规范"之间的紧张关系,也要衡平"合法性"与"合理性"之间的矛盾对立,还要达致"经验的正当"与"理性的正当"的相互契合。因此,司法裁判的正当性基础就不仅只是一个纯粹理性的观念问题,一个描述性的话题,它同时也还是一个在一定程度上可以且应当能够被证成或证立的问题。当然,也正是因为此,司法知识的概念命题,也不仅仅只是一个描述性的话题,它同样也会是一个论述性的命题。

---

❶ 参见[德]考夫曼:《法律哲学》,刘幸义等译,(中国台湾)五南图书出版公司2000年版,第278页。
❷ [德]考夫曼:《法律哲学》,刘幸义等译,(中国台湾)五南图书出版公司2000年版,第280页。
❸ [德]考夫曼:《法律哲学》,刘幸义等译,(中国台湾)五南图书出版公司2000年版,第279页。
❹ Gavison, *Issues in contemporary legal philosophy*, Oxford, 1992, pp.79–81.
❺ 参见[德]哈贝马斯:《重建历史唯物主义》,郭官义译,社会科学文献出版社2000年版,第262页。

第三节　司法知识意涵的内、外部证成

在对"司法是什么"与"法官如何裁判"的回答及其梳理中,我们不仅对有关司法的认识进行了再认识,而且也意识到司法知识概念命题的理论言说及其逻辑脉象其实是极为纷繁复杂的。因而,当我们透过这些司法知识的理论表象与概念意涵进而深入到其背后时,我们便会发现,尽管它们或多或少都预示着人们已经开始了对司法知识的"确定性"或者"客观性"历史迷信的价值怀疑,但遗憾的是,有关司法知识概念命题的探寻却仍然一直徘徊在"确定性"与"不确定性"、"主体性"与"客观性"之间。❶

比如,建立在传统知识论基础之上的古典司法理论,它不仅主张司法裁判的过程由法律(大前提,且基于这样的判断,即"法律是所有完美之物的象征,它既没有错误也没有疏漏")、事实(小前提)和法官("法律的机械操作者")三个要素所构成,而且认为司法判决的结果是确定不移的从大前提和小前提中推演出来的。因此,"整个司法裁判的过程就被框于学究式的形式逻辑的三段论式之中了"❷。而其背后,实际上深深烙着的是18—19世纪欧洲理性主义的痕迹。❸换言之,"随着民族国家的形成,近代以来在自然科学领域获得极大成功的逻辑三段论就一直主宰着法律推理的思维。司法三段论表现了一种法官对法律规则的严格服从的理念"❹。它有利于"保障法律的确定性,确保国家权力下的个人自由"❺。

然而一如上述,这种有关司法知识的理论很快受到了来自司法实践的现实挑战。因为不仅小前提—事实有可能是不确定或者幽暗不明的,是由开放性的社会文化—情境因素及其结构所建构起来的,而且有关大前提的假定("立法机关有能力预先制定法律,涵盖一切应受惩罚的行为并确定相应的刑罚;法律语言

---

❶　Kaarlo Tuori, *Critical Legal Positivism*, England: Ashgate Publishing Limited, 2002, p.23.
❷　[美]梅利曼:《大陆法系》,顾培东、禄正平译,法律出版社2004年版,第37页。
❸　J.W.Jones, *Historical Introduction to the Theory of Law*, 1969, p.51.
❹　焦宝乾:《法律论证导论》,山东人民出版社2006年版,第81页。
❺　[美]伯顿:《法律和法律推理导论》,张志铭等译,中国政法大学出版社1999年版,第53页。

明确不变,并在真实世界中指涉稳定"❶)也是不现实的;相反,"绝大多数的立法历史表明,立法机关不可能遇见法官所可能遇到的问题"❷。此外,作为主体的法官也不是中立无偏私或者价值无涉的。换言之,司法裁判活动中的法官"不可能像实验室的技术员与他正在使用的化学药剂分开那样脱离他们所审理的案件";而同样会是活生生的。毕竟,"只要有当事人(或其代理人)向他们陈述,他们就不可避免地会作为个人而被卷入到其中"❸;只要是人在做判断,就不可避免地会带有个人的主观性因素。因为对于司法裁判及其结果而言,无论如何法官"他并不是多余的"❹。而这其实也就意味着,法官职业行为的社会背景以及法官的具体人格和行为的心理特征等多重因素都会使得原本确定的司法裁判及其判决结果变得无法预测。

又比如,建立在现代知识理论基础上的司法裁判理论,虽然对传统的司法知识理论构成了全面的批判与整体性的颠覆,也尽管它们看似强调司法裁判的主体能动性以及司法知识的不确定性,但实际上它们只不过是将对司法知识的确定性追求更加隐蔽地潜藏了起来,进而以一种更加碎片化同时也更加反叛性的逻辑来确认自身对司法裁判客观性的不懈追求。❺ 因而正是基于此,我们便可以看到,传统的司法知识理论和现代的司法知识理论对司法知识概念命题的展开也就都采取了描述性的叙事方式,不同的只是方法上的差别而已:传统的司法知识理论通过强势的命题判断,也即借助于强势的命题假设(如假定法律规范与制度是确定的,主体是无偏私、价值中立的等)来获致司法裁判的确定性,进而完成司法知识客观性的证成需要;现代的司法知识理论则借助于"排除法",将一切不确定性的因素都尽可能掌握并借此排除出司法裁判的过程之中,进而通过此来获得司法裁判的确定性,从而证成司法知识有效性所必需的客观性基础。

这其实也就意味着它们都触及到了司法知识概念命题所需要解决的一个关

---

❶ 苏力:《经验地理解法官的思维和行为》(代译序),[美]波斯纳:《法官如何思考》,苏力译,北京大学出版社 2009 年版,第 2 页。
❷ [德]卡尔·拉伦茨:《法学方法论》,陈爱娥译,商务印书馆 2003 年版,第 43 页。
❸ [美]伯尔曼:《法律与宗教》,梁治平译,中国政法大学出版社 2003 年版,第 108 页。
❹ [美]卡多佐:《司法过程的性质》,苏力译,商务印书馆 1998 年版,第 4 页。
❺ 参见[德]考夫曼、哈斯默尔主编:《当代法哲学和法律理论导论》,郑永流译,法律出版社 2002 年版,第 70 页。

键性问题,也即司法知识何以为"真"? 换言之,如果说法律"语言的真实性(*truth of language*)、价值的不确定性(*value indeterminacy*)以及意识形态批判的真实性(*truth of the ideology critique*),其中任何之一都有可能使得裁判者所做的裁判选择无法被证立"❶的话,那么法官司法判决的合法性又将何在? 也即在什么意义上,这个决定是法律的而不是法官个人的?

请允许我在这里暂时回到"知识的定义"上来。传统的知识定义认为知识的充分且必要的条件有三:信念、真与证成,也即知识是证成了的真信念。然而针对传统知识论关于知识定义的充分条件这一方面,葛梯尔在《*Is Justified True Belief Knowledge?*》❷一文中构造出了两个反例,进而指出某一命题尽管都符合了信念、真与证成三个条件,可是仍不能说是"知道"。换言之,在葛梯尔看来,传统的知识定义并不足以完全概括知识的完整定义,它还需要充分地考虑到知识的"内在证成"与"外在证成"的问题。而证成与知识之间的哲学相关性,自然也就成了当代知识论尤其是知识定义的重点所在。❸ 这样,有关司法知识概念命题的展开,就不仅要追寻司法知识的"信念"及其要素,而且也要讨论"真"的标准,更要通过"证成"的方式来完成这三要素之间的相互阐释与说明,进而充分揭示司法知识概念命题的意涵。

当然,退一步,其实在知识定义的证成上,传统的司法知识理论也是做了一定的尝试的。只不过它们主要是凭借"经验"或者"感觉",期望通过对这些"经验"或者"感觉"的各类细致描述以及指望通过一系列的"假设"来完成命题的证成任务。因而遗憾的是,这种"验证理论"(*confirmation theory*)的证成方式,也即用综合性的、描述性的方法先验的推导出来司法裁判的确定性,显然抵挡不住"否证论"(*falsificationism*)的各种攻击。❹ 毕竟,不仅描述性的语言其说服力相对较弱,而且根据实际情况,司法裁判又是不允许作任何假设的。因而这种司法知识理论指望通过从形而上学中来推导出司法知识的确定性或者客观性,不仅是非常薄弱的,而且也是不现实的,它甚至还可能导致知识证成的无限后退(*infinite regresses*)与循环论证的问题的发生:"辩护一个信念需要理由,而这个理由

---

❶ William Lucy, *Understanding and Explaining Adjudication*, Oxford University Press, 1999, pp.10-14.
❷ Edmund Gettier, *Is Justified True Belief Knowledge*? Analysis, 1963, Vol.23, pp.121-123.
❸ 参见[美]约翰·波洛克、乔·克拉兹:《当代知识论》,陈真译,复旦大学出版社 2008 年版,第 15 页。
❹ Edmund Gettier, *Is Justified True Belief Knowledge*? Analysis, 1963, Vol.23, p.124.

本身也需要进一步的理由为其辩护,如此后退,无穷无尽"❶。这即是走入了阿列克西所讲的认识论的"明希豪森—三重困境"。❷ 当然,由于"没有人能跨越一个无限序列",而每一步"跨越"又都是需要时间的,❸因此面对"我们如何证立司法裁判的正确性?"或者"如何证成司法裁判的客观性?"这些来自司法知识概念命题的根本性论题的提问,司法知识概念命题的有效回应就必须要提高证成的强度,以便满足每个人内心中对司法知识定义的明确和稳定的期盼。

司法知识意涵的证成乃是为了获得人们对司法信念的确信,因此这其中的首要努力,便是要借助形式逻辑及理性并同时尝试着运用逻辑分析的方法,通过加强司法知识的内部证成与外部证成,来"把规范与事实、特殊与普遍、过去与未来织补得天衣无缝",进而对司法知识概念的含义加以进一步说明,以便能够"对决定进行诸如判决理由那样的正当化处理,以保证言之成理、持之有据、富于说服力"❹。这其中典型的比如"司法三段论"与"司法论证理论"。

一、司法三段论的知识确证

"如果缺少了司法三段论的演绎推理,法律就行将死亡。"❺因为"法官的任务就是将具体的法律规范适用到个案之中,而三段论推理是实现这一任务的最有效的途径"❻。与此同时,"司法实践中法官运用逻辑推理,有助于将法官完全个人化的推理限制为符合逻辑的推理,这样可以确保裁判的确定性和可检验性,也能够限制人类在进行决定时的随意和武断"❼。而这其实也就意味着,司法三段论的演绎推理既是司法裁判正当化的程序,也是法律实证过程中司法裁判的

---

❶ Richard Foley, *Inferential Justification and The Infinite Regress*, American Philosophical Quarterly, Vol.15, 1978, pp.311–316; John F.Post, *Infinite Regresses of Justification and Of Explanation*, Philosophical Studies, Vol.38, 1980, pp.31–52.; 王华平:《无限主义:当代知识论的新视点》,载《自然辩证法研究》2006 年第 1 期,第 53~56 页。

❷ [德]阿列克西:《法律论证理论》,舒国滢译,中国法制出版社 2002 年版,第 74~76 页。

❸ 参见[英]罗素:《人类的知识》,张金言译,商务印书馆 2005 年版,第 117 页。

❹ 季卫东:《法治秩序的建构》,中国政法大学出版社 1999 年版,第 201 页。

❺ Geoffrey Samuel, *Epistemology and Method in Law-Applied Legal Philosophy*, Dart-mouth Pub Co, 2003, p.107.

❻ Geoffrey Samuel, *The Foundation of Legal Reasoning*, Antwerp: Maklu Uitgevers, 1994, pp.137–138.

❼ Giovanni Sartor, *Legal Reasoning: A Cognitive Approach to the Law*, Springer, 2005, p.389.

确定性验证，还是"可以得出妥当的裁判结论"❶的保障。因此，"19世纪的法学家都试图把所有的个体化因素从法律适用中切割掉；他们还信奉一种按照刚性的逻辑机械地建立并实施的封闭的规则体系。在这一封闭的规则的体系的起源或运作中确认一种人格的创造性因素，在形构和确立这一规则体系的各种制度中确认一种人格的创造性因素，乃是极其困难的"❷。换言之，欲使司法中的法律适用尽一切可能地排除法官的主观因素与价值判断，同时确证司法裁判及其结果的确定性和正当性，在他们看来，只能是通过逻辑三段论的严格推理来保持法律适用的首尾一贯和无懈可击。

的确，经典的司法三段论的推理（也即"涵摄"❸）就是在法律规范所确定的事实要件的大前提下，寻找具体的事实要件这个小前提，最后依三段论得出裁判结论的过程。❹ 因此，它不仅将原本复杂的司法裁判简化为两个问题：一是法律规则的发现，二是案件事实的涵摄；而且在学理上还强调一个法律规范通常应当被分为"要件事实"和"后果"两部分。❺ 这样，只要一个"具体事实"满足这个法律规范所规定的所有"事实要件"，或者只要"案件事实"能够被描述为法律规则所规定的"要件事实"，那么就可以运用逻辑推理来得出相应的结果。❻ 而这其实也就意味着，一方面，"具体的事实及其涵摄问题的存在使得一条法律规范的含义空间只能通过与这一事实相结合才能被评价和精确化"❼；另一方面，司法三段论框架结构中的裁判，就不仅可以消除法官的恣意，给人以形式的安定性，而且也保障了司法裁判的确定性和客观性。

进一步，司法三段论其实是将司法裁判的确定性或者客观性建立在逻辑的形式性与必然性之上的；而这种"必然性"又是建立在司法裁判推理形式的有效性基础之上的。换言之，司法裁判过程之中形式与逻辑的运用，它是将结论的"真值"建立在直觉理解的关联上，也即依靠逻辑常项来维持以及借助于自然语

---

❶ Geoffrey Samuel, *Epistemology and Method in Law-Applied Legal Philosophy*, Dart-mouth Pub Co, 2003, p.105.
❷ [美]庞德：《法律史解释》，邓正来译，中国法制出版社2002年版，第187页。
❸ [德]拉伦茨：《法学方法论》，陈爱娥译，商务印书馆2003年版，第152页。
❹ 参见焦宝乾：《法律论证：思维与方法》，北京大学出版社2010年版，第151页。
❺ 参见陈林林：《裁判的进路与方法——司法论证理论导论》，中国政法大学出版社2007年版，第46页。
❻ 参见焦宝乾：《法律论证导论》，山东人民出版社2006年版，第79页。
❼ [德]齐佩利乌斯：《法学方法论》，金振豹译，法律出版社2009年版，第37页。

言来展开,并由一系列简单规则保障这种推导关系的有效性和可靠性的。因而在此意义上,逻辑所以也就索有"形式逻辑"(formal logic)之称。❶ 当然也正是因为此,司法裁判推理的正确性就成了由这个推理的形式的有效性所决定的,而司法裁判的有效性同样也就建立在了逻辑的形式有效性及其基础之上的。

这样,司法裁判的模式,无论是"过程"的基本结构还是裁判时法官的思维方式与司法技术,就与亚里士多德对三段论的模态所举的、一个常被后来者所引用的例子相同了。❷ 这个例子便是:

> 所有的人都是会死的,(P→Q)
> 苏格拉底是人,(P)
> 所以苏格拉底会死。(Q)

虽然这只是一个有关三段论推理的最简单模式,但这其实也就意味着,只要满足了这一三段论所刻画的那些三段论的"格",那么从"真"的前提就必然能够得出"真"的结论。❸ 因此,尽管不一定每次司法裁判及其过程都非要回到亚氏的原式上来,但这种基于普遍词项的司法三段论却不仅符合我们的思维习惯,因为在一个可以预知的时空内我们极易相信(P→Q)这一"存在命题"是正确的;❹也极为符合司法实践的现实需要。

然而,这种传统而经典的司法三段论推理模式,随着社会的急剧发展以及法律实践活动的不断丰富与深入却受到了来自各方的质疑。例如,有人认为,这种推理模式无法正确地描绘法律适用的过程,相反倒是掩盖了真正的观察问题的角度;而这个观察问题的角度实际上就是对法律大前提和生活事实进行处理和比较。❺ 也有人认为,不仅三段论不是疑难案件中的规则适用的正确形式,即使

---

❶ 参见王路:《逻辑的观念》,商务印书馆2000年版,第155页。在这里,还要注意区分"形式逻辑"与"形式化逻辑"(formalistic logic)的区分。后者主要是指借助于形式对客观领域的描述和运算程序规则,使从形式的表达过渡到另一个不考虑表达的"指称"的表达,从而使在内容上对命题进行计算成为可能。这其实也就意味着,形式化的逻辑不仅关涉表达的形式化,而且还通过符号体系和程序运算规则计算内容。参见[英]苏珊·哈克:《逻辑哲学》,罗毅译,商务印书馆2003年版,第25~26页。
❷ 参见[波兰]卢卡西维茨:《亚里斯多德的三段论》,李真等译,商务印书馆2002年版,第3页。
❸ 参见冯文生:《推理与诠释——民事司法技术范式研究》,法律出版社2005年版,第25~27页。
❹ Aarnio and MacCormick, *Legal Reasoning*, Dartmouth Publishing Company Ltd., 1992, p.110.
❺ 参见[德]魏德士:《法理学》,丁小春、吴越译,法律出版社2003年版,第184页。

在简单案件上,规则适用的三段论模式也不能确保正确。❶ 还比如,有学者认为:"一个三段论不管表面上看起来多么具有逻辑性,实际上它不过是其大小前提及大小前提的逻辑关系而已。……虽然有效性在法律推理中是必需的,但就法律推理本身而言,有效性的重要程度却是微末的。关键性的问题是:(1)识别一个权威性的大前提;(2)明确表述一个真实的小前提;以及(3)推出一个可靠的结论。"❷ 也有人认为,应当区分司法三段论的有效性和它的真实可靠性(*Soundness*,即它产生真实结论的力量)。"真实可靠性不仅取决于个别的三段论的有效性,而且取决于前提的真实性。"❸

必须承认,传统的司法三段论的思维模式确实过于僵化了,它使得原本应该生机勃勃的司法裁判过程变得呆板静滞。因而我们也就不难理解,为什么近代法律逻辑和法律论证理论的研究多倾向于放弃这种所谓经典的司法三段论的思维范式,而以某种形式规则或者实质标准来替代。但即便是如此,客观地来说,这些试图摆脱传统司法三段论的理论的研究却并未使法官判决的过程变得简单,相反,它们都只是在构建理想的辩论类型,而并没有考虑到如何为法官的判决提供一个清楚的判决过程的指引。❹ 为此,作为法官判决的思维技术,对于司法三段论这一法律适用的逻辑骨架,我们固然不能高估其意义,但也不可走向彻底的一端,将其弃之不顾或者完全否定。一个可行的态度,或许是对其进行结构性的重构,以克服传统司法三段论的缺陷与局限。

经过修正后的现代意义的司法三段论,它尝试着将传统的司法三段论恢复到普通的三段论的原有功能和结构上来,并以此作为法官判决的模式或者过程的描述,而非仅仅只是作为一种论证方法来使用。很显然,这一三段论意义上的描述,其益处就可能会有以下几点:首先,它将在各个阶段的证立借助传统意义上的司法三段论的大致结构安排得以衔接,从而保证判决证立的一致性;而与此同时,相互矛盾的价值论证也会在清楚的过程描述中得以显露,从而保证价值的融贯性。其次,它为法官和当事人提供了一种易于理解和接受的、有关司法裁判

---

❶ Jaap C. Hage, *Reasoning with Rules: an Essay on Legal Reasoning and Its Underlying Logic*, Dordrecht/Boston London: Kluwer Academic Publishers, 1997, p.2.

❷ [美]史蒂文·J·伯顿:《法律和法律推理导论》,张志铭等译,中国政法大学出版社 1999 年版,第 54 页。

❸ Richard A. Posner, *The Problems of Jurisprudence*, Harvard University Press, 1990, pp.53-62.

❹ 参见[美]艾德华·H.列维:《法律推理引论》,庄重译,中国政法大学出版社 2002 年版,第 193 页。

的过程描述,从而克服了因为深奥的逻辑表达式和学术概念给当事人带来的判决理论的陌生感。第三,通过统一的证立图式来描述简单案件与复杂案件,这更符合司法实践的判决证立的自然表征。❶

当然,无论是否真正地超越了,但很明显这种努力都使得我们必须要承认,在司法裁判的过程之中,"我们绝非能够分别独立地探求所谓法律推论的'大前提'或'小前提',法律发现绝非单纯只是一种逻辑的三段论法"❷。因此,"随着作为三段论的法律推理的重建,或在谓词逻辑演算中,将不强调仅限于运用逻辑推断,法律完全决定着判决……依据他们的见解,至少在法规范的发现上,但同时也在裁判的正当化时,其重心均是在法官的其他——总是包含有价值判断的——考量上"❸。但这仅仅只是问题的一个方面。另一方面,我们又必须要承认,抛弃三段论在很大程度上其实也就意味着要抛弃司法裁判所赖以存在的形式基础和逻辑支持。这样,当我们面对司法三段论,其所关注的焦点就不是一个简单的抛弃掉的问题,而是应当转化为在何种程度、何种方式上来重新阐述以使得其能够适合于司法判决的实践情况的问题。

除此之外,我们还必须要意识到,司法三段论的知识确证从认识论的基础上来说又是建立在"主体—客体"、"事实—规范"、"事实—价值"等对应范畴的相互对立且二元分离这一知识传统和认知结构之上的。这种知识观强调事实乃是客观的,它以是否为"真"作为判断标准,而认为价值则是主观的,它依循着"善"或者"恶"的评价体系。与此同时在这种知识观看来,客观真理只存在于事实领域,价值领域则因其不具有客观性而无真理要求。这样,为了发现客观真理,事实描述必须去除价值的影响。当然也正是因为此,这里的客观性乃是本体论之客观性在认识论层面上的延伸,或者是以本体论上的客观性(形而上学意义上的客观性)为前提的。❹而当法学家为实现法学科学化而将事实与规范的二分引入法律领域,并要求法官根据客观的案件事实作出裁判时,在某种程度上说,

---

❶ 参见张其山:《司法三段论研究》,山东大学 2007 年博士学位论文,第 52~73 页。
❷ [德]阿图尔·考夫曼:《类推与"事物本质"——兼论类型理论》,吴从周译,(中国台湾)学林文化事业有限公司 1999 年版,第 95 页。
❸ [德]阿图尔·考夫曼、温弗里德·哈斯默尔主编:《当代法哲学和法律理论导论》,郑永流译,法律出版社 2002 年版,第 332 页;[德]拉伦茨:《法学方法论》,陈爱娥译,商务印书馆 2003 年版,第 33 页。
❹ 参见焦宝乾:《法律论证导论》,山东人民出版社 2006 年版,第 94 页。

法官已然被设定为类似于自然科学家的角色。❶

然而,这种认识模式的缺陷,不仅将原本应当是开放的认知结构在某种程度上封闭了起来,而且也使得二元对立的认知模式中的一方对另一方形成控制,还使得原本多样化的认识结果被单一化和简单化了。与此同时,在司法的认识活动之中指望通过程序来弥合这种二元对立,从根本上来说无疑又是不现实的。毕竟,"一个将事实参数的确定留给当事人而将法律参数的界定留给法院的程序系统是否可能存在?这一点又是值得怀疑的"❷。因此,由于身陷"主—客观二元对立"的认知模式之争,以及纠缠在"事实"与"规范"二分的基本信条的责难之中,这样,修正后的"司法三段论"从根本上来说还仍然无法弥补知识的裂缝,无法彻底地解决司法三段论所带来的知识困境。而对这些问题的持续探讨所衍生出来的新的理论,便是"司法论证理论"。

二、司法论证理论的知识确证

来自司法实践的经验表明,法官做出判决的过程其实并非如传统涵摄推理模式所显示的那样直接。这其中即便是拉伦茨所主张的"确定法效果的三段论法"也未能从根本上摆脱传统涵摄推理模式的某些缺陷。❸ 这样,为了保证裁判的合法性、合理性与可接受性,证成司法裁判及其结果的正当性、确定性与客观性,就必须重构使三段论完整所需要的要素。而要夯实司法裁判的正当性基础,完善司法知识概念的理论论证,从根本上来说就又必须要尝试着超越"主—客观"二元对立的认识模式,努力在开放的体系中反思司法裁判的正当性与合理性问题。而这,自然也就成了司法论证理论的基本目标。

客观地来说,对论证过程之研究肇始于对三段论之细化。例如,西塞罗就将论证分为五个部分:"(1)三段论的大前提或缺省三段论所未表达的大前提;(2)支持大前提的理由;(3)三段论之小前提;(4)支持小前提的理由;(5)结论。从这五个部分来看,(2)、(4)为证成大前提与小前提提供了理由,为此,这五个部

---

❶ Vittorio Villa, *Legal Theory and Value Judgements*, Law and Philosophy, Vol.16, 1997, pp.447-477.
❷ [美]米尔伊安·R.达玛什卡:《司法和国家权力的多种面孔——比较视野中的法律程序》,郑戈译,中国政法大学出版社 2004 年版,第 170 页。
❸ 参见陈景辉:《规则、道德衡量与法律推理》,载《中国法学》2008 年第 5 期,第 46~62 页。

分所形成的正是一种连续和从属性的论辩结构。"❶而从此论述之中我们不仅可以看到论证与三段论的联系也可以看到这两者之间的区别:论证不仅建立在三段论的基础之上,而且更加注重理由的提供。这意味着"凡是好的法律论证都是通过三段论推理的形式产生的",❷而这一过程又同时是伴随着支持某种主张或者判断的理由的列举。❸ 这样,从一般性的意义来看,论证就主要是指"提出一些似乎可以正当化某项主张,或使其至少看来值得讨论的理由。……这些理由又必须具备以下性质:它们必须能够说服预期的讨论伙伴,克服其可能提出的反对理由"❹。换言之,"论证是指通过一定的理由来支持某种主张、陈述、判断的正确性,使之得以正当化的活动"❺。

进一步,由于"法律规则的运用不只是简单的逻辑涵摄过程,而必须进行论证"❻。因而"在司法三段论的框架内,法律论证贯彻于各个环节,包括大前提的发现、小前提的确定以及大小前提的连接"❼。这样,法律论证就是一个"为将法律规范适用于特定的事实而获得结果提供正当性的依据"的活动,❽一种对法律判断"给出合理的理由,将某种主张正当化"的活动。❾ 换言之,"理性法律论证概念的说明是通过对一系列规则和形式加以阐述来进行的,论证必须遵循这些规则并且必须采取这些形式,以使其所提出的要求得到满足。当某个论证(论辩)符合这些规则和形式时,由它所达到的结果才可以被称为是'正确的'。由是,法律论证(论辩)的规则和形式就构成了司法判决之正确性的一个标准"❿。而这其实也就意味着,"法律论证是通过一系列的规则和形式这种程序性的技术,来为法律决定的正确性要求提供某种普遍化的、可靠的理性基础。亦即,通

---

❶ G.A.Kennedy, *A New History of Classical Rhetoric*, Princeton University Press, 1994, p.120.
❷ James A.Gardner, *Legal Argument: the Structure and Language of Effective Advocacy*, 2nd ed., Lexis Nexis Group, 2007, p.6.
❸ 参见颜厥安:《法、理性与论证——Robert Alexy 的法论证理论》,载《政大法学评论》第 25 期,第 35 页。
❹ [德]拉伦茨:《法学方法论》,陈爱娥译,商务印书馆 2003 年版,第 31 页。
❺ 葛洪义:《法律方法讲义》,中国人民大学出版社 2009 年版,第 197 页。
❻ [德]阿列克西:《法律论证理论》,舒国滢译,中国法制出版社 2002 年版,第 2 页。
❼ 王利明:《法学方法论》,中国人民大学出版社 2011 年版,第 594 页。
❽ Jame A.Holland & Julian S.Webb, *Learning Legal Rules*, Oxford University Press, 2006, p.124.
❾ 参见焦宝乾:《法律论证:思维与方法》,北京大学出版社 2010 年版,第 66 页。
❿ [德]阿列克西:《法律论证理论》,舒国滢译,中国法制出版社 2002 年版,第 361 页。

过遵循一定的论辩规则和论辩形式,使规范性命题得以理性的方式予以证立"❶。当然也正是基于此,司法论证就是司法裁判的过程中对法律判断或者裁判证立的过程,一个说服"听众"、讲法说理的过程。❷

更进一步,由于司法论证强调法官对司法裁判结果要予以正当性说明,要求司法裁判的过程能够"公开证明该判决是正当的"❸。因而与其说司法论证它是一种形式推理,毋宁说"是一种语言类型,(它要求)在论证过程中,参与者把有争议的有效性要求提出来,并尝试着用论据对它们加以兑现或检验。一个论据包含着种种与疑难表达的有效性要求有整体关系的理由"❹。而这其实也就意味着司法论证是"在综合考虑的基础上,试图展现在一个法律区域之内,如果事情被理性的考量,何种规范应当被接受"❺。与此同时,如果我们结合佩雷尔曼有关司法三段论的"证明"与司法论证理论的"论证"之间区别的论述,我们就能够更完整地把握司法论证的知识确证功能。佩雷尔曼认为,"证明"与"论证"之间的区别大致有以下几个方面:

(1)证明中所使用的方法,是形式性逻辑演绎;而论证中所使用的,则是非形式性多元方法;

(2)由于证明使用形式逻辑,因此其语言是人工化的语言;而论证中所使用的语言,则是一般的日常语言;

(3)证明的目的是以为"真"的前提,而导出事物之自明性;而论证的目的则是以说话者的共识为出发点,而期望获得听者的认同;

(4)证明中所到处的事物自明性乃具有强制力,听者须必然接受之,不予接受则不理性;而论证中听众的认同具有程度强弱之别。❻

---

❶ 焦宝乾:《法律论证导论》,山东人民出版社2006年版,第69页。
❷ 参见孙光宁:《可接受性:法律方法的一个分析视角》,北京大学出版社2012年版,第71页。
❸ 陈林林:《裁判的进路与方法——司法论证理论导论》,中国政法大学出版社2007年版,第11页。
❹ [德]哈贝马斯:《交往行为理论:行为合理性与社会合理性》(第1卷),曹卫东译,上海人民出版社2004年版,第17页。
❺ Aulis Aarnio, *The Rational as Reasonable*, *A Treatise on Legal Justification*, D. Reidel Publishing Company, 1987, p.46.
❻ 廖义铭:《佩雷尔曼之新修辞学》,唐山出版社1997年版,第308~309页。

从此之中我们可以明显地感受到,司法论证的目的乃是找到司法裁判"不同阶段的命题和结论的正确性和可接受性"[1],也即它是以裁判结果的可接受性来选择能够强化可接受性程度的生活化且多元化的理由。而这其实也就意味着,司法论证的目的,"并不简单地是放弃自己的观念而完全接受言说者的观念。这种目的太过于狭隘、简化和抽象。那只是'形式逻辑'或者'机械主义者'甚至是教条主义者的目的。但是从实践行动和社会的多样性角度来说,正如新修辞学所理解的,对话的目的是为了获得听众的信奉(adherence)以及追求我们的实际目标。……听众并不是要改变自己的哲学、意识形态、信仰或者其他深信的观点,而是应当决定在可以预见的未来与言说者合作,以此来达到特定限制的一般目标。这就是'达致'(eliciting)或者'增加'听众信奉的含义所在"[2]。换言之,司法裁判过程中所谓可接受性的达成,并不是基于一方对另一方的言辞压迫,而是在平等尊重且双方达成共识的基础上所形成的接受,也即这意味着,"可接受性"所注重的是司法裁判活动中"交际的过程,而非交际的产品或目标,并且认为发话者与受话者之间的关系是平等的、互动的,而非由发话人来主导,听众可参与话语建构,劝说的结果是双方相互作用的结果"[3]。

可见,在司法论证理论看来,任何法律行为的做出都是需要论证的。因为法律领域中的"正确性"其实并非是百分之百的"确实性",相反"正确性"是相对的,是具有可论辩的性质的。这样,"任何(包括法律上的)正确性标准的寻求都必须要经过论证"[4]。与此同时,法官也需要对其司法裁判行为进行论证,因为判决结论都必然会涉及到当事人的利益,会宣告一种对双方当事人的未来产生重大影响的可能生活。这样,法官就必须为自己的决定提供足够的理由,以增强其说服力或可接受性。此外,如果我们把视野放得宽一些,认为"法官的判决必

---

[1] 郑永流:《法律判断大小前提的建构及其方法》,载《法学研究》2006 年第 4 期,第 14 页。
[2] M.Maneli, *Perelman's New Rhetoric as Philosophy and Methodology for the Next Century*, Kluwer Academic Publishers, 1994, pp.51-52.
[3] 鞠玉梅:《从西方修辞学的新理论看修辞学的发展趋势》,载《四川外语学院学报》2003 年第 1 期,第 65 页。
[4] Robert Alexy, *My Philosophy of Law: The Institutionalization of Reason*, in Luc J.Wintgens(eds.) *The Law in Philosophical Perspectives-My Philosophy of Law*. Dordrecht/Boston/London: Kluwer Academic Publishers, 1999, pp.23-24.

须至少经得起三类主体的检验:一是案件当事人,二是法律职业人,三是社会大众"❶的话,那么所谓司法论证理论,就是指法官在司法裁判的过程中,对其所作出的裁判结论在开放性的司法场域中予以正当化、合理化的过程,也即面向开放性的司法场域提供判决理由对判决结果予以证立的过程。

很显然,司法论证理论的基本出发点,乃是"将司法上的法律适用过程,细分为'发现的过程'(process of discovery)——法官实际上是如何得到一个判决结果的,以及'论证的过程'(process of justification)——法官又是如何公开地证明判决是正当的"❷。而这其中,"'发现'和'论证'的二阶构造,又清晰地重构了司法判决的生成过程和说理进路。换言之,从判决理由的构成来看,'发现'的目标,即为判决结果和判决理由上的第一性依据,而'论证'的质料,即为真实有效、论证有力的第二性依据"。但是,"用什么方法找到适切、充分的第二性依据,来证明第一性依据和判决结论的有效性与正确性,并进而达至合理性和正当性,却并不是一件容易的事情"❸。而从目前的研究来看,除了"逻辑",也即复兴后的"司法三段论"之外,❹还存在着"修辞"和"论辩"这两种方法向度。

(一) **修辞的方法**

"修辞"从根本上来说乃是一种论辩的艺术或者"运用语言说服的技巧"❺。它"要尽量用法律术语、概念和语词来证立所有的判决,来帮助法官获得当事人和法律职业群体对判决结果的接受"❻。"因为当人们抱友好态度或憎恨态度的时候,抱气愤态度或温和态度的时候,他们对事情的看法不同,不是完全不同,就是有程度之别。当他们对他们所要判决的人抱友好态度的时候,他们不是认为

---

❶ Eveline T.Feteris, *Fundamentals of Legal Argumentation: A Survey of Theories on the Justification of Judicial Decisions*, Kluwer Academic Publishers, 1999, p.53.

❷ Cf. Bruce Anderson, *"Discovery" in Legal Decision-Making*, Netherlands: Kluwer Academic Publishers, 1996, p.1.

❸ 陈林林:《裁判的进路与方法——司法论证理论导论》,中国政法大学出版社2007年版,第12页。

❹ 应当说,为了突破传统"三段论"形式逻辑的局限,法律论证的逻辑方法,转而借用现代逻辑,比如"命题逻辑"、"道义逻辑"(deontic logic)、谓词逻辑、对话逻辑等,来对法律论证予以重建。但遗憾的是,原本试图超越"三段论"的,结果人们看到的,却是改头换面后的"三段论"。"(人们)一般认为,既然合乎逻辑是合理性的最低标准,合理性的法律议论很难也没有必要拒绝三段论的帮助。"焦宝乾:《法律论证的几个基本理论问题》,载《比较法研究》2005年第6期,第16~17页;季卫东:《法治秩序的建构》,中国政法大学出版社1998年版,第105~106页。

❺ [美]波斯纳:《公共知识分子——衰落之研究》,徐昕译,中国政法大学出版社2002年版,第57页。

❻ 孙光宁:《法言法语的修辞功能》,载《法律方法》第11卷,山东人民出版社2011年版,第27页。

他们没有罪,就是认为他的罪很小;当他们抱憎恨态度的时候,案情就相反。"❶换言之,"观念只有变得合乎口味时才能被吸收",❷过程与结果只有照顾到别人的感受才能被接受。因而它就要求司法裁判运用修辞性的技巧,"运用到多样化的语言技巧,比如要善于利用沉默、以动情的语言服人、让语言生动形象、通过重复强调重点、善用比喻手段、善于把握节奏、要控制好情感、使用有力的语言风格、善于使用修辞问话、做到条理清晰",❸以便能够"动之以情,晓之以理",让当事人完全信服并进而提高司法裁判的可接受性和权威性,最终达致"胜败皆服"与"案结事了人和"。

由于司法过程中的修辞实践,它并不十分关心司法裁判命题论证的"真"或者"必然性"问题,而更关注裁判过程中的"交往"以及"意义的生成",关注其中的可信度以及论辩的说服力;❹它并非仅仅注重对"静态的作为结果的(as product)论证",而更强调"法律论证的动态性、交互性、多主体性、目的性、开放性和可辩驳性"❺。为此,它就不只是一种单方面的劝说,而更是一种双方相互动型的对话;它不仅关心司法裁判实践中的"遣词造句,而且也关注文本之外影响或可能影响修辞有效性的其他变量"❻。它不仅承认司法裁判过程中的修辞"语言是法律结构的媒介和型塑法律结构的工具",而且也意识到"语言反过来又被法律的运用者和解释者不断地型塑和当作媒介"❼。与此同时,它不仅是一种"把元理论和经验研究转变为一种增加科学共识性的方法"❽;而且又与逻辑的方法相反,它"试图触及活生生的生活,……(通过)建立一个'诘难案'的程序,以使人们能在'敞开的体系'中找到方向"❾。换言之,在修辞学看来,法律并"不只是一套应当遵守的规范体系,而是一个我们生活于其间的世界"❿。因而司法裁

---

❶ [古希腊]亚里士多德:《修辞学》,罗念生译,上海人民出版社 2005 年版,第 75 页。
❷ [英]吉尔比:《经院辩证法》,王路译,上海三联书店 2000 年版,第 7 页。
❸ 廖美珍:《法庭语言技巧》,法律出版社 2005 年版,第 55 页以下。
❹ 参见[美]波斯纳:《超越法律》,苏力译,中国政法大学出版社 2001 年版,第 570～606 页。
❺ 焦宝乾:《法律论证:思维与方法》,北京大学出版社 2010 年版,第 181 页。
❻ 苏力:《大学里的致辞——修辞学的和反思社会学的角度》,载《江苏社会科学》2011 年第 2 期,第 2 页。
❼ [英]沙龙·汉森:《法律方法与法律推理》,李桂林译,武汉大学出版社 2010 年版,第 10 页。
❽ 刘军:《当代科学哲学中的自然主义流派论析》,载《自然辩证法通讯》1997 年第 6 期,第 96 页。
❾ [德]阿图尔·考夫曼、温弗里德·哈斯默尔:《当代法哲学和法律理论导论》,郑永流译,法律出版社 2002 年版,第 504 页。
❿ [美]戴维·鲁本:《法律现代主义》,苏亦工译,中国政法大学出版社 2004 年版,第 18 页。

判中的修辞实践,不仅能够唤起情感,同时也实现了论证的有效性。当然,也正是"通过领悟和精神共鸣来强化法的正统性,使更多的人在对规范内容和案件处理结果具有不一致的理解的同时赞成某一法律命题,容许每个人叙说自己的故事并在这一过程中逐步实现理性的对话"❶。除此之外,它反对分析推理无限扩张的倾向,但却又无意以论辩推理来取代分析推理;它主张司法裁判的实践在某种程度上与形式逻辑、实在论、决定论以及求真之间并无直接的关联,强调以论证为基础的非形式逻辑来取代传统的形式逻辑,但却又放弃了对分析哲学之工具的运用。因为在它看来,"放弃运用当代分析的工具所造成的后果特别表现在研究论证技术的过程之中"❷。

这意味着司法裁判活动中的修辞并不只是一种话语的表达,也是一种推理的方法,还是一种决疑术。因为它"不仅关系到掌握——当需要时——从伦理学、政治学、心理学或其他什么东西中抽象出来的前提,而且它本身也作为这种智慧的全部宝藏的重要增添"❸。因而我们必须要意识到,"任何案件的'修辞'——如何才能最有说服力地予以表达——都不可能同案件的'长处'——即相关论证的理性力量——相抵触。……'理论'的角色同时是理性和修辞的"❹。换言之,任何"有效的论证都是针对特定的听众(听者和读者)产生影响的论证。听众的要求与知识背景不同,不仅影响论证的构造,也影响论证的效力。考虑论证的听众,不是逻辑学的要求,而是修辞学要求"❺。

司法判决论证中修辞方法实践的作用之一,就是使说理的强度与社会上所能接受的法律论点和法律命题的程度相符合,甚至"在必然性论证不可能的情况下诱发信仰"。也即要"旨在通过表明这种选择、决定或取向较之于同时存在的其他各种选择、决定或取向皆更为可取来说服对方,让对方信服"❻。或者"使比较弱的论点似乎更为强有力"❼。当然也正是因为此,司法裁判过程之中的修

---

❶ 季卫东:《法治秩序的建构》,中国政法大学出版社 1999 年版,第 130～131 页。
❷ [德]阿列克西:《法律论证理论》,舒国滢译,中国法制出版社 2002 年版,第 244 页。
❸ Peter Goodrich, *Reading the Law: A Critical Introduction to Legal Method and Techniques*, 1986, p.193.
❹ Albert R.Jonsen and Stephen Toulmin, *The Abuse of Casuistry: A History of Moral Reasoning*, 1988, p.298.
❺ 武宏志等主编:《批判性思维——以论证逻辑为工具》,陕西人民出版社 2005 年版,第 108 页。
❻ [比利时]佩雷尔曼:《法律推理》,朱庆育译,载陈金钊、谢晖主编:《法律方法》(第 2 卷),山东人民出版社 2003 年版,第 139 页。
❼ Hanns Hohmann, *Logical and Rhetoric in Legal Argumentation: Some Medieval Perspectives*, Argumentation, Vol.12, 1988, pp.39-55.

辞方法，它所注重的是法律论证的内容及其可接受性(*accceptbility*)，即如何说服"听众"——当事人、陪审团、法学家、社会大众等群体。而这其实也就意味着，修辞的方法就必须要注重法律论证的交互性，从而揭示司法论证并不是一个自说自话的、思辨的过程，而是一个交互性的过程；与此同时，修辞过程中"以理说服"的对象也并不是自己，而是其他主体。❶

由于"法律修辞所描述的对象涉及案件的行为或事实，是用法律语词表述形容案件的性质，说明案件的过程，试图用法律语词劝说人们接受站在法律立场上的观点"❷。这不仅意味修辞的语言对案件事实和法律规范所可能起到的建构作用——"某种意义上，法庭诉讼中的事实往往是被构造出来的"，❸也指出司法裁判及其结果所必须要坚守的法律底线，要满足法律性的要求。与此同时，修辞学提醒司法裁判过程中"法官和当事人实质上是互为听众的：当事人力图使法官接受自己的观点，否则法官的裁决有可能不利于自身；而法官作出的最终裁判也需要尽量获得当事人的接受和认可，否则，当事人完全可以通过其诉讼权利（如上诉和申诉）的行使来质疑甚至推翻原来的裁判结论"❹。而这其实也就意味着，作为司法裁判活动中的修辞主体，法官与当事人必定同时身兼表达者和接受者的双重角色身份，而且处于司法裁判修辞活动中的两极的表达者和接受者，一旦进入司法裁判的言语交际之中，那么它们之间就会常常发生频繁的角色转换，也即双方都会在表达者与接受者的双重身份之间不断地切换。这种转换不仅会强化对司法裁判过程及其结果的"认同"与"接受"，而且也会促使司法裁判最终朝着公正的方向不断地前行。

伴随着修辞方法在司法裁判中的运用，司法裁判的过程及其结果也因此被开放了出来。这样，不仅司法裁判活动不只是一个封闭性的法律适用活动，而且也是一个开放性的、社会性的语言实践的活动；不仅司法裁判的结果不只是一个经由事实与规范相互匹配和裁剪进而形成的逻辑性结果，而且也是一个经由社会主体充分的交互对话进而在共识达成的基础上所选择的相对合理的经验性结果。因此，修辞的方法对于司法知识概念命题的确证而言，它一方面意味着司法

---

❶ 参见刘亚猛：《西方修辞学史》，外语教学与研究出版社2008年版，第37页。
❷ 焦宝乾等：《法律修辞学导论——司法视角的探讨》，山东人民出版社2012年版，第50页。
❸ [日]棚瀬孝雄：《现代日本的法和秩序》，易平译，中国政法大学出版社2002年版，第149页。
❹ 孙光宁：《可接受性：法律方法的一个分析视角》，北京大学出版社2012年版，第29~30页。

裁判不仅要注重形式合理性,也要注重实质合理性,更要注重形式合理性与实质合理性的相互统一;另一方面意味着司法裁判中的法律适用不仅要严格遵循形式逻辑的要求,也要考虑实质逻辑的因素,更要注重辩证逻辑的要求。换言之,它要求司法裁判不仅关注判决的结果,也关注判决结果产生的过程,强调"过程"作为"理由"对于结果而言所存在的正当化力量。与此同时,由于它强调司法裁判不仅只是一个将"事实"与"规范"相匹配进而结合过程,也是一个主体与主体之间相互对话并互相说服的过程,更是一个主体间在达成共识的基础上接受一个相对合理的结果的过程。因而也正是基于此,它将司法裁判活动的主体从以往的"法律人"(尤其是法官)扩展至"法律人"与"说服的对象",将法律世界的中心从以往的"法律人"(主要是法官和法律职业群体)扩展至"社会公众",使得"听读者逐渐成为修辞活动的中心",❶因而它要求司法裁判不仅要考虑法律人的职业性要求,也要关注社会大众的司法需求。除此之外,它不仅将法律活动的重心从"法律规范的适用"扩展并蔓延至"语言技巧的适用",而且也将法律适用的方法从"单一"扩展至"多元",还将司法裁判的权威性从"强制性"与"合法性"转化为"可接受性"。

尽管修辞的作用非常的明显,但"修辞艺术却具有令人又爱又恨的名声。对于我们大多数人来说,'修辞'这个词有说话蒙人或过分推敲的否定含义,与说话中肯相对立"❷。换言之,人们对修辞最大的不放心在于"修辞"往往被看成是一种"捏造"(invention)。❸ 而与此同时,由于"修辞堆积了更多的瓦砾,这些瓦砾会妨害人们看清真和善的能力"❹。更重要的是,人们又往往会对修辞之听众的性质和能力估计不足。所有这些都会使得人们非常容易悲观地发现这样一种事实,那就是:"对于论点清楚的法而言并不需要论证,而对于疑难的法而言需要的并非是客观的证立,……而只是隐匿真相的、主观的、心理学的证立。论证至多只对获胜的一方有用——但获胜一方同样在没有论证的情况下也会感

---

❶ 刘亚猛:《追求象征的力量:关于西方修辞思想的思考》,生活·读书·新知三联书店 2004 年版,第 112 页。
❷ [美]波斯纳:《超越法律》,苏力译,中国政法大学出版社 2001 年版,第 571 页。
❸ Pierre Schlag and David Skover, *Tactics of Legal Reasoning*, 1986.
❹ [美]波斯纳:《超越法律》,苏力译,中国政法大学出版社 2001 年版,第 589 页。

到满意;而失败一方听到的全部声音只是——不。"[1]那么如何提升修辞学在司法裁判中的适用及其地位的同时消除败诉一方的情绪对立进而使其接受不利于他的司法裁判呢?又如何完善修辞的方法实践进而确保司法裁判过程中的"胜败皆服"呢?很显然,我们要诉诸于"对话—论辩"的方法。因为"对话—论辩"是消除歧见的最好办法,也是消解情绪对立的最好场所。

(二)论辩的方法

"论辩"或者"对话—论辩"的方法对于理解司法知识概念命题而言无疑也是十分必要的,"并且与它又是密切相连的"[2]。因为伴"随着20世纪社会民主化程度的加深,法律作为某种强制性规则的观点逐渐被淡化。相应地,法律的正当性、可接受性等观念日渐突出。在民主社会中,司法过程应成为平等主体间的文明讨论"[3]。现代司法过程中的论辩特质、对话实践与辨证取向成为它最为珍贵且典型的方面。[4]

如果我们在更加具体的意义上来看待"论辩"与"对话",那么它其实意味着要将司法裁判中的法律论证从某一论辩程序和对话结构的视角来予以重新审视,要通过此来认识到司法裁判的复杂性与多面性。换言之,作为论证理论中的一个重要的分析工具,论辩程序与对话结构它不仅能够理解论证主体如何证成他们的观点,而且也为论辩评价和对话交流提供了不可或缺的框架。[5]而这其实也就意味着,论辩实践中法律论证的合理性取决于论辩程序是否符合可接受性的某些形式标准和实质标准,取决于对话结构是否符合民主协商的思维方式和平等且充分参与的要求。这样,"司法裁判的合理可接受性就不仅同论据的质量相连接,而且同论辩过程的结构相连接"[6]。

的确,要避免法律适用或者司法裁判过程中的专制,法律及其适用就都不能只是命令,不能只是一种由强制性的力量来保证的规则实施,而更应当是一种理

---

[1] [德]赫尔曼·康特罗维茨:《为法学而斗争 法的定义》,雷磊译,中国法制出版社2011年版,第49页。
[2] Komblith H(eds), *Naturalizing Epistemology*, MIT Press, 1985, p.91.
[3] 焦宝乾:《法律论证:思维与方法》,北京大学出版社2010年版,第88页。
[4] 参见[意]皮罗·拉玛德雷:《程序与民主》,翟小波等译,高等教育出版社2005年版,第55页。
[5] 参见颜厥安:《法与实践理性》,中国政法大学出版社2003年版,第75～82页。
[6] [德]哈贝马斯:《在事实与规范之间——关于法律和民主法治国的商谈理论》,童世骏译,生活·读书·新知三联书店2003年版,第277页。

性的对话。当然,"它是一种'对话'(dialogue)乃是指法律是在各种不同观点及利益之间的交锋与辩论中不断获得产生、变更与发展;它是一种'理性'对话乃是指这种对话在本质上是一种心平气和的说理过程,而不是通过暴力、压制、谩骂或以其他方式相互攻击来完成的"❶。而这其实也就意味着,"论辩—对话"乃是要"通过对话、辩论、批判性探究以及为维护一种观点而反对另一种观点的方法来发现最佳的答案",是要"在两种相互矛盾的陈述中应当接受何者的问题作出回答"❷。这样,当论辩成为一种司法裁判的论证方法时,它就要求司法裁判的有效性条件不是"直接诉诸经验证据和理想直觉中提供的事实,而只能以商谈的方式,确切地说通过以论辩的方式而实施的论证过程"❸。因为只有"通过这些论辩交换,法官作为中立方才可以作出一个理由充分的决定"❹。

进一步,由于司法裁判中的论辩实践主要是指"在一个多人参与的对话(讨论)中提出正当理由和反理由,并对此予以权衡,以获得一个妥当的决定"❺。因此司法过程中的"论辩"就主要是一种通过交互对话或者充分商谈来为司法裁判的行为及其结果提供合法性、正当性理由的证明活动,是要通过交往理性来达成共识进而在此基础上形成一个相对合理且易于接受的判决结果。这样,司法裁判中的论辩就承载着一项重要的使命,即要通过对裁判行为与结果的正当化来寻求达致司法公正和实现社会正义的目标。换言之,对司法裁判通过运用论辩之方法,既要正当化其司法裁判的行为,也要合理化其司法裁判的结果,进而实现个案裁判的正义,最终彰显法治的整体目标。

当然,要确保司法裁判过程中的论辩质量,最重要的就是要优化具体的论辩程序,要合理化的设置论辩规则。那么,如何使得一个有争议的有效性主张通过程序性的论辩而被接受呢?又如何确保一个原本具有歧义性的利益主张被规则所吸纳呢?很显然,在司法裁判的论辩论证理论看来,最为关键的还是要通过程序和规则使得那些"被当做好的东西必须显现于它在一个论辩游戏中的作用之

---

❶ 张千帆:《法律是一种理性对话——兼论司法判例制度的合理性》,载《北大法律评论》第5卷第1辑,法律出版社2003年版。
❷ 焦宝乾:《法律论证导论》,山东人民出版社2006年版,第331页。
❸ [德]哈贝马斯:《在事实与规范之间》,童世骏译,生活·读书·新知三联书店2003年版,第278页。
❹ [德]N.霍恩:《法律科学与法哲学导论》,萝莉译,法律出版社2005年版,第146页。
❺ 焦宝乾:《法律论证:思维与方法》,北京大学出版社2010年版,第89页。

中"❶。也就是说,对于一个可接受的法律判决来说,重要的是参与者在参与论辩的过程中要遵循某些论辩性的程序,而这些程序应当符合的规则与原则包括:一致性、有效性、可检验性、融贯性、普遍性和真实性等。❷

很显然,论辩的方法对于司法知识概念命题的证成意味着要引入一种主体际的思维,要尝试着以主体与主体之间的关系来阐释司法裁判的做法替代以主体与客体之间的关系来观察司法裁判的以往做法,要以交往理性来代替传统的认识理性,要以合作思维的方法来替代以往分立性的认识模式和独白式的思维方式,要以商谈—共识的规则实施模式来替代强制—服从的规则实施模式,要以"真理共识论"来取代"真理符合论",❸要以辩证的逻辑来替代以往的形式逻辑或者实质逻辑。因为在论辩论证看来,司法裁判过程中法律的规则、程序及其结果的"意义存在于主体跟对象的视线往返、主体和主体之间的充分论辩中"。换言之,根据论辩论证的原则,由于"理性的商谈产生于一个自由的论证共同体,在这个共同体中,所有的论证是允许的。其目标是通过合意建立主体间性。认识和承认处在彼此的交互作用中"❹。而这其实也就意味着,不仅"裁判的过程从原来的关注结果的静态性、单主体性转向了以对话为中介的动态性、多主体性",❺而且"法律实践中,验证法律规则、法律陈述和司法决定正确性的基本方式,就是取得一定范围的'共识'"❻。不仅纠纷解决的过程,"既是法官的工作,也是法官与纠纷当事人共同合作的过程",❼而且司法裁判的过程也是一个多元主体和多样知识平等参与进行严肃认真的讨论和对话的过程。不仅司法裁判的过程中"不存在使结论具有确定性的无可辩驳的'首要原则',所以我们通常所能做的就只是通过提出有道理的、有说服力的和合理的论辩去探索真

---

❶ [德]阿列克西:《法律论证理论》,舒国滢译,中国法制出版社2002年版,第275页。
❷ Ota Weinberger, *Legal Validity*, *Acceptance of Law*, *Legitimacy*, *Some Critical Comments and Constructive Proposals*, Ratio Juris, Vol.12, 1999, pp.336-353.
❸ [美]波斯纳:《道德与法律理论的疑问》,苏力译,中国政法大学出版社2001年版,第103页。
❹ [德]阿图尔·考夫曼、温弗里德·哈斯默尔主编:《当代法哲学和法律理论导论》,郑永流译,法律出版社2002年版,第194页。
❺ 焦宝乾:《法律论证:思维与方法》,北京大学出版社2010年版,第87页。
❻ 葛洪义:《法律方法讲义》,中国人民大学出版社2009年版,第215页。
❼ [日]六本佳平:《日本法与日本社会》,刘银良译,中国政法大学出版社2006年版,第206页。

理",❶而且司法裁判的结果也并非唯一确定而毋宁是一个开放性的结论,因为认识活动中的"正确"标准与"'真理'并不是超验存在,而是内在于人类经验中的并且是由理性的、自由个人组成的共同体成员经过讨论和对话获得的知识"。❷

尽管我们有关"修辞"与"论辩"的方法描述仍是最为初浅的,但我们还是能够从中察觉到法律论证的"修辞"与"论辩"这两种方法的主要差别:论辩讨论的主要是涉及规范性陈述的正确性问题,而修辞则主要"讨论参与者致力于发现'可被接受'的论据因而其关心的不是陈述的'正确性'而是其'可同意性'的问题"❸。与此同时,尽管法律论证中的"修辞"与"论辩"这两种方法在有关司法判决客观性的命题证成上的作用不容小觑,但我们仍然不能忽略掉思想史上对"修辞学"的著名抨击以及对"论辩"的局限性的善意提醒。比如"论辩",由于它会因为"时—空"的有限性进而受到了技术上的限制,从而造成理想对话状态的形式条件和前提(如对话者机会均等、言论自由、特权不存在及免于强迫之自由等)无法真正落实到位,进而使得司法裁判过程中的论辩—对话效果大打折扣。❹ 换言之,在司法裁判论辩论证的实践中,由于"支配各方的法庭诉讼行为的那些具体约束,似乎根本不允许人们用合理商谈的标准来评价法庭程序。而且,为论辩所需的程序条件总的来说还不具有足够的选择性让人们必定作出唯一正确的判决。真正的法律论辩参与者往往可能会采用策略行为,并不一定符合理性论辩的规则"❺。而所有的这些,都需要我们在司法裁判的过程中予以必

---

❶ [美]博登海默:《法理学:法律哲学与法律方法》,邓正来译,中国政法大学出版社 1999 年版,第 497 页。

❷ 葛洪义:《法律方法讲义》,中国人民大学出版社 2009 年版,第 209 页。

❸ [德]拉伦茨:《法学方法论》,陈爱娥译,商务印书馆 2003 年版,第 31 页。当然除此之外,美国法学家 Herget 也曾详细地论述"修辞"与"论辩"之间的区别。在他看来,"原则上,对论辩理论来说只存在一种正确答案,而修辞学则承认可能存在多种的解决办法;根据论辩规则,论辩理论采取了毫无偏见的、系统的、严格的论证,而修辞学承认在论证从出发点和论证的方法上的灵活性,并且允许那种出于兴趣的主张对最终论辩结果的影响;论辩理论把论证视为从上到下,换言之,从抽象到具体的运行,而修辞学则通常是从具体的问题情景出发。或许最主要一点的差别在于,论辩理论主张这样一种总体上的合理性,甚至于认为,任何法律结论能够逻辑性地立足于更高级的规范体系;而修辞学则拒绝存在这种可能性,而是将这些规范仅仅作为用于论辩的潜在依据。"Herget. J. E, *Contemporary German Legal Philosophy*, University of Pennsylvania Press, 1996, p.67.

❹ Ota Weinberger, *Basic Puzzles of Discourse Philosophy*, Ratio Juris, Vol.9, 1996, pp.172-175.

❺ 蔡琳:《裁判合理性理论研究》,法律出版社 2009 年版,第 202~203 页。

第二章　司法知识的概念意涵

要的警惕,需要我们在有关司法知识概念命题的论证中扬长避短。

客观地来说,法律论证中的"修辞"与"论辩"其实远要比我们的描述复杂得多。❶ 但就两者之间的共同点及其理论的努力方向而言,它们要么是将司法裁判的正确性建立在以形式逻辑为基础的客观性之上,要么就是将司法裁判的正确性建立在以认同为基础的可接受性之上。这样,尽管这两者之间的方法论取向相异,但毫无疑问,它们都没有绕开对于司法知识概念命题的有效性基础的证成,都是围绕着何为"真"或者"正确"的司法裁判来展开其方法论的论证的。当然,如果我们把视野放得再宽一些,那么由于司法裁判实际上无法根据其自身来获得正当性的解释,因而我们就不得不承认,法律的形式逻辑既是形成公正的司法判决的基础,也是达致司法裁判客观性的保证。❷ 与此同时,又由于恰当地阐释司法裁判的客观性观念可以作为法治的基石,这样司法三段论与司法论证理论尽管都只是一门应用的逻辑(它既是一种理性思维活动,也是一种职业技术与法律方法),但它们却并不是形式逻辑的推论原则在司法裁判领域中的简单运用,而是形式逻辑的推论规则加上司法裁判领域中的特殊推论规则(也即"证明责任规则")在司法过程中的综合运用的结果。

然而,"尽管司法三段论的逻辑的方法与形式能满足每个人内心对明确和稳定的期盼,可是'明确'一般而言,只是幻想,而'稳定',更不是人类的命运。在逻辑的形式背后,隐藏着一个判断,是有关于在彼此竞争的法律论证之间对其相对价值与意义的判断。或许这个判断通常并没有明白地陈述出来,甚至不为人意识到,但它却是这整个过程的真正根源与中枢"❸。与此同时,尽管通过逻辑可以证立司法裁判的形式有效性进而证成司法裁判的可接受性,但是"逻辑"并不关注前提选择的价值判断问题,即逻辑无法对前提的正当性进行证明。除此之外,第三,尽管与传统的涵摄推论模式不同,司法论证理论的优势在于,具有比较清晰的规则和形式来使法律决定正当化。但是"三段论"逻辑形式在法律

---

❶ 更详细的论述,中文文献,可参阅,蔡琳:《裁判合理性理论研究》,法律出版社 2009 年版;侯学勇:《法律论证的融贯性研究》,山东大学出版社 2009 年版;陈林林:《裁判的进路与方法——司法论证理论导论》,中国政法大学出版社 2007 年版;焦宝乾:《法律论证导论》,山东人民出版社 2006 年版。
❷ 长期以来,对逻辑的批判实际上是建立在对逻辑误解的基础上的。关于这一点,较为详细的论述,可参阅,熊明辉:《论法律逻辑中的推论规则》,载《中国社会科学》2008 年第 4 期,第 26~35 页。
❸ 田默迪:《东西方之间的法律哲学》,中国政法大学出版社 2004 年版,第 20~21 页。

论证中的运用同样也具有相当大的局限性。❶ 这样,司法知识确证方式自身内部的局限性,就同样需要我们在司法裁判的过程中予以警惕。

进一步,虽然我们不能用完全的外部性立场来消解司法裁判的规范性立场,也不能仅仅只用经验验证和权力决断来取代价值论证与正当性证明,❷但来自司法裁判的现实却表明,司法裁判中的法律推理,不仅具有形式逻辑的特征,而且也具有非形式逻辑的特征。这其中最为典型的,比如司法裁判中的法律推理的非单调性就表明了非形式逻辑与形式逻辑、形式化之间在司法裁判过程中所呈现出来的复杂关系;❸又比如司法裁判中的辩证推理,它就是在大前提不明确或相互矛盾的情况下,借助辩证思维寻找或选择最佳的大前提以解决法律问题所进行的推理。但是辩证推理的大前提不像形式推理那样由制定法明确地规定,而是法官以价值判断基于特定语境的案件事实审视和选择出来的,法官对大前提的选择具有语用学的性质。❹

很显然,它们都或多或少地涉及到了司法知识概念命题如何处理"经验"的问题。因此,无论司法三段论和司法论证理论如何处理"经验"知识,有一点我们都必须要明确的,那就是:司法三段论和司法论证理论它们都并非在理想言谈语境中的充分证明或者论证,而是法律主导下的有限论证;因而,能否取得共识就很难以确定。但即便是如此,司法三段论与司法论证理论其真正的作用,在于设置公开、平等和自由地表达机制,以有效地对抗论证者的恣意。❺

第四节 司法知识概念意涵的整体解释

在有关司法裁判的知识史和社会哲学描述中,我们不仅看到了不同路径解释司法知识概念命题的方式,也意识到了司法知识概念命题在不同视角里所展

---

❶ 参见焦宝乾:《三段论推理在法律论证中的作用探讨》,载《法制与社会发展》2007年第1期,第63~72页。

❷ 参见雷磊:《法律论证何以可能?》,载《政法论坛》2008年第4期,第138~146页。

❸ 参见[美]波斯纳:《道德与法律理论的疑问》,苏力译,中国政法大学出版社2002年版,第116~117页。

❹ 参见蔡琳:《裁判合理性理论研究》,法律出版社2009年版,第38~41页。

❺ 参见贾敬华:《法律论证的效能:排除专断而非达成共识》,载《环球法律评论》2008年第6期,第42~49页。

现出来的不同面向和意涵。比如,就司法知识概念命题的描述性展开而言,司法及其裁判理论所讨论的乃是"真与假"的经验命题,也即尝试着通过论题陈述的方式来寻求司法裁判的正当性基础,进而通过此("是否印证以往有关司法及其裁判的经验")来确证司法知识命题的真或者是假。而与此不同,作为司法知识命题内部证成的司法三段论和外部证成的司法论证理论,它们所讨论的则并非只是经验的问题,而是"正确与否"的问题,❶也即通过形式逻辑及其推论规则("是否符合正确的规则推理方法")来完成命题的论证,进而获得司法知识命题"正确与否"的确证。

与此同时,尽管它们看似讨论的问题不同,但实际上,无论是通过诉诸经验的描述来寻求司法裁判的正当性基础进而达致司法知识的确定性,还是力图通过形式逻辑的论证来恢复司法裁判的合法性依据进而证成司法知识的有效性基础,它们其实都是将司法知识的有效性建立在客观性之上的,不同的只可能是"客观性"的强弱程度。比如司法以及裁判理论,它旨在通过"描述"的方式来证成程序的中立、法官的价值无涉等的假设,进而来排除司法裁判的不确定性,从而达致其确定性与客观性。这自然是一种相对较强的客观性论证。而司法知识概念命题的证成,则旨在通过司法方法(如逻辑学三段论的方法、修辞学的方法、论辩学的方法)的运用将司法裁判过程的主观性因素转换为客观性因素进而证成司法及其裁判的确定性,从而获致司法知识的客观性。而显然这是一种相对较弱的客观性论证。

然而,也恰恰正是为了寻求这种司法知识的客观性,"为了可靠,一项认识应当由经验反复经验过的观点组成,所有的证据都必须以观察为基础"❷。即必须要运用经验事实和数据对特定的逻辑进行实证。但现实是,它却无法穷尽所有的经验事实,无法假设一切未经发生的可能。这样,只要发现相反的经验事实,那么被证实的逻辑就很可能会遭遇被相反的经验事实证伪的困境,进而知识命题的确定性就会被动摇。也就是说,任何有关知识命题的确证工作,都无法避免经验对逻辑的证伪。而这其实也就意味着,知识命题逻辑证成上的这一先天性缺陷决定了司法三段论与司法论证理论在司法知识概念命题上的解释力不

---

❶ Aulis Aarnio, Robert Alexy, and Aleksander Peczenik, *The Foundation of Legal Reasoning*, Rechtstheorie, Vol.12, 1981, p.246.

❷ Gilbert Harman, *Skepticism and the Definition of Knowledge*, New York: Garland Publishing, 1990, p.113.

足。与此同时,司法知识的逻辑证立范式不但在基本假设方面受到了经验的否定,而且由于其理论的局限性,也越来越难以提供基本的司法知识进而有力地解释不断涌现的、鲜活的司法现象。

实际上,就司法知识命题的概念展开而言,无论依赖的是经验还是逻辑,这些或多或少受科学精神影响的司法知识理论,其实从根本上都忽略了两点:人与制度。换言之,尽管以往的司法及其裁判理论中有关司法知识概念命题的经验性描述处处都涉及到了法官,并且也描绘出了法官在司法裁判过程中的不同角色,但遗憾的是,在这些描述中,不仅限缩掉了"人"所指涉的范围——比如没有包括当事人(司法裁判的关涉者)、社会大众(司法裁判潜在的关涉者)、法学家(法学职业共同体)等群体;而且还将"法官"理想类型化了——例如法官是公正无偏私的,是机械中立的,是整齐划一的。与此同时,尽管在司法知识概念命题的论断中也能够清晰地看到制度的角色和能力,但它们要么就是将制度看成是完美的,没有漏洞的;要么就是将制度等同于正式的制度而忽略非正式制度的存在。因而这就不仅与司法及其裁判的现实实践极为不符,同时也容易陷入各自路径的依赖之中。除此之外,尽管司法三段论以及司法论证理论都强调了法律制度以及法律规范所内含着的形式与逻辑,然而这种对于理性与逻辑的迷恋,也即通过证成司法裁判的理性与逻辑因素来奠定司法裁判的确定性,进而强化司法知识的客观有效性基础,从而在另一个侧面上却又湮没了司法裁判作为一种艺术的可能性,忽视了司法知识中的经验因素和不确定性的面向。更为重要的是,第四,在司法知识概念命题化简确证的过程中,司法知识概念的丰富内涵也被粗暴的逻辑形式和论证技术所榨干,被国家制度与理性规范所削减,进而使得司法知识概念命题的理论生命力同时也被消解掉了。

应当说,"科学"它的确只关心知识的问题而并不对人生的目标与人的行为予以指导,与此同时"理性在本质上又是对逻辑的迷信。这在理性主义者那里表现为把逻辑思维提升到至高无上的地位,认为世界本身具有逻辑性,并且把人视为理性的动物,认为人在本质上也是受逻辑支配的。正是这种逻辑崇拜造成了理性主义的形而上学虚构,虚构出某种逻辑的概念、理念世界,并以之作为真实的世界,而把现象世界贬抑为假象的世界,造成了对现象世界的不信任"[1]。

---

[1] 陈嘉明:《现代性与后现代性十五讲》,北京大学出版社 2006 年版,第 147~148 页。

这样,如果在司法知识的论域里仍然唯科学马首是瞻,仍然唯理性是论,那么这就不仅会导致司法知识所关照着的"经验/现实世界"与"理性/理念世界"的脱离,甚至是造成两者之间的矛盾对立,而且也会造成司法知识论域里的一种非精神化的结果,也即生产出的司法知识仅仅只是一种案件审判的操作指南而无关人们的喜怒哀乐。与此同时,尽管逻辑与技术或许会非常精确但却不一定准确,因此这意味着不仅"科学及其知识本身就是一个需要严肃对待的社会问题"❶,而且科学的范式之外还有大量的可供选择的司法知识形式。

如果我们把视野放得宽一些,那么在有关司法知识概念命题的诸多描述以及不同界定之中,我们能够看到,它们都只是表现出了对待司法知识概念命题上的、要么经验要么逻辑的不同立场及其不同的表象而已。而要对司法知识及其概念命题有一个整体性的解释,问题的关键就在于,经验与逻辑之间的鸿沟是否存在跨越的可能?而如果我们对此设问做进一步的追问,那么面对经由经验与逻辑所演化出来的包括主体与客体、经验与理性、事实与规范、事实与价值、形式与实质等所有这些建立在二元主义知识论基础上的对立面,我们有关司法知识概念命题的论述如何超越双方而不对峙?怎样兼顾双方而不偏颇呢?

这显然是有关司法知识概念命题的整体性解释所首先要面临的问题。而也正是因为此,我们就必须要在开放性的认知结构与关系性的思维模式中来思考这些问题,要尝试着超越二元对立的认识模式进而以一种和合的认识模式来对司法知识的概念命题进行阐释。换言之,尽管在司法知识概念命题上,经验与逻辑以及主观主义和客观主义、唯心主义和唯物主义等这些理论及其立场在各自展开时无疑会是矛盾且对立着的。而由于"理论的对立本身的解决,只有通过实践方式,只有借助于人的实践力量,才是可能的;因此,这种对立的解决决不只是认识的任务,而是一个现实生活的任务,而哲学未能解决这个任务,正因为哲学把这仅仅看作理论的任务"❷。换言之,实践既是认识的来源和动力,也是检验认识真理性的标注,还是调和矛盾认识的最好方法。因为"人的思维是否具有客观的真理性,这不是一个理论的问题,而是一个实践的问题。人应该在实践中证明自己思维的真理性,即自己思维的现实性和力量,自己思维的此岸性。关

---

❶ [德]哈贝马斯:《重建历史唯物主义》,郭官义译,社会科学文献出版社2000年版,第37页。
❷ 《马克思恩格斯全集》第42卷,人民出版社1979年版,第127页。

于思维——离开实践的思维——的现实性或非现实性的争论,是一个纯粹经院哲学的问题"❶。

这意味着司法知识哲学上的经验与逻辑、主体与客体等的二分构设的是一种封闭的、静态的认知结构与体系;这种认知结构"致力于客观的知识定义、实体存在论之法定义(法律定义)、包摄的意识形态以及封闭体系之理念"❷。但是,这种二元对立的认知结构封闭了经验与逻辑、主体与客体之间相互通融的可能性,不仅导致了经验与逻辑的隔阂进而阻滞了两者之间的相互通约与转化,而且也造成了主体对于客体的绝对控制和有力驾驭。换言之,由于在这种认识论的模式中,"主体=主动,客体=被动",因而它们基于此所做的知识解释也就导致了知识及其意义的僵化,以及知识的反实践性。❸ 这样,作为一种整体性的解释,司法知识的概念命题就必须要尽力打破这一封闭的认知模式,要尝试在新的认知模式和认知实践中,观察到知识形成过程之中主体与客体之间的自主性与交互性、独立性与整体性;看到在知识这一集合体的形成过程之中经验与逻辑之间的往返流转与互释映照,以及伴随着主体与客体之间相互建构与解明,进而在开放的结构与体系中架起有关经验与逻辑描述等的鸿沟的桥梁,用一种诠释/解释学意义上的循环往复来重新诠释司法知识概念命题,从而进一步推进我们的讨论。❹

如果我们把视野放得宽一些,那么从有关司法知识命题的概念实践史来看,我们其实也就能够发现,无论是经验还是逻辑以及无论事实还是规范,主体还是客体等等,尽管不同的认识视角与观察立场都试图从自身的角度来证明对方的不妥切性或者不圆满性,但是从根本上来看却也恰恰正是在这种相互否证的过程中,它们各自都获得了独立存在于知识之中的价值与意义。换言之,无论是经验还是逻辑,以及无论事实还是规范,主体还是客体等,尽管它们看似是二元对立的,但它们其实都是作为整体的、司法知识的一个有机组成部分而不可分割,

---

❶ 《马克思恩格斯选集》第1卷,人民出版社1995年版,第55页。
❷ [德]考夫曼:《法律哲学》,刘幸义等译,法律出版社2004年版,第44~45页。
❸ 参见汪民安:《身体、空间与后现代性》,江苏人民出版社2006年版,第17页。
❹ 这种解释学的认知视角,既部分借鉴了伽达默尔的哲学解释学方法,也综合了尼采哲学中对"陈述"的界定以及将知识看做是"一种出自特定认识视角的解释"的立场——也即"视角主义"的知识观。相关文献,可参阅[德]伽达默尔:《哲学解释学》,夏镇平等译,上海译文出版社2004年版;[德]尼采:《权力意志》,张念东等译,商务印书馆1991年版。

第二章　司法知识的概念意涵

是作为整体意义上的、司法知识所内含的要素之一而相互补充、相辅相成。与此同时,如果我们承认"理解"是一件不断反复、不断修正的复杂的社会事件,而不是一种孤立和封闭式的行为,那么实际上,有关司法知识的"理解的程序(就)不是以一种'直线'、单向的方式在进行,毋宁是以对向交流的步骤来开展,开展程序则又是以各步骤的相互解明(并达到彼此一致的目的)为目标"❶。而这其实也就意味着,司法知识的认知以及形成过程之中是一种双向运行的活动而非单向的,不仅其认知的路线必然会是复调式的、螺旋式的,而且在此过程之中同时发生着的乃是经验渗透着逻辑与逻辑渗透着经验这种自我开放式的互释与通融。因此,我们也就不难理解,为什么司法知识会一直纠缠在确定性与偶然性之间的紧张关系中,以及为什么司法知识会一直徘徊在类似经验与逻辑、主体与客体这种二元对立的结构性张力之中。

如果我们把视野放得再宽一些,那么其实在有关知识的问题上,长期以来一直都很自然地会看重客体,看重知识的逻辑性、理性与确定性,于是就有了洛克和康德,❷以便指出知识中有多少东西是源自主体的,是来自先验与经验中的不确定性因素;而一旦知识中主体的因素多了,不确定性的因素多了,那么关于知识的认识,就又走向了反面,也即倾向于极不看重客体,忽视逻辑与理性,而太看重主体,依赖于经验与先验性的因素,从而使得知识完全出自主体,完全来自于经验与先验,而没有很好地考虑客体、逻辑以及理性所蕴含的各种知识所必备的要素。与此同时,由于证成概念在认知方面所具有的主导作用与多样化的模糊性质,致使人们在说明知识如何形成的论点上,就产生了各式各样的不同结果:"不是有所基础的确立,就是流于无所底止的境地,再不然就是无所谓基础或不基础之问题可言。"❸当然也正是因为此,对于知识的理解与阐释,我们必须要注入一些新的观念,以使得西方传统的理性主义知识论发生一定的偏转,进而适度矫正现代一元真理论的知识论;而与此同时,在对传统知识论予以修正的时,也要避免陷入"怀疑论的后现代主义"者所宣称的"认识的不可能主义"或者"一种无处不在的、极端的、无法克服的不确定性,一种认识论上的虚无主义"❹。也即

---

❶ [德]拉伦茨:《法学方法论》,陈爱娥译,商务印书馆2003年版,第87页。
❷ 参见[德]M.石里克:《普通认识论》,李步楼译,商务印书馆2005年版,第264页。
❸ R.Chisholm, *The Foundation of Knowing*, Sussex:The Harvester Press,1982,pp.126-148.
❹ James F.Harris, *Against Relativism:A Philosophical Defense of Method*, Open Court:1992,pp.1-2.

这意味着,我们要反对将知识看成是"一个散乱无章的论域",避免堕入一种全面的相对主义,进而陷入问题的另一极之中。

我们必须摆脱逻辑实证主义与经验主义的单一束缚,走向"逻辑与经验"的辩证性论述,形成一种整体诠释的知识论。而一旦我们获得了这样一种认识,那么从整体上来说,知识就应当是客体与主体、经验与理性的融合体;它既不是终极意义上的、唯一的真理或者科学的标准,也不是支离破碎、俯拾皆是的;它应当是一种统一性与多样性、一致性与不一致性、规则性与随意性、受制性与超越性、必然性与偶然性、确定性与不确定性的辩证统一。换言之,在知识形成的过程中,"每一个单独的因素的作用具有一定的确定性,但各种主客观因素总合作用的结果则可能是不确定的"❶。因此,对于知识的整体理解也就必须要引入复杂性思维,尝试着从二元及其关系性的视角出发来观察可能的知识会是什么。要意识到在知识形成的过程中,主体、客体以及主—客体之间的关系都是知识整体存在的前提。在这个意义上,整体性的知识观强调的是对每一"元"以及二元之间的激活交往与交互,而不是将二元中的任何一元视为一种孤立的、绝对的、静止的存在。因此,对知识形成过程中的整体性加以承认,并不认为这种整体性与二元之中的任何一元的自主性或者独立性是相对立的,也不是用一种简单的、机械的辩证法统一覆盖主体/客体二元之间的实际对立和差异,更不是要将二元之间的对立关系永久化,不是将主体/客体二元之间的对立关系本质化与建制化,而是努力创造一个更具包容性的认识结构和空间,尝试着以一种关系性和交互性为取向来促进主客体之间的交往、共存和融合。当然也正是因为此,我们就需要调整认识司法裁判的既有视角,也即要从以往的那种单一视角或者立场(要么是"制度"的,要么是"人"的)中摆脱出来,尝试着从"制度"与"人"互动的关系性视角出发,也即在一种开放性的结构和体系中,来重新认识司法及其裁判,进而获得一种对司法知识概念命题的整体性解释。

如果我们首先把司法者当"人"看,那么法官他就不仅会遵循规则与制度,严格依法办事,而且也会有自身的能动选择与最大化追求。与此同时,即便在表达自身的价值诉求时,法官他们的行为方式也是极为复杂的:他们既可能会把自身的欲望或者偏见隐藏在法律规则背后,依法办事;也可能会因自身对法律持有

---

❶ Stroll, *Moore and Wittgenstein on Certainty*, Oxford: Oxford University Press, 1994, p.145.

不同的看法而悬置现有的法律制度或者规范,规避法律;还可能根据自身个人化的认识甚至是偏见来改变公共性的法律,法官造法。其次,如果我们还把司法裁判看成是一种制度实践的话,那么司法及其裁判的运作,都必然既会是在规则与制度的框架之下来完成的,也会是在特定社会文化—情境系统里发生的。因此,司法及其裁判,就不仅仅只是制度与规则的逻辑的简单衍生,而是制度与规则逻辑在特定的社会文化—情境系统里的、开放式地生产与再生产。第三,如果我们将司法制度及其实践看成是人与制度交互作用的产物的话,那么我们将进一步发现,司法裁判不仅仅只是一种对客观存在的反映,也是一种出自特定视角里的解释性的知识。因为,如果我们从制度与人互动的关系性视角出发,那么司法及其裁判,就成了特定社会文化—情境系统里的一起事件。在这起事件中,不仅包含了人们在司法裁判的过程中的抽象的逻辑思维,也蕴含着人们对司法知识生活,以及更大范围里的、社会生活里的真切的心灵体验。这样,所谓司法知识,乃是由法律话语和社会文化—情境及其相互通融、共同实践所建构起来的、高度复杂的范畴。

可见,以往我们的法学家很容易把法治理解为"规则之治"(rule of law),从而把法治理解为一套抽象的制度,而且往往强调是正式制度。当然,法学家之所以这样理解,很可能是因为他们从"法治"中只读出了"法律"二字,于是他们就把注意力集中在了法律文本上,集中在了制度的建构上。很显然,在这种法学家的法治理论中,人仿佛成了无足轻重的制度的傀儡;在这些理论看来,只要法治制度健全,无论什么人,法治机器都会同样地运行。由此,我们也就不难理解,为什么孟德斯鸠甚至把法律的适用理解为自动售货机了。但就真实的社会生活或政治生活而言,法治依然必须落在人的身上。毕竟,"徒法不足以自行"。因此,无论人治还是法治,规则与制度都必须与伦理和人心相匹配,规则与制度的运作都必须依赖能够操作这种制度的主体。❶

遗憾的是,我们有关司法知识的描述总的来讲距离获得这样一种确信的确还十分的遥远。因此,我们应该抛弃某种得到彻底证明的真理,因为它的结果和那些形而上学知识不相符合。我们要意识到,每一种已经获得的和确立起来的真理总的来讲是知识问题范围内的一个已被征服的部分,是一个放置杠杆的坚

---

❶ 参见强世功:《惩罚与法治:当代法治的兴起(1976—1981)》,法律出版社2009年版,第191页。

固的支点,这根杠杆将推动其他重物。这样,人们只要从这一部分出发,就可以在有利的情况下一下子就达到对整体的比迄今已达到的高度的把握。毕竟,在任何一个知识领域,把真理联结起来都可以使一个已完全肯定地把握了个别观点的人,由此出发去把握整体。❶

很显然,这种整体性的司法知识解释乃是一种立基于诠释性知识观基础之上的、经由主体实践验证整合后的知识体系。换言之,这种司法知识承认"制度"与"人"对司法裁判的互释与互解,认可司法知识所内含着的、多元的矛盾结构以及所展现出来的多样性且复杂的面相,同时也努力达成不同立场的知识之间的相互通融,进而强调不同知识之间的互构与合作,从而谋求不同知识之间的交叠共识以及在此基础之上的、知识的整体性发展。

当然,也正是因为此,这种整体性的司法知识观,它强调虽然站在不同论者的立场与视角里观察司法及其裁判,都会有一些道理同时也难免偏执——转换视角未必能得出同样的结论。与此同时,虽然在认识论上全方位、立体化、广视角地观察司法知识,对于人类在特定阶段认识和解决特定问题来说,既无必要,也无可能。然而,无论如何,我们都还必须要承认,在看待司法知识概念命题仍然尽可能地需要多视角的观察、比较与思考——至少应该作一些反向的考察;或者置身于真实的生活世界,近距离直面式地仔细看看,事实上正在发生着什么。这对于持一种开放的视野来整体性地理解和解释司法知识,无疑是必须和紧迫的。

---

❶ 参见[德]叔本华:《伦理学的两个基本问题》,任立、孟庆时译,商务印书馆1996年版,第116页。

第三章　司法知识的性质

知识的性质是纯真的吗？是否存在一种干净而纯粹的知识理论呢？长期以来，知识都是带着一尘不染的纯洁面孔展现在世人的面前：客观性、普遍性、必然性、真实性、确定性等等，这些不仅是知识的特征，也是其赖以存在的前提与基础。可以说，这种源自于古希腊、受苏格拉底影响而逐渐形成并被随后的笛卡尔所大力发展起来的，以理性和逻辑为基础以及崇拜对象的西方哲学的知识观，形成了有关知识的概念、判断和推理的逻辑手段以及基于此之上又形成了一整套根深蒂固的知识观念。这套知识观念认为："认识的目的在于把握事物的本质，区分真知和谬误；真理是确定的，不可错的；知识的属性在于它的客观性、普遍性和必然性。"[1]

可是到了今天，知识的形态及其特性却越发变得扑朔迷离。因为不仅那种以理性为基础、以追求事物本质或者普遍规律为认识目标且理论的绝对论色彩又极为浓厚的知识观受到了广泛的批判，而且伴随着社会的日益多元化和结构的日益分化以及由此所带来的知识理论现实发展的日渐多样性与日趋离散性，使得它竟已然开始走到了传统知识观的反面。换言之，今天人们日益发现，知识并非如它以往所标榜的那么客观和真实，它似乎也不再是科学与真理的主要代名词。相反，伴随着知识理论研究的进一步深入，特别是伴随着后现代哲学对我们的思维方式和认识模式所产生的日益广泛的影响与冲击，我们看到，不仅知识的形态与图谱变得越来越支离破碎，而且人们也逐渐开始注意并拥护知识（认识论和科学）的异质性，也即有关知识的理论开始否定认识和对话的目的是如哈贝马斯所说的那样为了求得"共识"（consensus），相反，它们倒是越来越乐于

---

[1] 陈嘉明：《现代性与后现代性十五讲》，北京大学出版社2006年版，第150页。

接受"歧见"(dissensus)才构成知识的源泉,❶甚至其中较为极端的理论,已经开始断然宣称"知识的终结"了。❷

的确,知识一直以来都被看成是人们借以理性而客观认识的产物,是一种客观的存在。与此同时,由于知识所标榜的客观性、普遍性、一般性和规律性,也使得其总是带着不容置疑的正确性和真理性。基于此,人们自然也就会认为知识必定是中立的,是超越了国别、阶级、种族、文化、社会、性别等分析范畴之间的隔阂与鸿沟。然而,一旦我们认为真正的理性并不存在,那么知识的客观性就不能得到切实的保证,知识的性质也就会发生变化。如果我们对理性越来越质疑进而越来越不信任,那么我们就会认为,不仅凭由理性而获得的所谓客观的知识实际上就并非是对客体的真实拷贝或者原版再现,而很可能是经由主体的选择甚至想象而形成的结果,是一种特定社会文化—情境里的主体建构。比如,诠释学取向的访谈就认为,现实中的叙说并非事实的再现而是意义的建构。而这其实也就意味着,在解释的情境脉络里,"事实"得到"意义":受访者将记忆中的经验以访员可以理解的方式呈现,访员与受访者的先前理解在听与说之间相互沟通与反省,借着叙说重构历史,共同创建彼此都可以理解的资料。因此,访谈不是将"客观的事实"挖掘出来,而是在共享的文化系统中以互动进行意义的建构。这些建构后的意义被视为客观的知识,实际上它们既带有访员与被访者的主观性,也受到当时的文化、社会环境的影响,其他的关系和要素也会对整个知识的建构和传播起到重要的作用。❸ 一旦我们认为认识不再是对现实的精确描述,那么它所能做的可能只是"陈述"以及在陈述中根据自己的需要在其中放进"意义",并且意义还是"无数的"。❹ 而这其实也就意味着,如果我们在这条路上再走得稍微远一些,那么所谓知识的客观性和确定性真的很有可能是不存在的。

当然,这种可能性不仅让我们在处理知识的特性时变得越发审慎,而且也促使我们在整体上反思知识的理论。因为对于有关知识理论的整体而言,后现代哲学的研究对知识本身来说,或许既是一种为难,也是一种进步;既是一种颠覆,

---

❶ 参见[法]利奥塔:《后现代状态——关于知识的报告》,车槿山译,生活·读书·新知三联书店1997年版,第138页。

❷ 参见[英]弗兰克·富里迪:《知识分子都到哪里去了》,戴从容译,江苏人民出版社2005年版,第27页。

❸ 参见沈奕斐:《被建构的女性——当代社会性别理论》,上海人民出版社2005年版,第254页。

❹ 参见[德]尼采:《权力意志》,张念东等译,商务印书馆1991年版,第284页。

也是一种建构;既是一种批判,也是一种完善;既是一种反思,也是一种补充。因此,虽然伴随着后现代主义哲学研究的日渐深入,学术界开始对知识的这种客观性、普遍性、确定性和中立性提出了广泛的质疑,但客观地来说,这些质疑都没有彻底否定掉知识的客观性、确定性和中立性;恰恰相反,它不仅丰富了我们对于知识的客观性、普遍性和中立性的认识,而且也"使我们对各种差异保持更为敏锐的感受力,并增强了我们对不可通约者的宽容能力"[1]。

知识特性上的这种流变以及其中所蕴藏的复杂性,同样对于作为整体的司法知识而言,它们更多也是赋予了一种更为开放性且更为多元的观察司法知识特性的结构与视角。它既使人们意识到以往所没有意识得到的、司法知识之中客观性与主体性之间内在而紧密的相互关联,也提醒人们要留意到司法领域中普遍性的知识之外,地方性知识、个体化知识的存在可能性及其社会意涵;它既使人们看到司法知识不仅可能是确定性的,同时也可能会是不确定的,关键是在什么意义上司法知识是确定的和不确定的,以及重要的是如何把握或者处理两者之间的度;也还提醒人们必须要注意到司法知识的中立性背后可能会隐含着阶级性或者性别差异等这些因特定的社会—文化情境系统的结构所建构起来的各种特征,以及司法"知识随之带来的是权力与控制的可能性"[2]。

可见,伴随着理性与客观性在有关司法知识的认识过程及其结果中的地位的被动摇,尤其是对理性主体观念的批判,如何充分认识"司法知识的特征"这一命题的重要性也就逐渐浮现了出来。与此同时我们也要看到,恰恰正是伴随着理性与客观性等传统司法知识观所赖以存在的基础的被动摇,以及从根本上来说却又没有完全被颠覆,这样,对司法知识特性的各种质疑,以及对于传统司法知识的各类辩护,实际上就不仅具有理论价值,还具有深远的实践意义。因为在此之中,它不仅赋予人类知识体系以不同的社会特征,而且还"产生了新的认知结构,从而使得知识的生产和宣扬的方式和内容得到了不同程度的改变"[3]。

---

[1] [美]史蒂文·赛德曼:《有争议的知识——后现代时代的社会理论》,刘北成等译,中国人民大学出版社2002年版,第146页。
[2] [法]福柯:《规训与惩罚》,刘北成、杨远婴译,生活·读书·新知三联书店1999年版,第59页。
[3] [英]巴恩斯、布鲁尔、亨利主编:《科学知识——一种社会学的分析》,邢冬梅、蔡仲译,南京大学出版社2004年版,第37~38页。

如果我们把视野放得再宽一些,那么从词的后缀来看,"性"(-ity)所表示的大多有本体论的形而上内容。而这其实意味着,一旦我们关注知识的特性,即是在本体论意涵上来展开有关知识命题的理解。❶ 与此同时,如果我们再考虑到对知识特性的理解同时也紧密关涉到对于"司法知识的特性"这一同类命题的把握以及对于"我们如何获得关于司法的知识"这一设问的解答的话,那么很显然,我们就既需要在一种更为宽广的视域里来极为审慎地审视"知识的特性"这一命题,也需要结合司法及其裁判的自身属性并在具体的司法场域中来验证知识的这些特征,更需要在司法知识的知识体系和知识结构中寻找到与某一性质相对应的、某种司法知识的本体存在。而这其实也就意味着,伴随着有关司法知识问题的研究从认识论走向解释学和描述学,有关知识特性的提取和归纳,其目的就并不在于知识的自我保存及其抽象和简化,而是要提供一个解释的系统来重建司法知识的要素、结构、制度和体系,进而重估司法知识的一切价值,从而重建司法知识的理论体系。

的确,司法知识的性质从学理上来看,乃是指称那些既能够超越具体的司法知识的各自认识领域、方法路径、陈述形式、传播方式等等的不同理论表述,又是它们相互之间所能共同分享的因子,是各种不同的司法知识理论表述所要共同遵守的规则和共同认可的标准。❷ 与此同时,若是我们从哲学—社会学的视角对其予以进一步的审视,那么一个时代在司法知识特性上的理论洞见,无疑也就构成了这个时代司法知识理论的要旨。而这其实也就意味着,建立在重新归纳与提炼基础之上的有关司法知识性质的变更,势必就会总结一段时期司法知识的观念并据此推动司法知识观念的下一步变迁,从而影响到这个时代有关司法知识的整体实践,影响到司法知识的日常生活以及司法裁判的微观活动,甚至导致司法及其裁判模式的重构。

那么,我们究竟该如何来理解当下社会之中有关司法知识的特性呢?这确实是一个极为复杂的问题。因为处理得不好,我们或许就会很轻易地陷入到知识的各种复杂特性的某一极中而无法自拔,比如要么接受理性主义,要么沉浸于

---

❶ 参见相蓝欣:《传统与对外关系》,生活·读书·新知三联书店2007年版,第16~18页。
❷ 参见黄颂杰、宋宽锋:《再论知识论的精神实质及其出路》,载《哲学研究》1999年第2期,第23~31页。

非理性主义进而忽视或者否认甚至排斥其他特性的合理存在。❶ 结果造成面对知识特性上的两个截然矛盾的特征而难以进行取舍,或者徘徊在二元对立的两极之间,或者进行极为牵强的辩证统一论证,而看不到其中两者之间真正的内在转换与多方关联。这一局面显然就印证了维特根斯坦的一句名论:"如果你想怀疑一切,你就什么也不能怀疑;怀疑这种游戏本身就预先假定了确实性。"❷

要避免纠缠在这些问题之间或者陷入问题背后的陷阱之中,关键就是要摆脱将有关司法知识的特性限定在某一特定方面的做法,尝试着跳出主—客观二元对立的关系模式和认知结构,坚持主—客观二元相统一的和合关系与辩证结构,从整体上来把握司法知识及其各种不同的特性,努力看到这些表面上看似矛盾的特性之间的相互关系以及在开放性的结构和多元化的视域中将它们统一、融合起来。因而我们既要坚持,司法知识理当"是一个多维度的、不断运行变化的、具有积极创造性的整体,从而其自身不仅内含着多重的发生发展秩序与结构,而且也是自组织的复杂整体"❸,也要承认,司法"知识需要把这些相互差异、有时还是相互矛盾的方面联系起来,并且统一在一起"❹。

进一步,其实只要我们在展开有关司法知识特性的命题时稍加想象并联系到上一章中有关司法知识概念命题的展开内容,特别是其中对有关司法知识的概念命题所做的整体性解释,我们便会发现,从根本上来说,作为一个整体的司法知识,它本身就是一个多元矛盾的集合体,是一种关于多类相互之间矛盾或对立的关系的陈述与实体性存在,为此,它既内含着相互独立的二元结构及其紧张关系,也辩证统一着矛盾且对立的二元节点。换言之,由于"科学对象总是包括着一连串对两个定性对象之间的关系的度量,而它本身却并不是定性的;我们不

---

❶ 福柯认为,这种对理性所采取的非此即彼的极端态度是一种"讹诈":"人们经常讹诈整个理性批判或讹诈批判性的思考:要么接受理性,要么堕入非理性主义。"[法]福柯:《结构主义与后结构主义》,载《福柯集》,杜小真编选,上海远东出版社 2003 年版,第 494 页。因此,他一方面不赞成对理性持一种极端否定的态度,因为那种要把理性视为必须予以彻底消灭的敌人的观念,是极端危险的;另一方面,他认为同样极端危险的是,把对理性进行任何批判性的意图,都视为会使我们陷入非理性的危险之中。陈嘉明:《现代性与后现代性十五讲》,北京大学出版社 2006 年版,第 192 页。
❷ [奥]维特根斯坦:《论确实性》,张金言译,广西师范大学出版社 2002 年版,第 21 页。
❸ [奥]纽拉特:《社会科学基础》,杨富斌译,华夏出版社 2000 年版,第 91 页。
❹ David Bloor, *Knowledge and Social Imagery*, University of Chicago Press, 1991, p.62.

可能把这种科学对象误认为是一种新的'实在的'对象,和通常的对象对立起来"❶。因而这其实意味着在不同的视角之下,司法知识便会呈现出不同的图像,表现出不同的特征。那么一旦我们承认了这一点并联系到"司法知识的特性"这一命题的展开,其实它同样也就会是两种矛盾性特征的辩证统一,不同的只可能是观察和言说司法知识的不同视角或者立场;以及重要的,是要在视域融合的基础上把握住使司法知识特性相矛盾的两极之间达致平衡的度,进而掌握作为整体意义上的司法知识的知识界限。❷ 因此,我们就无须回避这一现实;相反,我们所要做的就是将这一现实尽可能详细地反映出来,以期接近司法知识的整体形象和真实面貌。

第一节 司法知识的确定性与不确定性

应当说,确定性与不确定性无疑是司法知识的首要特征。这一点,既与长期以来知识理论中有关确定性与不确定性的问题争论有关——因为在某种意义上我们甚至可以说,正是围绕着确定性与不确定性的命题争论,知识理论才得以发展至今日之规模;也是由一直处于变化中的司法知识实践及其流变所决定的,还与人们对司法裁判的认识能力不断提高以及认识立场不断多元化紧密相关联。然而问题的关键在于,何谓司法知识的确定性?司法知识的不确定性又意味着什么?这两者之间有着怎样的关系?如何看待这两者之间的关系?

一、司法知识的确定性

如果我们把知识作为思想认识之结果来考察的话,那么知识的确定性或者可靠性(certainty)及其逻辑证成,自然也就成了知识论的核心与焦点;而对于确实可靠的知识的追求,自然也就构成了知识论得以成立和发展的传统。为此我们看到,不仅知识的性质是围绕着知识的确定性或者可靠性来展开的,而且知识论也就成了寻求确实可靠的知识并为之辩护和证成的事业。换言之,由于坚信

---

❶ [美]杜威:《确定性的寻求——关于知行关系的研究》,傅统先译,上海人民出版社2004年版,第15页。
❷ 参见[法]利奥塔:《后现代性与公正游戏》,谈瀛洲译,上海人民出版社1997年版,第26页。

"凡是在我的心灵中是清晰明白的观念,它就是确定的,从而是真正的知识"❶。因而"思想家们通过预设事物背后有不变的本质实在,并建构一种逻辑论证的推理方式以获取这种本质实在,来达到获取确定性的知识"❷。这其中,哪怕是遭遇到了休谟对归纳问题所提出的有力质疑,依然没有丝毫动摇人们对科学知识确定性特征的坚定信念。相反,伴随着这种对于确实可靠的知识的探寻,知识的确定性观念不断深入人心,进而成为了我们的生活方式、我们的思维模式,甚至成了我们的信仰。

从一般性的意义来看,知识的确定性意味着从一定的、确实可靠的前提出发,通过运用正确的形式思维逻辑与有效的论证方法而得到的具有普遍必然性结果的东西。这样,不仅包括认识的结果,而且也包括认识的过程,它们其实都是与理性推理(Reasoning)和理智(Intellect)作用紧密相联系的。当然除此之外,知识的确定性还又意味着,对人类理性无限性的认同。因为这种有关知识特定的建立,其基础乃是将人类的理性看成一种无限的能力。也就是说,唯有将知识之中的人的理性不断扩大,知识的"主体才有资格成为科学知识确定性的人学前提"❸。而这其实也就意味着,不仅知识的确定性是一种经由理性推理和理智作用及其结果的确定性,❹而且这种确定性也是一种知性(或称理智)的确定性,是一种知识的客观性。❺

如果我们把视野再放得宽一些,那么我们就会发现,知识的确定性其实是在西方强调理性与形式逻辑及其思维方式下,从主体方面看所要求的知识的理性标准和追求目标。换言之,从古希腊哲学开始,知识的确定性就已经深深扎根在思想家们的观念之中了。因此他们有关知识的理论表达,就体现出了一种对知识的客观性、体系性、稳定性和可证立性等的不懈追求。现代人对知识确定性和客观性的笃信,则又因17世纪以来天文学等领域的重大科学发现而获得进一步的确认。因而"现代哲学和科学史如果不是牵强附会的话,那么在很大程度上

---

❶ 笛卡尔语,转引自,陈嘉明:《从普遍必然性到意义多样性——从近现代到后现代知识观念的变化》,载《江苏行政学院学报》2007年第4期,第5页。
❷ 王荣江:《未来科学知识论——科学知识"不确定性"的历史考察与反思》,社会科学文献出版社2005年版,第3页。
❸ [德]康德:《纯粹理性批判》,蓝公武译,商务印书馆2005年版,第17页。
❹ Avrum Stroll, *Moore and Wittgenstein on Certainty*, Oxford: Oxford University Press, 1994, p.157.
❺ 参见陈嘉明:《知识与确证——当代知识论引论》,上海人民出版社2003年版,第67页。

可以看作是走向这种确定性或者客观性知识类型的趋势。换言之,人们假定,知识的确定性与客观性,它其实也包含了通过否定的角度来消除带偏见的看法和不完善的推理,并从肯定的角度来阐述批判性的带自我意识的观点,研究观察和分析问题的合理方法,来寻求有效的知识"[1]。

西方的知识哲学之所以如此孜孜以求地寻找着知识的确定性或者认识的规律性,"是因为他们深信,确定性的知识有能力把人的内心深处对于未知或者不确定性的恐惧驱逐出去"[2],进而给予他们以安定;是因为他们深信,确定性的知识有助于建构稳定性的社会秩序和可预期的社会生活,进而给予他们心灵上以安顿。相反,如果知识不具有确定性,如果我们无法依赖我们所相信的确定性的知识来指导行动,那么我们又该如何摆脱行动的盲目性呢?因此这意味着,基于现代自然科学之上的有关知识的确定性和客观性的特征概括,其基本意蕴乃是要与事物本身的属性以及事物与事物之间的本来关系相符合。换言之,用谙熟的哲学语言来说,真正的知识应当是正确地反映了事物的本质属性或者事物之间的本质联系,而对于那些没有达成这种符合性标准的认识结果,就不能成为知识。这样其实也就意味着,"用英美世界的说法来说,知识的客观性其实也就意味着在事实的判断与认识面前公正、无偏好、偏爱或偏见、无倾向性、无预先设定的价值或判断。很显然,这种观点是对旧的自然法概念的表述;换言之,根据旧的自然法,对自然现状的思考,会自动地得出这些法则,而不会染上思考者的行为准则的色彩。而在研究客观性问题的自然法方法消沉之后,观察事实本身的不带个人色彩的方法又一度通过实证主义的流行而重新获得支持,19世纪的社会科学充满了对情感、政治利益、民族主义和阶级感情的歪曲的警示,也充满了对自我净化的呼吁"[3]。

司法知识的确定性当然也是司法哲学及其理论所始终追寻的理想与目标。因而我们看到,无论是古典司法理论还是现代司法理论,它们都在追寻司法裁判及其活动中的确定性因素以及经由这种确定性因素的累积而来的程度不同的客观性。与此同时,人们对于司法知识的确定性和客观性的追求,又不仅是通过描

---

[1] [德]卡尔·曼海姆:《意识形态与乌托邦》,黎鸣等译,商务印书馆2007年版,第8页。
[2] Elaine Freegood, *Victorian Writing about Risk: Imagining a Safe England in a Dangerous World*, Cambridge: Cambridge University Press, 2000, p.92.
[3] [德]卡尔·曼海姆:《意识形态与乌托邦》,黎鸣等译,商务印书馆2007年版,第8页。

述的方式并借助假设、排除等方法来完成确定性命题的证成的,而且还通过引入三段论与论证理论以及其中的论辩和修辞等方法来完成知识的客观性和确定性的命题证成。这其中即便是后现代的司法哲学对司法裁判过程中的形式逻辑与工具理性等因素所进行的批判性回避乃至基础性瓦解,其实若是从另一个角度来看,它们同样也是以承认司法知识的确定性与客观性为其知识的前见的。[1]因为从关系性的视角来看,若是不存在确定性与客观性,那么又何来对其所展开的批判与反思呢?以及如果批判与反思是以彻底否定确定性与客观性的存在为前提的,那么这种批判与反思还能得以进行吗?这其实也就意味着在后现代的司法知识理论看来,尽管形式与逻辑不能完全决定司法及其裁判的运作以及司法判决结果的生成,但是它们还是不得不承认,形式与逻辑又确实是司法裁判运作及其判决结果的生成所赖以存在的基础之一;也尽管确定性与客观性可能确实并非是司法知识理论所追求的唯一目标,但它们还是不得不接受,任何有关司法裁判的理论认识与经验总结都依然需要建立在某种程度的确定性和客观性的基础之上。换言之,就确定性和客观性而言,尽管我们可以缩小其作用与范围,但显然又无法彻底地否定其存在。而也正是因为此,我们看到司法知识的客观性与确定性就一直都是司法哲学及其理论得以建构的基础和展开的前提;不同的可能只是方向性的:要么是以此为认同或者建构的前提与基础,要么是以此为批评或者反叛的前提与基础。

如果我们进一步深入到司法知识生产与再生产的活动之中,从认识的内在结构来看,那么司法知识的确定性或者客观性又主要是由以下几个方面的因素所决定的:

首先,作为认识对象的司法及其裁判活动,它具有相对确定的范围、表现形式、功能类型、特征意涵等。比如就司法以及裁判的制度表现而言,它往往都是以法院的审判活动为中心的一系列制度安排,其中既包括侦查、讯问、起诉、抗诉和审判,也包括管辖、回避、辩护与代理、强制措施、证据、立案、一审、二审等。又比如与行政权和立法权相比,司法权在国家政治架构中的制度安排与权力资源的配置上不仅有其特定的范围,而且也有其自身独属的特性。这其中就它与行政执法活动相比来说,司法及其裁判活动具有被动性、中立性、专属性、独立性、

---

[1] Doral, Jose M. Martinez, *The structure of Juridical knowledge*, University of Navarra, 1963, p.53.

终局性和程序性六个方面的特征。而就它与立法活动相比,司法裁判更关注程序公正、法律真实和普遍的正义。再比如,司法以及裁判有其相对确定的社会功能与角色定位。换言之,司法以及裁判的主要功能,是以公正的方式来解决社会纠纷,维护社会秩序的稳定。还比如,司法以及裁判的运作同样也是遵循相对确定的原则的。这些原则包括司法独立、司法公正、司法法治、司法责任、司法民主等。而这其实也就意味着,司法的运作以及裁判的做出无论如何都是要遵循一定的法律规范、制度和原则,即便有时确实没有严格依法司法,但是很显然,法官也不能"无法司法"。毕竟,一方面,法官自由裁量权的行使也是有一定的条件和因素限制着的。也就是说,"即便偶尔会偏离法律规范与原则,但无疑却又不能偏离得太远,至少其结果仍需要获得社会大众的认可,符合社会大众的'法感'"❶。另一方面,虽然有的时候法律规范、制度和原则对于法官认定事实无法产生直接的作用,但毫无疑问它们会对法官理解事实的方法以及采取行为的方向形成影响。

其次,作为认识活动的主体,尽管相互间各有差异,但还是不得不承认,人们对于司法以及裁判的认识,特别是置身于相同的社会—文化情境系统里的认识主体,仍然是能够达成一定的共识的——哪怕这种共识可能只是最低限度意义上的,否则我们就不仅无法获得有关司法以及裁判活动的认识规律,而且也无法交流我们关于司法以及裁判的认识了。比如,尽管不同的法律人基于不同的知识背景和生活体验对于司法以及裁判活动的认识各有不同,但他们都普遍地认为,不仅"司法是社会正义的最后一道防线",而且司法必须要兼顾公平与效率;不仅司法要中立裁判——因为"任何人都不能做自己的法官",而且也要独立裁判;司法既要遵循程序公正或者形式合理性,也要兼顾结果公正或者实质合理性;等等。又比如,尽管不同的社会群体和个人对司法的需求各不相同,但新时期人民群众对司法的需求,其特征还是可以大致概括为以下的六个方面:"首先,人民群众对司法功能提出了新需求。这包括:一是要求司法保障的需求量日益增加,二是要求司法保障的范围不断拓展,三是要求司法保障的领域更加集中。其次,人民群众对司法公正提出了新需求,这包括:一是人民群众对程序公

---

❶ [美]米尔伊安·R.达玛什卡:《司法和国家权力的多种面孔——比较视野中的法律程序》,郑戈译,中国政法大学出版社 2004 年版,第 156 页。

正更加关切,二是人民群众实体公正观的内涵日益丰富,三是一些群众追求司法公正的方式趋于激烈。第三,人民群众对司法效果提出了新需求,这包括:一是不仅要求司法公正,还期待解决实际问题;二是不仅要求依法裁判,还期待案结事了;三是不仅要求做好审判本职工作,还期待拓展审判社会职能。第四,人民群众对司法过程提出了新要求,这包括:一是期待司法更加公开,二是期待司法更加民主,三是期待司法更加便民。第五,人民群众对司法公信力提出了新要求,这包括:一方面要求人民法官更加公正廉洁司法,牢固树立正确的权力观、地位观、利益观,甘守清贫、抵住诱惑,始终如一地恪守职业道德;另一方面不仅要求人民法官铁面无私、清正廉洁,还期待人民法官善良温暖,亲和为民,尊重人民群众的主体地位,在司法工作中更多地表达和传递对人民群众人性化的关怀。第六,人民群众对司法权威提出了新需求,这包括:一是要求人民法院通过加强自身建设促进司法权威的树立,二是要求全社会切实尊重人民法院的司法审判工作。"❶而这其实也就意味着,虽然我们必须承认,在有关司法裁判的认识活动中,总结特征与获得规律可能并不是我们展开认识活动的唯一目的,但毫无疑问,它们仍然构成了我们认识司法裁判活动的一个非常必要的前提与重要的基础。与此同时,如果我们所获得的有关司法以及裁判活动的知识无法顺畅地流通或者顺利地交流,甚至交流起来非常的不经济,那么很显然,这种过于支离破碎的认识也就很难转为"信念"并最终被"确证"为"真",其结果很可能无法导致知识的形成,甚至还会导致知识的僵化与死亡;❷最终使得作为社会活动的有机组成部分之一的认识活动,也就失去了其社会意义。

最后,其实在有关认识对象和认识主体的确定性界定中,我们既看到了有关司法以及裁判的认识结构中的"主体"与"客体"是作为一种确定性而存在的,也看到了主体认识结果的确定性。而这不仅印证认识活动中主体与客体存在的相互性,也即"没有主体就没有客体,反之亦然;主体的确定性建立在客体的确定性之上,反之也亦然"❸;而且也强化了作为整体的司法知识的确定性特征。

---

❶ 公丕祥:《挑战与回应:有效满足人民群众司法新需求的时代思考》,载《法律适用》2009年第1期,第4~6页。
❷ 参见陈嘉明:《知识与确证——当代知识论引论》,上海人民出版社2003年版,第43页。
❸ [英]布鲁尔:《知识与社会意向》,艾彦译,东方出版社2001年版,第75页。

二、司法知识的不确定性

司法知识的确定性其实同样隐含着风险。这种风险表现为:首先,它必须要时刻提防认识过程之中的不确定因素及其发生并通过各种努力将其排除出司法知识的形成过程之中,因而它对于法官的自由裁量权以及对于法律规则特别是对于原则的延展性适用,都抱以极为谨慎甚至是苛刻的态度。换言之,尽管它可能并不排斥法律规范适用的灵活性以及裁判过程中法官个人的主观判断与价值偏好,但毫无疑问,它极为推崇的乃是这样一种裁判模式,即"法官必须要把所有'善与恶'的评价标准和意识形态因素从法律适用的科学中清除出去;司法裁判也必须要摆脱一切外部的因素和非法律的因素,以进一步实现'纯粹'(pure)之目标"❶。其次,一旦将确定性作为司法知识的唯一特性并使之普遍化,那么它不仅将会追求一个较为简单化和容易领悟的有关司法裁判的知识世界与知识图景,而且也容易形成群体的知识认同与知识统治。那么基于此,这种努力很显然就会"导致知识的制度化和权威化,进而对认识主体自身带来禁锢和控制"。其结果,认识的自由和创造性就会走向它的反面——使认识主体受制于"知识专政的危险"❷。由此我们看到,在以理性主义为基础的古典司法理论或者又被称为法条主义的裁判理论中,原本作为司法裁判的主体的法官却被制度异化成为一个法律规范的适用者,一个机械的法律规范的"传声器"角色。在它们看来,原本活生生的法官,"在司法审判的过程中,法官,他需要的只是眼睛,他只能准确复制法,而不得有其他任何目的"❸。与此同时,原本也应当是司法知识生产与再生产主体的法官同样被异化为司法知识规训的对象,进而丧失了自主性、能动性与创造性,沦为知识的附庸和奴隶。除此之外,第三,原本应当开放的司法知识结构及其体系也因此封闭了起来,进而形成了司法知识的知识霸权,从而使得司法知识的主体不仅不尊重,甚至是排斥其他社会主体有关司法及其裁判的理解与认识,而且也排斥不符合自身前见(这种前见是在自身既有知识基础上所形成的)的、新的司法知识。这导致在司法裁判的过程中,法官只是依法裁判,机械地按照法律规则办事,而完全忽视社会大众的司法需求,彻底忽略社会大众个体性或者地方性的知识,结果造成司法裁判的结果合法不合情理的尴

---

❶ [英]莫里森:《法理学:从古希腊到后现代》,李桂林等译,武汉大学出版社 2003 年版,第 260 页。
❷ [美]托马斯·库恩:《科学革命的结构》,金吾伦、胡新和译,北京大学出版社 2003 年版,第 84 页。
❸ [英]洛克:《政府论》(下),叶启芳、瞿菊农译,商务印书馆 1964 年版,第 10 页。

尬局面。

　　的确,如果我们追问这一现象背后的知识基础,那么由于传统的认识论过分强调了知识的确定性、客观性、必然性进而忽略了偶然性的认识论地位。实际上,世界并非只有必然和决定论这种单向度,偶然性也是世界的产物,社会的所有方面都具有偶然性的特征。这一点正如罗蒂所言,社会具有"三重偶然性"的特征,包括语言的偶然性、自我的偶然性和自由主义社会的偶然性。❶ 而在不确定性知识的统摄下,诸如上帝、理性、绝对精神、人和世界的本质、逻各斯、真理等这些传统上一切普遍有效的信念都被从根本上舍弃了。换言之,一旦不确定性和多样性的认识取代了传统知识论对确定性的期待和对客观性的追求,那么不仅人的存在以及社会的存在都是偶然性的,而且这种偶然性与不确定性也会使得人类的信念与愿望成了真理的标准,进而同时使得人的想象力成为了历史发展的真正动力。与此同时,也正是在这种不确定性之下,知识不仅在开放的结构中起着构造和建构实在的作用,而且也包含了自主性和自反性。❷ 因为在这种不确定性看来,"知识的本性就是'猜测',其中夹杂着我们的错觉、我们的偏见、我们的梦想、我们的希望;……""知识的进步就是通过'未合理的'猜测以及通过对这种猜测的批判性检验来进行的"❸。

　　司法知识的不确定性命题,其目的显然旨在于打破传统知识论所型构起来的那种表面上看起来有些单一且封闭的知识结构与知识体系,将司法知识的知识生产与知识特性开放出来,不仅承认作为认识对象的司法裁判不是确定的、静止的而是动态的、流变着的,是一起在开放的社会结构里发生和发展着的社会事件,而且作为认识主体也不是整齐划一的。因为一方面,不同的主体对于司法裁判活动会有各自不同的认识;另一方面,相同的主体通过不同的方法或者视角也会获得有关司法裁判不相同的知识。而所有这些不同的司法知识,在知识的系谱里都应当获得平等的对待与相同的尊重。除此之外,即便是作为认识之结果,"司法知识"的内容虽然可以借助于概念或者命题用语言来表述出来,但是这种看似概念化、固定化了的司法知识成果,由于面临着语言的不确定性以及开放性

---

❶ 参见[美]罗蒂:《后哲学文化》,黄勇译,上海译文出版社2004年版。
❷ G. Skirbekk, *Rationality and Modernity: Essays in Philosophical Pragmatics*, Scandinavian University Press, 1993, pp.48–53.
❸ [英]波普尔:《猜想与反驳——科学知识的增长》,傅季重等译,上海译文出版社2001年版,第52页。

地再阐释的可能性,❶因而也仍然会是不确定的。

如果我们尝试着在更宽广的视域里来理解司法知识的不确定性命题,那么由于作为基础的、知识的不确定性问题乃是在科学认识追求确定性的知识及其过程中不断显现出来的,因而无论是知识或者司法知识的不确定性命题都应当放置在与司法知识或者知识的确定性命题的关系结构中来理解。换言之,面对知识的不确定性命题,人们发现,其实不仅人的理性认识及其能力是有其局限性的,而且事物对象本身也与生俱来地拥有着不确定性;那么一旦两者相互作用,这样更多的"不确定性"就会进一步地被发觉进而在作为认识结果的知识中显现出来。❷ 在此,我们以认识对象为例来说明这种"不确定性"因素的产生情况及其背后的逻辑。因为无论是作为一种事物、一种关系或者一个问题、一起社会事件,认识对象其实都不是独立的、自主的和自在的,它都会与作为主体的认识者的兴趣、利益、知识程度、价值观念、生活环境、经验体会等密切关联。而这意味着,或许不是认识的对象"激发"了认识主体的认识兴趣,产生了认识主体的认识行为;恰恰相反,是认识主体的认识兴趣"选择"了认识对象,使认识的对象从无知的、安静的、遥远的世界中经由认识过程逐渐"凸显"出来,成为完整的、现实的认识过程的一个要素,构成整体的认识结果的一个有机组成部分。这样,如果缺乏了这种主体的认识兴趣,缺乏了其他许多与认识行为相关的主体条件,那么很有可能就不会有任何的认识对象,并且认识行为也会因此陷入到一种无的放矢的境地。而这其实也就意味着,一旦认识对象是由社会主体的价值需要所"建构"的而不是由外部世界本身所"给定"的,那么现代知识的确定性与客观性理想所追求的那种对认识对象的理性抽象与客观反映,从结果方面来说就不可能都是纯粹的实体属性,而是不可避免地会掺杂着人类文化的因素和主观性的因子,甚至充斥着大量的不确定性因素。这样,现代知识所宣称的那种知识的确定性就是不可能实现的,同时它所需要的那些条件也是不能成立的;相反,知识的性质不可避免地要受到其所在的社会的文化冲突和文化模式的制约,会与一定的文化体系中的价值观念、生活方式、语言符号乃至人生信仰都无法分割。因而就其本质属性而言,它其实更应当是文化的、主观的、不确定性而非确定的

---

❶ D.Davidson, *Inquiries into Truth and Interpretation*, 2ed, New York: Oxford University Press, 2001, p.101.
❷ 参见王荣江:《未来科学知识论——科学知识"不确定性"的历史考察与反思》,社会科学文献出版社2005年版,第12页。

和客观的。

如果我们从本源与发展的层面上来对知识的不确定性命题做进一步的审视和追问,以便更完整地展现司法知识不确定性命题的内涵及其意义的流变,那么尽管对于知识的确定性的质疑和解构早已开始,但是作为一个相对严谨的理论命题,知识的不确定性(indeterminacy)则是由奎因率先提出来的。奎因通过语言分析和批判来研究哲学的认识论问题,认为尽管"不确定性"论题与著名的经验证据对科学理论选择的非决定性(underdetermination)论题相关,但两者却又不完全相同。在他看来,知识的不确定性是"指不具有逻辑论证的普遍必然性的或然性及其易误性"。因而,它主要包含两个方面的内容:一个是内涵或意义的不确定性,另一个是外延或指称的不确定性。❶ 而这其实也就意味着,司法知识的不确定性命题,它同样既包含内涵或者意义的不确定性,也包含外延或者指称的不确定性。与此同时,伴随着现代性的反思对知识的确定性的进一步削弱,❷这使得"人类的全部知识都具有了不确定性、不准确性和片面性"❸。而这其实意味着在现代性的理论视域中,"我们关于事物的知识同样也是缺乏确定性的,尤其是关于实体的知识,我们是没有确定性的"❹。换言之,即便我们形成了有关外界事物的认识,我们也无法把言说的内容"只框定在主体间或观念之间而对其仅作融贯理解,而应当将语言所关涉的对象连结到相关环境中的事件和对象上"❺。而又由于"没有一种陈述是可以免于修正的",因此任何陈述都是需要通过经验来论证和修改的,都是不确定性的。❻ 而这其实意味着,知识命题中"绝对的确定性是没有的,必须放弃对确定性以及知识的可靠基础的寻求",❼转而承认认知主体的文化价值与兴趣同知识活动之间错综复杂的关系以及必须要正视这些关系之于司法知识的确定性与客观性的影响。为此,尽管我们从传统的、理性主义认识论中如此确信司法知识是确定的和客观的,但是当下

---

❶ 参见王静、张志林:《诠释的不确定性与自我知识的确定性》,载《哲学研究》2009 年第 10 期,第 53 页。
❷ 参见[英]安东尼·吉登斯:《现代性与自我认同——现代晚期的自我与社会》,赵旭东、方文译,生活·读书·新知三联书店 1998 年版,第 23 页。
❸ [英]罗素:《人类的知识》,张金言译,商务印书馆 1983 年版,第 606 页。
❹ [英]洛克:《人类理解论》,关文运译,商务印书馆 1959 年版,第 72 页。
❺ D.Davidson, *The Structure and Content of Truth*, The Journal of Philosophy, 1990, Vol.6, pp.320-321.
❻ W.V.Quine, *From A Logical Point of View and Other Essays*, New York: Harper and Row, 1953, p.206.
❼ [英]波普尔:《客观知识》,舒伟光等译,上海译文出版社 2001 年版,第 39 页。

有关司法裁判的实践以及有关司法知识的认识却沾染了某些不确定性的因素。因而我们看到,法律现实主义对于作为司法裁判的主体的法官角色的动摇以及后现代对于司法裁判认识主体的确定性的动摇,这两者其实都以各自的方式怀疑司法知识的确定性或者试图动摇有关司法知识的确定性的讨论的意义和可能性。很显然,这种双重怀疑在今天看来,也绝不是没有理由的。

这样,司法知识的不确定性其实也就意味着,司法知识不仅具有多面的向度和多重的品质,而且对其的解释可能也是多样性的;它不可能朝着某一面向或者基元进行简单的还原,而必须要在一个开放性的结构中通过多重视角予以透视并在此基础上做一种整体性的统合。这样从另一个角度来看,司法知识的不确定性无疑是有利于我们对司法知识作一种整体性的把握的。然而遗憾的是,一旦司法知识的不确定性走入到了极端——不仅反逻各斯中心主义和本质主义,而且反认识论和知识论,既坚持认识是一个偶然性的领域以及知识是极端个体化且支离破碎的,也坚持司法知识的本质特征是无法捉摸的,追求事物的本质就成了无法实现的事情,那么显而易见,它就走到了知识论的反面。换言之,一旦不确定性成为知识的新基础或者标准,那么不仅司法及其裁判就会因为其反逻辑性而成为无法理解的社会活动,而且司法知识也成了支离破碎且难以掌握的东西。这样,有关司法的知识命题就难免会重新步入知识论一直想要摆脱的相对主义的困境,甚至因相对的不可避免性而走向绝对的相对主义,进而陷入不可知论的窠臼之中。其结果,不仅作为整体性的司法知识已然是不可能的了,而且作为知识的司法知识是否存在也都被打上了一个大大的问号。而这其实意味着,一旦司法知识失去了确定性或者客观性的属性,只拥有主观性与相对性的品质,甚至被后现代司法理论贴上了零碎性的属性标签,那么不仅"人们追求知识的确定性的理想破灭了,(而且)知识的合法性也就随之被瓦解了"[1]。

的确,从一般意义上来看,认识活动特别是对社会的认识,显然绝对不是一个机械而呆板的主体对客观世界或者外在事物直观而理性的反映过程,一定是一个既包括了主体与主体之间的相互理解与开放合作,也涵盖了主体与客体之间的交融沟通与互释对话的过程。因而在此过程之中,我们不仅无法将确定性

---

[1] [美]保罗·法伊尔阿本德:《反对方法——无政府主义知识论纲要》,周昌忠译,上海译文出版社1992年版,第10页。

或者客观性作为司法知识的唯一基础——这既很有可能会阻滞主体在有关司法裁判的认识活动中的能动性及其发挥,又很有可能会导致原本丰富多彩的司法知识走向单一性,而且也不可能坚持司法知识的不确定性,"不可能将彻底的怀疑作为思考问题的出发点"❶——这显然与有关司法及其裁判的现实以及司法知识的认识实践极为不符的。这样我们就必须要承认,司法知识的确定性命题和不确定性命题对于理解司法知识这一整体来说都是必要的,都是不可缺少的。我们既要意识到这两个命题对于理解整体性的司法知识所可能具有的积极意义,也要留意它们所可能带来的消极意义。换言之,我们要意识到,司法知识的确定性命题尽管为了维护确定性的司法知识及其权威会打压不确定性的、个人化的、零碎的司法知识,但也恰恰正是因为此,它为不确定性的司法知识的存在提供了一定的空间以及这种知识确证自身合理性的依据。同样,司法知识的不确定性命题尽管表面上看似为了确认个体化的、零碎的知识的合理性,然而也恰恰正是因为此,它从另一方面其实也会压制住"异己"知识存在的可能性,进而走向了另外一种形式的知识的霸权。因此这其实也就意味着,"确定性"与"不确定性"它们都只是评价司法知识的理解力和说明力的适当要素之一。❷ 这样,问题的关键就在于如何最大化地释放它们各自在解释司法问题上所具有的说明力的同时,最优化地消解它们的破坏力以及如何把握两者之间达致平衡的"度"。

　　进一步,其实客观地来说,司法知识无疑是徘徊在确定性与不确定性之间的,它是融确定性与不确定性这对矛盾于一体的。毕竟,作为认识的对象,司法及其裁判活动所型构起来的世界是以两种方式呈现在认识主体的面前的:这个世界"既是认识主体所拥有的一个物,也是认识主体所面对的一个奥秘";既是熟悉的,也是陌生的。因而,关于司法裁判的认识就具有了两面性,并且这种两面性都同时具有虽然依赖于另一方之存在而存在但却又有独立于另一方面之存在而存在的特殊意义:司法知识的不确定性乃是提醒我们注意认知主体之于认识对象的专制与控制以及这种"彻底操纵(所可能)导致的、自我的彻底工具化(instrumentalization)";❸而司法知识的确定性则旨在提醒我们注意"任何事物,

---

❶ 姚大志:《现代之后——20世纪晚期西方哲学》,东方出版社 2000 年版,第 136 页。
❷ James Bohman, *New Philosophy of Social Science*, Polity Press, 1991, p.6.
❸ [美]赫舍尔:《人是谁》,隗仁莲译,贵州人民出版社 1994 年版,第 79～80 页。

只要不能从中得出与算术学和几何学同样的真确性",大家就"不应该去关注它们";因为在这种确定性的知识观看来,一旦"把晦涩不明的事物作为研究对象,对其的认识也只是大概的,但若它们不经'证实'便对这种'大概'深信不疑的话,那么就会将其混同为真实和确切的事物"❶。而这其实也就意味着,对于"凡是可以言说的,就要清楚地说出;对于不可言说的东西,一个较为妥切的态度,则是必须要保持适当的沉默"❷。

可见,尽管各有利弊,但两者其实又是唇齿相依、相辅相成和互相补充的。因此,司法知识不确定性问题的出现,既不是说一切有关司法裁判的认识或者知识都是相对的,无真理可言,也不是说认识就走向了它的反面,不能认为认识不仅没有任何规律可言,而且知识也无任何基础或者本质。恰恰相反,司法知识"在显示其不确定性及其程度的过程中,同时也显示出了我们所需要的不过就是确定的东西"❸。它在进行确定性证成的过程中其实也同时开放出了不确定性因素所存在的必要空间。而也正是因为此,我们可以说,认识的本质乃是一个在确定性和不确定性的辩证发展中不断深化并不断走向事物的真实状况的过程。而这或许就是司法知识的历史辩证法。

第二节　司法知识的个体性与公共性

如果说司法知识的确定性与不确定性是从认识之结果来区分的话,那么司法知识的个体性与公共性,则主要是从认知主体的角度来界分的。

一、司法知识的个体性

在传统的知识论看来,"科学知识的目的在于去掉一切个人的因素,说出人类集体智慧的发现"❹。它不仅强调知识绝对的客观性和完全的确定性,而且强调知识彻底的非主体性、去中心化和非主观性。因而它就导致了知识及其理论

---

❶ [美]米勒德·J.艾利克森:《后现代主义的承诺与危险》,叶丽贤、苏欲晓译,北京大学出版社2006年版,第56页。
❷ [奥]维特根斯坦:《逻辑哲学论》,贺绍甲译,商务印书馆1996年版,第105页。
❸ D. Davidson, *A Coherence Theory of Truth and Knowledge*, in *Subjective, Intersubjective, Objective*, New York: Oxford University Press, 2001, p.145.
❹ [英]罗素:《人类的知识——其范围及其限度》,张金言译,商务印书馆2005年版,第9页。

问题上作为主体的"人的隐退"[1]。这种隐退使得从表面上来看,人虽然是认识活动与知识的主体,但事实上人只不过是认识活动与知识的客体,是要通过其知识产品才能靠近的对象。[2] 典型的便是原本多样且个体的人被抽象化为单一且符号化的理性人。这显然与认识活动及其实践的现实基础极为不相符。因为作为认识活动的一种主要形式,个人化的认识应当构成人类认识活动的最基本形式与构成要素,而个体性的知识也应当构成知识的早期形态与前提基础;因为作为一种客观且独立的存在,无论是作为认识主体的个人,还是作为认识结果的私人性/个体性的知识形态——有时往往又被称为"缄默的知识",都构成了个人生活里极为重要的一个部分。

的确,作为认识主体的个人,无疑是认识活动的直接发起者和参与者、认识过程的直接承担者和认识成果的直接创造者。因此个人的主观判断、个人的爱好兴趣、个人的经验体会、个人的情感因素以及个人的其他主观性知识,都会在知识形成的过程中发挥重要的作用。而这意味着,知识的个体性命题强调的乃是认识活动中无法避免个人及其主观因素的参与,甚至强调知识的生产乃是一个个体性的特征在认识过程中所发挥的决定性作用以及作为个体的认识主体对认识对象"身心合一"、"物我一体"的整体理解的过程。[3] 为此,知识就会与个体的个性、价值观念、人生经历、经验体会以及所处的社会—文化情境等因素交织在一起,而其背后的逻辑依据和理性形式往往也就不甚明了了。那么正是在此意义上,不仅知识首先就会是作为一种个体的认知者的认识,而且即便作为一种个人化或者个体性的知识同时也会是默会性的,是在一定程度上"只可意会,不可言说"的。[4] 因为在它看来,"我们所知道的远要比我们所能言传的多"。而这其实也就意味着,"人类的知识有两种:通过被描述为知识的,即以书面文字、图表和数学公式加以表述的,这是一种类型的知识;而未被表述的知识,像我们在做某事的行动中所拥有的知识,是另一种知识"[5]。

---

[1] [法]福柯:《词与物——人文科学考古学》,莫伟民译,上海三联书店2001年版,第116页。
[2] 参见[法]福柯:《权力的眼睛——福柯访谈录》,严锋译,上海人民出版社1997年版,第31页。
[3] 参见[法]雅克·德里达:《胡塞尔哲学中的发生问题》,于奇智译,商务印书馆2009年版,第53~54页。
[4] 参见[美]波斯纳:《法理学问题》,苏力译,中国政法大学出版社2002年版,第137页。
[5] Micheal Polanyi, *Personal Knowledge: Towards a Post-Critical Philosophy*, University of Chicago Press, 1958, p.49.

具体到司法知识的问题,这种知识的个体性意味着司法知识首先也同样是一种个体化的知识类型。这种知识的个体性又主要表现在以下几个方面:首先,虽然作为一种法律活动,司法裁判必须要"以事实为依据,以法律为准绳",但由于从事具体案件裁判的主要是个体化的法官,因而对于事实的认定以及法律规范的发现都必将会是法官个人的行为。为此,司法裁判也就成了一种极富个性化的法律活动。换言之,司法知识的个性化特征强调,不仅法官"通常是根据他们的个人信念和情感来断案的,只是在实际上已经这样断案之后才到书面的法律中寻找合法理由。因此,……司法裁决与法律判例之间的关系还不及这些裁决与法官的早餐更密切";❶而且判决的结果会因法官的个性的差异而有所不同:"一位法官在其经手处理的 546 位被控酗酒的人中只释放了一人,其他人(约 99%)均为有罪。另一位法官在审理 673 位被控酗酒的人中则释放了 531人(约 79%)。又例如,一位法官在审理扰乱秩序的行为的案件时只释放了其中 18%的人,另外一位法官则释放了 54%的人。"❷其次,对于司法裁判活动的认识,最基本的形式也主要是体现为作为认知主体的个人的一种私人行为。换言之,来自认识实践的现实表明,人们对于司法裁判活动的关注或者"感兴趣",其实更多是一种自发的个人行为,而很少是一种有计划性的集体活动——即便个人的认识往往都会经由与他人的对话和集体的商谈而成为一种共识,但其最初的形式仍然主要是个人化的行动。第三,无论是法律人还是其他社会大众,他们经由自身的认识与体会而得到的司法知识,对于他们自身以后的行动而言,其作用同样也是极具个体性的。换言之,这些个体性的知识可能会内化认知主体个人的行动指南或者评判标准,或者要为个体的认识活动提供最终的解释性框架和知识信念的。这其中比如法官的司法知识,实际上,"法院由'经验法则'中获得的那些'典型的事件发展',都源于法官对'一般的生活经验'的观察"❸。

很显然,司法知识的个体性命题,它旨在强调主体对于知识的可能意义。而这里的意义,不仅包括司法知识生产与再生产活动中的主体意义(强调法官或其他社会大众是司法知识生产的主体),也包括知识产品对于主体的可能意义

---

❶ [美]布莱克:《社会学视野中的司法》,郭星华等译,法律出版社 2002 年版,第 3 页。

❷ 朱景文主编:《对西方法律传统的挑战——美国批判法律研究运动》,中国检察出版社 1996 年版,第 26~27 页。

❸ [德]卡尔·拉伦茨:《法学方法论》,陈爱娥译,商务印书馆 2003 年版,第 340 页。

(强调司法知识对于法官或者社会大众所可能具有的社会作用)。因而如果我们把视野放得宽一些,那么它其实是将以往求取对象知识所遵循的途径与假设(这些假设包括:"我们的一切知识必须与对象一致"、"我们的知识必须依照对象")倒转了过来,进而采用了一种全新的假定(也即"对象必须与我们的知识一致")。也即这种有关司法知识的个体化命题,倒转了认识结构中的"主体"与"客体"的关系,承认认识中心说,强调"主体为自然立法"的思想。[1] 为此,有关司法的知识就不再仅仅只是一些理性或者逻辑,不再只是表现为制度或者规则,而是会关心作为主体的个体的生命感受与自我冷暖,关注个体的身体情绪与心灵,关爱个体的精神世界与信仰。

　　这样,伴随着司法知识个体性命题中的一种对主体与主体的个性以及其所置身于其中的社会—文化语境因素的强调,司法知识的真理观与认识过程都呈现出了不同的意义。换言之,不仅知识而且真实也不再是僵化的、永恒的、绝对的,而是应当被理解为一个流变的过程,被理解为是社会性地建构并同时在进行自构的,是可错的,是可以质疑的。这种质疑不仅使得我们开始质疑我们一直以来自然而然地接受并且不再质疑的东西,比如那些在人文社会科学中得到肯定的激进的人文主义"工具",而且也需要进一步把我们自己、我们自己的理解以及我们自身的基本假定都包含进去质疑。因此,这种质疑的过程以及由此所产生的层层反思,都会促使我们把关注的焦点集中在通常情况下不关注的问题上,并且帮助我们打破它的"理所当然性"。它能使我们见所未见,意识到不曾意识到的。换言之,一旦从我们践行司法知识的个性化命题并就此打破自然看法的过程始,原本无法把握的各个方面之间的内在联系以及其中的时间之谜就会逐渐明朗化,我们不仅能够据此认识到我们的任务——不是要精通司法以及裁判的某一个方面,而是要努力去把握所有方面和整体;而且也能够在它们动态的相互联系中认识它们的全部。与此同时,这种对于司法以及裁判活动的理解,不仅允许而且强制实施了超越不同视角的方法。也就是说,它要求尝试着通过不同的主体的视角来多元化且开放性地认知司法裁判。因而这样的司法知识,将不仅会探索固有原则、假定和主要问题,而且也会追问主体与所理解的客体之间的关系。当然,也正是这样的理解,就不仅仅会要求重新定义司法以及裁判,而且要

---

[1] 参见[德]费希特:《全部知识学的基础》,王玖兴译,商务印书馆1997年版,第164~169页。

求重新定义"司法知识"及"社会"的本质。

如果我们就此联系到哈耶克有关个人知识的论述,那么有关司法知识个体化命题的意义将会被进一步凸显。哈耶克曾谈到:"指导个人行动的有意识的知识(conscious knowledge),只是使个人能够达致其目标的诸多条件的一部分。对于这个问题,我们须从下述两个重要方面加以认识。首先,事实上,人的心智本身就是人生活成长于其间的文明的产物,而且人的心智对于构成其自身的大部分经验并不意识——这些经验通过将人的心智融合于文明之构成要素的习惯、习俗、语言和道德信念之中而对它发生影响。因此,其次,我们可以更进一步指出,任何为个人心智有意识把握的知识,都只是特定时间有助于其行动成功的知识的一小部分。如果我们对他人所拥有的知识在多大程度上构成了我们成功地实现我们个人目标的基本条件这个问题进行反思,那么我们就会发现,我们对于我们行动的结果所赖以为基础的环境极其无知,而且这种无知的程度甚至会使我们自己都感到惊诧。知识只会作为个人的知识而存在。而所谓整个社会的知识,只是一种比喻而已。所有个人的知识(the knowledge of all the individual)的总和,绝不是作为一种整合过的整体知识(an integrated whole)而存在的。这种所有个人的知识的确存在,但却是以分散的、不完全的、有时甚至是彼此冲突的信念的形式散存于个人之间的。因此如何能够做到人人都从此中知识中获益,便成了一个我们必须正视的大问题。"❶显然在哈耶克看来,个人的知识虽然对于作为个体的存在意义重大,但如何确保"人人都从此中知识中获益"便是一个需要正视的大问题。而这个大问题对于司法知识的个体性命题及其理解来说同样重要。因为,虽然司法知识的个体性命题有助于帮助我们找到作为主体的个体与知识之间的内在关联,但任何的认识活动都不会只是为了自娱自乐,因而我们就必须要将这种个体性的司法知识与其他个体性的司法知识发生关系或者产生交叠共识。那么该如何将这种关联与其他主体之间发生必要的关系? 以及在更大范围上的,又该如何在社会化的视域中来审视这种关系? 来看到个性化的司法知识与社会化的司法知识实践之间的关联? 这显然就需要我们在理解司法知识个体化命题的基础上,考察司法知识的公共性问题。

---

❶ [英]哈耶克:《自由秩序原理》,邓正来译,生活·读书·新知三联书店 1997 年版,第 22 页。

二、司法知识的公共性

尽管认识主体首先从形式与表现上来看都是作为个体的人而存在的,但人又是一种现实的群体性存在而不是某种孤立的、抽象的精神性存在。与此同时,人也往往只有置身于社会之中,只有投入到改造外部世界的社会实践活动之中,才能成其为人,成为认识的真正主体。这样,任何认识的主体都不仅仅只是单一的个体或者个人,而总会是复杂性的群体中的一分子,是人类总体或者公共性/社会化里的人;任何的认识活动也不仅仅只是一种个体化的孤立行为,而总是会与其他主体发生关联进而以群体或者集体的行动所表现出来。这样,独立的个人已然很难再作为一个完整的认识主体来出现,而只可能表现为具有多种层次结构的认识之网上的一个环节或者纽带。同样,"公共性作为人类知识存在的必然条件其实是和人类的有效生存和个体生活的有限性密切相关的"❶。

如果我们换一个角度,从西方知识论的范式转换中来看待司法知识的公共性命题,那么我们便可发现,"知识是有理由的真信念"这一命题其实也就意味着知识最显著的特征就是"公共性"。因为"信念"的形成和"真"的标准都隐含着公共性的因素和判断。与此同时,如果我们将"公共性"与"确定性"也建立起关联来,那么我们甚至可以说,整个西方知识论的发展历程其实就是一个不断追求知识的公共性的终极根据和辩护的过程,也即要通过对知识的公共性辩护来确证知识的确定性和客观性。当然,尽管这一转换的脉络是由实体性知识论到主体性知识论,再由主体性范式到准人类学方式,但是它们都是期望通过不同的论证方式来获得知识的这种"公共性"。❷

传统的知识论由于主要是从个体的角度来研究知识的问题,因而这种有关知识的研究显然是不够的,因为认识主体并不只是一种单纯的自然存在物或者理想的符号抽象体,而是在一定的社会—文化情境系统之中的,是在一定社会关系中生存与活动的社会存在物。这样,认识的主体就会总是在特定社会—文化情境系统中实践着的主体,而任何认识活动也就会是在特定的社会关系与社会结构中进行着的,不存在任何有利于社会关系之外的认识活动和知识生产,也不存在任何脱离社会结构与文化情境的知识实践。而这意味着,知识其实就是一

---

❶ [德]哈贝马斯:《现代性的哲学话语》,曹卫东等译,译林出版社2004年版,第3页。
❷ 参见[美]戴维·米勒:《开放的思想和社会》,张之沧译,江苏人民出版社2000年版,第57～58页。

种社会系统,它不仅会与社会条件之间存在着某种联系,而且它的正常运行也是要通过许多社会的或者公共的形式来实现的。[1] 当然也正是在此意义上,我们可以说,知识其实是历史、社会和文化等因素共同作用下的产物。而也正是因为此,知识也就会蕴含在公共性的社会活动及其意义之网中。因而,"对人类知识以及与此相关的诸多概念的哲学阐释,(也就)要求把知识以及这些概念都置于社会关系这一公共性的背景中来理解"[2]。与此同时,"科学家也应该避免个人的经验限制,应考察知识的集体与公共维度;如果忽视后者,那么也就忽视了知识生产所具有的十分重要的社会本质"[3]。这样,尽管知识产品的产地可能是个人化/个体性的,然而知识的意义与功能却因此是公共性维度上的。

司法知识同样也是如此。尽管司法知识从表面上看来源于个体/个人对于司法以及裁判的认知,但是"这种知识一旦脱离了认知主体,流入到社会结构与文化—情境系统中,那么知识本身的个体性就消失了,进而也展现为一种公共性/社会化的"[4]司法知识。换言之,司法知识在社会化的过程中(例如交流中的司法知识,尤其是在"去个体化"的集体交流过程之中),不仅其社会性与公共性程度不断增强,而且在更多时候这些知识也往往被视为公共性的知识而不再是个体性的知识。这样,一旦认识主体由"单一"(主体性)走向了"复合"(主体性),由"孤立"(个体)走向"群体"(社会);一旦认识活动由"封闭"(个体性的活动)走向开放(社会化的活动),那么这其实也就意味着,作为公共性的司法知识,它不仅是人们的某种认识成果获得了社会的承认,而且也意味着不同的社会成员之间对于某一问题最终达成的共识。[5]

司法知识的公共性特征除了来自于作为认识对象和认识主体的社会性所造成的有关司法裁判的认识内含有公共的社会关系与社会情境要素之外,还来自于现代知识所具有的普遍性。换言之,现代知识的普遍性精义不仅在于知识普

---

[1] 参见[美]约瑟夫·劳斯:《知识与权力——走向科学的政治哲学》,盛晓明等译,北京大学出版社2004年版,第62页。

[2] [英]彼得·温奇:《社会科学的观念及其与哲学的关系》,张庆雄等译,上海人民出版社2004年版,第41页。

[3] Downess S., *Socializing Naturalized Philosophy of Science*, Philosophy of Science, 1993, Vol.60, p.452.

[4] 方明:《缄默知识论》,安徽教育出版社2004年版,第68页。

[5] [德]哈贝马斯:《在事实与规范之间——关于法律和民主法治国的商谈理论》,童世骏译,生活·读书·新知三联书店2003年版,第69~70页。

遍的可证实性以及建立于其上的普遍可接纳性,而且还指称生产和辩护知识的标准能够得到普遍的认同与尊重。前者意味着普遍性已然成为判断知识正确与否的标准;后者意味着若是没有真正得到普遍认同和尊重的知识,其陈述本身的普遍的可证实性和可接纳性就失去了呵护。❶ 而也正是因为现代知识的这种普遍性所具有的公共化倾向与公共性特质,使得我们看到,有关司法的知识也亦然蕴含了普遍性的成分和公共性的因子。

当然,如果我们深入到司法知识生产的内在结构之中,那么要使司法知识成为一种公共性的知识体系,这其实也就意味着:第一,从认识的对象来看,司法以及裁判首先应是一种公共性的权力以及这种公共性权力所外化出来的公共性制度。换言之,作为一种权力形态,司法裁判权的权力配置必须是在公共的政治生活与政治架构的框架下完成的;而作为一种制度设计,司法裁判的制度角色与制度能力也必须要围绕着公共服务与公共职能来进行。其次,司法以及裁判的运作必须是在一定的公共空间里依照一定的规则和程序所进行的、公开化的法律运作与法律活动。因而司法就必须要开放透明进而便利于社会大众的了解和参与,而且裁判活动也必须要积极吸纳民意以便于判决结果对社会需求予以适度的考量。最后,司法裁判的运作及其结果所面向的乃是公共利益与公共政策的调整以及公共职能的实现或者转变。而这其实也就意味着,司法裁判所提供的乃是一种针对社会纠纷而言的公共服务产品。第二,作为认识的主体以及认识活动而言,不仅要求他们所关切的有关司法裁判的问题以及认知的社会—文化情境系统及其逻辑近乎是相似的,而且不同的主体之间也有着相对较高的同质性。这不仅能够促使个人化的司法认知之间形成交叉共叠,而且也能够保障个体顺利而自然地联合成为群体,促成不同主体之间有关司法裁判的认识能够得以达成共识。第三,尽管不同的主体之间所获得的有关司法裁判的认识会有差异,但这些知识所要解决的社会问题又大体是一致的,而这也就会促使不同主体间的司法知识具有相互交流的必要性以及相互借鉴的可能意义。而也正是在此意义上,司法知识的公共性维度实际上意味着,作为一种公共的知识行动或者实践以及作为一种公共性知识的生产与再生产活动,司法以及裁判不仅要致力于

---

❶ 参见[美]费耶阿本德:《反对方法——无政府主义知识论纲要》,周昌忠译,上海译文出版社2007年版,第93页。

调和个体与个体之间的矛盾,进而整合起不同的主体间有关司法的知识对峙或者对抗,而且也需要努力在司法知识的确定性与不确定性这两者截然相反的倾向之间达成某种程度的共识,从而推动司法知识的整体实践。

进一步,司法知识的公共性特征无疑又是相对于司法知识的个体性而言的,其目的自然也就包括了适度矫正因司法知识的个体性所带来的各种弊病。这些弊病包括:认识主体在发挥其认识功能时所可能具有的主观随意性与个人情绪化的恣意,如伴随着个体而来的各种各样的主观性、武断性和片面性等。而这其实也就意味着,强调司法知识的公共性并非否认或者排斥其中的个体性因素和主观性力量,相反乃是要在承认司法知识个体性特征的基础上同时也看到其中的公共性力量和因子。与此同时,尽管司法知识的个体性命题强调了有关司法裁判认知活动中的主体地位,然而一旦这种立场走向极端,那么很显然就会得出有关司法知识的意义建构在于"使一切存在都成为'为我而是,为我而在'"的境况。这种由作为认知主体的自我所建构起来的知识及其意义,显然也就具有了"个体性"、"主观性"和"属我性"❶。而一旦这种知识的个体性因素继续膨胀以及其中的属我性力量不断扩张,那么它们就会导致终极意义层面里的上帝的位置被取代。换言之,一旦任由司法知识的个体性命题走向极端,那么我们所可能会面临的问题是,与西方基督教认为上帝创造了世界相反,它"主张是人赋予了世界以秩序,赋予了全部知识以确定性;这种人是至高无上的,是要取代上帝的位置的"。这样我们便会看到,在知识世界的终极意义上,原本由上帝所统治的局面变成了"人统治一切,宰制一切,自立为王"❷。

客观地来说,知识虽然是与个体紧密相关的,但与此同时知识也是与人类的利益分不开的。因为求知活动从本源上来说,是基于人类自身的需要而从事的一种实践活动。❸ 这样,无论是对于认识主体主观随意性的不断克服,还是对于人类认识的客观性的无限接近,知识的发展都必然是一个不断超越认识主体的负面效应而走向公共性的发展过程。❹ 这一点对于司法知识理论命题的理解而言无疑特别重要。因为无论是作为一种国家垄断意义上所提供的公共法律产品

---

❶ 参见莫伟民:《主体的命运:福柯哲学思想研究》,上海三联书店1996年版,第116页。
❷ [法]福柯:《权力的眼睛——福柯访谈录》,严锋译,上海人民出版社1997年版,第31页。
❸ 参见[德]哈贝马斯:《认识与兴趣》,郭官义、李黎译,学林出版社1999年版,第78页。
❹ 参见陈嘉明:《知识与确证——当代知识论引论》,上海人民出版社2003年版,第115~116页。

第三章　司法知识的性质

(司法裁判)以及组织,还是作为执行政府事务的一个职能部门,抑或是管理某一方面公共事务的政府(广义政府的框架下)部门,司法及其裁判都无法回避其公共性的问题。与此同时,尽管从其源头和表现形式上来说,司法知识无疑是个体化的,但是这些个体性的知识本身其实又一直都处在一个开放性的、交往互动的社会—文化情境系统之中;它们相互之间有着一种与外部社会及其活动紧密相结合或者相互作用进而完成的、可重复性的"社会化"的倾向。而也正是因为此,它不仅意味着认识的连续性的一个结果便是知识所具有的可累积性以及它自身所内含的公共性,[1]而且也意味着个体化的司法知识"社会化"的过程,其实是一个不同知识主体通过共同的社会实践活动而表达个体性的司法知识,进而实现个体知识的公共化。[2]

如果我们把视野放得再宽一些,那么作为一种公共性的知识体系,司法知识不仅要在社会生活里发挥重要的公共职能,而且也会蕴含着公共权力的配置方式与公共制度的内部结构,还会蕴含着公共生活的基本伦理与道德。换言之,若是我们从"知识/社会"的角度,也即对司法知识作一种社会学意义的分析,把司法知识"同产生和推广知识的社会关系和社会力量联系起来",[3]那么我们便可发现,司法知识其实不仅是一种解放性的社会力量,因为它将开启我们认识司法及其裁判活动的多元化路径,而且也可能会在不顺畅的体制或者在制度的障碍中异化为一种压制性的社会力量,成为封闭我们其他有关司法裁判的认识的可能方法。这其实就是我们所常说的:"知识是一种以权力和正当性赋予为基本实质的话语。掌握它,既是为了洞见和揭示它的这种实质,也是为了参与话语的争夺。"[4]如果换一个角度,从"知识/权力"的路径来对司法知识进行一种政治学意义的延展,那么我们又可能会看到,司法知识不仅可能会使司法以及裁判的运作符合公共权力的运作标准,而且在面对立法权和行政权时,司法知识的权力特性会表现得更为明显。因为知识不仅会指导实践,而且当面对其他知识形态的政治实践时,如果司法知识保持沉默,"那么司法权力就将成为政治领域的边

---

[1] 参见倪梁康:《现象学及其效应》,生活·读书·新知三联书店1994年版,第93页。
[2] 参见[奥]恩斯特·马赫:《认识与谬误》,洪佩郁译,东方出版社2005年版,第75~76页。
[3] 冯俊等:《后现代主义哲学讲演录》,商务印书馆2003年版,第420页。
[4] 林国华:《古典的"立法诗"——政治哲学主题研究》,华东师范大学出版社、上海三联书店2006年版,第25~26页。

缘现象"❶。若是从"知识/伦理"这一更为本源意义上的、有关司法知识的伦理学角度来看，那么"知识与善其实是一回事，而无知和恶其实也是一回事"❷。换言之，"知识即美德"（苏格拉底）、"知识是一种至善，是人的尊严所在"（康德）等这些命题其实都表明了只有作为知识的德性才是可靠的，而也只有德性才能使人真正成为人。这样，司法知识所追寻的就应当是作为公共意义上的伦理与幸福，就应当是作为公共生活中的德性与判准。它所关心的不仅会涉及人生感悟与内心情感，而且也会牵挂社会群体的心灵安顿与信仰形成。而所有的这些其实也就意味着，从整体上来看，司法知识所追寻的就不仅只是"真"的信念，同时也必须包括"善"与"美"的信念。

可见，第一，司法知识的公共性意味着作为认识对象的司法裁判，它必定是一种公共性的法律活动。第二，司法知识的公共性也意味着作为认识主体，他们必然都会因为是处于同一社会—文化情境系统里的个体，因而也就使得他们对于司法裁判有着近乎相似的问题意识与内容关切，同时他们所尝试着找寻的问题解决方案也近乎是一致的。第三，司法知识的公共性还突破了以往的、将司法以及裁判活动的认知主体限定在认知个体上的固有看法，进而关注于不同认知能力、不同文化背景的个体所构成的领域，从而对认知主体之间的深度合作以及司法知识生产的互动本质做了清晰定位。❸ 第四，司法知识的公共性还意味着作为认识之结果，司法知识其实是一个开放式的知识体系，它可以从多元化的角度来予以理解或者阐释。这样，尽管不同的视角对司法及其裁判的固有认识造成了不小的冲击，但是经由不同的观察视角（即"知识—社会"、"知识—政治"、"知识—伦理"）而形成的不同的知识传统却并非是截然对立的。相反，对于司法知识的不同视角与层面上的理解，都是对于司法知识内涵的一种丰富：知识社会学的知识传统并不排斥知识的伦理学意义，政治学视角下的司法裁判同样多少也会包含了对司法裁判予以社会学的解释，甚至是从另外一个角度重新理解了社会学对司法知识的诊断。这样，从整体上来看，这些不同的认识之间其实都

---

❶ ［美］阿伦特：《论革命》，陈周旺译，译林出版社 2007 年版，第 8 页。
❷ John Greco, *Virtues and Vices of Virtue Epistemology*, in Knowledge and Justification, Vol.I, p.553. Abrol Fairweather, Linda Zagzebski, *Virtue Epistemology: Essays in Epistemic Virtue and Responsibility*, ed, Oxford University Press, 2001.
❸ Steve Fuller, *Social Epistemology*, Indiana University Press, 2002, pp.56-61.

会是互补且杂糅的:政治学的知识传统反对把司法现象还原为伦理甚至道德现象,但并不反对司法的伦理学解释;社会学所提供的解释模式,不能否认司法现象所产生的原因可能是通过政治的运作所产生的。

需要提醒注意的是,虽然我们对司法知识做了个体知识与公共知识这两种类型上的区分,但这并不意味着两种知识之间是断裂甚至是隔阂的。相反,若是我们从整体性的视角来看,那么不仅司法知识的个体化因素不会对司法知识公共性的形成造成干扰,反而它既是司法知识公共性得以形成的前提,也是公共性的司法知识能够被理解的前提。因此,离开了个体化的司法知识,司法知识的公共性也就缺乏了基础;而与此同时,若是失去了公共性,那么个体化的司法知识也就失去了意义。当然也正是基于此,这两种知识之间其实又经常是相互转化着的,也即存在着司法知识中"个体知识"的"公共/社会化"和"公共知识"的"个体化"。❶ 换言之,"个体知识借助于公共知识在社会交往实践过程中不断获得丰富和完善,公共知识则随着个体知识的不断进入、汇聚而得到进一步重组和扩展。两种知识相互渗透,互为发展的动力和源泉"❷。而这其实也就意味着,"立足于人类的认识总体,就看到认识有两个明显的属性:认识的历史(继承)性与认识的社会(群体)性。显然,脱离了人类群体的个体、个人认识必然也就丧失了这两种属性,进而成了既无渊源,也无依傍的空洞抽象物"❸。与此同时,"社会生活之所以能够给人以益处,大多基于如下的事实,即个人能从其所未认识到的其他人的知识中获益;这一状况在较为发达的社会(亦即我们所谓的'文明'社会)中尤为明显。我们因此可以说,文明始于个人在追求其目标时能够使用较其本人所拥有的更多的知识,始于个人能够从其本人并不拥有的知识中获益并超越其无知的限度"❹。

的确,不仅"作为认知者,我们其实在多种方式上依赖于他人",❺需要借助于他人才能完成包括认识活动在内的诸多社会行动,而且也只有在公共生活中,

---

❶ 参见[德]诺贝特·埃利亚斯:《个体的社会》,翟三江、陆兴华译,译林出版社2003年版。
❷ [德]格尔哈德·帕普克主编:《知识、自由与秩序——哈耶克思想论集》,黄冰源译,中国社会科学出版社2001年版,第92页。
❸ [德]恩斯特·卡西尔:《人文科学的逻辑》,沉晖等译,中国人民大学出版社2004年版,第95页。
❹ [英]哈耶克:《自由秩序原理》,邓正来译,生活·读书·新知三联书店1997年版,第19页。
❺ Kusch Martin, *Testimony in Communication Epistemology*, in Studies in History and Philosophy of Science, Vol.33, part A, 2002, No.2, p.336.

"只有在与他人相互合作时,我们才能意识到我们所具有的偏见,通过使用不同的假设,我们才可以跳出这些假相从而意识到我们自己"❶。此外更重要的是,任何一种知识,"只有在其作为知识而存在的根据得到认同时,才获得了某种合法性"❷。因而从表面上看,虽然公共性的司法知识确实是排斥个体性的司法知识的,但实际上,一旦个体性的司法知识转向进入到了公共性的司法知识时,或者公共性的司法知识经由个体化的积累得以形成之时,那么被公共性的司法知识所抛弃掉的个体及其司法知识形态其实又重新进入到了知识的视域当中,不同的只是以更隐蔽的方式出现了,也即它借助于个体及其司法知识形态所构筑起来的知识对话的新平台,为"共识"(也即公共性的司法知识)的达成提供可能,进而为知识的合理性辩护。这样我们看到,在这种知识转化的过程中,个体性的司法知识所寻求的乃是交流与使用中的知识的意义。❸

进一步,若是从本源意义上来说,那么知识理论之中往往存在着一种用"主体间性"知识论来消解"主—客观关系"知识论的错误倾向。实际上,知识是一个复合体,是认知模式上的主—客体维度和主体间性维度的相统一。因此,尽管司法知识是认识主体对作为客体或者对象的司法裁判活动的一种能动的反映,但是,不仅不同认识主体间的同质性使得司法知识具有了公共性的维度,而且不同认识主体间的异质性则又决定着司法知识的个体化特征。或者换个角度来说,司法知识的公共性维度取决于认识主体及其活动方面的客观性、一致性,而司法知识的个体性特征则取决于认识主体及其活动方面的主观性、差异性。当然,也正是由于认识主体与实践主体所具有的这种复杂性与多层次性,使得司法知识同时具有了公共性和个体性的特征。

第三节　司法知识的经验性与规范性

司法知识的个体性与公共性之间的紧张与矛盾,在另一个层面上的体现便是司法知识的经验性与规范性的结构性紧张与矛盾性对峙。换言之,作为一种

---

❶ Michael Roess, *The Social Dimension of Epistemology*, Florida Philosophy Review, 2005, p.25.
❷ 盛晓明:《话语规则与知识基础:语用学维度》,学林出版社 2000 年版,第 265 页。
❸ 参见殷杰:《当代西方的社会科学哲学:研究现状、趋势和意义》,载《中国社会科学》2006 年第 3 期,第 29~30 页。

个人化的知识体系,司法知识显然具有极强的经验性,它在很大程度上既是始于个人的经验性的"前见",又是个人化的有关司法裁判的经验积累,是一种有关司法及其裁判的经验性认识。而作为一种公共性的知识体系,司法知识无疑又具有极为强烈且强势的规范性色彩,它在一定程度上乃是主体间交互形成的、具有普遍性与客观性的、有关司法裁判的认识的交叠性共识,它所追寻的乃是通过这种共识的达成来获致知识的确定性。那么问题是,司法知识的经验性意味着什么?与此同时,司法知识的规范性又该如何理解?此外,经验性的司法知识与规范性的司法知识之间是否存有相互转换的可能性?如果有,那么它们的转换机制又是如何形成的呢?它们对于理解整体意义上的司法知识又有什么样的帮助呢?

一、司法知识的经验性

知识从何而来?个人又是如何获得知识的?在《人类知识起源论》一书中,孔狄亚克认为:"感官是我们知识的源泉,各种不同的感觉、知觉、意识、回忆、注意和想象,都由此产生……我们可以随心所欲地加以支配的想象、记忆,它们和反省以及其他的一些心灵活动一起,对这些材料进行加工;我们把上述这些心灵活动的运用归诸于符号,而符号就是心灵活动所使用的工具,观念之间的连接则是最初的原动力,它为其他的一切运动提供了动力。"❶很显然,从这一论述中我们可以看出,孔狄亚克所持的乃是一种经验主义的知识观;这种知识观所强调的乃是"感官是我们知识的源泉",因而这种知识观也就非常"注重直接经验在个人知识形成过程中的基础性、建构性的作用"。❷

的确,在经验性的知识理论看来,不仅经验是一切知识发生的起点和形成的归宿点,而且经验也关涉于世界的知识基础。换言之,在这种知识理论看来,一切关于自然的知识和观念都起源于经验:经验不仅是知识的源泉,而且也是知识无法逾越的界限。而这其实也就意味着,不仅认识起源于经验,而且认识的全部内容都来自经验。这样,"知识就不是被动接受的,而是由认知主体及其经验所积极建构起来的;这种有关知识的经验性理解有助于对经验世界的组织,而不只

---

❶ [法]孔狄亚克:《人类知识起源论》,洪洁求、洪丕柱译,商务印书馆1989年版,第267页。
❷ 吴建国:《猜想与选择:由经验到科学知识的主体建构》,载《自然辩证法研究》2006年第2期,第13～15页。

是对某一客观存在的现实的发现"❶。因而在此意义上,对于知识而言也就没有超越经验之外的内容。"所有知识都是直接或间接建立在感觉经验知识的基础之上的。"与此同时,对于我们而言,"我们都生活在经验环境中,不管是否意识到,我们都是通过所获得的经验信息进行思考,所谓非经验的方法是不存在的"❷。这样,"对知识的最佳解释是:它是经验的"❸。而这其实也就意味着,不是来源于经验又不能为经验所检验的知识,自然也就不具有有效性与合法性。

如果我们进一步深入到经验性的知识理论之中,那么我们就会发现,经验主义的"认识论的第一个前提无疑就是:感觉是我们知识的唯一源泉"。也就是说,在他们看来,"一切知识来自经验、感觉、知觉"❹。这其中典型的比如休谟,他以印象和观念的学说为基础,从知觉是唯一的实在出发,建立了怀疑论的哲学体系,进而把经验论原则彻底化。因而在他看来,"人只知道自己的知觉,知觉以外的一切都是不可知的"❺。这样,在他的知识理论中,经验无疑占据着绝对的地位。还有洛克,在他看来,知识应当划分为直觉的知识、证明的知识以及感觉的知识,并把知识视为表明两个观念之间是否一致的关系的知觉。而这其实也就意味着他不仅把知识限定在个体的范围之内,而且也把一切知识都归源于经验。❻ 当然还有更多,但无论如何,在经验主义的知识论看来,"感觉是外界物体作用于人的感官所形成的主观影像"❼。与此同时,通过个人亲身实践所获得的经验,它既是一个人认识与实践活动的基础,也是一个人无可剥离的重要的知识组成部分。除此之外,在经验主义的知识观看来,感觉只是知识的起点,感觉经验仅仅只能告诉我们"事物是什么"这种观念,它还不是知识;要形成知识,还必须要通过一定的方法来予以验证,还需要经历证成的程序。这里的方法,主要就是归纳法;这里的程序,主要就是运用这种归纳法予以证成的过程,也即:"(1)广泛地搜集事实材料;(2)整理事实材料;(3)用'排除法'分析材料,得出

---

❶ Sandra Harding, *The Science Question in Feminism*, Cornell University Press, 1986, p.59.
❷ 王漪:《自然主义认识论背景下的先验性》,载《自然辩证法研究》2007年第10期,第13~14页。
❸ M.Devitt, *Coming to Our Senses*, Cambridge: Cambridge University Press, 1996, p.45.
❹ 列宁:《唯物主义和经验批判主义》,《列宁选集》,第2卷,人民出版社1972年版,第125~126页。
❺ [英]休谟:《人类理解研究》,关文运译,商务印书馆1951年版,第45页。
❻ 参见[英]洛克:《人类理解论》,关文运译,商务印书馆1959年版。
❼ [美]夏佩尔:《理由与求知——科学哲学研究文献》,褚平、周文彰译,上海译文出版社2001年版,第38页。

肯定性的、一般性的结论或者普遍原理;(4)将这些普遍性的原理拿回到实际工作中运用和检验。"❶

这在某种程度上反映出经验性的知识虽然尚缺乏一个严肃的理论,但我们的直觉上是清楚的,同时也往往将经验论证的方法诉诸于"从经验中学习"这种方式。换言之,在经验性的知识观看来,"世间的 p 事实使得 p 信念为真,也就是说经验的方式就是通过事实产生经验,所获得的经验在本质上又为信念产生进行辩护"❷。可见,经验主义的知识观所坚持的论证路线,乃是遵从"从感觉与特殊事物把公理引申出来,然后不断地逐渐上升,最后才达到最普遍的公理。这是知识形成与知识论证的真正的道路";❸而它所依据的论证方法,则是"按照某些命题通过对事物或对所意指的那类事物的观察而获得证实的程度,把这些命题纳入知识体系之中,而不把任何可能被证明是科学方法或科学大厦的必要部分的唯理论因素、宇宙论因素或实用主义因素排除出去,不加考虑"❹。

司法知识的经验性来自于,对于司法以及裁判的认识首先表现为一种个体性或者个人化的认识,它既会受到个人的社会经验所限制或者制约,也会受到这种经验的激发与支持,还会是内在于个人经验性的独立思考与积极创造之中的,因为"认识者若是缺乏第一手的经验,仅仅依靠语言文字的描述是无法获得知识的"❺。换言之,对于司法知识,每个人都具有其独特的认知结构,这一认知结构在接受和整合外来各种有关司法以及裁判活动的信息的动态过程中而不断获得更新和重构,进而使得它直接决定着个体由内而外观察司法裁判活动的基本模式。而这其实也就意味着,虽然司法知识是由个体的经验性知识所累积起来的,但是个体的知识建构却依然还是一种需要由个体自身来完成的私人性经验的建构。其次,个人化或者个体性的经验与知识又是有关司法裁判的公共性知识或者共识得以形成的前提条件与基础。因为司法知识的经验性命题往往与司法知识的个体性命题直接关联,这样司法知识的个体性经由实践论证而转换为公共性的司法知识命题时,经验性的司法知识命题也可由此在某种程度上同时

---

❶ [英]培根:《新工具》,徐宝骙译,商务印书馆 1984 年版,第 38~41 页。
❷ 赵汀阳:《再论先验论证》,载《世界哲学》2006 年第 3 期,第 100~101 页。
❸ [德]赖欣巴哈:《科学哲学的兴起》,伯尼译,商务印书馆 2004 年版,第 26 页。
❹ 涂纪亮编:《莫里斯文选》,涂纪亮等译,社会科学文献出版社 2009 年版,第 4 页。
❺ Harald Grimen, *Tacit Knowledge and the Study of Organization*, Bergen: LOS-Center, 1991, p.72.

转换为规范性的司法知识命题。换言之,就司法知识的进化发展而言,从个人化的、经验性的司法知识到社会化的、公共性和规范性的司法知识,乃是伴随着个体社会实践活动的扩大以及主体间的不断交互沟通进而不断获得知识与经验的拓展以及共识的达成而来的。而这其实意味着,任何公共知识都起源于对个体经验性知识的提升、概括和总结。第三,从司法知识之于主体的生活意义来看,任何知识最终都会转换成为主体的生活经验,进而循环往复地作用于他对新的司法知识的感知与获得,并同时影响着他对于司法经验和生活体验的日积月累。换言之,人们有关司法的知识在日常的生活中往往都会被转化为一种与人们紧密关联的、有关司法及其裁判的生活经验与情感体验,进而融入到人们所拥有的其他社会经验与生活体验之中,成为它们当中的一分子。与此同时,这种有关司法的知识其实又会与其他的社会知识和社会经验一道,转换为人们日常生活所从事的经验性判断的基础和行动的指南,成为人们日常生活得以展开的观念与"惯习"。❶ 而这其实也就意味着,不仅司法知识的获得与实践是一个司法经验不断累积的过程,而且司法知识对于主体来说最终都会转换成为他的一种生活经验与生命体验。"法律的生命不在逻辑,而在经验",说的就是这个道理。当然也正是因为此,我们认为,无论作为个体性的司法知识,还是作为公共性的知识体系,它们无疑都具有极强的经验性。

司法知识的经验性命题意味着:首先,无论是个人的,还是某一群体的,抑或是整个社会的,他们有关司法裁判的认识都必须接受验证,因为经验知识都是可以被证伪的和可错的,是待修正或者可修正的认识成果。其次,这其实也就表明了司法知识从本质上来说乃是一个开放的知识体系,因而"任何人都可以表达一种导致人们发现公认理论中矛盾之处的思想"、"任何人都可以做出一种可推翻公认理论的观察"❷。这意味着我们在建构司法知识体系时,不仅需要平等地尊重不同主体间关于司法裁判的不同认识,而且也要积极地创造条件(例如建构自由且宽松的商谈情境,或者提供完备的沟通交流的程序等)以便尽可能地达成不同司法知识之间的共识。第三,无论如何,司法的改革与发展都必须要创造一切条件以便于司法知识的积累,而不是相反。因为,司法"知识的发展方式

---

❶ 参见[法]布迪厄:《实践感》,蒋梓骅译,译林出版社 2003 年版,第 57 页。
❷ [德]格尔哈德·帕普克主编:《知识、自由与秩序——哈耶克思想论集》,黄冰源译,中国社会科学出版社 2001 年版,第 90 页。

只能靠'积累'",并且这种在时间与空间维度同时展开的积累,不仅能够使司法知识的作用或者能效"更进一步",而且也能使司法知识的意义更加复杂辽阔。❶

二、司法知识的规范性

如果说司法的经验性命题是一种对司法裁判活动所做的事实层面上的描述的话,那么司法知识的规范性命题则意味着要对司法裁判在规范层面上予以评价。这种评价不仅能够为司法的认知者提供认知意见,进而改善认知策略,引导个体或者共同体不断提高认知条件,而且更为重要的是,它还能够为认知者提供一种操作与干预司法世界的方式,进而使得认知者能够借诸有关司法的认知来直接面向司法的实践。

应当说,自古希腊始,"传统知识论就都具有规范性的鲜明烙印,因此其显著特征就是认为世界及其研究对象是可以认识的,而这种认识过程存在某种支配该活动的规范,科学的进步或知识的合理性就在于对这种规范的遵循。认识论者所要做的,就是努力寻找这种规范并精确地加以提炼,使哲学家和科学在各自的认识活动中自觉遵循,以便更好地使认识深化和科学进步"❷。换言之,在科学理性的统摄与形式逻辑的支配之下,传统知识论不仅把知识(认识)问题放在存在问题之前,而且一直致力于探讨"知识应该是什么"的答案,努力寻找"知识何以成为知识"的标准,不断追问"我们是否可能获得关于这个世界或者事物的知识",着力解决"如何有效获得知识"的步骤与程式。当然,也正是因为认知主义者与非认知主义者的争论以及这种争论背后所体现出的这种对规范性知识的不懈追求,使得知识理论经由发展而拥有了自己的学科内容、体系结构与研究方法,从而成为一门区别于其他社会科学的自治研究领域——知识学。

的确,规范性的知识乃是知识规范认识的产物,是建立在对于知识的规范性问题的回答基础之上的。而知识的规范性问题,又"主要指的是关于事实的经验科学与关于行为的规范科学之间的关系问题"❸。这样,结合认知主义者对知识规范性命题的核心发问,那么规范性知识的一个基本假设就是存在着可靠的知识基础和信念确证的客观标准;而获致这一标准的途径,则是通过"限定或者

---

❶ 赵汀阳:《知识论之后》,载《读书》1999年第8期,第79页。
❷ 殷杰、尤洋:《当代社会认识论研究及其意义(上)》,载《科学技术与辩证法》2008年第4期,第41页。
❸ 于金龙、吴彤:《科学哲学中的规范性研究述评》,载《哲学动态》2007年第1期,第46页。

假设认知主体的规范性质来理解知识或者信念的规范性"。换言之,规范性认识乃是通过规范认知者的认知行为来获取"真理",获致"正确"的同时避免"错误"。因为在它们看来,真正需要的是从认识者所遵循的"规范"方面来寻找有关知识的答案。也正是在此意义上我们看到,它其实是以认识主体为根据而不是以信念为根据的。[1]与此同时,规范性知识探索的主要目标乃是为了确定知识是由什么组成的,以及什么使知识成为可能。[2]

知识的规范性命题对于司法知识来说,意味着我们要尝试着解答三个(类)核心命题:第一,我们能否获得关于司法或者司法命题的知识(或者我们能否认识司法或者司法命题)？第二,如何获得关于司法或者司法命题的知识(或者发现与证立司法知识或者司法命题的方法是什么)？第三,司法知识是客观的吗？或者司法是一门科学吗？(或者在最宽泛的意义上来说,法律知识是客观的吗？法学是一门科学吗？)很显然,这些问题通过经验描述是无法给出令人满意的答案的,是需要通过对它们的规范性限定(normative qualification)以及规范性证成来获致理解并解答。因为只有通过信念的证成,才能将经验性的认识自然而然地过渡到规范性的认识上来。换言之,由于规范性的认识是把人的行动与事件限定为规定性的(prescribed),但实际上人们也可以将这种规范性限定视为一种逆向的真理(a inverted truth)。这是因为"真理性的"与"虚假性的"("ture" and "false")其实都是限定性的语词。这样,如果事实与 P 描述它们的方式是一致的,那么这意味着一个描述性命题 P 将被限定为是真理性的;反之,如果其不能与事实相一致,那么这一命题 P 就是虚假性的。[3]与此同时,在知识的确证意义上,规范性概念还具有一种描述性的意义;这种描述性的意义由于又是"通过那种设定相同概念之有意义使用的判准来表现出来的,因而这种规范性的认识及其概念命题的陈述就可以因此获得证成"[4]。换言之,在司法知识的规范性命题里,所谓"可证成性意味着当某人面对一种规范表达性陈述或者价值陈述的时

---

[1] John Greco, *Virtues and Vices of Virtue Epistemology*, in Knowledge and Justification, I, p.553.
[2] H. Kornblith, *Justified Belief and Epistemically Responsible Action*, The Philosophical Review, 1983, pp. 33—48.
[3] 参见雷磊:《规范理论与法律论证》,中国政法大学出版社 2012 年版,第 73～74 页。
[4] 陈嘉明:《知识与确证——当代知识论引论》,上海人民出版社 2003 年版,第 132 页。

候,他可以问'为什么',进而要求给出支持这一陈述的理由"[1]。而这自然也是极为符合知识在本质上所具有的规范性特征的。[2]

如果我们把视野放得宽一些,从关系性的视角来处理司法知识的规范性命题,那么司法知识的规范性其实旨在对司法知识经验性所带来的诸种弊端予以适度地反驳。换言之,司法知识的经验性,它所强调的乃是个体有关司法裁判的经验性知识。但毫无疑问,就个体的直接经验而言,它总是存有巨大的局限性的:一般说来,感觉都是极富主观性和私人性的,因而一个人只能感受他自己的感觉,而无法判定与他人对同一事物的感觉内容是否相同——"我的思想只有我可以直接接触,正如我邻居的思想只有他直接知道"[3];更何况感觉经验中往往还包含着诸多的误解和错觉等——"任何有关知觉经验的命题,不论它是多么精细,都无法避免被驳斥的命运;无论我们如何小心与努力,也无法构造这样的语句,而且人们总是有着许多理由来怀疑存在这类语句的需要"[4]。因此,也就很有必要引入某一方法对这些经验性的知识予以修正并确证。与此同时,由于个人有关司法裁判的经验性知识还不可明确地表达出来,进而也就无法完全集中和传递,从而限制了这些经验性司法知识效能及其影响力的发挥。换言之,在特定的时空背景下,不仅每个人实际上都具有相对于其他人的某种优势,而且每个人也都掌握着其本人可以利用的独一无二的经验和信息,但是基于这些经验和信息的决策以及行动却只能由其本人来主导或者只能由其本人积极参与实施。这样,每个人所拥有的经验性的司法知识往往也就只能够在其个人的实践活动过程中才能被有效地利用。而这其实也就意味着,这些经验和信息都可能因无法及时地确证而面临着失效的风险。

进一步,由于司法"知识无法在任何时刻都被还原到经验因素"[5],因而为了扩大其效力,经验性的司法知识就必然要通过各种途径以期上升为规范性的司法知识。毕竟,(1)个体的、经验性的知识所反映的客体事物间的因果关系是有

---

[1] [瑞典]亚历山大·佩岑尼克:《法律科学:作为法律知识和法律渊源的法律学说》,桂晓伟译,武汉大学出版社2009年版,第246页。

[2] M.Janvid, *Epistemological Naturalism and The Normatively Objection or From Normatively to Constitutivity*, Erkenntnis,Vol.60,2004,pp.35-49.

[3] [奥]恩斯特·马赫:《认识与谬误》,洪佩郁译,东方出版社2005年版,第19页。

[4] John L.Austin, *Sense and Sensibilia*, New York:Oxford University Press,1964,pp.152-153.

[5] Alvin I.Goldman, *Epistemology and Cognition*, Cambridge:Harvard University Press,1986,p.52.

限的,只有上升为规范性的、公共意义上的知识,才能从众多相关经验中概括出具有更高水平的因果必然性;(2)丰富的、复杂无序的个体经验性知识只有上升为规范性的、公共意义上知识,即经过逻辑的系统化加工才能形成条理清晰的体系结构,实现有效记忆、提取和应用的根本目的;(3)个体的经验性知识只有在抽象上升为规范性的、公共意义上的知识的过程中,才能消除不同个体知识间的矛盾冲突,才能使一些知识因与其他知识之间存在矛盾而被分检出来,才能进一步增强知识的确定性和可靠性。❶

这意味着司法知识的规范性命题除了建立在传统知识理论基础上的、那些已经被证立了的司法知识的普遍性与科学性和司法知识的确定性与客观性之外,还意味着司法知识不仅是体系性的,而且也是稳定性的,还是可证立性的。换言之,在司法知识的规范性命题里,所谓司法知识的"体系性"指的是将某个时点已经获得的司法知识的全部以整体的方式将其表现出来,且将该整体之各个部分用逻辑联系起来。❷ 由于司法知识最初的存在形式乃是法律人或者社会大众针对司法裁判问题的个人意见,但是随着司法裁判实践的日益复杂化以及认识的深入发展,也就越来越需要一种更为形式、抽象与系统的司法知识体系来对司法裁判问题做整体性的指导。而正是这种系统化的作业,使得司法知识从一种具有说服力的个人意见变为相对确定化与可传授的具有规范性和普遍性的公共知识。而所谓司法知识的"稳定性",则意味着在对司法问题进行知识体系内部的论证时,应当能够找得到来自制度的支持并有成熟的理论作为基础,并且在司法知识共同体内部对于司法知识的内涵也有着基本的共识与相似的预期,从而使得司法知识的运用具有连续性。❸ 那么在此意义上,司法知识的稳定性显然已不再要求其有着如自然知识般的确定性概率与绝对的客观性、正确性,而只是要求它能够有理论传统的支撑,以免使其流于个人感情与恣意的随意表达。而这其实也就意味着,尽管围绕着司法以及裁判所形成的各种理论,它们都有各自内部的理论发展脉象以及不同的历史过程,但客观地来说,通过这些理论相互间的命题论辩与知识发展,它们多多少少都已形成了有关司法以及裁判的知识

---

❶ Karl Mannheim, *Eassys on the Sociology of Knowledge*, London: Routledge & K.Paul, 1952, pp.42-48.
❷ Stephen Toulmin, *The Recovery of Practical Philosophy*, in The American Scholar, Vol.57, 1988, pp.337-352.
❸ Robert Alexy and Aleksander Peczenik, *The Concept of Coherence and Its Significance for Discursive Rationality*, in Ratio Juris, Vol.3, 1990, pp.132-143.

传统,并且能够为司法裁判的实践提供各种相对成熟的学说、原理与标准,以及形成了特定的解决司法裁判问题的办法。所谓司法知识的"可证立性"则意味着,一方面司法知识可以在研究与适用时得到证立、确证与检验,可以通过反复地使用而得到"强化记忆"的效果;另一方面则也不排除通过进一步的证立来修正和改变已有的司法知识,进而发展出更符合实践要求的有关司法裁判的学说与原理。而这两个方面其实也就意味着,无论如何,司法知识不仅应当是可以接受主体间的观念与实践的共同检验的,而且同时也是可以被传授与教导的。换言之,司法知识一方面在司法裁判的过程中反复地被使用,有时更在解决疑难案件时凸显其功;而另一方面,这些知识也在司法裁判的实践中被不断地突破、修正与创新,尤其在受到疑难案件的挑战时。除此之外,也正是通过这套知识、思维与方法的传承,不仅保证了一个法律人共同体的发展、壮大,而且也使得司法知识所观照下的司法裁判成为一种独立于其他法律适用活动的存在。❶

可见,与建立在个人理性基础之上的经验性的司法知识不同,这种规范性的司法知识它所强调的乃是建立在交互理性与交往结构基础之上的、社会性的经验共识。换言之,司法知识的规范性命题乃是反对用经验来对司法裁判及其现象展开唯一性的认识,以及矫正用经验性的知识来验证司法知识所可能存在的不稳妥性。当然,规范性司法知识命题的存在所赖以为凭的"交互理性",它其实意味着一种体现在交往行为语境和生活世界结构当中的公共理性。因而,这种交往理性乃是表现在交往共识的前提之中。❷ 而所谓社会经验"共识"之达成,其实也就意味着如果没有"共识",那么不仅司法知识本身无法成立和存在,而且人类有关司法裁判的实践也将无法进行。

的确,司法知识的规范性与经验性,前者是以逻辑演绎法为基础的理性主义司法知识观,它注重对司法以及裁判活动予以一种纯概念性的研究;后者则是以经验归纳法为基础的经验主义的司法知识观,它旨在对司法以及裁判活动予以一种纯粹的描述。与此同时,在司法知识的证成或者论证上,经验主义主要"通过可观察事实的方法来检验",而规范主义则主要"从认知主体出发并依赖数学

---

❶ Stanley K.Laughlin & Daniel T.Hughes, *The Rational and the Reasonable : Dialectic or Parallel Systems?* in James L.Golden and Joseph J.Pilotta(eds), *Practical Reasoning in Human Affairs*, D.Reidel Publishing Company,1986,pp.188-195.

❷ 参见[德]哈贝马斯:《后形而上学思想》,曹卫东等译,译林出版社 2001 年版,第 60 页。

与逻辑学所独具的逻辑证明方法"❶。然而,尽管二者都各自抓住了司法知识形成过程的一个环节,但对于作为整体性的司法知识而言,它们无疑却又因此导致了各自的片面性:"前者缺乏对人的认识能力进行审查的环节,盲目地相信推论出的知识具有必然性,导致的后果是独断论;后者错误地审查了认识能力,认为人不能够获得确定性的知识,导致怀疑主义,甚至是不可知论。"❷

当我们进一步深入到经验性的知识理论与规范性的知识理论之中进行系统地考察,那么我们便会发现,一方面,虽然近代经验论从培根发展到休谟,他们一直坚持经验是知识的合法性基础,但由于不理解思维的作用,因而他们主张认识不能超出经验的感性内容。这样,他们就不仅混淆了知识本身与知识标准的区别,而且还走向了怀疑论,并最终否定了科学知识的必然性,从而破坏了知识的客观性基础。与此同时,他们所赖以证立知识的归纳法也有着自身难以克服的缺陷。这个缺陷便是"我们永远不能用已经出现的某种现象来推论那些没有出现的现象"❸。换言之,"归纳,即以大量观察为基础,既不是一种心理学事实,也不是一种日常生活事实,更不是一种科学活动的程序,而是一种神话"❹。另一方面,规范性的知识论所强调的是"一切必然有效的知识都是经由分析而来的";它们主张知识的客观性,承认知识或者思想虽然包括问题、理论和论据等,但这些问题、理论和论据"却与任何人自称自己知道完全无关,同任何人的信仰也完全无关,同他的赞成、坚持或行动的意向也无关"。因为在它们看来,"客观意义上的知识成了没有认识主体的知识"❺,或者说作为认知主体的人被消解了、"死亡"了。❻ 与此同时,由于这种规范性的知识理论它过分强调了作为分析的逻辑技术,因而也就导致了它只关注科学陈述的"形式"(逻辑形式)、科学定律的逻辑结构、科学理论的逻辑骨架、科学说明的逻辑模式、科学推理的逻辑关系,而不涉及科学的"内容"。这种脱离内容的"形式"一旦成立,就不随具体的科学理论的变化而变化,不随科学在其中活动的社会文化条件的变化而变化,也

---

❶ [美]罗蒂:《真理与进步》,杨玉成译,华夏出版社2003年版,第14~15页。
❷ 郝鸿军:《知识的合法性》,吉林大学2007年博士论文,第33页。
❸ [英]休谟:《人性论》(上册),关文运译,商务印书馆1980年版,第59页。
❹ [英]波普尔:《猜想与反驳——科学知识的增长》,傅季重等译,上海译文出版社2001年版,第52页。
❺ [英]波普尔:《客观知识》,舒伟光等译,上海译文出版社2001年版,第116~117页。
❻ 参见[法]福柯:《不正常的人》,钱翰译,上海人民出版社2003年版,第47页。

就是说,知识成了与科学史无关的东西。❶ 当然在此之中,尽管康德试图克服二者之间的缺陷,认为知识既不是单凭经验综合也不是单靠理性分析来获得合法性的基础,提出并解决"先天综合判断如何可能"的问题来为知识奠基,尝试着把知识的合法性基础归入先验领域。❷ 然而同样遗憾的是,尽管康德的这一理论有其创见,但由于深陷"经验"与"规范"之二元对立的结构之中,进而使得其理论中的时间—空间观念广受质疑和现象物自体的划分也遭受指责之外,有关知识理论的"先天综合判断"学说也被指是有误的。❸

实际上,若是从关系性的视角来整体性地观察司法知识的话,那么不仅经验性的司法知识与规范性的司法知识之间的关系并不是一种二元对立的单一性的逻辑关系,而是一种逻辑与非逻辑的交相互动的关系;而且经验性的司法知识与规范性的司法知识之间也并不存在难以逾越的鸿沟,相反,不仅两者之间是可以相互沟通交流与互动转换的,而且通过具体的司法知识实践活动(同时包括认识实践与知识实践)也是能够将二者连接起来的,进而据此形成一个有关司法知识的复合体,从而达致两者之间的融合。而这其实也就意味着,我们不能因为司法知识的发展是一个由"经验性知识"向"规范性知识"迈进的过程,而否定经验性的司法知识存在的合理性;恰恰相反,经验性的司法知识与规范性的司法知识,如同语言和世界一样,其实是一体的——它们既是司法知识的有机组成部分,也是司法知识的不同面相而已。

第四节　司法知识的实践性与思想性

在面对司法知识属性上的确定性与不确定性、个体性与公共性、经验性与规范性等这些对立性的矛盾范畴时,我们都将其达致"和合"并融为一体的机制归结为通过实践来完成二者的对立统一。那么这是否意味着,司法知识本身也内含着实践性的属性?与此同时,这种实践性的司法知识命题还存在着其对立面吗?如果有,那么作为与实践相对应的理论或者思想以及它所关联着的理论性

---

❶ 参见[美]夏佩尔:《理由与求知——科学哲学研究文献》,褚平、周文彰译,上海译文出版社2001年版,第65~66页。
❷ 参见齐良骥:《康德的知识学》,商务印书馆2000年版,第37~68页。
❸ 参见韩水法:《批判的形而上学》,北京大学出版社2009年版,第68~92页。

或者思想性的司法知识命题,它们对于我们理解司法知识又将意味着什么呢?

一、司法知识的实践性

从司法知识的渊源以及理论自身的发展历史来看,司法知识的实践性其实是不容否认的。因为从根本上来说,"社会生活在本质上是实践的。凡是把理论导致神秘主义的神秘东西,都能在人的实践中以及对这个实践的理解中得到合理的解决"❶。而这其实也就意味着,不仅知识与人类的生存实践以及社会活动之间存在着必然的、内在性的紧密联系,而且肇始于实践哲学基础之上的司法知识理论也使得实践性成为了司法知识的本质属性。

的确,自从亚里士多德将科学分为理论的、实践的和制作的三类,并将实践理性的目标定位为指导行为的实践之知而不是理论的真理时始,知识的实践性便成为认识论的考察重心。它强调知识源自于实践,反对所谓先验的知识、纯粹的知识。它主张"实践是人类的存在的方式,它是人的生命本质,人类的一切都直接或间接来源于实践。实践是人类理性改造客观世界的有意识、有目的的自由自觉活动"❷。因而在此意义上,人们"只有在实践中才能证明自己思维的真理性。与此同时,实践活动可以改造和发展以往的知识,生成新的知识;生活、实践的观点是认识论的首要的和基本的观点;判断认识是否是真理,不是依主观上如何而定,而是以客观上的社会实践而定;实践理性高于理论理性等等"❸。除此之外,在知识的实践性命题看来,任何知识都是具有社会—历史性的,都是特定社会—文化情境系统的产物,都是地方性的,不可能存在超越时空、超越历史的纯粹知识或者绝对知识,不存在"放之四海而皆准"的普遍性知识。❹ 而这其实也就意味着,人们只能在现实社会和实践活动中获得司法知识,并且也只能是在特定的社会实践活动中达成不同主体间有关司法裁判的认识的共识,以及还只能是在特定的社会实践中保留不同主体之间有关司法裁判认识上的歧见和悖谬。

如果我们从认识的内在结构来进一步观察司法知识的实践性,那么这其实

---

❶ 《马克思恩格斯选集》第1卷,人民出版社1995年版,第60页。
❷ 王炳书:《实践理性论》,武汉大学出版社2002年版,第205页。
❸ 郝鸿军:《知识的合法性》,吉林大学2007年博士论文,第121页。
❹ 参见高志刚:《司法实践理性论——一个制度哲学的进路》,上海人民出版社2011年版,第56页。

意味着,首先,作为认识对象的司法制度与裁判活动都是具有实践属性的。因为它们都是人们在纠纷解决活动中不断总结进而提炼出来的制度规范与模式类型。换言之,司法制度以及裁判活动之所以是一种可以被理性讨论的实践智慧,其原因就在于"它是来自于人们真实的生活世界,并且是生活世界的规律性和目的性的反映。……司法规则是一个'美'的系统。当我们在参与司法实践时,如果能够亲身感悟或体会到法庭的公正秩序与规则,那么我们体会到的不仅是一种真实的公正与严肃的权威,还感悟到了一种法治美。'美'在这里不是单纯的静态的表达,已转化为一种现实的对象力量"❶。其次,主体在认识的过程中不是"旁观者"而是"参与者",他是以认识实践者的身份参与到有关司法裁判的认识活动之中的。这样,他不仅会有意识地"选择"认识对象的某个方面为认识的侧重点,而且也会人为地"安排"认识的过程。而这其实就意味着主体身份的实践性以及这种实践性因素对司法知识的形成所可能产生的致命影响。当然这更意味着,包括主体在内的认识活动中的主体选择与安排,都完整地构成了主体认识实践的一部分,是完全融入到有关实践性的司法知识的生产与再生产活动之中的。第三,无论这是一种思想/理论实践还是一种制度/规则实践,抑或是主体的行动实践,有关司法裁判的认识过程本身其实就是一种认识的实践过程,"一种'理论性'的法律实践活动"❷。因为从一般性的意义来说,"认识过程一方面接受了存在着的世界,使其进入自身内,进入主观的表象和思想内,从而扬弃了理念片面的主观性,并把这种真实有效的客观性当作它的内容,借以充实它自身的抽象确定性。另一方面,认识过程扬弃了客观世界的片面性,反过来,它又将客观世界仅当作一种假象,仅当作一堆偶然的事实、虚幻的形态的聚集。它并且凭借主观的内在本性以规定并改造这聚集体。前者就是认知真理的冲力,亦即认识活动本身——理念的理论活动。后者就是实现善的冲力,亦即意志或理念的实践活动"❸。而这其实也就意味着,任何认识的活动都是一种理念与实践相结合的活动。第四,有关司法裁判的认识结果,既是一种实践智慧的结晶,又是实践行动的前提。因为这种认识的结果是从实践中来(即是从对司法裁判实践活动的认识中来),也要到实践中去的(即要付诸于司法裁判实践活动的检

---

❶ 王申:《法官的实践理性论》,中国政法大学出版社2013年版,第112页。
❷ 李猛编:《韦伯:法律与价值》,上海人民出版社2001年版,第37页。
❸ [德]黑格尔:《小逻辑》,贺麟译,商务印书馆1997年版,第113~114页。

验)。基于此,如果我们把观察的视域放得小一些,从这种实践性的司法知识的主要拥有者和使用者的角度来看,那么这种实践性的智慧意味着在司法审判的过程中,"法官需要的不是武断和反复无常的标准,需要的是'能够按照理性实践而形成并检验的标准,而不是一种纯粹的武断行为或意志行为'"❶。这样,"既然实践理性和实践智慧是法官行为所必需的,那么法官就自然应该努力通过知识的实践来提高自身的实践理性,培养自身的实践智慧"❷。换言之,这意味着在实践性的司法知识命题看来,"法官应当具有实践意义上的智慧,或者用亚里士多德的话来说叫作实践智慧,法官应当成为一个 phronimos(明智者),即一个在实践上很有智慧的人"❸。当然所有的这些,无疑都会强化司法知识命题的实践意涵。

更进一步,其实作为一种对司法及其裁判现象进行反思性实践的活动,司法知识的研究论域和理论定位必然是首指司法裁判的实践。因而司法知识的实践性必然首先意味着,司法知识必须要"从实践中来,到实践中去"。换言之,一方面,不仅司法知识必须来源于客观的司法裁判活动,而且如果我们把视野放得宽一些,那么对于司法裁判活动的认识也必须要建立在人类的社会现实生活以及实践这一更为宽敞的舞台之上。我们要意识到,不仅"生存实践活动乃是人类一切知识为之旋转的轴心"❹,而且对于"这些以及其他一切哲学上的怪论的最令人信服的驳斥是实践"❺。另一方面,司法知识的实践性又意味着司法知识的全部意义(也即是否能够指导司法裁判实践? 以及在更大的范围上,能否引导我们的社会生活朝着更好的方向发展?)必须在司法裁判的实践中、在更广泛意义上的社会生活实践中予以检验。换言之,实践性的司法知识命题坚持,真正的司法知识及其理论"在世界上只有一种,就是从客观实际抽出来又在客观实际中得到了证明的理论,没有任何别的东西可以称得起我们所讲的理论"❻。而这

---

❶ [美]玛莎·努斯鲍姆:《诗性正义》,丁晓东译,北京大学出版社 2010 年版,第 128 页。
❷ 武建敏:《司法理论与司法模式》,华夏出版社 2006 年版,第 23 页。
❸ [美]劳伦斯·索伦、王凌皞:《美德法理学、新形式主义与法治——Lawrence Solum 教授访谈》,载《南京大学法律评论》2010 年春季卷。
❹ 俞吾金:《存在、自然存在和社会存在——海德格尔、卢卡奇和马克思本体论思想的比较研究》,载《中国社会科学》2001 年第 2 期,第 56 页。
❺ 《马克思恩格斯选集》第 4 卷,人民出版社 1995 年版,第 225 页。
❻ 毛泽东:《整顿党的作风》,《毛泽东选集》第 3 卷,人民出版社 1991 年版,第 817 页。

其实也就意味着,有关实践性的司法知识命题的展开,"它不但要能运用你的智慧的抽象能力,还要能与这有限人生的实际世界有某种肯定的联系"❶。

因此,司法知识的实践性意味着,"它是日常生活的基础,是意义的制造者,为社会整合提供了基本的结构"❷。而这其实是将有关司法知识的实践性命题推向了更为广阔的应用空间,使得我们看到它不仅蕴含着社会秩序的基本结构与逻辑原理,因而得以型构人们日常的社会生活及其秩序,并提供生活意义这一公共知识产品的支持;而且也为社会结构提供合法化的证成与说明,因而能够统合其不同的秩序与行动,进而形成合力,以便于社会的持续运转;还能够整合因知识立场的差异所导致的社会秩序与结构的断裂,因而能够在不同的社会秩序与结构之间建立起沟通的机制与纽带,以便利于社会的良性运转。

当然,由于"知识的生产、交流、辩护和合法化,是一种建立社会规范模式的事情"❸,因此司法知识的实践性又意味着,通过知识来理解"人"的本性成为了可能。换言之,人之为人的本性其实并不是前定的,也不是先在的,而是在人的实践活动的过程中自己创造的,是在实践活动中逐渐生成的,是在实践中不断丰富起来的。在此意义上,只有从事实践活动的人才是现实的人。而也正是因为此,通过实践性的司法知识命题的展开,我们从中不仅能够把握作为司法知识主体的"人",同时也能够看清作为司法知识客体的"人"。

此外更重要的是,司法知识的实践性特征还意味着,不仅司法知识的有效性必须要建立在社会实践的基础之上,而且司法知识也必须以这种社会实践作为其合法性的原则。而这对于司法知识理论的体系建构无疑具有突破性的意义。因为一直以来,无论是知识论还是司法知识理论,都将知识的有效性与合法性建立在信念之真的证成或者可接受性的论证之上。比如传统的知识论就认为,知识是一种自在自为的实体,它自身就具有永恒的同一性和独立性,因而知识的合法性来源于本体(理念或形式);这样,对本体的认识形成的是知识,而对现象的认识得到的则是"意见";与此同时,知识是可靠的,意见是不可靠的。又比如现代主体间性的知识论认为,知识的合法性来源于主体(理性和经验);具有合法性的知识表现为具有"普遍必然性"的知识。换言之,在它看来,知识的合法性

---

❶ [美]詹姆斯:《实用主义》,陈羽纶、孙瑞禾译,商务印书馆1981年版,第13页。
❷ [美]罗蒂:《后哲学文化》,黄勇译,上海译文出版社2004年版,第166页。
❸ James Bohman, *New Philosophy of Social Science*, Polity Press, 1991, p.28.

表现为能否被普遍接受或"一致认可(或者共识)"。❶ 然而,由于它们要么都无法很好地回答"主体—客体"之间的二元对立关系,要么都无法很好地解决"经验"与"规范"的结构性对立,进而导致它们都难以承担起重建知识的合法性与重构当代知识观的重要任务。要想重构适应知识经济发展和知识社会现实的知识观,在我看来一种可能的尝试,便是必须将司法知识的合法性建立在实践的基础之上。我们不仅要意识到任何观念活动和认识活动都只是社会实践活动的一个环节,都是整体理性实践活动的构成要素;也要意识到知识其实是对物质世界"应当如何"和"怎么做"的问题的观念掌握与实践解答,它是人类社会实践的导向性因素,是改造人与世界的实践活动的行为准则。因为,不仅实践是一切认识的起点,也是解决一切矛盾的基础;而且知识的实践,它既是"知识生产与知识劳动的统一"❷,也是对以往的、人类实践形态的超越,是人类生产与社会进步的强大动力。❸

可见,经由司法知识的实践性特征及其内涵的展开,我们看到,不仅有关司法的认识实现了从原本只是一种"解释世界"的纯粹理性上的意义言说向"改变世界"的行动实践及其准则的根本性转变,而且司法知识原本内含的矛盾性结构与对立性范畴也都在实践理性的论域中得到了辩证统一。然而即便如此,我们仍然需要提醒注意的是,将司法知识的合法性建立在"实践"的基础上,根据认识之规律以及知识的社会史,它同样不会是一劳永逸和绝对不变的,而也是有限度的。❹ 这种限度的存在并不意味着司法知识力的削弱,相反它是意在提醒我们时刻要对司法知识的理论保持应有的谨慎,要意识到只有在人类社会的不断发展与深入实践中对有关司法的认识进行持续且开放的反思,才能够避免将有关司法知识的理论体系导向封闭和僵化。而这,便可说是实践性的司法知识命题的全部魅力所在。

二、司法知识的思想性

如果我们把视野放得更宽一些,那么无论是知识还是司法知识,它们不仅是

---

❶ 陈嘉明:《知识与确证——当代知识论引论》,上海人民出版社 2003 年版,第 188~189 页。
❷ 赵剑英:《论人类实践形态的当代发展》,载《哲学研究》2002 年第 11 期,第 63 页。
❸ 参见[加]尼克·斯特尔:《知识社会》,殷晓蓉译,上海译文出版社 1998 年版,第 152 页。
❹ 参见[法]福柯:《词与物——人文科学考古学》,莫伟民译,上海三联书店 2001 年版,第 412 页。

经由人们的认识活动而来的,也是经由理性的思考和精神的凝练而成的。因此,它们不仅是认识的结果,也是精神的现象和思想的外化;它们都是人类文明的产物,都具有理性的因子和文明的导向。这样,它们就与单纯的指向物质世界里的实践不同,它们是理论性和思想性的,是具有精神意涵与伦理关怀的,是直指人们的精神世界和信仰空间里的思维与实践的。

的确,尽管"求知乃是人类的本性"(亚里士多德语),但是人们往往都是为了更好地生存下去而不断地求知,这一过程绝不能颠倒过来。因为"人类决不可能以无所事事的方式去求知,他们总是带着与自己的生存有关的、抽象的或具体的目的去求知的。求知不是生存的前提,相反,生存才是求知的基础"❶。这样,知识的理论也就具有一个使命的问题。而这个使命的存在就不仅会促使有关知识的理论在不同的历史时期以不同的方式去不断地追寻和定位人的生存理由与生命意义,而且在有关知识理论的演变过程中还能不断地体现出人类艰难而曲折的追求生存及其意义的精神与思想的心路历程。

其实从本源上来看,知识及其理论的核心乃是以人的理性、人的思想去追问并追求人的存在和人的生活世界以及经由此来达致对人的生存理由和生命的真正意义的理解。❷ 这样,如果认为知识仅仅只是科学(这里仅指一套定义指称性的陈述)与理性,只是一整套形式逻辑意味极为浓厚的话语系统和概念范畴,那么这就太褊狭了。与此同时,如果把知识仅仅限定为"如何操作的技术",仅仅看成是一些具有可操作性的程式和规则,看成是一些可以组织化管理的信息与资料,那同样也是太局限了。实际上,知识不仅包括为什么要实践以及如何实践,更重要的是它包含了对"如何理解"、"如何思考"以及"如何生存"❸系列等问题的思考与回答。因为"能否思想与是否存在、如何存在具有极为紧密的内在关联"❹。而这其实也就意味着,知识及其理论不仅必须探求实在,找准存在,进而观察物质世界,掌握其中的普遍规律,而且也要意识到,探求实在以及观察物质世界的最终目的乃是为了思考,乃是要通过这种思考以及由此所带来的思

---

❶ 俞吾金:《从传统知识论到生存实践论》,载《文史哲》2004年第2期,第12~13页。
❷ 参见[德]海德格尔:《面向思的事情》,陈小文、孙周兴译,商务印书馆1999年版,第28页。
❸ [法]利奥塔:《后现代状态——关于知识的报告》,车槿山译,生活·读书·新知三联书店1997年版,第75页。
❹ [美]史蒂芬·科尔:《科学的制造——在自然界与社会之间》,林建成等译,上海人民出版社2001年版,第158页。

想实践及其知识成果来有益于我们个人和集体生活的不断改善,从而致力于寻找到个人与人类精神的一致性,达致精神世界的完满和信仰空间的充实。

由于传统的知识理论往往将有关知识的表述和研究导向实践与现实的境地,因而使得它在处理知识的问题时过于单纯且简化,而这种有关知识的纯粹理性对待同时却又造成了知识与社会/现实之间的关系紧张,进而表现为人类的科学技术活动缺乏意义基础与价值关怀,以及理论世界里形式逻辑推理的滥觞所造成的对于丰富情感的格式化与人性的漠视。这样,当人们在这种知识理论中自识和反思自身的存在时,才意识到原来在这种有关知识的思想行动中实际上已然忘却了人自身的存在意义与个性价值。因为所有原本生动的人都被统一假设为"理性人"。与此不同,在现代知识理论中,无论是提出"生活世界"概念的晚年胡塞尔,还是为了交往行动的有效性而创立"普遍语用学"的哈贝马斯,抑或是创建知识社会学的舍勒、曼海姆,或者倡导"当下上手的"海德格尔式的存在主义,他们共同的理论旨趣都是尝试着把知识奠基于人类的生存实践活动之上,关注生活形式、生存智慧和生命意义。因而我们看到,这种有关知识的生存性思考不仅开启了对科技理性或者单纯的实践理性的当代反省与批判性考察,而且也意味着人类开始了对自身生存境况的理性自觉以及对于自身精神生活,尤其是对于那些伦理上良善而又现实美好的"可能性的生活"的不懈追寻。❶

进一步,其实近代西方哲学,一方面不仅极力地在为知识寻找一条通往普遍必然性和客观可靠性的"真"的道路,另一方面又极力地为知识找寻一条通往美好与幸福的"善"的道路。而这其实意味着,知识不仅要以理性为基础,通过确定性的证成来"给人以稳定和力量",而且也要以德性为基础,通过善的叙述来给人及其存在以自信和尊严。因此,知识就不仅包括一切的真,还包括所有的善。这样,知识就由精神和伦理单纯的辩护者变成为"被审判者"❷。而基于此,它就需要通过思考来回答"知识与人的存在的意义",进而通过此来重新认识知识的伦理价值与人性精神、思想意涵与意义空间。同样也是基于此,我们对于知识的理解,就不仅要把它放在认知逻辑的体系之中,而且也要将其放置于价值体系之中,更要将其放置在伦理与精神世界的延长线上。要把知识与创造知识、掌

---

❶ 参见赵汀阳:《论可能生活》,中国人民大学出版社2004年版,第53页。
❷ [美]赫伯特·马尔库塞:《单向度的人——发达工业社会意识形态研究》,刘继译,上海译文出版社2006年版,第79页。

握知识和运用知识的人相联系起来,把知识与人所生存的自然—社会环境与精神世界以及信仰空间相联系起来。这样,有关知识的伦理蕴涵与精神意义的思考,实际上就是必须要把知识问题放置于认识之外来理解,也即是把知识问题放置于社会政治、经济、文化、伦理等情境系统之中来理解。当然,也正是在此意义上,有关知识的探讨也就变成了一种"对于一切美德的定义"的寻求。因为"现在,如果有任何一种的善是和知识有别的,美德就可能是那种善;但如果知识包括了一切的善,那么我们认为美德即知识就将是对的"❶。而这其实也就意味着,知识就不仅是那种能够使我们的精神生活得以满足的东西,是那种能够使我们的信仰世界更加充实的东西,而且也是能够使我们的精神生活更有价值、有光辉的东西,是能够使我们的心灵更加安宁、更加愉悦的东西。❷

如果我们从存在论的意义上来更进一步观察司法知识的思想性问题,那么这其实也就意味着不是人的理性的无限性,而是人的理性的有限性才是一切知识得以成为可能的、更为深刻的基础。因为"对人类理性来说,关键在于,不是去排除能够、应当和可以,因而不要去扼杀有限性,相反,恰恰要意识到这种有限性,以便在有限性中坚持自身"❸。与此同时,如果我们再从整体性与有限性相结合这一双重视角出发来观察"人"与"知识"之间的关系,那么我们就会更切身地感受到,正是由于人们意识到了自身理性的有限性,才引起了人的自我理解方式的根本性转变——作为主体的人与此在的世界并不是传统认识论下的"主—客体"关系,而从根本上来说已然是在此在的世界中间(in-der-welt-sein)的,进而意识到作为主体的人不仅与此在的世界同在(mitsein),而且又与其他人也同在——也即"意味着此在共同的存在,又意味着每个此在总已经在'世界中'与他人一同在此,此在与他人共在",从而使得其在这一双重开放的结构中得以领会到生存的筹划并领悟到作为主体的人的存在及其生存的意义,最终凭此揭开知识与生存、知识与思想、心灵与此在的内在关联。❹

可见,知识之所以能够改变命运,其前提乃是知识不仅要成为一种实践的技艺和生存的技能,同时更要思考生活的理由、生存的意义与生命的意涵。这样,

---

❶ 北京大学哲学系外国哲学史教研室编译:《古希腊罗马哲学》,商务印书馆1961年版,第164页。
❷ 参见[德]黑格尔:《哲学史讲演录》第1卷,贺麟、王太庆译,商务印书馆1995年版,第157页。
❸ [德]海德格尔:《存在与时间》,陈嘉映、王庆节译,生活·读书·新知三联书店1999年版,第95页。
❹ 参见孙周兴选编:《海德格尔选集》上卷,上海三联书店1996年版,第119~130页。

探寻知识的目标也就并不仅仅只是为了认识或者解释与说明世界,也不仅仅只是为了改造这个世界,更重要的还是以思想来把握这个世界。因此这意味着,不仅思想本身包含着对于知识及其意义有无的追寻——思想成为知识及其意义的展开;而且也试图通过知识与意义的相互关照来认识主体自身的本性,进而为人的生命寻找到"意义"——为人自身寻找活着的理由和设定活着的意义。这样,知识它也就既不能仅仅只是对客观对象物以及外部世界的一种机械性的"镜式"反映,又不只是一种对事物本质的"发现"与"揭示"活动,知识更应当是人们理解事物及其通过理解事物来达致对自身关系的一种理解的一种策略,即一种思考主体的"人"与客观的"对象物"之间的关系以及又该如何打通两者之间的视域障碍、进而连接并融合知识与生活、物质与精神的综合策略。这一点,其实"在对宇宙最早的神话学解释中,我们便可以发现;因为它所试图建立的,就是一门有关人与物质世界相对话的学问"❶。因而,我们也就不难理解,为什么哲学家们对于知识的研究,就不仅仅只是为了从知识的获得过程和知识的最终形式上探究到知识的定义、基本性质与知识成为可能的条件,而是在更为重要的层面上来寻找到知识的表达形式与世界之间的内在联系,以及找到知识及其思维方式、活动内容与人类精神世界的内在契合。同样也正是因为此,我们也就不难理解,为什么人类的认识方式总是会引导着人类的生活方式,而人类的认识结果也总是始终充斥着我们对于过去的总结、对于当下的反思以及对于未来的想象与展望。当然,也同样是基于此,我们也就必须要意识到,"在未澄明人的生存结构之前去讨论知识问题,这一问题必然处于无根的状态下,因为认识或知识并不是其他的东西,它乃是此在在世的一种样式"❷。而这其实也就意味着,知识不仅要转化为实践能力,进而通过认识世界来改造世界;而且也要转化为思想的能力,进而通过此来认识到批判性思维的作用及其重要性;还要转换为信仰的能力,进而由此来建构我们未来的精神生活和意义世界。

司法知识不仅同样具有思想性的特征,而且这种特质还主要是针对司法知识的实践性命题而言的。换言之,这种思想性的司法知识命题,其功能首先表现为要适度地矫正司法知识的实践性命题所可能带来的弊端。因为司法知识的实

---

❶ [德]恩斯特·卡西尔:《人论》,甘阳译,上海译文出版社1997年版,第5页。
❷ [德]海德格尔:《存在与时间》,陈嘉映、王庆节译,生活·读书·新知三联书店1999年版,第24页。

践性不可避免地会带来司法以及裁判的专业化和职业化。而这种专业化与职业化在可以确保司法裁判活动能够为社会提供更高质量的司法知识产品或者公共服务产品的同时,也会导致司法知识的世界与现实社会的日渐脱离。与此同时,这种专业化和职业化不仅会使得司法知识的分类越来越精细进而呈现零碎性的局面,而且也会造成司法知识生产所要求的知识准备的难度越来越大。更重要的是,一旦司法裁判在专业化和职业化的道路上走得很远,那么它们不仅会将司法知识异化为一种技艺,一种案件的操作术或者判决书的制作指南,而且也会将司法知识与现实世界的关系简单化地看成是一种"反映"与"被反映"、"符合"与"被符合"的结构,进而忽视了知识与对象之间多重且复杂的关联以及忽视了知识与"此在"的生存活动之间的内在联系。因此,一旦这种实践性的司法知识的立场泛化开来,那么其间最大的危害显然就不仅是会肢解掉司法知识与现实社会的联系,而且也会瓦解掉个人的综合素质和群体的公共智慧,进而使得综合性的公共智慧便不可能产生,[1]甚至极端一些,还可能促使司法知识的拥有者道德淡漠并奉行操作伦理——法官在司法过程中仅仅扮演一个机械的、法律规范的适用者的角色,结果就很可能会导致司法知识与政治权力的恐怖整合。

的确,司法知识的专业化和职业化,或者司法的知识化,都不仅会宰割掉司法知识的人文意涵,而且也是对司法知识的思想性要求的一种压制和宰割。因为过于强调司法知识的实践性和可操作性,往往就会使有关司法知识的"实然之思"遮蔽掉司法知识的"应然之思",进而促使其异化为一种威胁人的生存的魔力。但实际上,就司法知识的本源来看,它的目标自然是要在追问主体与客体、人与制度的关系的基础上,追问知识与社会的关系,最终关怀人与社会的关系。而这其实也就意味着在建构司法知识的理论体系时,我们仍需追问司法知识的社会意义与人文内涵,进而在此基础上赋予司法知识以思想性与精神性。因此,司法知识的思想性,可能首先意味着它是一种反思意识,尤其是司法知识的理解者必须在自己的认识或者诠释的活动中优先引入反思意识,进而能够对自身的认识以及现有的知识(也即"前见")持一种批判的态度。司法知识建构是否成功实际上也最终取决于诠释学经验下的意识形态批判是否进行彻底。其次,司法知识的思想性也意味着一旦司法知识成了关于司法裁判实践的反思性

---

[1] 参见黄万盛:《大学理念与人文学》,载《革命不是原罪》,广西师范大学出版社2007年版,第166页。

话语,那么它就不再是纯粹的认识论了,而变成了与认知和知识相关的、更为广泛的论题。也即把认知主体与客体都从一种内部的结构性要素转换为一种外在的力量,并通过自我反思的实践,放大到我们即使在宏观尺度下也能看得很清楚并且不能熟视无睹的程度,使得我们看到在宏观尺度下看不到的司法知识的细部结构及其与人文精神世界的关联,从而从微观领域反观宏观领域,体会司法知识的思想性与精神性。❶ 与此同时第三,司法知识的思想性又意味着,司法知识能够通过"积累"的发展方式不断"旁置"旧有的知识,也即不断将老化的司法知识推到旁边去成为司法发展图景中的次要风景,使之对司法知识的发展以及司法知识的思想性的整体画面失去决定性或者削弱其影响力,同时给出一种新的思路,以期通过释放曾被这些知识压制着的司法知识,进而使得它们得以恢复思想法的活力。的确,如果从工具价值的角度来看,我们无疑有理由认为不管司法知识是怎样的花样或者形态都能算是知识,但若是从思想的任务的角度来看,那么唯有符合司法知识发展需要的知识,才值得算是知识。因为,唯有以知识的形式来探讨人的价值性问题,这种"思"才不是单纯的"思",才是最广泛地包含着人的自我意识的"思",才是一种关于"有无意义"的"能否思想"。第四,司法知识的思想性与精神性,还意味着,司法知识所追寻或者蕴涵着的乃是一种"有德性的生活",又意味着通过对于司法知识的整体建构来达致对人自身的深入理解,进而在此基础上建构适合于我们的司法以及裁判制度,以推进我们的生活(不仅仅只是法律生活,还包括社会生活)朝着更有尊严、也更加幸福美好的方向前进。

很显然,司法知识的思想性命题使得"司法知识"与"人(类)的幸福与命运"这两个命题之间的紧密关联以及回答变得无法回避。这样,司法知识的思想性意味着精神性,而司法知识的精神性则又意味着,人的真正的幸福不仅仅只是物质欲望的满足,更重要的还在于对理性的追求。因为,有理性的生活才能算是有德性的生活,而有德性的生活才是真正的幸福生活。"对于人,符合于理性的生活就是最好的和最愉快的,因为理性比任何其他的东西更加适合人。因此,这种生活也是最幸福的。"❷因为"智德是一种比行德更高的道德境界与思想追

---

❶ Gerard Delanty and Piet Strydom, *Philosophy of Social Science*, Open University Press, 2003, pp.8-10.
❷ [法]埃里蓬:《权力与反抗》,谢强等译,北京大学出版社1997年版,第96~97页。

求"❶。当然也正是因为此,这其实也就意味着,一方面,人只有在知识中才能获得幸福,而另一方面,知识则成为人获得幸福的手段和途径。

但司法知识的实践性与思想性同样也不是各自为阵、相互排斥的;恰恰相反,对于整体性的司法知识而言,无论是在实践或者操作层面上,还是在思想与精神的境遇中,"能否思想"与"有无意义"都将会是司法知识的永恒话题。换言之,一方面,有关司法裁判的知识论哲学自始至终要么都是以"能否思想"来表达"有无意义",要么则是以"有无意义"来支撑"能否思想",它既不是以"能否知"来替代"能否思",也不是以"能否思"来超越"能否知"。另一方面,它努力将以理性精神建立起来的知识体系与彰显人的意义世界的主体间性的知识哲学兼容在一起。当然也正是因为此,唯有实现了司法知识的实践性与思想性、意义境界等的结合,"物自体"所蕴涵着的"人自身"的神秘性、难解性与意义性才能被彰显,❷而司法知识也就能够因此完成从理性知识到人生意义的转换,最终也就能够在向人的思想与意义的回归的同时,端正知识思维的运思路径,为人类的司法实践活动和营造人性的生活世界指明方向。

当然,上述所有的这些都只是个大概,❸司法知识的特性肯定还会有很多,还需要我们继续去发掘。但仅仅就从这四组相互交叠、互相杂糅着的司法知识特性及其各自的内容上来看,我们便可发现,司法知识的特性其实如司法知识的概念命题一样,都内含着矛盾以及这些矛盾在认识过程中所表现出来的多重且多组二元对立结构以及这些二元对立的结构在认识实践中所达致的辩证统一。这一方面反映出了认识及其过程的复杂性,进而提醒我们留意事物的多样性和多元性,以及注意"人"与"制度"关系的多层性和多重性,从而在另一个层面上也进一步强化了作为整体的司法知识的存在;而在另一方面,它也旨在提醒我们必须要时刻反思自身认识能力的有限性,不能独断,进而要求我们在对待司法知识问题的态度上必须保有审慎的态度。此外更重要的是,它还提醒我们任何个

---

❶ [德]埃利亚斯:《论文明、权力与知识》,刘佳林译,南京大学出版社 2005 年版,第 83 页。
❷ 参见韩水法:《康德物自身学说研究》,商务印书馆 2007 年版,第 226～233 页。
❸ 必须提醒注意的是,本章所列举的有关司法知识的这四组、八个方面的特性及其内容,都只是在"知识"这一更大的范畴下所展开的具体叙事,司法知识显然是内含于知识之中的。因而我们看到,司法知识的特性与知识的特性紧密相关,甚至两者近乎是一致的。但实际上,哪些独属于司法知识特性,在我看来,唯有在具体的、横向比较"司法知识"与"法律知识",或者"司法知识"与"人文社会科学的知识"的过程中,才会显现出来。而这,显然需要进一步的深入研究与追问。

体的认知者,都应该对他所要接受的有关司法的认识(司法知识)进行证实(求证与求真),以便接近真实。

因此在下面的内容里,我将对上述有关"我"对于司法及其裁判的这种极具个体化的认识,这种所谓的"整体性的司法知识观",结合转型中国的司法,来展现这种个体化认识所可能具有的分析力和解释力,进而在凸显这种个体化知识所具有的公共性力量和因素的同时,开放出"转型中国社会"与"司法知识"这两个命题之间更多相关联的问题群,以便推进我们对于司法知识理论问题的共同关注与深入思考。

下编 司法知识理论的经验诠释

第四章 司法如何面对道德？

围绕着司法知识及其理论,在上编的三章中,我进行了一个基本的哲学展开,阐述了一种整体性的司法知识观,并以此为基础大致建构起一个司法知识的理论体系。而在下编的这四章中,我将围绕着"司法知识"与"转型中国社会"这一主题和背景,特别是通过对转型中国社会里的司法及其现象的详尽分析,来对我所建构起来的这种整体性的司法知识观以及司法知识理论予以具体的诠释和经验性的展开,以期在展现这种整体性的司法知识观及其司法知识理论对于转型中国司法的理论分析力和解释力的同时,揭示当下中国司法问题的现实性和复杂性。

的确,通过借助于实践并引入辩证统一这种论断式的命题来强调整体性的司法知识观及其司法知识理论的合理性,其说明力无疑还是显得有些弱。毕竟,理论的言说还是需要通过对具体问题的分析来予以验证的。与此同时,在司法知识理论的经验性诠释上,即便我们选择了在"司法知识"与"转型中国社会"这一论题与背景之下来展开有关司法知识理论的分析力展示,但由于这一论题和背景本身极为庞杂,不仅其中相互间的关系极为复杂,而且需要进一步明确的问题依然还有很多,因此这难免会使得有关司法知识理论的诠释工作流于表面并泛化。这样,为了更好地凸显这两者之间的紧密联系,更好地对我所建构起来的司法知识理论进行经验性的诠释,我将选取"司法裁判中的法律知识与道德认知之间的关系"、"司法判决的知识基础"、"司法知识的形态及其流变"、"司法知识实践中如何处理判决与调解的关系"这四个更为具体也极具现实意义的问题,同时在司法知识的结构与体系、司法知识的制度与机制、司法知识的生产与再生产等这些较为宏大的理论命题的关照下,以知识社会学为分析进路,以点带面,对转型中国的司法进行知识诠释和经验提炼,以此来展现上编所建构起的整体性的司法知识观及其司法知识理论对于转型中国司法的理论分析力和解释力的同时,揭示当下中国司法问题的复杂性和独特性。而这其实也就意味着,在下编的这四章中,我将针对转型中国司法的具体问题,尝试着对我所建构起来的整体性的司法知识观及其司法知识理论展开较为详尽的论述,以便"有的放矢"的同时,说明整体性的司法知识观及其司法知识理论对于问题的阐述以及问题的开放所具备的中国意义。

即便如此,我们还是不得不承认,下编这四章的问题揭示与意义展开,就宏观的论题关注与具体问题的分析之间,它们无疑又不是严格地一一对应以及截然区分开来的,而其实也会是杂糅在一起的。换言之,每个具体问题的分析都可能会同时涉及到上述所有论题的不同关注。而这其实不仅意味着,当下中国司法问题的复杂性使得任何一个具体问题的分析与解决,都会是牵一发而动全身的;而且也意味着,我所建构起来的整体性的司法知识观及其司法知识理论对于当下中国司法问题的分析是具有一定的独到性和优势的。因为这种整体性的司法知识观所强调的,乃是对司法现象或者司法问题做一种整体性的分析,也即它是将司法及其运作放置在整个社会——文化情境系统里来考察,进而对司法及其运作予以一种全景式或者全方位的透视,而不满足于对司法及其运作做一种"就事论事式"的孤立观察或者分析。因而这种司法知识观它旨在于摆脱传统的以"主—客体"二元相对立或者"人与制度"二元相分离或者"规范与价值"二元相隔阂等为基础的司法知识观,强调不仅司法知识的生产与再生产是主体与客体之间的多方互动互融以及多重地互相描述并相互的诠释,而且也强调司法制度及其运作的过程中,主体与客体之间的互相影响与相互建构;它既期望淡化主体与客体之间的二元对立结构,强调超越主体与客体的二元对立关系,淡化司法知识的是"主体(对于客体的)反映(性)"以及那种简单地认为司法知识"主体(对于客体的)解释(性)",倡导司法知识的解释性与描述性;❶也强调司法制度的优质建构以及优良运作,关键在于人与制度的良性互动;认为唯有人与制度相互动,司法制度才能得以整体运行,而不是单单强调人的因素或者制度的因素。

一旦承认了这一点,那么在方法论的选取上自然也就要从传统知识哲学意义上的、对于事物的反映或者解释转向试图超越传统与现代的、人类学意味上的

---

❶ 参见王天思:《哲学描述论引论》,上海世纪出版集团、上海人民出版社2009年版。

知识社会学。因为知识社会学的主要研究强调的乃是在"知识—社会"的关系链里,关注于"知识"与"存在"、"思想"与"行动"之间的关系。与此同时,一直以来知识社会学都非常注重知识或者观念的社会—历史根源的问题,亦即关注知识或者观念所由起的社会—历史情境、背景或者条件,探讨社会存在(不论是阶级、世代、地位团体,或一些社会过程如竞争、冲突等)如何影响知识或者观念的内容、形式、产生、传播等。❶ 当然也正是因为此,知识社会学的一个主要甚至是唯一的取向,乃是建立在这样的一个基本的假定之上的,即:知识或者观念的形式或内容很可能受到社会—历史条件的影响、制约或模塑,至于影响的程度及方式则系一个经验型的问题。❷ 而这其实也就意味着,知识社会学显然是一种具有历史唯物色彩的方法,因为它的理论论旨始终强调"存在决定意识"或者强调"知识的社会决定"。总之,在知识社会学看来,任何的知识或者思想观念其实都是受社会经济条件所制约的。除此之外,知识社会学也非常注重知识与社会之间的双向关系,强调知识的主动性与能动性面向,进而揭示知识与社会的互通、互融、互构。因此,在知识社会学的理论视域里,所谓司法知识,从更宽泛的视野上来说,乃是由特定的法律话语和社会—文化情境因素以及两者相互通融和共同实践所建构起来的、具有高度复杂性的范畴。❸

当我们意识到这些,再反观当下中国的问题,特别是当我们论及"司法知识"与"转型中国社会"的关系时,我们既必须要承认司法知识的客观性、普遍性和体系性,也必须要承认司法知识的个体性与公共性,还必须要承认司法知识的主体性和情境性。而这其实也就意味着,司法知识其实是一个繁复而矛盾的混合体,是一个具有多元面向和多重体性相互统合的整体。这样,作为一个整体而言,有关司法知识的理论命题乃是要在实践之中,通过贯彻其问题意识的同时展现出其所具有的多元面向与繁杂进路。为此,当我们将"司法知识"与"转型中国社会"这两个论题相结合来展开分析,这其实意味着我们的分析将要以转型中国社会里的司法实践为基础,通过此来进一步展开司法知识的理论命题,并据此展现其所具有的社会意涵。与此同时,若是从根本上来看,对"司法知识"与"转型中国社会"之间的内在关联进行探讨,其实即是将司法知

---

❶ 参见[德]曼海姆:《意识形态与乌托邦》,黎鸣译,商务印书馆2000年版,第280～287页。
❷ 参见黄瑞祺:《社会理论与社会世界》,北京大学出版社2005年版,第216页。
❸ Karl Mannheim, *Eassys on the Sociology of Knowledge*, London: Routledge & K.Paul, 1952.

识放置在转型中国社会这一特定的文化—情境系统里来考察,以期发展出一种理论,进而使得这种理论不仅能够用以说明司法知识中非理论性的制约因素的意义,进而展现转型中国社会对于司法知识的可能影响;而且也尝试着解决司法知识的社会制约问题,进而阐释出司法知识之于转型中国社会的可能意义。

由于我们所强调的整体性的司法知识观及其司法知识理论承认知识的主体性与社会性,因而这意味着我们承认,在本书的行文过程之中,几乎每一个地方都会隐含着作为主体的"我"的问题关注与理论焦虑;甚至在某种程度上我们可以说,本书所提出的整体性的司法知识观以及据此所建构出来的司法知识理论,都很有可能只是"我的"司法知识观和知识理论。而这其实也就意味着,本书的行文及其叙事、言说与表达都是包含着"我"对当下中国司法的各种观察与初步的思考。这样,我的主体前见就不仅决定了我的问题意识以及材料的选取和论证方式,甚至还决定了本书的结论——当然,如果本书还有结论的话。因此,这或许会使得本书的内容多少有些褊狭性,但与此同时这又并不意味着本书的这种智识努力没有意义。因为不仅面对转型中国的司法,在后面的分析中我们可以看到,我所建构起来的这种司法知识观以及司法知识理论是具有相当程度的分析力和解释力的;而且即便是作为他人反思与批判的对象,本书的存在及其背后的努力也是积极意义的。

为了更加详细的说明这一点,在本章中我将围绕着"司法如何面对道德"这一论题,在整体性的司法知识观的理论视域中以及在司法知识的功能这一大的论题之下展开具体的分析。通过分析我们将会看到,当下中国司法知识的功能之一就是要努力调和当下中国司法场域里的两种冲突且直接对抗着的司法知识观,也即以"法律"(主要是以西方的自由主义和个人主义为价值基础的)为系谱的司法知识观和以"道德"(主要是以传统中国的整体主义为价值基础的)为系谱的司法知识观。因为这两种司法知识观的结构性对峙与矛盾性对立,不仅造成了当下中国司法始终处于尴尬之境地的局面,进而导致当下中国司法所承诺的社会功能无法实现;而且也造成了既有道德的消解与底层伦理秩序的瓦解,进而使得转型中国社会的秩序无法形成。那么,司法知识是如何调控这两种知识观之间的矛盾,进而整合起社会秩序呢?以下是我的分析。

第一节　司法何以如此尴尬？

的确,20世纪90年代后期以来,针对社会急剧转型以及由此所带来的纠纷的重大变化,中国的司法改革作了很多的尝试。可以说,这些尝试对当代中国法院制度的变革所起到的作用是全方位的。然而遗憾的是,尽管法院系统的这些改革措施不仅使得中国法院逐渐增强了回应社会现代性转型的能力,而且也重新定位了中国法院的角色,但是伴随着改革而来的、越来越多的轰动案件以及由此所暴露出来的有关法院系统的方方面面的问题——例如"司法腐败"、"司法不公"、"人情案"等,其结果不仅社会大众对中国法院的质疑和问责越来越多,人民群众对法院的信任度以及法院的满意度也都随之降低了;[1]而且法官也越发觉得法院工作压力大,同时法官的职业荣誉感又逐渐在被稀释掉。

司法何以如此尴尬？这其中,可能会有法官方面的问题,比如法官适用法律错误,法官的整体素质有待进一步提高;也可能会是法律制度和司法制度方面的原因;比如法律制度不完善,存在法律漏洞;比如程序以及程序正义在司法实践中还没有完全贯彻起来;还可能会是司法体制的问题;比如司法保障机制不完善或者缺失;比如司法权与行政权之间的纠葛关系尚需理清。但是,这些问题又都是表面上的。因为伴随着司法体制改革的进一步深入进行,这些问题都将逐步得到缓解。典型的比如法官方面的问题,实际上伴随着法学教育的推广以及司法考试制度的推行,近些年来中国法官的整体素质较之于以前无疑有了很大的提高;与此同时,法官也越发注重审判经验的总结与司法知识的积累。又比如制度方面的问题,实际上,不仅人民法院早就提出要以实现"程序正义"作为审判方式改革的目标,而且在法院的庭审方式变革中,当事人也可以切身感受到其中的变化。还比如司法体制,事实上,尽管当前司法权的行使仍然会不同程度地受到外界的影响,但是较之于过去,司法权运行的内外部环境无疑都已经发生了很多实质性的变化;这些变化包括:不仅宪法与法院组织法都明确规定"法院依法独立审判,不受政府机关、社会团体和个人的干涉";而且《人民法院第三个五年

---

[1] 艾佳慧:《中国法官最大化什么》,载苏力主编:《法律和社会科学》第3卷,法律出版社2008年版,第110页。

改革纲要(2009—2013)》也将"研究建立对非法干预人民法院依法独立办案行为的责任追究制度"作为一项重要的内容。❶ 与此同时,司法的专业化和职业化改革,不仅逐渐使法院从"刀把子"、"枪杆子"的政法单位或政府部门的角色中脱离出来;而且就法院内部的管理而言,对个案具体审理的干涉与影响也是被明令禁止的;并且各级法院对于正在审理的案件,也是不得以任何形式请求上级人民法院就案件处理发表意见的;❷等等。那么,问题究竟出在什么地方?为什么司法改革越改问题越多?为什么改革越改越让人(包括法官)不满意?

在我看来,问题的症结还是在于我们日常所置身于其中的话语系统与我们所建构起来的司法制度及其实践之间无法兼容,甚至还存有尖锐的对立和激烈的冲突所导致的。换言之,不容否认,当前中国的司法制度及其改革所依赖的话语系统是建立在法治话语的基础之上的,而这套话语系统又几乎是外来的;但是我们所深处的日常生活世界却是一个脱胎于道德话语系统但却又并未建立起属于自身独立性的话语系统,是一个纠缠在法治话语和道德话语系统之间的混合话语世界。在这个话语世界里,我们有关法律的知识尽管已经初步形成,但是这些知识与我们"自用而不自知"的道德知识之间其实并没有一个截然的区隔。换言之,在我们的思维世界和生活观念里,法治/法律与道德之间并不是对立的,而是一脉相承和不可分割的,是"和合"的。因此,在这样的视域里,道德也即是法律,"天理、国法、人情"是统一的。与此同时,我们有关既有道德的坚持,尽管也已经受到了"法治"话语和思维方式的涤荡,但却依然根深蒂固。那么因此也就决定了在很长一段时间内,我们有关法治的思考和表达,就都将要在道德话语的延长线上来叙事;与此同时,我们有关司法制度及其运作的评价,也都将放置在道德实践的意义世界里来理解。这样,问题难免就会出现了。

这么说是有一定的依据的。因为当下中国的法治及其问题意识、思维和言说方式,主要是以个人主义和自由主义为其前提预设的。❸ 为此,它们不仅习惯于将案件中的当事人视为法律上独立且平等的抽象个体,也即抹掉每个人在现

---

❶ 参见赵蕾:《最高法院向"干预司法"宣战》,载《南方周末》2009年4月30日,A6。
❷ 参见最高人民法院:《关于改革案件请示做法 维护审级独立的规定》(征求意见稿),第一条。相关报道,参阅,赵蕾:《下级法院"上访"弊端重重,取消"案件请示"呼声再起》,载《南方周末》2009年5月21日,A3。
❸ 参见苏力:《也许正在发生:转型中国的法学》,法律出版社2004年版,第128页。

实中的具体而丰富的差异，强调人际关系；而且还会把庞大的社会问题简化为某个抽象的法律问题，或者将纠葛在案件背后错综复杂的社会关系裁剪为单一的法律关系，或者把繁复的社会现实压缩成法律事实，抑或将导致事件发生的各种原因、"来龙去脉"提炼成法律上的因果关系。这样，无论是社会问题，还是政治问题，甚至伦理、道德问题都会被转化为法律的问题。当然，这种法治观念所关照下的司法实践解决的是法律的问题（而不是法律问题），强调的是普遍性的解决问题和规则之治，❶倡导的是对当事人自由权利的保护以及审判过程中正当程序的坚持，追求法治、人权、正义等这些大词以及这些大词所隐射的理想社会图景。与此相反，道德话语的思维方式和行动逻辑却不是抽象的和个体化的，而是具体的和整体性的。换言之，它们所期望的司法不仅要对不同的当事人予以区别对待，强调并正视人与人之间的多样性和差异性，注重人伦关系；而且要求对与案件有关的社会关系和社会现实予以整体性的考虑和通盘权衡，主张在特定的社会—文化情境系统这一整体里考察事件以及当事人，强调具体问题具体分析；因而它所理解的司法公正，即是不同案件不同处理或者具体问题具体对待。这样，不仅包括法律在内的一切社会、政治问题都会被转化为伦理或道德的问题，而且落实到实践上，既倡导整体把握的大局观，又要求考虑不同个人的特殊利益和社会公益；既要处理好事实问题（而不仅只是事实的问题），又要协调好人的问题，也即要平衡好纠纷里的人与事，反对机械办案，不能就案办案，允许依法灵活处理，允许特事特办。换言之，由于法治话语和道德话语确实都在尝试着为我们的生活世界提供整体的解释，那么一旦这两套话语对同一事件的解释出入特别大时，这两种司法知识观就会对峙起来；这个时候，司法在法律效果和社会效果之间必然也就难以获得平衡，与此同时，无论法官选择怎样的判决结果或者放弃掉哪一方，都将遭到社会的普遍质疑。可见，司法之所以尴尬，很大程度上是由于当下中国社会里的文化结构及其话语对峙所造成的。

但这只是其一；其二，若是放宽视野，将中国的司法放置在中国社会急剧转型这一大背景下来观察，那么我们就会发现，司法之所以尴尬还在于当下中国社会对司法的角色期望与司法自身的角色扮演之间的巨大落差所带来的。换言

---

❶ 参见苏力：《送法下乡——中国基层司法制度研究》，中国政法大学出版社2000年版，第176～196页。

之,中国精神的品质特征之一是社会生活的道德化。❶ 因此,尽管经历了数次变法,但是当下中国司法活动中所用的话语和活动形式,我们随处都可以看到道德化的影响。那么在这样一个泛道德化的司法世界和制度语境里,当下中国的司法实践就不仅仅只是一种法律实践,还是一种道德实践;司法就不仅要解决掉纠纷,而且还要通过司法的运作传递出一些信息,并且这些信息又将指引这个社会发展的未来方向;——这种发展不仅仅只是物质或规则的,还更是价值或精神的。这一点在当下这样一个断裂的社会无疑表现的更为明显。一方面,作为正义的最后一道防线,社会大众都期望司法机关能是一个全能的角色,期望法官是公正的化身,是一个清廉、自律、高大全的官员形象;因此,他们不仅希望所有的不平事或者冤屈到了法院都能够顺利地解决掉,而且希望法官能够为民做主,主持正义、公道。另一方面,当下的人们又不仅仅只是期望通过司法解决纠纷,化解掉矛盾,进而建立起人们参与社会生活所必需要依循的公共性规则,而且还期望通过这种公共权力的运作,消解掉情感的对抗与情绪的对立,从而统合起不同的价值观,建构起一个意义世界,也即人们不仅期望司法要发挥治理功能,维护社会秩序的稳定;而且期望它发挥价值整合与价值重建的功能,弥合价值断裂,整合价值分歧;还希望它发挥精神的建构功能,以便增进我们公共生活的个人尊严和群体尊严的同时,塑造我们的公民德性,丰富我们的精神生活,促成我们的精神信仰。❷ 但是遗憾的是,当下中国的司法不仅无法满足社会大众对其所抱有的角色期待——不仅司法是有限度的,它并不能解决所有的问题,❸而且法官也不是机械的一台自动售货机,他也会有自己的偏好与善品追求;❹而且也无法统合社会急剧转型所带来的价值分歧和价值多元,进而无法建构起一套全新的价值序列,从而无法整合起价值多元的信仰的世界,无法建构起一个意义的世界。

的确长期以来,在人们的认识世界里,司法机关一直都是政府机关,法官也是政府的人,因此,全能主义的父母官形象自然而然也就落到了司法机关以及法

---

❶ 参见刘小枫:《拯救与逍遥》,华东师范大学出版社2007年版,第2页。
❷ 参见徐贲:《通往尊严的公共生活——全球正义和公民认同》,新星出版社2009年版,第3页。
❸ 参见夏锦文、徐英荣:《理想与现实的偏差:论司法的限度》,载《中外法学》2004年第1期,第33～46页。
❹ 参见[美]波斯纳:《法官最大化些什么?》,《超越法律》,苏力译,中国政法大学出版社2001年版,第126～167页。

官的头上。然而第三,严格说来,对于司法机关以及法官的这种角色期待,又不仅仅只是社会大众根深蒂固的道德认识或者一厢情愿所导致的,实际上,当下中国的法律人与司法决策者对司法以及法官也同样有着类似的期望。也就是说,不只是社会大众对司法有着一种道德化或泛道德化的认识,而且法律人或法律制度的决策者对于司法同样也有着一种道德化的预期。典型的比如在司法改革中,法律人所描绘的中国司法蓝图实际上不仅仅只是一幅法律图像,更是一幅温情脉脉的道德生活画卷。这样,中国司法场域里的这种法律的道德化或泛道德化,就不只是一种客观现实,也不只是一种主观建构,而更是一种主客观的互动进程。同样对司法的道德期待,就不仅仅只是当事人或社会大众的一种思维方式,也不只是法律人或司法决策者的一种主观愿望,而是两者之间角色期待的相互交汇。可以说,是法律人或法律制度的决策者吊足了社会大众的胃口,并且又是在这一前提之下,加上中国社会里既有的道德化或者泛道德化的思维方式,这样社会大众参与司法以及社会公共媒介评述司法,无论是行动还是话语都深深的饱含着一股道德的味道。而一旦这两种期望交织在一起,那么司法实践就不得不面对这份很高的预期。然而在当下法律制度所建构出来的司法世界里,这份预期终究是无法实现的。因此无论司法做何种选择,司法决策者、法律人与社会大众都会感到失望。

怎么办?可见,道德成了中国新司法或新法治需要认真对待的问题。它不仅需要我们在理论上予以严肃的思考,而且还要在法制实践的操作层面予以认真解决。如果我们不意识到这个问题的严重性,不把这一问题看成是在当下中国对道德与法律关系的进一步反思,那么我们就完全有可能会失去对待法治的正确立场,我们就会不由自主地接受并运用西方"法治话语的既有的结构性安排或规则"而将其间的理想图景或意识形态来评价中国法律制度或规则,进而对中国法律制度或规则的建构或适用产生支配性的影响。❶ 同样,如果我们不尝试着总结三十年来的法治建设经验以及这些经验与中国人现实的物质生活和精神生活之间的关联和意义,那么我们就将可能会忽视掉这一问题,即中国的司法实践如何在面对我们的日常生活的同时贡献我们对于中国公民精神和公民德

---

❶ 参见邓正来:《中国法学向何处去:建构"中国法律理想图景"的时代论纲》,商务印书馆2006年版,第115~130页。

性的塑造,中国的法治建设又如何在丰富我们的物质生活的同时参与我们的精神生活和信仰世界的重构?

然而,讨论"法律/司法"与"道德"的关系问题,不仅在一般性的意义上是一个大命题(*big topic*)❶;而且在当下中国讨论这一问题,又会很容易就被转化为是赞成德治还是法治,甚至是赞成法治还是人治的简单表态上来,因而也就会影响到对两者之间关系作有意义的细致分析。这样,恰当立场与方法的选取就显得非常关键了。本章尝试着以实用主义为言说的主要立场并同时辅以社会科学的方法,❷以中国司法发展中的若干文本和行动的话语表达为论证基础,分析道德话语以及道德修辞在中国司法的各个过程中所起到的建构作用,进而层层剥开缠绕着道德背后的谜纱,并在此基础上区分开关于道德的(*about*)理论和道德的(*of*)理论,从而为司法实践面对道德指引一条可能的道路。本章的结构安排如下:第一节是引论,提出问题的同时表明我对问题的看法;第二节主要考察中国司法话语的"关键词"及其流变并指出这种司法话语变迁背后的道德旨趣与关照;第三和第四节,我将揭示个人参与司法活动以及社会大众和媒介对司法活动进行观察并言说时,实际上都是遵循一种道德话语的修辞逻辑。第五节,我将揭示为什么是道德;以及第六节,司法如何面对道德? 最后是结语。

第二节　司法活动的道德话语

这主要体现在三个方面:首先,司法改革的指导思想、目标和原则以道德话语为修辞;其次,司法改革的推动,道德话语在其中发挥着重要的作用;第三,对法官日常司法活动的行为方式及其选择的要求,也带有强烈的道德意味。

以《人民法院第三个五年改革纲要(2009—2013)》的部分表述为例,从中我们可以看到,人民法院的改革要"从满足人民群众司法需求出发,以维护人民利益为根本,以促进社会和谐为主线,以加强权力制约和监督为重点,从人民群众不满意的实际问题入手,紧紧抓住影响和制约司法公正、司法能力、司法权威的

---

❶ Richard A.Posner,*The Problems of Jurisprudence*,Harvard University Press,1990,p.221.

❷ 参见[美]波斯纳:《道德和法律理论的疑问》,苏力译,中国政法大学出版社2001年版。当然,之所以这种方法适合于用来分析,其根本也在于中国法治所具有的实用主义色彩和生活化特征。参见苏力:《道路通向城市:转型中国的法治》,法律出版社2004年版,第3~42页。

关键环节,进一步解决人民群众最关心、最期待改进的司法问题。……"具体的,就是要"健全司法为民工作机制,着力解决人民群众日益增长的司法需求与人民法院司法能力相对不足的矛盾……"要始终坚持群众路线,"司法体制和工作机制改革必须充分听取人民群众意见,充分体现人民的意愿,着眼于解决群众不满意的问题,自觉接受人民的监督和检验,真正做到改革为了人民、依靠人民、惠及人民"。

很显然,新时期人民司法的各项任务都是紧紧围绕着人民来展开的。确实,群众利益无小事;因此司法机关在想问题、做决策、定措施时都必须要着眼于维护群众的利益,要充分运用司法手段妥善处理好与人民群众生产生活密切相关的案件。与此同时,"执法为公,一心为民"的政治意识形态要求又使得人民司法必须在日常工作中确保"心为民所系,权为民所用,利为民所谋"。除此之外,司法的人民性在强调司法服务于人民的同时,也倡导司法的亲和性与便利性。这样自然而然的,人民法院的各项改革不仅要切实解决人民群众在司法活动中所遭遇到的告状难和申诉难的问题,要进一步克服他们所面临的"门难进、脸难看、事难办"的状况,方便当事人诉讼,要"让那些合法权益受到侵犯但经济困难交不起诉讼费的群众,打得起官司";而且在日常的司法工作中,要"让那些确有冤情但正义难以伸张的群众,打得赢官司"❶。

若是将视野再放宽一些,那么我们就会看到,从新中国成立初期的"人民司法"到如今的"司法为民",尽管各个时期人民司法的主要任务和目标各异,但有一点却是一致的,那就是:人民司法的群众路线。❷ 换言之,从早期的"从群众中来到群众中去"的司法大众化,到今天司法要满足最广大人民群众的法律需求,人民司法始终都是将人民对司法满意不满意作为考核或评价其工作的标准。甚至针对人民司法工作中所出现的各种问题,最高人民法院及全国各级法院内部就曾于1998年广泛而深入地开展了以"审判工作究竟代表谁的利益、为谁服务"和"如何维护司法公正"为主题的大讨论。这么做,同样也是因为"人民群众是司法公正的最大受益者,人民群众也是司法不公的最大受害者"❸。为此,司

---

❶ 肖扬:《最高人民法院工作报告》,2001年3月10日。
❷ 参见李斯特:《人民司法群众路线的谱系》,载苏力主编:《法律和社会科学》第1卷,法律出版社2006年版,第285~316页。
❸ 肖扬:《最高人民法院工作报告》,2004年3月10日。

法机关必须"公正司法,一心为民";要将人民群众的根本利益作为人民法院工作的出发点和落脚点,要始终把人民"拥护不拥护、赞成不赞成、满意不满意"作为衡量司法的主要标准;要把那些"能为老百姓主持公道的优秀人才选拔到审判工作岗位",❶尽量使百姓安居乐业,使他们少受罪、少遭孽。❷

当然,司法人民性话语的逻辑不仅要求司法为民,而且还强调整体性的对待人民的司法需求。换言之,它不仅要求司法机关在处理纠纷时要考虑案件的法律效果问题,分清责任,划定权限,更要考虑社会效果,要定纷止争,胜败皆服,案结事了。这样,在中国整体性的现实生活和人民群众的司法需求面前,为了处理好纠纷,确保一方平安,转型司法中的中国法官就必须要运用社会综合治理的司法策略,同时想方设法地进入到当事人的生活场域,设身处地的从当事人的立场来看待问题和思考问题,进而尽可能地尊重当事人的态度、体谅其情绪并充分考虑其利益和要求,而非一味地坚持自己的法律或政策立场、一味地坚持严格遵循程序或规则办事。这样说是意在表明,相对于案件的处理结果,诉讼根据、法律规定的法官职责、有关法律的程序规定和实体规定似乎都不是那么的重要。重要的是把纠纷处理好,结果好,一切都好。❸除此之外,整体性的司法观还要求人民司法工作在为人民司法的同时必须为大局服务。这样,新时期的人民司法工作就不仅要满足于个体的、具体的人民的司法需求,而且也要服务于整体性的人民的利益需求,要服从中心工作;为此,司法机关就不能孤立办案,要服从全局,服务全局。❹

可见,司法的人民性不仅夯实了人民群众路线在政治上的合法性,同时也自证了人民司法在伦理与道德上的正当性。换言之,司法人民性话语的背后实际上存在着一股强有力的政法伦理和政法道德的话语支持;这种政法伦理或政法道德所强调的就是"人民司法为人民"、"人民法官为人民"。为此,作为人民的司法机关,在司法为民时,就必须"想人民之所想,急人民之所急";这样,它必然就会是一个全能主义的角色,一个为民衣食操心的父母官角色。很显然,这些都

---

❶ 肖扬:《最高人民法院工作报告》,2000 年 3 月 10 日。
❷ 参见肖扬:《最高人民法院工作报告》,2005 年 3 月 9 日。
❸ 参见苏力:《送法下乡——中国基层司法制度研究》,中国政法大学出版社 2000 年版,第 181 页。
❹ 参见任建新:《充分发挥国家审判机关的职能作用,更好地为"一个中心、两个基本点"服务》,载《最高人民法院公报》(1985—1989 合订本),第 315~318 页。

对司法机关提出了更高的道德要求。

确实,我们应当承认,伴随着中国的改革开放以及由此而来的法治建设,司法改革便随之进入了公共讨论,进而诉诸公共理性,从而在一定程度上成为了公共话题,回应并引导着社会大众对于法制的国民想象。[1] 当然,这种国民想象又主要是通过话语的描述所建构出来的;而人民话语又是极为符合人们对于中国司法的想象。因为一方面,"人民"这个词汇的普遍使用,使得其不仅是一种政治修辞,更是一种道德言说;换言之,人民话语不仅带有强烈的政治意味,而且更具道德色彩。另一方面,在这种人民话语所组成的语境,人们实际上也借此来评判司法活动或行为的道德性动机;这样,人民话语不仅成为一种官方的意识形态,而且人们在日常活动中也往往会求助于这种宰制性地道德言说。因此,在司法改革中,凭借着这种人民话语,中国的法律人所描绘的中国司法蓝图实际上不仅仅只是一幅法律图像,更是一幅温情脉脉的道德生活画卷。在这样一幅画卷里,司法机关不仅要处理掉社会纠纷,维护社会稳定,而且还要实现社会正义,树立起自己的公信力和权威,更要贴近人民的生活,主动关心人民的冷暖;同样,人民法官在处理纠纷时,不仅要深入到群众中去倾听人民的心声,还要以人为本,积极服务于人民的各种需求。

这样一方面,作为一种话语,甚至是一种政法意识形态,人民性实质上已成为了中国司法改革行动的指南,因此,中国司法发展方向问题的价值色彩与道德意识无疑就显得非常的浓郁;另一方面,客观的来说,尽管引领新时期中国司法不断发展和革新的话语,除了这种想象性的力量之外,还有各种法治话语,例如依法治国、公平与效率、程序正义等,以及人民司法不断更新的指导原则和目标,例如法律效果与社会效果统一、人民司法为人民,和谐司法等。然而,这些法治话语在中国司法改革的整体性想象力都获得了一系列的道德论证,并且这些被道德话语所包装过的法治话语又迅速的转换成为新时期人民司法工作的政法道德,进而成为对当下中国司法实践进行评价以及要求的基础。

这一点在法官的角色要求中表现得尤为明显。根据最高人民法院2002年7月制定的《关于加强法官队伍职业化建设的若干意见》和1995年通过并于2001年6月修改的《法官法》以及2001年10月以通知的形式印发的《法官职业

---

[1] 参见许章润:《中国的法治主义:背景分析(上)》,载《法学》2009年第4期,第66页。

道德基本准则》的相关内容，我们事实上可以从两个层面来对当下中国法官的角色要求进行描述：从社会的角度来看，法官的职责，是执行法律，解决纠纷，进而实现社会正义；而从法官职业本身来看，法官应当具有强烈的职业意识、独特的职业思维、丰富的法律工作经验、独立的职业地位以及高尚的职业道德。

之所以对法官在道德上提这么高的要求，以及道德因素的考量之所以能够进入司法，很大程度上正是因为无论是诉讼还是审判制度，都有一个基本的前提预设：法官的自由心证或者自由裁量；那么因此，法官的良心以及法官的道德品性就都将直接决定司法裁判的结果。这样，法官具备良好的职业道德与品行修养，对于确保司法公正、实现社会正义，维护国家法治的尊严至关重要。为此依循着这样的逻辑，自然而然地，作为法律公正和社会正义的代言人和公断者，法官就必须具有高尚的职业道德和个人修养，职业行为公正负责，个人行为严谨自律，从而保障司法公正、提高司法效率，最终受到社会的普遍认可与尊崇，进而获得社会声誉、威望与尊严。

除此之外，尽管司法公正与法官的道德品行息息相关，但是对法官的职业从"言"和"行"两个方面作出要求，这在西方看来却是不可思议的，甚至是一种苛求，然而这在中国人的思维世界里却是可以理解的，甚至是必需的；"权力应当掌握在好人的手里"，说的就是这个道理。当然之所以有如此，在于西方乃是基于宗教神学的"精神—肉体"的两分，因而言并不需要对行负责；但言行合一却是中国人思维的基本特色和生活态度之一；换言之，中国人的思与行是联系在一起的，言与行不相干在中国人看来几乎不可理喻。[1] 因此，要求法官根据法治的标准作出行动，自然而然也就会对法官的"思"提出要求。这样我们看到，当下中国社会对于法官，不仅要求其公正司法、依法办案，同时也要求其清正廉洁、铁面无私、刚正不阿；不仅要求其在执法过程中做到不偏不倚，公正无私，更要求在道德实践上成为社会的榜样，要思想品德端正，始终如一的恪守职业道德；要清廉自律，甘守清贫；要毫无怨言，乐于奉献；要大公无私，一心为民；也即要全心全意为人民服务。

当然不容否认，一定时期内社会对人民法院司法审判工作的某一恒定话语的总量，事实上可以大致反映出这一时期社会对于人民法院司法审判工作的定

---

[1] 参见相蓝欣：《传统与对外关系》，生活·读书·新知三联书店2007年版，第50页、第107页。

位和对法官的角色要求;与此同时,尽管从某种意义上,话语并不能完全建构现实,但它无疑会影响到建构现实的人的行为。这样,一旦通过人民性的政法话语使得社会大众对司法机关的角色期待与法官的角色期待叠加在了一起,那么我们实际上就可以看到,现代中国司法在推动其现代化的时候,它们的思考方式、预设的目标、所用的语言及其行为仍如影随形地遵循着道德化的文本。而这个文本的脚注,就是"清官文化"。❶ 正是这种清官文化,使得当下中国的司法,不仅要为了人民的期待,而且要在司法工作中更多地表达和传递对人民群众人性化的关怀;要亲民便民利民,重视解决事关群众切身利益的重点难点问题,紧紧把握人民群众对司法工作的新要求,进而照顾好百姓的生活,从而撑起一片老百姓希望的蓝天;与此同时,当下中国的法官也必须改进司法作风、改善法官的精神面貌,要善良温暖、亲和为民;要尊重人民群众的主体地位,"多与群众交心交流,了解群众心理,听取群众呼声,把握群众需求,提高做群众工作、解决实际问题的能力水平";要怀着对人民群众的深厚感情去办理案件、处置问题;唯有此,才能办牢每一起案件,让老百姓打一个舒心的官司;办案法官要用真情去消弭纷争,增进团结。❷ 当然除此之外,人民法官还要敢于同不公正的社会现象作斗争,乃至舍生取义。总之,要真正落实人民法院为人民,人民法官为人民。❸

这样,司法活动中的道德话语,以及传统中国的道德文化,无疑必须要引起当下中国的司法改革所必须要关注的主要因素之一。

第三节 个人表达的道德修辞

不仅当下中国的司法改革及其司法活动充满了道德话语及其想象,而且个人参与司法活动所用的语言及其行为也充满了道德修辞。与此同时,这种道德修辞又因为中国司法活动中的道德话语而获致了契合性,进而使得个人参与司法活动所用的语言及其行为获得了很高的认同性与正当性,从而支持着个人不断对中国的司法实践提出质疑。

---

❶ 苏力:《法律与文学——以传统中国戏剧为材料》,生活·读书·新知三联书店 2006 年版,第 192 页。
❷ 参见王继青:《对法官群众观念和群众感情的几点认识》,载《人民司法》2009 年第 7 期,第 27~30 页。
❸ 参见陈志远:《为了人民的期待》,载《人民司法》2009 年第 7 期,第 1 页。

确实如此。一方面,根据法律人所描绘出来的人民法院的图像,当下的社会大众对司法都寄予了很高的期望,进而对人民法院工作在"司法功能、司法公正、司法效果、司法过程、司法公信力以及司法权威"等方面都提出了全方位的新要求。❶ 另一方面,司法活动中的道德话语以及基于这些话语逻辑之上的法制想象,又会使得公平、正义、法治、人权等这些宏大的法治话语和司法为民、人民司法等等这些新时期的司法要求,很快就会被人们理解成是新时期的司法伦理或政法道德,进而接受并以此为判准来对司法的具体活动以及法官的日常行为进行对照与衡量。这样,一旦自身的权益没能有效实现或者实际问题没有得到真正解决,那么即使裁判是依法作出的,当事人也会质疑司法或者怀疑法官是否落实人民司法,进而从自身的理解出发来表达对司法的不满。这一点必须注意。

例如在现实社会里,一旦有了纠纷,双方都不会消极等待,他们都会采取一些行动策略,积极地介入到整个纠纷的处理过程。通常情况下,当事人往往会采取哭诉、控告、诉苦等一系列的方式来向司法机关表达自己的利益诉求;有的被害人家属还会联名上书。这么做,都旨在向法院或承办法官传达一个信息:冤屈有待申明,案件需要依法解决。然而,一旦诉讼预期没能得到满足,他们的行动会趋于激烈。他们可能会在法院门前喊口号、打横幅,也可能披麻戴孝跪在法院门前;有些当事人甚至会抓住法官的弱点——担心案件当事人上访,动辄就以要上访来威胁,或者扬言要死在法院里。当然,这么做,除了宣泄愤懑之外,他们同样也还是期望通过行动来向法院/法官表达自己的态度:欠债还钱、杀人偿命等这些天经地义的道理;如果法院不能满足他们的要求,他们就会采取更过激的措施——迁怒于法官、羞辱、辱骂乃至攻击、恐吓承办法官,或者集体上访、缠访、闹访;甚至采取极端的行为,围堵、冲击法院机关以及自杀、自残等。这些都表明他们是不达目的誓不罢休。

这些都是在法庭之外的。在法庭上,当事人同样会采取相应的话语修辞与行动策略。例如,有些当事人在法官在场的时候会一反常态,及时且适当的表现出对于法官的尊敬与服从;特别是面对法官询问的时候,他们会采取一种温和合

---

❶ 公丕祥:《挑战与回应:有效满足人民群众司法新需求的时代思考》,载《法律适用》2009年第1期,第4~6页。

作的态度来配合法官;更多地时候也只是诉苦,装作一副委屈的样子;避而不谈纠纷的前因后果,不过多地谈自己的要求。有些灵活的当事人在开庭时会故意穿的很穷酸、落魄,装出一副很倒霉的样子;而有些当事人在休庭时还会不停地以散烟和寒暄的方式表示他对法官的尊重;除此之外,他们甚至还会主动与其实早已经是势不两立的对方当事人搭讪:"到法院来把事情讲个清楚也好,但千万别伤了情分。"当然这么做,都是为了在法官面前表现自己的通情达理。与此同时,在答辩策略上也有讲究。他们会把自己最关心或者最想引起法官注意的问题首先提出来;例如涉及离婚分割家庭财产时,他们会把结婚时的花费以及婚后家庭生活的欠款首先提出来。他们还会巧妙地转化争议的焦点。例如明明是因为自己家庭暴力而使对方受不了进而提出离婚的,但是他却会否认夫妻感情不好,反而倒打一耙,指出是因为对方"嫌家穷,不安心过日子";或者向法官抱怨:"过日子本来就是这样的,哪有不吵吵闹闹的呢?""如果夫妻一打架就去离婚,这像什么样子?"除此之外,他们还会尽力推卸责任,要么把责任推卸到对方身上,要么把责任推卸到不相关的人身上。❶

其实,无论如何,从纠纷产生到纠纷处理完这整个过程之中,当事人之所以会采取五花八门的行动策略,之所以在法庭之上会如此注重话语的修辞技巧和表达策略,之所以这么小心翼翼,目的都是为了让法律或者理处于自己这一边,或者说让自己和法律或者理之间建构一种可见的和可说的并且也是有利的关系,而不是将自己和对方的关系同时置于法律或者理的逻辑中来加以同样的理解。一旦当事人的话语或行动与理建立起了关联,那么他就占据了一定的道德优势或情感优势,进而也就赢得了诉讼中的话语权。当然,当事人在诉讼中所采取的行动策略与话语修辞又并不完全都是为了占理;很多时候,他们其实是很出格的,是在无理取闹。但无论如何,他们都是期望通过自己的努力来使法院正视他们的力量的存在以及被他们所忽视掉的因素。

的确,客观的来说,个人诉讼通常要耗费难以支付的资源,他们通常没有时间,没有金钱,没有熬过冗长的多层审级的诉讼经验。因此他们若是想获胜,一方面必须获得支持;另一方面则必须引起上面的关注——只有把事情闹大了,王法才会站出来,青天才会管;并且"大闹大好处,小闹小好处,不闹无好处"。换

---

❶ 参见陈柏峰:《脸面、暴力与国家不在场》,载《乡村中国评论》2006年第1辑,第68~74页。

言之,"会哭的孩子有奶吃",在他们看来,案件影响大了,不仅上头会出面,而且处理起来也可能会既慎重,又相对公平,而且速度快。这样,为了获得社会的关注,也为了引起上面的注意,同时还是为了给对方当事人和法官施加压力,他们会适时的放出话来,比如扬言要自杀、不尽快处理就离婚等;或者制造一些无害的谎言,比如为了离婚而编造对方以前有过故事或者现在有绯闻;"无慌不成状"?或者将人命也作为一种策略,借此达到把事情闹大的目的;比如当双方发生冲突时,处于劣势的一方往往采取轻生、自尽的极端手段,以便给对方造成不利影响;或者借尸图赖,当发生命案特别是轻生所致的,死者的亲属会将尸体或灵堂摆在对方面前,借此兴讹敲诈。❶ 毕竟,"人命关天"。但如果这些手段都没有达到目的,他们还会做出更恶劣的行为,比如械斗,又比如诬蔑良善,也即为了案件能够引起领导的重视,他们甚至会连续举报,诬告办案法官受贿。吕忠梅法官就有这种有痛不能说的经历。❷

当然,尽管表面上看起来当事人的这种话语以及行动的表达有些杂乱无章,甚至是不讲道理的、胡来,但实际上它们都遵循着一种统一的司法行动逻辑,都可以看成是中国司法文化的一种表达。这种文化乃是一种基于长期对清官的内心渴望以及信仰进而期待讨个说法的司法道德文化,也即清官文化。换言之,他们不仅希望法官能够"了解民众之疾苦,体恤民情,把握民意",渴望有青天出来为他们主持公道或者为民做主,而且也希望青天能够明白进而原谅他们之所以这么闹的良苦用心,是没有办法的办法。❸

除此之外,个人参与司法之所以大量诉诸道德话语,又是因为中国文化对个人主义行为一般都是要加以谴责的,所以双方当事人就必须用高尚的、有文化象征意义的道德化或者泛道德化的话语和行动来攻击对方。因为只有借用道德话语的力量,个人才能够掌握一定的话语权。然而,一场双方都以道义性和羞辱性的辞藻回敬对方的战斗又是不可能找到一个妥协点的。因而在这种情况下,相互攻击只会将冲突越演越烈。这不仅预示了双方当事人的之间矛盾上的不可调和,而且也意味着司法机关对案件的处理真的有可能出现了错误。这样,各方面

---

❶ 参见徐忠明:《案例、故事与明清时期的司法文化》,法律出版社2006年版。
❷ 参见吕忠梅:《法官路上的见闻(代序)》,《法眼观庭》,北京大学出版社2006年版,第10~12页。
❸ 参见应星:《大河移民上访的故事——从"讨个说法"到"摆平理顺"》,生活·读书·新知三联书店2001年版。

的关注就随之而来了,当事人双方之间诉诸于道德的行动目的也就达到了。当然,虽然当事人行动的目标是推动司法朝着有利于自己的方向发展,但整个行动却又主要是围绕着道德问题展开。例如,有些法官态度不热情、办事拖沓,当事人就可能会据此来质疑办案法官是否受贿,是否是在徇情枉法,进而将这种猜测当成一种事实,不断对法官提出问责;又比如,一方当事人或其亲属与政府或党委之间有一定的关系(比如在机关上班,或者里面有熟人),那么只要承办法官没有完全满足他的要求,另一方当事人就会觉得这其中有权钱交易、腐败等等,并把这些按直觉想象成事件得以发生的社会情景当成事实,据此不断的上诉或者上访。

的确,基于人民性话语的当下中国司法,其合法性与正当性的基础就在于它的道德表现;这样,从道德上质疑或挑战人民司法也就显得更为有力。当然,当事人之所以将自己的行动与话语诉诸道德,也是因为从中能够动员更多的社会资源,包括社会成员的赞同以及公共媒介的关注,进而获得更多的支持。毕竟,媒介的力量是巨大的。

第四节　媒介话语的道德谱系

尽管有时会为了迎合社会大众的口味或者为了吸引社会大众的眼球而故意哗众取宠,作一些不实的报道,但在大多数的情况下对于司法审判活动或者一些法律事件,媒体的报道还是相对客观的;然而,也尽管它们不会恣意的切割真相,但媒体的话语表达却有着它自身的叙事逻辑。例如,媒体的报道会根据大众的受众期待和接受喜好,牢牢抓住一些细节做发挥。这些细节包括:案件当事人的情况(家境如何？身份背景怎样？与司法部门或者党委政府有无关系？),双方当事人之间的相互关系(是否是亲属？),整个事件发生的前因后果等等。当然,媒介之所以关注这些事件得以发生的时空因素或者社会情境以及关注人物的社会关系与人际网络,乃是期望通过恢复或者增加当事人/事件的时间和社会情景这两个维度,使得读者能够看到人或者事的整体,把握其来龙去脉,增加报道的可读性。然而也正是因为此,媒介的话语重构了事实。

的确,应当说,语言或者话语并不只是交流的工具,任何一种语境创造的都可能是权力关系。❶ 这样,媒介话语的参与很可能就会颠覆司法活动中双方当事人原有的权力关系,进而重构一种新的权力结构与权力关系。例如,媒介会通过重构当事人的某些细节来给公众造成一种影像,进而转化讨论的视角或者偷换事件争议的焦点,从而使得在原先话题里处于不利位置的当事人在新的话题里却占据着优势。与此同时,媒介的话语选择也并不完全是对现实的一种消极、被动的反映,相反它是对现实的一种具有相当主动性和选择性的话语反应,这种话语反应对所谓的现实具有强大的建构作用。❷ 这样,媒介不仅会外在的影响着司法制度的构建,而且它还通过积极的案件叙事来实际参与案件的构造之中,并最终在一定程度上影响案件的结果。可见,媒体的话语构造往往并不等同于实践或真实,甚至两者之间的差别还非常大,因为媒介在叙事时会解并重新安排话语,进而建构事实。"特别在没有证据支撑或者证据存在明显矛盾的时候,传媒会对事实起重构的作用。"❸

但这只是其一,更为重要的是,灵活多样的媒介话语还是会提供丰富多彩的信息,而这些信息又会让受众产生一种移情认同。而正是这种移情认同,在司法机关与公众之间就案件存有信息不对称的时候,引导着社会大众对案件的看法。例如,在"彭宇案"中,媒体一方面指责司法不公或者司法不当,另一方面又指出社会缺失见义勇为的悲凉后果,那就是,"落难无人帮,遭灾无人救"❹。前者会让社会大众对司法裁判有一种感同身受的参与感,因为今天的旁观者很可能明天就是当事人;后者则日常的生活经验总在提醒我们,谁都会有个万一,"谁都会落个难、遭个灾,都会有需要人帮助的那一天"。这样,媒介的话语在司法不公、世道悲凉和普通大众之间就迅速建立起了一种移情关系,甚至是认同的桥梁。司法不公、冤假错案这样的认知会加深社会大众对当下中国司法的失望;"世风日下、人情淡漠"、"见危不救"这样的感叹又会成为每一个有正义感、有同

---

❶ 参见相蓝欣:《传统与对外关系》,生活·读书·新知三联书店 2007 年版,第 18 页。
❷ Peter Berger & Thomas Luckmann, *The Social Construction of Reality: A Treatise in the Sociology of Knowledge*, New York: Anchor Books, 1966.
❸ 李雨峰:《权利是如何实现的——纠纷解决过程中的行动策略、传媒与司法》,载《中国法学》2007 年第 5 期,第 59~60 页。
❹ 例如,有专家称,"这个判决一出,我们的社会无疑将变得更冷漠、人与人之间将变得更互不信任,人们对处于危难中的陌生人将更不敢伸出援手。""彭宇案是道德的和解还是瓦解?" http://news.xinhuanet.com/comments/2008-03/17/content_7804156.htm;"八成凤凰博友表示不再做好人好事", http://shehui.daqi.com/bbs/00/1600629.html;等。

情心的读者可以认同的感同身受体验。这样,尽管普通大众与受害者之间本身并没有多少联系,也尽管他们对事件本身甚至是毫无了解。但是媒介的话语帮助人们建立起了这种理解。结果,不仅对受害者产生普通人之间的那种感同身受或者"就像发生在我自己身上"的认同感;而且随着受害者的受害身份进一步被淡化,他也就成了一个典型的受害者,甚至属于社会冷漠受害者这样一个更大的群体。这样一种普遍化了的受害者身份对普通的社会大众的认同受害者起了很大的作用❶——每一个人都很可能会自觉的对号入座。当然,在处理这些法律事件时,司法机关的不当言论和处理手段、以及媒介的后续报道与此同时也都会进一步加剧和强化社会大众的这种被害者的危机意识;这样,在媒介话语所建构起来的逻辑里,社会大众就会进一步确证自己先前判断的准确无误,从而强化对媒介话语及其叙事逻辑的认同和依赖的同时,❷确证了媒介话语建构起来的自己的双重受害者的身份认同;一旦这种如此,社会大众往往就会一味的指责司法,进而其实已不再关心裁判的最后结果是否是错误的。

可见,媒介在报道中不仅案件事实会被建构,而且受害者身份也会被建构。当然,淡化受害者的特殊身份这其实是一种策略选择;"不提为妙",说的就是这个道理。但另一方面,对于文学表现来说,这也可以说是一种话语策略选择,那就是"不提也许反而更好"。不突出受害者的特殊身份,也就是突出他的普通人身份,这样的受害者反倒是广大普通公众所更同情、更认同的。这样的文学表现反而能更有效地沟通广大受众。

当然,媒体的文字再现不管如何淡化受害者的特殊身份,都不可能淡化当事人的受害者身份。换言之,这种叙事方式的核心就是有人受害,强调受害的真实性。与此同时,由于媒介话语将受害者普遍化,因此在无意识之间,就会让社会大众意识到社会、政治、文化观念对受害都会起到建构作用。这样,事件就不再只是一个特殊的事情,而是有代表意义的、普遍化的;同样,受害也就不再只是偶然的了,而成为了必然。

---

❶ 参见徐贲:《人以什么理由来记忆》,吉林出版集团有限责任公司 2008 年版。
❷ 例如,"彭宇案"之后,媒体报道很多地方纷纷出现了"麻烦事";"这社会真搞不明白 又见彭宇案",http://www.instrument.com.cn/search/BBSArchive_1146004_1.htm;"'彭宇案'后遗症?'不敢搀扶'成潜规则"http://society.people.com.cn/GB/8879562.html;"'彭宇案'负面效应:见 90 岁老人摔倒绕弯走"http://www.people.com.cn/GB/32306/33232/6889306.html;"老人高喊'是我自己跌的'喊出社会和道德之痛"http://www.ce.cn/xwzx/gnsz/gdxw/200902/24/t20090224_18308710.shtml;等。

与此同时,媒介话语的文字再现还一定会包含着是非对错的判断。换言之,在媒体的事件报道中,承载群体不只是讲述事情的经过或者陈述事情的成因,而且还会对事情做出对错判断。这种对错判断中包含着普通公众能够认同的基本道德原则和道德戒律。这样,在强势道德话语的裹挟与推动下,社会大众之间就会越来越强的形成这种道德共识。同样以"彭宇案"为例,我们看到,通过媒介的文字引导,民众因为彭宇的救助行为将他想象成好人而将徐寿兰看作是恩将仇报的坏人;另一方面,媒介还通过自己的报道来继续引导人们的社会想象,进而将好人与受害者这两个角色一同放置在彭宇身上,从而在好人与受害者之间建立起相当强势意义的必然联系。这样我们就不难理解,为什么社会大众,甚至包括法律人都会一致的认可彭宇的清白身份进而批判司法判决书的说理混乱与漏洞百出,从而没能客观而冷静观察这一事件并分析问题。

当然,这也情有可原。因为在现实的世界里,除了法治、人权等几个口头或文本中的法律语词,许多人(包括法律人)其实都固守在他们看似反对的道德话语世界中,一厢情愿地相信世界的规则就是好人应有好报,因此好心必有好报。还是以"彭宇案"为例,媒介道德话语的基本逻辑脉络是:谁不赞成彭宇是清白、无辜的,谁就是对好人的粗鄙伤害,就是对好人好事的道德冷漠,因为像彭宇这样的活雷锋无论如何都是必须要得到道义上的支持与声援的。不仅如此,他们还会试图论证,强行依法判决,"万一错误判断"所带来的严重的社会公共问题的担忧;比如讨论"彭宇案是道德的和解还是瓦解";甚至指出规避法律而诉诸道德不存在风险或风险不实在;相反,这么做还会得到社会的支持与赞美。

毋庸置疑,媒介话语渲染的乃是一种情绪,这种情绪会激发社会的道德响应。与此同时,一旦个人参与司法活动受到媒体的广泛关注并声援,那么这个时候,不仅个人能够就此获得媒体这样的支撑机构的帮助,进而有能力与司法机关展开周旋;❶而且当个人的道德期待与社会的道德修辞交织、裹挟在一起的时候,那么社会舆论就会推动对当下中国司法实践的质疑与问责。这其中的力量是非常强大的。为此,正如一些学者和公众所认为的,在当代中国,媒介是公民获得救济的最为重要和有效的途径。除此之外,律师们也认为,媒体的支持是案

---

❶ Charles Epp, *The Rights Revolution: Lawyer, Activists, and Supreme Courts in Comparative Perspective*, Chicago: University of Chicago Press, 1998, p.95.

件胜诉的关键。这样,"若要影响案件的结果,与其说聘用一个律师,还不如雇用一个新闻人"。❶

可见,媒介的参与会使一起普通的纠纷成为一个公共话题,或者将一个普通的人推成一个公众人物,并在广大受众(社会力量)的关注和参与下,重构了事件以及人物的细节,从而塑造了当事人在案件结构中的不同的地位,以及对案件结果具有决定意义的法律事实,最终推动着纠纷朝着它所期望的方向发展。这样,尽管表象上差别很大,但媒介话语的谱系与个人参与司法活动的修辞其实是一致,它们都是遵循道德话语的逻辑与系谱。

第五节 为什么是道德?

行文至此,便会有个疑问:为什么是道德? 当然,这一问题至少可以拆解为以下几个追问:为什么中国的法律人在建构法律图景的时候摆脱不了道德话语和思维方式的影响? 为什么个人参与法律生活时仍然采取一种行为的道德表达方式? 以及,为什么媒体在报道或评价法律活动时同样采用一种道德化的话语修辞逻辑? 并且,这些现象的背后,又受到什么因素的制约,或者现实力量的牵制?

不能仅仅简单地归结为是传统的力量;传统也有被改造甚至被遗忘掉的。❷在我看来,重要的是这种话语模式与思维方式在当下的社会生活中还存有市场,也即人们在日常的生活中对此还有相当强烈的期望,甚至这种话语模式与思维方式和当下的社会生活之间还具有一定的甚至很强的契合性或者相关性。

确实如此。人们之所以渴望当下中国的司法能够在道德问题上有所作为,在于我们的日常生活遇到了伦理道德与精神信仰上的困惑,人们期望通过司法这一公共权力的运作,建构起我们公共生活里的交往规则的同时,达成社会的价值共识与德性认同,生成精神世界与信仰意义,进而给我们烦躁的生活带来宽慰,给焦虑的心灵带来些许安顿。同时,人们之所以认为司法能够解决自己的道德困惑,乃是在于我们的视阈里,当下社会纠纷的处理不仅仅只是涉及法律的问

---

❶ 滕彪:《孙志刚事件:知识、媒介与权力》,http://www.law-thinker.com/show.asp.id。
❷ 参见[美]爱德华·希尔斯:《论传统》,傅铿、吕乐译,上海人民出版社1991年版。

题,同时也会涉及到情绪的消解与情感的抚慰,还会涉及价值权衡与道德认同的问题。当然第三,人们之所以认为司法会担当起规则整合与道德重建任务的角色,乃是因为司法始终是要面向社会的,是要为社会大众的日常生活服务的。最后但却是最重要的,人们之所以在法治建设的过程中又把法律与道德这两个命题联系在了一起,认为司法必须面对道德,法治必须经受道德的拷问,乃是因为在我们的生活和思维的世界里,行与思是合一的,德与法是和合的。

具体来看。社会转型不仅使得社会主体在价值观念和价值取向上日益呈现多样化的趋势,而且也会使得我们的生活方式与思维方式都发生了深刻的巨变。这样,人们就会重新审视自己所生存的世界的意义,开始寻求自己在这个世界中的地位以及活着的理由,调整并确立自己的价值坐标。然而这个时候,人们发现,原有的核心价值观的统治地位在现实社会里已经受到了怀疑乃至动摇,价值多样所带来的价值多元以及价值的无主导性使得不同价值之间存在着激烈的冲突;这样,人们在价值选择与价值追求上就会出现困惑、疑虑、徘徊、彷徨,进而使得人们的价值观点摇摆不定,或此或彼,从而出现道德滑坡、信仰危机、理想失落以及行为失范。进一步,急剧的社会转型所带来的社会结构变动、利益格局调整和思想观念变化,使得当下我们的法治建设处于一个传统价值观、现代价值观和后现代价值观多元混杂的时代,一个价值观的多元性和过渡性以及不同价值观的比较、争逐、消长和融合的时代。这个时代不仅使得社会主义意识形态在膨胀的物欲、破碎的传统社会结构、贫富鸿沟与隔膜的加深中逐渐被淡化,而且因为在缺乏强有力的核心价值观的引领下进而凸显出了社会道德和精神信仰的缺失,引起了社会的普遍焦虑和惶恐。正是基于此,人们期望司法面对道德,期望司法能够通过自身的运作进而整合其断裂社会中的价值多元,弥合价值分歧,夯实社会的价值基础。

这显然是无可厚非的。毕竟,尽管社会转型导致了价值迷失和道德稀缺,但社会仍然需要温情,需要爱,需要信任。这是其一;其二,转型中国,特别是基层社会里的纠纷,不仅其发生所牵涉到的利益主体是多样的、宽泛的,而且纠纷背后的诉求也是多样的(既有物质的、利益的,也有精神的、情感的),同时纠纷的解决所涉及的相关职权机关也还是众多的,因而纠纷及其解决其实是一个全方位的、全社会整体动员的系统工程,各个阶层、各种团体、各种主体都可能要参与进来。这样,基层社会里的纠纷及其解决实际上就会涉及基层社会和个人生活的方方面面。有时哪怕是处理一个很小的问题,也可能会牵扯进来许多陈年旧账和积怨。双方当事人各自私人社会关系网络中的亲朋好友,甚至某种正式(如村民小组)或非正式(如家族、宗族)结构中的小群体代表者(如村委会主任)或者其他成员(如村庄里的地方精英)也可能会被卷入进来。这样,纠纷及其解决所可能卷入主体的多样性、复杂性,使得纠纷个体当事人的背后实际上又表现为一个泛人称化的集体名义或者泛家族主义的社会性形象。"你这样做(如不赡养父母)愧对的是列祖列宗";"欺负某人就是欺负我们姓张的";"输了官司,折的是大家的面子"等等。为此,一旦纠纷对周围人们或社会的影响达到了相当的程度,一旦纠纷的处理受到了公众的普遍关注,那么纠纷及其处理就必将会被置于更广阔的公共空间之中。因而,纠纷处理的结果不仅会导致利益关系的实质性变动,而且还会带来人际关系及其网络的结构性变化,更重要的是会导致人们日常交往过程中的情感变动、价值重组与新的价值共识的达成。这样,案件处理的规则安排、关系调整以及情感弥合、价值导向,都是法官在处理纠纷时所不得不妥善考虑的。

因此,当下社会里的纠纷的处理就不能够被孤立的对待,就必须要作为一个整体性的事件并且放置在复杂的社会关系以及广阔的公共空间之中来考虑;同时,惩罚也就应当被放置在过去、现在与未来的事件系列中来理解,要看成是整体的社会结构的结果。[1] 这样,法官在处理纠纷时就不仅要考虑到公共生活里的交往规则,划分清权利的社会界限,还要消解情感上的对立与情绪上的对抗,抚慰当事人受伤的心灵,安排好私人生活里的情感因素与价值认同,进而从根本上化解矛盾,让当事人彻底地从纠纷中解脱出来。因此,司法就不仅要依法办案,还必须体现鲜明的价值导向,努力实现法律效果和社会效果的有机统一,有效回应人民群众的司法需求。毕竟,中国法律生活的基本使命仍然在于服务人民,并回归于日常生活、回报大众、回塑社会的。这样,中国法律的运作实际上也就是一个真正服务人民并走向人民的过程。因此,它不仅需要制度化、体系化和规范化,而且也需要生活化、便利化和零碎化。

由此可见,当下社会里道德思维之所以会以各种更加隐秘的也更加主要的方式参与我们对当下社会生活的思考和理解,道德话语之所以被广泛采用,不是

---

[1] 参见朱晓阳:《罪过与惩罚》,天津古籍出版社2003年版,第67页。

偶然，乃是因为"它们天然带有理解，它们在描述的同时也在解释"❶。换言之，其实无论是个人参与法律生活时表达上的道德修辞，还是社会大众或者媒介在评价法律实践时话语的道德谱系，其背后都是在对生活做一种诠释与理解，也即是一种整体化或体系化的理解；这种理解旨在恢复被法律话语或思维方式裁剪掉的复杂的社会关系或者压缩并简化了的社会问题，进而呼吁司法者在处理社会问题时要注意问题发生的时间和空间维度，也即要在因果关系链以及具体的社会文化—情境系统里来整体性的对待纠纷以及纠纷中的当事人。

然而遗憾的是，当下中国的司法及其实践却无法完全担当起这些角色期待与基本使命。因为，由于规则之治强调的是普遍性的解决问题，因而考虑到成本的问题，法治话语及其思维方式常常会将时间压缩以及空间平面化，进而忽略其意义；这样，不仅法律概念常常会取消掉具体社会事实的语境性，忽视其文化—情境系统里的因素，进而使得社会事实以理性化、程式化的样式展现，而且法律程序也会消解掉人与人之间的差异，将其纳入到整个现代制度体系之中，进而创造出一个不同于生活世界之逻辑的独立世界。这样，在纠纷处理的过程中，不仅现实生活里差异性的当事人之间被简化为平等的法律关系主体，而且繁杂且具体的社会问题也会被抽象成单一的法律关系，因而，司法裁判的结果往往无法回应人们的司法需求，同时也经不起人们对其做社会文化—情境系统的比对理解。

看来是时候需要对我们的法治及其建设进行一定地反思了。换言之，不容否认，在当下社会里道德话语常常被使用可能在于它具有强烈修辞的效果；以及，道德话语的修辞和活动形式之所以能够在现代司法中发挥作用，其原因又可能在于现代社会的司法参与者更容易为带有强烈道德色彩的活动所打动。例如，特别是当社会大众或媒体以道德说辞为核心向司法机关的判决提出质疑时，如果司法机关的反应却不恰当的时候，人们就会马上变得非常情绪化。但尽管如此，我们还是必须承认，在法治已近乎成为当下的主流话语或者意识形态的时候，人们还迟迟不愿意从既有的道德传统中脱离出来，还不愿意丢弃道德话语，很大程度上则是因为，虽然经过数代人的努力，然而法治似乎还无法让当下的中国人感到满意，于是乎常常勾连起人们对德治的留恋。

进一步，的确应当承认，道德话语及其思维其实是一直潜伏在我们的日常生

---

❶ 徐贲：《人以什么理由来记忆》，吉林出版集团有限责任公司2008年版，第223页。

活中的;只是长期以来,人们因期望法治能够带来新的生活方式与生命的意义世界,所以一直有意忽视道德的问题,有意不在法治的世界里想道德的拷问,把道德重塑与精神建构看成是法律价值与法治精神的题中之物,进而忽视两者之间所可能存在着的多重关系。换言之,法治作为一种强势话语,一直成为我们回避道德世界以及心灵的理由。对于法治的迫切期望以及理想生活的急切渴望,使得人们逼迫着自己不去想道德的事情。我们想当然的认为,法治实现之日便是我们价值达成与精神大成之时。因为它曾承诺我们,不仅在规范或制度层面上,"法治是使人们的行为服从规则治理的事业"❶,而且在伦理和精神意义上,法治所孕育的正义、平等、秩序、自由等价值,也将提供我们一个丰富的、信仰法治的生命的意义系统。❷ 然而,近三十年的法治建设,使得我们发现,对于道德问题与法律问题的分离,我们似乎不应该如此决绝;我们应当重视我们既有的感情以及我们看待这个社会的特有视角。因为无论如何,中国的法律实践所面对的乃是中国人民自身的生活及其意义表达;换言之,它所直面的不是西方普适的法治话语与价值,而是中国人自己对于生活世界的理解及其价值观念;这些因素是无法被"消毒"(奥特纳语)杀灭干净的。

更进一步,其实一直以来,中国法治的发展都具有一种生活化的取向。有关这一点,在依法治国、依法治省、依法治县、依法治厂、依法治村、依法治校、依法治水、依法治电……等这样一连串的口号的背后,我们就可以发现这样一种努力。因此,对于转型中国社会来说,法治不再仅仅被简单的看成是一种治理方式,而是成为了一种生活事实。为此,法治近乎成了一种主导话语,而追求法治也就成为了一种时尚,甚至变成一种情结,乃至几乎上升为一种新的意识形态,成为衡量对与错的终极标准。当然之所以会是如此,很大程度上在于中国的学者深感所处的社会环境太富于人治色彩,受人治的苦太深,进而渴望有一种高于或优于人治的理想社会或文明秩序,因而对法治产生了无限的遐想与渴望。因为在他们看来,法治是一种绝对的最佳的善,是善治的最高理想和追求理想社会模式以及实现中华民族伟大复兴目前所面临的唯一正确的文化选择。当然也正是在这种狂热的论调之下,对于法治的弊端他们却未能持一种审慎的建设性的

---

❶ [美]富勒:《法律的道德性》,郑戈译,商务印书馆2005年版,第124~125页。
❷ 参见许章润等:《法律信仰》,广西师范大学出版社2003年版。

批判态度。❶ 这样,尽管三十年的法治建设似乎给我们提供了世界的一个面相,但在这幅严整画面中却没有哪里适合容纳我们的欢愉和悲苦,我们的道德诉求与艺术理想。不仅如此,有关的法治研究事实上还要求排除这些,要求"建构这个法治世界的代价就是把自我即心灵排除在其外"❷。事实与价值、真与善似乎不得不彻底分离。法治越完善,法律制度越进步,感情、道德、艺术就显得越虚幻。甚至法治所建构出来的世界是一个没有目的、没有意义的世界。❸ 令人常谈到"信仰的虚无,意义的丧失"。当人们发现这样的世界并不是他们真正想要的时候,他们就开始怀疑法治,开始想着在法治之外需找其他的治理模式;这样,原初对于法治所抱有的一切幻想自然也就都开始动摇了。

确实如此。应当说,对于法治的恰切涵义,尤其是在中国实行法治的具体状态,其实不仅是社会大众而且包括法律人与决策者,在法治推行伊始都没有一个明确的认识。法治在我国的推行,很大程度上是作为一种抽象的理想而为各方面所接受和崇奉的。"要法治不要人治",在此情况下,法学人与决策层和社会大众在法治问题上很快就不假思索地达成了具有很高程度的共识。然而,随着法治的具体推行,中国的法治实践似乎并未完全依循大家所想象和期待的方向发展。在中国实行法治的复杂性以及与此相联系的实践中存在的某些非理性的现象(如司法权威得不到应有的尊重,司法腐败现象滋生等),都超出了大家的预料和容忍,由此形成了包括法学人在内的社会大众对于法治理想的挫失。这种挫失的进一步反应则是法学人与社会大众在自认为无力改变现实的情况下,放弃对法治实践的关注和参与。❹

毋需责备。毕竟,"当代中国法学人是与中国法治其实共生共长的;由于在中国本土上没有先在而系统的法治理论及实践经历,因而中国法学人对法治的应然状态都保有自己的某种想象,且这种想象在很大程度上产生于各法学人对西方法治理论与实践的理解。这种想象不仅实际决定和影响着法律人的各种学术观点和主张,同时也构成法学人对于外部实践和评价的基本依据"❺。因此,

---

❶ 而善意的提醒,可参阅,於兴中:《强势文化、二元认识论与法治》、《作为法律文明秩序的"法治"》,载《法治与文明秩序》,中国政法大学出版社2006年版,第3~33页。
❷ [美]罗森伯格:《落空的期望——最高法院与社会改革》,高忠义译,商周2003年版,第74页。
❸ 参见陈嘉映:《哲学·科学·常识》,东方出版社2007年版,第3页。
❹ 参见顾培东:《也论中国法学向何处去》,载《中国法学》2009年第1期,第9~10页。
❺ 顾培东:《也论中国法学向何处去》,载《中国法学》2009年第1期,第9页。

迈出第一步可以不假思索,但是下一步就需要十分的谨慎。换言之,我们必须意识到,作为一种制度或制度整体的法律,它其实并不可能改变社会现实,而只可能调整个人或者几个人的行为,或者个别事情。因此,中国人需要从自身生活出发来思考自己的法律理想图景,需要重新对待法律与道德的问题;这一问题,不仅关涉到我们采取怎样的治理模式,而且还关涉到我们的价值观念的选择以及精神生活的建构。

具体到当下中国的司法,那么在一个话语系统充满了道德,甚至是泛道德话的前提下,司法该如何运作? 以及,面对道德话语的拷问以及道德思维的质疑,司法该如何面对?

第六节　如何面对道德?

必须承认,用道德直观批判以理性知识论为根据的司法裁判及其合理性问题,既合理也不合理。毕竟,指责司法裁判及其理性不能解决人生意义问题,这当然不错;然而要以司法裁判及其理性来解决人生意义的根本问题,期望通过司法裁判为我们建构起一个生命的意义系统,本身或许就是精神谬误。与此同时,任何社会里的司法制度及其实践都有其限度,它不可能是万能的,它只能解决日常生活中很少的事务。然而在当下中国,这些谬误与困境却没有被正视,甚至会被忽略掉,因为一旦联系到政法道德与法政伦理的时候,法律问题就自然而然的被道德化了,法律也经常被道德或者其他社会、政治等因素绑架或者裹挟。这样,不仅法治万能论甚嚣尘上,而且司法被道德话语抬了起来进而也就下不来了。

其实,在西方的法治理论与话语里,法治与司法的作用都是有其边界的。[1] 以法律与道德的关系为例,不仅法律与道德之间的区分是明确的,"法律的归法律,道德的归道德",而且即便承认法律与道德的相关性,也是在社会的/阐释的意义上而言的,在逻辑的/假设的意义上却又坚持法律与道德的分离。[2] 很显然,这种区分是非常细致的。然而当下中国的语境中,尽管在理论和实践中都尝

---

[1] Richard A.Posner,How judges think,Harvard University Press,2008,pp.161-182.
[2] 参见强世功:《法律的现代性剧场》,法律出版社 2006 年版,第 29 页。

试着努力把这两个命题分离开来,但却无法回应社会大众的对于法治的想象以及需求;因此我们看到,在法律与道德之间,中国的法律人无论放弃掉哪一项,都将会遭到最严厉的指责——"法不容情",老百姓是不会答应的;"有理无据莫打官司",老百姓心里也接受不了。

可见,司法中的道德谜思需要我们进入到中国的司法世界和制度实践的语境的同时,把握人们日常的生活方式与生活态度,在尽量了解实际状况的基础上,考究法治话语与道德话语以及政法道德、政法意识形态话语对当下中国司法实践的影响,进而尝试着回答如下的问题:我们究竟应当以一种什么样的司法哲学来指导我们的司法实践,才能顺应当下中国社会重要的变革?与此同时,我们的司法实践背后究竟要维护一套怎样的道德哲学,才能抵御社会变迁对于我们的道德和精神世界的冲击?

或许应该务实一点。这样,当下中国的司法改革至少还并不能够完全还原成某种纯粹的观念之间或观念与现实之间的争论。因为那样做的话,显然就无法回应理论难题与现实悖论,同时也可能会忽视人们实际存在的关于司法认识上的分歧,进而贬低除法律人之外的人们对司法的理解和接受。这是其一;其二,当然,这种做法从根本上也无法弄清关于司法认识上的不同观点,以及这些观点在多大程度上能够通过表明它们自身来源于更深层次上的相异的或共享的信念而得以调和。

确实如此。因为,若是仅仅就不同观点的追究而言,这些讨论首先就在有关司法的不同观点或法治话语和道德话语之间设置了水火不容的障碍或简单对立起来;并且,也正是基于这种话语的对立,他们所建构起来的语境与中国司法判决语境或者说中国司法判决所要考虑的具体因素、所受到的诸种现实影响等等无疑就会有着很大的差异。

中国的司法改革应当保持自主性品格;这种品格主要体现在:司法必须跨越西方法治话语的二元对立思维所建构起来的法律与道德的鸿沟,在中国和合的思维语境里沟通起法律与道德的逻辑叙事,完成法律与道德的话语整合,建构成中国人通过尊严的一种公共生活。与此同时,中国的司法还必须超越法治话语将复杂的社会冲突简化为非此即彼的二元冲突的作法,❶承认社会冲突存在着

---

❶ 参见[英]科特威尔:《法律社会学导论》,潘大松等译,华夏出版社1989年版,第241页。

多种可能性、多种解决方法、多种回旋空间。因而,当下中国社会里的司法,最直接当然也是最为重要的,便是要把纠纷处理的过程通过程序开放出来,使得整个过程尽可能地透明与多元、开放并互动,以便于让当事人以及当事人各自社会关系网络中的"人"(如人力资源)与"物"(如制度资源)都参与进来讨价还价,最终在处理完纠纷、分清权责的同时,消解掉情绪的对立与情感的对抗,彻底地化解掉矛盾。

很显然,这对当下中国司法的方式方法予以了很高的期望:第一,司法必须坚持法治,即要依法司法,要以程序的方式来促进公正或正义,这是司法的内在生命。第二,司法也必须要弘扬诚信,必须通过案件的审理活动,把基本道德理念准则引入司法活动之中,筑牢社会的道德基础,提升社会公众的道德修养。这样,在具体的司法活动中就必须依法审理,入情入理,在界分清楚权利的同时,消解情绪的对抗,做到胜败皆服,案结事了,强调案件审理的法律效果和社会效果相统一。第三,在纠纷的处理方式上也要尽可能的多元化,要尽可能的在满足社会主体多样化的司法需求的同时,扩大公民有序参与司法的途径。因此当下中国的司法,就要努力在纠纷处理的过程中,通过程序,还权于民。这样,司法就不仅要尽可能的透明,以便人民群众能够深入了解司法运作的机理,亲身感受司法的过程;而且要尽可能的开放,以便他们能够真正充分的参与进来,把自己的生活经验和道德观念带到人民法院来运用;还要尽可能的让当事人感到便利,以便司法能够贴近生活,走进群众,更加主动地吸纳人民群众的意见,满足人民群众的需求。❶

与此同时,这也对当下中国的法官提出了很高的要求。换言之,尽管这种司法方法或模式强调的只是要求法官在纠纷处理的过程中辨法析理。但是要在法与理之间建立起有说服力的关联却往往并不是想象地简单。它不仅依赖法律专业知识储备,而且还要求法官必须经常实践。因而,面对具体的纠纷,一方面,法官必须通过个人化的智性努力,尽最大可能地扭转当下中国在司法体制、司法技术与司法道德、司法的理想目标之间的背反,拉近转型中国的司法在表达与实践上的距离;另一方面,当然也是更为重要的,他还必须在政治任务与政法策略、政

---

❶ 参见公丕祥:《挑战与回应:有效满足人民群众司法新需求的时代思考》,载《法律适用》2009 年第 1 期,第 5 页。

治目标与法政伦理、社会秩序和司法政策、社会规则与司法实践、与民众的规则需求、与民众的日常生活系统之间的互动机制的形成上有所作为。为此,在司法实践中,法官不仅要将非正式的制度或者地方性知识吸纳进正式的司法知识生产机器和制度安排的体系之中,而且作为制度和知识沟通、交流互动的另一面,他还需要对正式的司法制度和司法知识作"在地化"(on ground)的灵活变通,将苦涩且形式化的法律条文精心的转化成生活中的鲜活道理与情境规则,以期方便问题的处理的同时满足社会大众对为人处事的规矩的心理需求,最终缓和体制与道德相背反所造成的紧张、弥补转型中国司法在表达与实践上的差距。进一步,这其实也就意味着,在日常司法实践中,法官必须努力穿行于现行制度的结构性夹缝之中,必须多次来回往返于法律系统与日常的生活世界、司法知识与生活常识、情—理—法之间,从而沟通法律系统与日常的生活世界并开启一个中介于两者之间的暂时性空间进而为司法知识和常识之间的沟通对话营造一个理想的交谈情境、为正式制度与非正式制度积极展开平等而友好的交流并合作提供一个具有法学功能的、开放性的公共领域,以及为法官与当事人之间的自由商谈提供一个"情—理—法"互动共融的空间。当然,也正是在这个由法官通过个人化的司法行动所建构起来的、联通日常的生活场域及其逻辑与职业化的司法场域及其逻辑的公共空间里,通过对纠纷的细致处理,特别是通过纠纷解决机制的开放性运作进而将人民群众的矛盾与意见带到了法院或者纳入到了规范化的解决渠道;同样,也正是在这个多元规则所共同建构起来的"情—理—法"空间里,其空间的运作逻辑当事人和法官都必须遵守;最终,通过这种新的司法模式的实践,不仅纠纷得以处理,而且矛盾得以解决,"胜败皆服,案结事了"。

可见,在纠纷处理的过程中,在办案技术或者司法策略的选择上,法官既要参照诉讼效率和成本计算,以求便利当事人;又要柔性的解决问题,以求软化纠纷当事人之间的利益冲突、钝化纠纷当事人之间的情绪对抗或情感对立、缓和当事人之间的紧张关系;进而通过沟通、交涉和对话、协商而不是靠征服或者压制、强制、对抗来达成相互间的合意与妥协。因此,转型司法中的中国法官所使用的策略就肯定会是混合的,很多时候又是无法用程序正义还是实体正义、东方经验还是西方传统去理解和解释的。但是很显然,这种新的司法方法却又是在既定的条件之下将转型中国的司法以及法官的能动作用都发挥到了极大的。它力求在制度的结构性夹缝之中成功周旋,从而为基层司法的运作赢得足够多的资源

（包括制度资源、社会资源和人力资源），最终解决掉纠纷，并生产出能够满足人们日常法律生活所能接受并且也是切实需要的法律产品。因此，若是从实用主义的角度来看，那么这么做，也是务实的。换言之，在当下中国的司法场域里，尽管中国传统的法律文化与当下官方的正统法律文化，以及西方的法治文化之间虽然存在着差异，也存在着某些冲突，但是在更多的方面则是各司其职、相辅相成的。因此，当下中国的司法实践也就不应当建立在文化的断层与文化的隔离甚至文化的对峙之上，而是应当立基于现实、继承传统、向外开放，在自己本土文化的根基上寻求各种文化之间的相互兼容与合作。新的司法模式显然就是采取了这种开放且兼容并包态度。这样，其结果，在转型中国的司法实践中，我们也就能够看到，传统与现代、东方与西方这两种法律文化及其资源，在纠纷处理的过程中已经形成初步的分工并且相互合作，并且共同推动着问题的顺利解决。

当然，这种司法模式的运作基础其实是规则共生语境中所生发出来的规则共治，其处理社会纠纷的方法便是协商，其模式便是充分的对话—论辩，其目的就是要达致相互之间的合作。因此，这种司法模式在处理纠纷上就会有着其独特的优势：一方面，它能以一种双赢的策略来解决社会冲突；通过相互磋商，利害相关联的社会因素都会被吸纳进法官的解纷活动中来；经过参与、对话、论辩和协商，与纠纷相关的每一个人、每一种因素都得到了平等地对待和同样的尊重，因而，这种通过多渠道且又是理性、正当的对话方式所达成的，是一个多方参与人之间的多重利益的互惠关系，一种双赢的效果，旨在缓和当事人之间的利益冲突与情绪对抗，进而恢复原初的人际关系，而不是利益一边倒的零合关系，一种非赢即输、赢家与输家相对立的结局；❶另一方面，这种新的司法模式又不仅仅只是试图通过选择调解或者审判的方式来解决纠纷，而是通过法官的辨法析理，通过"能调则调，当判则判，调判结合"，也即通过让法官和当事人互动起来，理解法律、理解生活，从而达致"胜败皆服、定纷止争"，这样，其裁判的结果自然也就能够顺利地为每个人所接受并遵从。❷

---

❶ 参见马明亮：《协商性司法——一种新程序主义理念》，法律出版社 2007 年版，第 58 页。
❷ 参见支振锋：《法律的驯化与内生性规则》，载《法学研究》2009 年第 2 期，第 146 页。

第七节　小结并讨论

的确,针对问题本章所开出的药方——通过辨法析理来使得"法"与"理"、"法"与"情"之间建立起有意义的关联,来促使法律与道德之间的共融与互通,以及通过程序尽可能的使司法活动开放、透明,进而增强司法活动的参与性(不仅使得当事人能够很好的参与进来,而且也使得法官在其中能够发挥司法裁判自主权),从而将司法活动塑造成一个公共活动,最终提高当事人以及社会大众(司法制度潜在的当事人)参与公共生活的能力和基本素养,培养他们的公德——对于如何在中国的语境里真正处理好法律与道德的关系,显然是不够的。中国的司法改革,任何一项新措施的出台都会是牵一发而动全身的,因此这就需要从整体上来予以考虑;而这又并不是本章所能够完成的。

重要的还是问题。确实,不仅司法的中国语境和情境中布满了道德话语和道德思维,而且中国的法治实践同样也会受到既有因素的力量制衡。然而遗憾的是,尽管意识到要认真对待本土资源,[1]但实际上,我们并未真正意识到所谓的本土资源究竟为何？我们可能会更多考虑到表面上的社会因素,但却忽略掉了这些因素背后的、更为根深蒂固的文化结构与思维方式。这些观念与思维方式并不因为是传统的就必然是落后的,就必然是需要被改造的。恰恰相反,这些结构和观念会以强大的惯性力制约着我们的法律发展,同时这些思维方式也会影响着我们当下中国的法治实践。

提倡认真对待道德,并不是要简单地赞成德治甚至是否定法治;恰恰相反,提倡在司法实践中处理好道德问题,呵护我们的法感情,是为了更好的推行法治,追寻一种更美好的生活。因此我们必须在实践中正视我们自身的情感并给予其平等的关怀与尊重,同时我们也必须意识到,中国的法治也是"从生活中来,到生活中去"的。为此,我们坚持依法治国,坚持依法审判,但同时我们也不应当排挤道德对司法本身的影响;我们必须要对此保持警醒。甚至必要的时候,我们的眼光还需要放的更长远一些,我们需要仔细思考我们自己的未来生活,进而反思当下前进的道路。

---

[1] 参见苏力:《法治及其本土资源》,中国政法大学出版社 1996 年版。

当然,提倡留意道德的问题,要求司法/法律认真对待道德,也不是一味的要将道德领域公共化,不是要将私人生活问题化,我们所倡导的道德,更多的是公共道德,一种参与公共生活的基本能力和素养,一种公德;我们期望通过这种努力,塑造起更多具有德性与公德的公民。

第五章　法官判决的知识基础

在上一章中，通过对司法与道德的关系分析，我阐述了当下中国司法场域里所存在着的两种司法知识观，也即以法律为主要系谱的司法知识观和以道德为主要系谱的司法知识观。与此同时在我看来，以法治话语及其思维方式为基础的司法知识观与以道德话语及其思维方式为基础的司法知识观之间的冲突，必须引起当下中国的司法实践以及改革的注意。换言之，当下中国司法所面临以及需要解决的问题，不仅仅只是司法的制度、体制与机制的进一步法治化问题，更为基础的或许仍然是要处理好司法的法治话语系统如何与日常生活世界的话语系统相兼容的问题，也即必须要尝试着调和两种司法知识观之间的结构性冲突与矛盾性紧张的对峙。

的确，在更大的范围上来说，当下中国的司法其实是一种整体性的社会活动：它不仅仅要处理纠纷所蕴含的法律关系，还要处理纠纷所牵扯到的人际关系，更要处理纠纷得以产生的更多也更繁复的社会关系。与此同时，人们不仅期望通过司法解决掉纠纷建立起一种法律秩序，还希望司法能够修复人际关系，恢复到纠纷产生之前的生活秩序，更期望通过司法建立起一种符合人们生活习惯、让人安宁幸福的社会秩序。然而，当下中国司法场域中的这两种司法知识观的结构性对峙和矛盾性的关系，不仅造成了当下中国司法处于尴尬之境地，限制了其制度角色与制度能力的发挥，进而导致当下中国司法所承诺的社会功能无法实现，而且也造成了社会生活中既有的道德的消解与底层伦理秩序的瓦解，进而使得转型中国社会的秩序无法形成。为此在我看来，就必须要通过实践和行动来对于这两种司法知识观进行整合；而其中一个可能的态度，无疑就不会是简单的以法治话语为标准来改造，也不会是片面地用道德话语来附会，而是要以两者之间的合作为目标来达成相互间的沟通；这样，一个可行的方案便是要在开放的司法实践中践行有德性的法律统治，要通过裁判活动中的辨法析理来完成法律与道德的对话和论辩,并通过这样一系列的司法操作,努力建构起属于中国的德法兼备的政法话语和政法意识形态。

很显然,这种整体性的理解以及解决转型中国司法问题的思路,特别是将中国司法的知识生产背后的逻辑放置在一种整体性的生活观的基础上来展现,以及将中国司法问题的解决放置在整个社会文化—情境系统中来加以整体改造,无疑既符合我所强调的整体性的司法知识观及其司法知识的理论旨趣,也充分展现了当下中国司法与道德之间关系的真实性或者现实性。与此同时,它所强调的"人"与"制度"的良性互动是考量司法制度的建构及其运作是否优质的标准,对于我们理解当下中国道德与司法之间的多方作用与多重关系,无疑也起到了非常大的作用。它不仅显示出了当下中国司法问题的复杂性,也确证了观察当下中国司法问题所必须具备的整体性视角。

而在这一章中,我将围绕着"法官判决的知识基础"这一论题,在司法知识的知识体系与知识制度理论的基础上,以两个看似并无多大关联的案例为基础,着力分析常识与司法知识之间的体系区分以及常识进入司法判决(也即司法知识的生产与再生产)过程之中的制度障碍及其背后的社会因素,进而展现法官判决的知识基础的流变以及这种流变背后的社会因素及其力量。当然也正是在此过程之中,我们又将发现,转型中国司法判决的知识生产,它不仅仅只是一个法律的实践活动,而必定既会涉及到更为广阔和深远得多的社会结构与社会因素,也会吸纳庞杂与繁复的思想实践与生活实践。这样,无论是法官判决的知识基础,还是常识与司法知识之间的关系,都与其所置身于其中的社会—文化情境系统及其变化的整体逻辑紧密相关。而这毫无疑问,正是我所强调的"整体性的司法知识观"的另一种具体体现。请看下面的具体分析。

第一节 问题与立场

近些年来,中国司法改革过程中有一个非常值得关注的现象,那就是在许多重要的案件中(例如刘涌案、泸州二奶案以及本章中还会涉及到的彭宇案),法律人常常会站在社会大众的对立面上;他们会与民众在一些基本问题的判断上产生根本性的分歧并且公开化。这样,一旦他们站错了队,那么他们受到的激烈指责又几乎是一致的:法律人不了解转型的中国社会,对社会大众基本的法律需求、基本的是非判断等这些常识性的问题也不熟悉;法律人特别是法官更应当从常情、常理以及常识出发来思考问题,有关的司法判断也应当更多地倾听人民的呼声、吸纳民意,司法判决也更应当注重社会效果。当然,这种有时至少有些近乎谩骂的批评和指责甚至不是局部的,而是全国性的;并且在更多的时候,这些质疑又往往会与当下中国法官职业化建设中所凸显出来的一些问题叠加在一起,进而一齐发难,共同作用在法官的身上:法官整体素质不高? 法官的知识结构不合理? 甚至司法不独立? 乃至司法腐败? 等等。为此,社会大众呼吁焕然一新的司法以及优秀的法官,他们期望正在行进中的中国司法改革能够改变当前的这种局面,以便更好地满足他们的司法需求。

而与此相照应的,却是中国的法律人长期以来一直都认为,不仅当下中国的司法在运作模式上仍然还存在着一种大众化的倾向,是非专业化的司法而不是专业化的司法;而且法官的知识结构也离职业化的标准相距甚远。与此同时,恰恰又正是司法运作模式上的大众化倾向以及法官知识上的非专业化状态,使得当下中国的司法既无法满足社会大众的需要,更遑论推动法治中国的建设了。进一步,在中国法律人的眼里,当下中国的司法甚至是反司法的、是反职业化和反专业化的:不仅其运作模式是以破坏专业司法知识的获得和积累为依归的,[1]而且实践中法官所运用的知识也早已溢出了法律。[2] 与此同时,他们或多或少又会把这原因归咎到中国司法的传统上,因为特别是受韦伯有关东方司法文化的论断的影响,中国的法律人一致地认为与西方职业化的司法运作模式形成鲜明对比的是,不仅传统中国的司法是非专业化的司法,而且也没有形成一个职业化的法官群体。这样,司法官员在司法推理的过程中,其所赖以判断的共同标准只是情理。当然也正是因为此,传统中国司法裁判是不确定性的,而这种不确定性又带来了法律知识生产的不确定性,结果使得司法官员赖以裁判纠纷的司法知识也是不确定的。[3] 因而,一反传统,也更是为了与世界接轨,为了改变当前世界结构中中国司法的这种落后局面,中国的法律人于是积极地推动司法的

---

[1] 参见艾佳慧:《司法知识与法官流动——一种基于实证的分析》,载《法制与社会发展》2006 年第 4 期,第 103~111 页。

[2] 参见赵晓力:《基层司法的反司法理论?》,载《社会学研究》2005 年第 2 期,第 218~225 页。

[3] 参见贺卫方:《中国的司法传统及其近代化》,载,苏力、贺卫方主编:《20 世纪的中国:学术与社会·法学卷》,山东人民出版社 2001 年版,第 179~183 页。

法治化改革,推动中国法官的职业化建设以及法官司法知识的专业化革新。

很显然,尽管两者之间有着共同的期待以及也都一直是在努力,都希望尽量弥合司法知识与社会现实之间的断裂,但是这里面,悖论还是隐藏着:特别是针对当下中国的司法,为什么法律人眼里的非专业化知识的司法所得出的结果却往往会是反常识的呢?或者,为什么法律人眼里的大众化的司法最后反而却站到了社会大众的对立面上去了呢?

尽管民众确实有可能是错的,舆论或者民意也很有可能被诱导,但这些仅仅只是假设。那么为此,法律人、特别是法官——除了他们的信念之外——有什么根据声称自己所持的知识和判断就是更正确的?他们为什么不能尊重民众的感受、常识和分析?与此相对照的,为什么中国的民众往往也听不进法律人的谆谆教诲呢?他们又为什么会不领情?以及,竟因为什么使得中国的法律人不愿意去面对这些本来并不难预见的具体而现实的问题?或者因为什么致使他们疏忽大意而最终未能预见到这些问题?法律人的责任仅仅只是追求制度建设[1]而不关心具体问题的妥善解决、不关心当下民众最为紧迫的个人冷暖需求吗?一句话,法官是不是只需要承担职业责任(依法判决)而不用负社会责任(胜败皆服、案结事了)呢?

进一步,中国的法律人和中国民众所期待的新司法以及优秀的法官所要解决的问题是相同的吗?以及重要的,中国的问题是什么?中国的司法改革要改变什么?什么样的司法模式才是真正适合中国?存在着一种西方式的中国职业司法吗?法官职业化建设能为我们提供怎样的法官?这些法官将拥有怎样的知识结构呢?这些拥有专业的、司法知识的法官是否能够为社会提供地道的法律产品吗?以及,中国民众的司法需求到底是什么?社会大众所期待的新司法和好法官,是西方式的职业化的司法制度以及专业化的法官吗?这些显然都是值得我们重视的问题!

然而面对这些问题,激烈的道德话语、宪政理论、抽象的法治原则以及相互的指责、推卸责任甚至是谩骂无疑都无法替代这些具体问题的分析与解决;因为喧闹的话语也不能抹去缄默的现实,因为话语的捐税无法带来问题的改善以及最终的解决。实际上,尽管从表面上来看,这些问题背后所隐藏着的只是一个知

---

[1] 参见苏力:《道路通向城市——转型中国的法治》,法律出版社2004年版,第289~308页。

识与社会或者知识与存在的关系问题,但若刨根问底,更深层次的其实乃是一个知识与生存的关系问题。换言之,中国司法不仅要关照作为个体性的、特殊化的司法知识观,而且更要关注普遍的司法知识观以及这种知识观所关照下的中国人的未来命运的问题。而这显然对法官判决的知识基础提出了新的要求。

  法官判决的知识基础问题,乃是一个进行具体裁判的法律推理所必须解决的问题。换言之,法官在做出判决的过程中,必然会提出也必须要解决其判决的知识基础的问题,才能进行具体的判决。因为只有基于合理的知识基础,最终的判决结果才能获得法律效果与社会效果的统一。然而问题的关键在于,如何考查法官判决的知识基础和知识谱系呢?显然,欲全面展现这一问题就必须在中国司法自身的历史经验以及当下司法场域的运作中去发现。换言之,这个问题并不只属于当下,也同样属于历史。为此,我们必须在社会转型这一大背景下,在权力分工这一社会结构里,通过对比特别是通过中国司法在传统与当下的对比阅读,力求生动展现,对于司法判决而言,法官的知识基础是什么?它们有没有发生变化?如果有,那么这种变化又是怎样的?以及,相对于司法判决的整个过程而言,法官司法的知识结构又发生了哪些微妙的变化?并且尝试着回答,常识构成一种司法知识吗?如果能,那么它又是在什么样的条件下才进入到司法的知识系统或者司法的运作机制的呢?与司法知识相比,常识在法官的司法推理过程中扮演着何种角色?并且,从常识出发的司法推理,就一定能够得出为民众所接受的司法判决结果吗?如果不能,那么仅仅运用专业的司法知识来裁判案件,效果是不是会更好?换言之,司法判决若不从常识出发,就一定不能解决问题并让民众满意吗?以及,在司法知识和常识之间,它们自身又各自经历了哪些变化?导致这些变化的原因在哪里?等。

  本章所有的分析将分为两个部分来进行:前半部分,通过语境化的阅读,力图生动展现传统中国社会里的海瑞有关司法裁判论述背后的司法技术构造以及这种司法技术所依赖的知识基础及其隐含着的知识脉络,从而揭示他在从事判决行为时,其背后所依据的知识谱系以及这一知识空间背后所含的文化因素与社会背景,进而弱化其所可能隐含的伦理道德因素以及法律经济学的理论逻辑。❶ 当然在我看来,之所以常识能够构成了海瑞在司法判决时的知识基础,很

---

❶ 参见苏力:《"海瑞定理"的经济学解读》,载《中国社会科学》2006年第6期,第116~132页。

大程度上是因为海瑞所掌握的司法知识与社会大众所分享的日常性的生活知识在谱系上其实几乎是同质的：它们之间并没有绝然的分化，在司法活动中也没有明确的分工。与此同时，恰恰正是常识，它构成了这一时期连接法律世界与日常生活世界的一个重要纽带，使得司法官员与社会大众之间没有区隔，使得司法官员与群众站到了一起。后半部分，联系当下法官的司法判决，特别是有关"彭宇案"的一审判决，结合转型中国社会司法知识形态的变迁，凸显当下中国司法的过程中，司法知识结构以及知识基础的流变。这一分析意在揭示，常识之所以从法官判决的司法知识结构中流失了，很大程度上不仅是因为司法知识与社会大众的日常知识之间出现了明显的分化，在司法实践中也有了初步的分工，而且作为常识自身的逻辑谱系也发生了变化，进而使得法官所掌握的司法常识与社会大众所分享的日常知识在逻辑谱系上有着不小的断裂甚至是背离。

显然从根本上来说，本章所涉及的其实是一个法律、社会与文化之间如何交错互动的主题。因而在本章之中，我将在中国司法的历史逻辑和现实逻辑里，努力围绕着常识与司法知识在司法判决的知识结构中的比例衍变，探讨潜藏于其后并支配其发生的那些文化因素和社会背景，进而揭示出"常识"是如何在具体社会结构的推移以及权力的细化分工中与司法判决的知识结构之间建立起的微妙勾连，从而强调司法知识的职业意义。换言之，我将努力从常识作为一种司法知识使用的具体语境来分析常识作为一种司法知识的社会建构以及限制条件，也即在特定的情境中考察司法裁判活动中常识的实际使用、使用方式和功能；并且在社会结构的转型里，努力把职业意义的司法知识与社会意义的常识勾连起来，尝试着从社会其他群体的视角中来反观作为职业意义的司法知识的回应社会的外部适应能力，以及司法知识与常识之间的互动机制，进而揭示在司法知识意义上的、一种互动特征的知识的依赖效应，从而再次深入论证司法知识何以能够成就自我并且具有生命力。

我基本的看法是，尽管常识可以帮助法官与一般的社会大众之间以及帮助法官和其他的法律人之间，形成一种较为普遍化的结构对应。也即常识能够使得司法知识获得一种具有较为普遍的、与社会日常活动的可映射性以及关联性。与此同时，也正是由于与其日常的生活知识形成的这种相互融洽的结构关系，因而法官的司法知识在支撑司法判决的知识推理上，也就具有了更为稳固的力量功能。当然在这里，所谓更为稳固的力量功能，自然来自与司法知识互补性极高的日常生活知识谱系的承托。而与此同时,常识也由于其和职业化的司法知识形成了紧密相连的相互映照,甚至是后者的不可或缺的角色配合要素,因而在辅助司法知识推动司法判决的产生上,具有了更为有效的协助意义。当然,也正是与司法活动相互连接并进而与司法知识之间形成了一种互补结构和映照关系,常识同时也便具有了自我不断再生的机制和动力。例如常识自身也是流动着的,是变幻着的,许多本属于专业性的司法知识,随着社会的转型并且在多方力量的共同作用下逐渐溶化,也慢慢地为社会大众所掌握进而成为社会大众所共享的生活常识了。但是,常识作为一种司法知识,又是要受外在环境的多方制约的,特别是要受到特定的政法环境和政法策略所决定的。换言之,随着社会利益分配格局的改变、社会权力分工的细化以及由此所带来的司法性质和定位的巨大转变,特别是当司法独立和司法职业化已经成为一种现实的需求时,以及当司法知识的生产机制和生产逻辑也大大改变时,常识就会日益地被司法知识挤压出法官司法判决的知识基础当中或者面临着被法官改造的境遇。

　　当然,司法知识结构中发生的这种内容变化,固然与日益专业化的司法活动和职业化的法官群体的形成有关,更重要的还在于,不仅专业化的司法知识谱系和日常生活的知识谱系日益断裂开来,而且生产常识的社会机制自身也发生了变化。❶ 进一步,这种变化甚至也并非是常识自身或其内在知识逻辑的必然,而是历史、社会和制度共同挤压的产物。但即便如此,还需要补充说明的一点是,常识与司法知识尽管同时蕴涵着彼此相互的压抑,然而两者之间又并非是绝然地彼此分立;恰恰相反,它们之间还存在着某种隐蔽的逻辑连接;甚至可以说,它

---

❶ 当然,除此之外,这也与依靠常识达成行动共识的成本增加了有关。换言之,随着社会结构的"多元化"和社会分工的细密化、精致化以及因此所带来的利益的分化以及利益主体的多样化和利益关系的复杂化,使得人与人之间,不仅在思想信仰上越发的呈现出"异质化"的特点,而且人们其实是生活在一个"知识的集中营"([奥]维特根斯坦:《哲学研究》,李步楼译,商务印书馆1996年版,第33页)里,为此,每个人的生活世界都出现了很大的差异,而各人所占用的知识也越来越不透明。结果,现代社会里的人们所持有的知识,往往在很大程度上,是非常个人化的,是"地方性"的;进而,这种过于地方性和有限理性的知识,在一定程度上必然会阻滞现代社会中生活在不同背景下的人与人之间成功、快速地交流,从而影响到以需要人与人之间的合作为前提基础的现代制度体系的良性、高效运作以及整个社会的协调发展;也就是说,知识的个人化,使得每个人的日常生活知识变得既"不可让渡",也是交流起来非常不经济,甚至是无法沟通和对话的,更不要说顺利地促成不同的人与人之间的交往以及获得群体认同了。这样,依靠常识达成行动的共识的成本也就越来越高了,那么在这个时候,又由于缺乏传统知识资源(如"伦理道德")的依托,缺乏其他公共性的知识资源(如"人文知识")的有效供给,人们转而不得不从法律中寻求解决纠纷的途径,努力从法律知识中寻求达成行动共识的资源,因而司法/法律知识自然也就成为最值得信赖的了。

们之间其实是相互流动的,两者之间并没有截然的分界线。这一点在当下中国司法的实践中凸现得尤其明显,不仅是指农村的司法实践而且包括城市的司法运作。实际上,当下中国的法官在司法实践中都会时而不自觉地交替运用这两种知识,有时可能还是自觉的。换言之,在当下中国的司法实践中,常识与司法知识之间其实是相互支撑的。当然这两者之间相互支撑的关系,既是在时间的持续序列中相互持续交替、不断展开的——设若其中之一曾经出现了,但是在再次需要的时候若并不在场,那么另外一个也将可能失去自己可以发挥的功能作用;与此同时,它们的相互支持关系,又并不一定是"各自分量等同"的,甚至在具体情形中也是各有所重的。这也就意味着,有时一个方面所占的比重是较多的,另一个方面所占的比重是较少的,多少是由实践微观语境来决定的。因此,它们的辩证关系又是在结构的巧妙调整中不断存续的。❶ 这样,如果我们仍然希望法官的司法判决的目标之一在当下中国是司法公正,特别是不能忽略的社会一般民众所期待的司法公正,那么重视常识与司法知识之间的有效互动,则是一个非常重要的途径。当然也正是基于此,作为一种更为实用的司法模型,更为自觉的将常识与司法知识交替运用,努力达致多元规则的相互合作,这应当成为法官长期职业活动的基本内容。

第二节　如何判决?

"凡讼之可疑者,与其屈兄,宁屈其弟;与其屈叔伯,宁屈其侄。与其屈贫民,宁屈富民;与其屈愚直,宁屈刁顽。事在争产业,与其屈小民,宁屈乡宦,以救弊也;(乡宦计夺小民田产债轴,假契侵界威逼,无所不为。为富不仁,比比有之。故曰救弊。)事在争言貌,与其屈乡宦,宁屈小民,以存体也。(乡宦小民有贵贱之别,故曰存体。若乡宦擅作威福,打缚小民,又不可以存体也。)"❷

这段文字,出自《海瑞集》。但是它之所以能引起后来人们的广泛关注,很

---

❶ 参见刘星:《走向什么司法模型——"宋鱼水经验"的理论分析》,载苏力主编:《法律与社会科学》卷2,法律出版社2007年版,第62~63页。
❷ 陈义钟编校:《海瑞集》(全二册),中华书局1962年版,第117页。

大程度上应归功于黄仁宇先生。❶ 在"海瑞——古怪的模范官僚"一章的开启部分,黄先生写道:"和很多官僚不同,海瑞不能相信治国的根本大计是在上层悬挂一个抽象的、至美至善的道德标准,而责成下面的人在可能的范围内照办,行不通就打折扣。而他尊重法律,乃是按照规定的最高限度执行。……然则在法律教条文字不及之处,海瑞则又主张要忠实地体会法律的精神,不能因为条文的缺漏含糊就加以忽略。……海瑞充分重视法律的作用并且执法不阿。但是作为一个在圣经贤传培养下成长的文官,他又始终重视伦理道德的指导作用。他在著作中表示,人类的日常行为乃至一举一动,都可以根据直觉归纳于善、恶两个道德范畴之内。他说,他充当地方行政官而兼司法官,所有诉讼,十之六七,其是非可以立即判定。只有少数的案件,是非尚有待斟酌。"❷而这斟酌的标准或者说办理疑难案件的司法技巧,正是这段开始的文字。

对于海瑞这个处理疑难案件的方法或者心得,黄先生当然有他自己的看法。他指出:"用这样的精神来执行法律,确实与'四书'的训示相符合。可是他出任文官并在公庭判案,上距'四书'的写作已经两千年,距本朝的开国也已近两百年。与海瑞同时的人所不能看清楚的是,这段有关司法的建议恰恰暴露了我们这个帝国在制度上长期存在的困难:以熟读诗书的文人治理农民,他们不可能改进这个司法制度,更谈不上保障人权。法律的解释和执行离不开传统的伦理,组织上也没有对付复杂的因素和多元关系的能力。海瑞的一生经历,就是这种制度的产物。其结果是,个人道德之长,仍不能补救组织和技术之短。"❸

后来者在评述这个办法或者司法裁判心得的时候,实际上也大多是延续黄先生的这一结论,最多也只是在道德的观念或伦理的精神上作继续地展开。比如,认为海瑞的这一办法表现出传统中国法律或诉讼的道德化,是典型儒家的道德本位与平均主义特点,进而缺乏法治社会的正义概念;❹又比如,认为这表明

---

❶ 通过《中国社会科学引文索引》(CSSCI)和《中国人文社会科学引文数据库》(CHSSID),我查阅了引用这段文字的论文,总共934篇,结果发现其出处,93.7%(875篇)都间接引自黄仁宇《万历十五年》一书;最多只是该书的版本(中华书局或生活·读书·新知三联书店)不同而已。
❷ 黄仁宇:《万历十五年》,中华书局1982年版,第134~135页。
❸ 黄仁宇:《万历十五年》,中华书局1982年版,第135页。
❹ 参见胡旭晟:《试论中国传统诉讼文化之特质》,载《南京大学法律评论》1999年春季卷,第112~123页。

了海瑞在办案时遵循的是伦理、道德高于事实、法律的原则;❶或者推而广之,认为"我们的法律基本上是礼的附庸,既不是用来维护人的权利也不能用以度量自由,更不是为处理复杂的商业关系而设计的,它的重点是在对农民的治理,其中的核心问题,则是社会秩序的安定。解决这类问题,无须依靠复杂的技术和组织手段。因此一般将圣贤教诲牢记在心的读书人即可以应付裕如。……因为我们法律处断的所有问题,说到底是个善恶之争"❷。这样,进一步,认为这是中国古代法官在司法裁判的过程中忽视事实、而以伦理道德来解释和执行法律的生动体现;是中国古代法官一种对于道德感、社会导向力以及民间舆论的取纳都远远大于对逻辑、程序或技术等形式理性的依赖的实质性思维的生动展现。❸ 更进一步,认为尽管作为意识形态的儒学,从表面上看虽然属于非正式的制度安排;但就其对中国社会的影响和作用来说,可视之为正式的制度。比如,在拓展了黄仁宇的看法之后,姚洋认为:"在海瑞的眼里,没有因法制而度量的曲直,无论何事,悉以道德和纲常理论之。……这种断案标准,没有对产权的保护概念,而仅以维护纲常五伦为目的,是中国人不知数目字管理的证据,也是中国没有产生西式现代工业的原因。道德泛化到统治一切的程度,社会就被一张无形的网罩住了,无法创新。"❹换言之,在姚洋看来,正是这种不顾内在公平而只意在维持由血缘关系、社会身份和道德品质所支撑的社会等级制度,从而使得财产所有权没有得到应有的尊重和保护,进而扼杀了社会的商业动机,这样中国古代社会没有产生资本主义也就不足为奇了。

　　的确,分析问题上的路径依赖可以大量节省成本,进而少走弯路,避免不必要的麻烦,但也往往会跳过问题或者压制以多元视角来观察问题的可能性进而掩盖住问题的本质,从而最终抹煞问题的可能贡献。既然这样,那么,摆在面前的一个重要的问题可能就会是:我们到底有没有错怪海瑞? 以及,我们有没有小看了海瑞? 换言之,这种相对长期存在并获得当时当地人们之认可的土办法(司法心得亦或者司法规则?)的社会正当性何在? 它究竟是一种司法智慧,还

---

❶ 参见范忠信:《中国法律传统的基本精神》,山东人民出版社 2001 年版,第 84~118 页。
❷ 梁治平:《海瑞与柯克》,载《法辨——中国法的过去、现在与未来》,中国政法大学出版社 2002 年版,第 276~277 页。
❸ 参见孙笑侠:《中国传统法官的实质性思维》,载《浙江大学学报(社科版)》2005 年第 4 期,第 5~12 页;顾元:《中国传统衡平司法与英国衡平法之比较》,载《比较法研究》2004 年第 4 期,第 20 页。
❹ 姚洋:《当代中国问题的复杂性》,http://www.cahp.org.cn/view.asp? id=578。

是一种司法恣意？是一种立基于实践理性层面上的司法技巧，还仅只是感性的、日常话语（道德的、伦理的）在司法实践中的简单变形？为此，在下面，我将尽力还原话语产生的具体情境（也即知识生产的社会机制）的前提下，理解和展示司法官为什么"能"（而不是为什么"要"）如此办案——尽管这种同情理解会大大削弱对古代中国司法制度的批判。

第三节　判决过程的知识考察

我承认，这一办法很大程度上的确包含了伦理道德的因素，而且还可能是主要地考虑，但我反对把这一对于疑难案件具有很强实用性的判准仅仅只是简单地看成是海瑞从解决现实纠纷的经验中总结出来的具有普遍意义的伦理原则或者道德规范。为什么？

因为在科学技术并不十分发达并且整个法律及其运作机制又已经道德化了的这样一个体制惯性与制度惯习之下，当事实的是非曲直无法查清但又不得不结案息讼时，我们的司法官员所必须考虑的，的确更多应该是如何运用一种有效的方法来更好地推进问题的解决。而与此同时，在一个以小农经济的生产方式为基础的、社会近乎静态以及社会结构又近乎同质化的熟人社会里，对于绝大多数的有关"家长里短、婆媳关系、邻里矛盾"的细故，伦理或道德或许确实远要比法律知识更有助于问题的解决；❶但是对于那些疑难案件，对于那些是非善恶之界限非常模糊的案件（例如案件疑点太多、事实处于幽暗不明的状态，而且一时半会儿又很难有好的办法去查明事实的真相；或者又比如，双方或多方当事人发生争议的权利对他们而言都是正当的、合法的；亦或者再比如双方或多方当事人是否有过错尚不明确），以及对于那些无法通过伦理道德的辨析说教来让大众信服的案件，显然就不再能或至少不能完全硬从伦理道德的逻辑出发来解决问题。毕竟，此时此刻，案子已没有了大体上还算说的过去的、也即能让民众心服口服的伦理或道德上的理由来加以确凿决断了。这样，一旦正当的伦理道德的逻辑、方法和制度资源不能很好地解决社会中的现实问题，那么司法官就不得不另辟蹊径，寻找其他的技术性的力量而非依旧依赖伦理道德的知识支持，进而力

---

❶ 参见李启成：《"常识"与传统中国州县司法》，载《政法论坛》2007年第1期，第111~123页。

求在既有的框架下,找到一种能够切实解决问题的办法。

身为浙江淳安知县的海瑞正是进行了这样一种努力。的确,在他看来,"两造俱备,五听三讯,狱情亦非难明也。然民伪日滋,厚貌深情,其变千状,昭明者十之六七,两可难决亦十之二三也。二三之难不能两舍,将若之何?"(《海瑞集》,页117;下文中的页码标识,若无特殊说明,皆出自该文集。)换言之,基层社会里的纠纷,60%—70%都是相对容易裁断的,因为纠纷的事实简单,对错分明;而只有20%—30%的纠纷,是要下点功夫、费点劲的。那么,面对这些案件,司法官员又该怎么办呢?

受儒家教育多年,拥有的大部分也都是儒家伦理性质的司法知识的海瑞,也曾自然而然地意识到,"古称'与其杀不辜,宁失不经;与其失善,宁其利淫',处疑大概也。"(页117)但是,由于种种更为现实的原因(例如实际效果不是太好?成本太高?),他最终还是放弃了这种仅仅只是靠道德的力量来教训、压服当事人的粗暴做法,而是更多地采用了一种更为精巧的技术,也即尝试着拨开那些刁民的架词诬告行为以及泼皮顽劣之人的"花言巧语"、"欺隐"、"小事闹大"等话语策略对于纠纷真实面相的蒙蔽,❶去分析纠纷构成里的社会结构因素——例如当事人相互之间的伦理格局(兄还是弟?叔伯还是侄子?)、社会分层(富人还是穷人?愚直之人还是刁顽之人?)以及利益冲突的社会性质(争"产业"还是争"颜貌"?),通过揭示案件双方当事人力量对比背后的社会因素,进而把所有可能对司法判决产生影响的因素或者力量都解释出来、开放出来,以便深刻洞察社会因素的力量在其中的运转,进而依此来选择能够妥切地解决纠纷的行为策略和行动技术,从而最终化解掉纠纷。

例如,海瑞认为,凡讼之可疑者,"与其屈兄,宁屈其弟;与其屈叔伯,宁屈其侄"。为什么?因为,一方面就当时的社会条件而言,"淳安县词讼繁多,大抵皆因风俗日薄,人心不古,惟己是私,见利则竞。以行诈得利者为豪雄,而不知欺心之害;以健讼得胜者为壮士,而不顾终讼之凶。而又伦理不悖,弟不逊兄,侄不逊叔,小有蒂芥,不相能事,则执为终身之憾,而媒孽讦告不止。不知讲信修睦,不能推己及人,此讼之所以日繁而莫可止也"。(页114)另一方面,当然在我看来也是更为重要的,是常识告诉我们,较之于晚辈(比如弟、侄)性格上的激进和行

---

❶ 更多分析,可参阅,徐忠明:《众声喧哗:明清法律文化的复调叙事》,清华大学出版社2007年版。

为上的冲动,长者(比如兄、叔伯)相对来说要保守和稳重的许多;"少不读胡适,老不读鲁迅",说的就是这个道理。这样,在日常的社会交往过程中,在更多的时候年轻人在性情上往往更容易冲动,其情绪也不容易克制,做事情不考虑后果;加之不易妥协,"一点亏也吃不得",因而其行为举止也往往容易越轨和出格,进而也就更具侵略性。这样,在无所顾忌之下,特别是基于初生牛犊不怕虎的闯劲,他们做事情不讲究策略,结果自然也就更容易冒犯到长辈。"少凌长",为了利益,在中国自古以来都是屡见不鲜的一个现象。❶ 而与此同时,年长者因为年龄的原因,"吃过的盐比(年轻人)吃过的米还要多",不仅社会经历比较多,而且生活经验也比较丰富,这样,在平时为人处事上则会更加的老练沉稳,不像年轻人那么毛躁。与此同时,因为经历的事情多了,他们对一些事情也更易于忍耐,易于妥协,特别是当他们面对年轻人对自己的初次冒犯。毕竟,"童言无忌";"大人不记小人过","谁都有年轻的时候(年轻人的错误应当被包容、被原谅)"等。这样,若只是一般的轻微的事情,就绝不会闹到法庭上来,"忍一忍也就算了"。闹到法庭上来的,显然是忍无可忍了。那么这个时候,一旦没有足够的证据证明过错一方在年长者身上,显然就可以推定是晚辈有错在先。

但是,这也仅仅只限于家庭和家族的内部,或者仅仅限于有血缘关系的亲戚或者家人之间。一旦溢出了家庭之外,到了社会上,那么这样的推理和判断就很冒险了。毕竟,"自家的孩子自家疼"。由于不熟悉,因而陌生人之间的交往,特别是一次性的交往,也就缺少了"让他三分"的伦理责任。而与此同时,同样也是由于相互之间的陌生以及因这种陌生所带来的信息不对称,进而使得一旦被他人冒犯,那么相互陌生的人与人之间就无法判断这种冒犯究竟是因为无心之失还是故意而为的挑衅,因而他们会特别的谨慎和提防,转而也往往容易较真,会"得理不饶人"。那么这个时候,又该怎么办呢?海瑞采取的则是如下的司法衡平策略:"与其屈贫民,宁屈富民;与其屈愚直,宁屈刁顽。"

的确,在社会上,特别是人与人之间的日常交往行动中,富民较之于贫民、刁顽之人较之于愚直憨厚之人、老实本分之人,其行为是更具有侵略性的。这其中,一方面富民自恃有钱以及"上面有人",并且还是地方官员的座上宾或者有

---

❶ 参见苏力:《纲常、礼仪、称呼与秩序建构——追求对儒家的制度性理解》,载《中国法学》2007 年第 5 期,第 42 页。

靠山,因而往往横行霸道、欺压乡民。除此之外,"小民暗于事体,不知上人之心何心"(页57),而富人自恃见多识广,"与上面走的近",也会假借上意来愚弄、蒙骗小民。历史上就有太多富人仗势欺压贫民百姓的例子。另一方面,刁顽之人本身就不安分,他们"好争讼惰劳作",总是希望投机取巧,甚至透过讹诈,以期不劳而获;"图告不图审",特别是在"种肥田不如告瘦状"、刁讼之风盛行的江南,❶"健讼之盛,其根在唆讼之人,然亦起于口告不行,是以唆讼得利"。(页251)这是其一。其二,老实本分之人往往不善于言辞,不善于辩解,但刁顽之人多"不孝不友,为奸为弊"(页262);他们不仅伶牙俐齿,"狡猾奸诈,巧于骗财",常"指良为盗,为己驱利"(页51),而且喜诈讼,经常胡搅蛮缠,"架词诬告",并"多以人命诬人"(页115);"十状九诬"(页275)。这样,设若"十人中一人为冤,千万人积之,冤以百以十计矣。不能执我严法,使诬者惧之不来,乃并实者弃之,使含冤之人不得伸雪,可以为民父母哉。"(页275)因此这个时候,一旦没有有力的证据证明过错一方在贫民或者愚直之人身上,显然就只好委屈富民或者刁顽之人了。

其实,从纠纷处理的社会效果的角度来看,司法官这样的选择也是相当聪明且非常保险的,它实际上达致了国家、当事人以及法官自身之间的三方共赢。因为若从社会力量对比的角度来看,贫民之于富人、愚直之人较之刁顽之徒,前者明显是弱者。这样,司法判决选择对弱者的倾斜保护,不仅契合了社会主导的价值观念以及舆论导向,"为民做主";而且也易于让社会接受、人民满意。与此同时,保护弱者对富人或者刁顽之人来说也是一个效果不错的强制性的说服理由。此外最重要的,还是案件的处理"经得起考验",能够"办成了铁案"。因为,案件的处理若是没有差错,则自然就是政绩;而即便是案件处理上出了错,那么万一上头怪罪下来,司法官也有一个说得过去的、"合情合理"的理由;可以"有惊无险"。由此可见,这种技术方面的可操作性,不仅大大降低了法官自身的风险,而且也不致于损害司法的秩序和权威。否则,若果判定弱势的一方败诉的话,那么不仅会放大当事人之间的对立和矛盾,而且还会引火烧身,社会舆论不仅会批评法官没有恻隐之心,而且弱势一方也会猜测法官与富人、与刁顽之人之间是否

---

❶ 为了整治江南刁讼之风,海瑞不遗余力地制定了相关的对策。具体可参阅,《督抚条约》、《示府县严治刁讼》、《示府县状不受理》、《海瑞集》(上册),陈义钟编校,中华书局1962年版,第251~254页、第274~276页。

转型中国司法知识的理论与诠释

有背后的交易,进而把这种猜测作为一种事实,经年累月的上诉、缠诉甚至京控;那么一旦事情闹大了,上头追究下来,法官也不好收场;最终政绩不佳,品行不好,法官升迁的成本也就会随之增加。因而若是就此白白断送了仕途,显然又是不值当的。

当然,这样的裁断也不一定能打保票,它还必须具体问题具体分析的。比如,在涉及财产或者物质性利益方面的纠纷上,与其偏向乡宦,则不如保护乡民。因为,一方面,仗势欺人,乡宦总是会千方百计地来夺取、侵占乡民的田产。他们会伪造假的地契或者契约,或者侵犯他人地界;有的时候,甚至还会对乡民进行人身威胁,迫使其最终交出地产。乡宦的为富不仁,无所不为,历史上同样也是比比皆是的。而另一方面,其实从纠纷解决的社会效果来看,等量的物质性利益的减损,对于财大气粗的官宦之家来说或许并不算得了什么,但对于寻常百姓来说,却可能会是致命的;例如,同样一亩田地,对于"家有良田百亩"的官宦之家而言,可能只是细微的部分,但对于"上无片瓦,下无寸土"的贫民来说,却是救命稻草。因而将争议的社会资源分配给最需要的人的手上,这样的处理,既暗合了经济学的边际效用最大化原理,也彰显了保护弱者这一社会公平。但是,如果是在有关人身权或名誉权等非物质性利益的纠纷上,则与其保护乡民,倒不如维护官宦。这是因为,人身权或者名誉权的问题,属于上层建筑的问题。乡宦的物质生活比较富裕,而小民则极度贫困;(页95)"仓廪实而知礼仪,衣食足而知荣辱"。(《管子·牧民》)有钱的人往往会把脸面看的更重一些;贫穷的人,考虑更多的,可能还是温饱的问题。而与此同时,由于没有受过教育,"小民(因而)愚昧无知,不知礼仪大体"。(页20)也就是说,对于非物质性利益的侵害,他们还不敏感,"骂就骂两句,身上又不少块肉"。换言之,在他们看来,"面子又不能当饭吃";不能"死要面子活受罪"。因而,将这部分社会资源的分配向效用大的群体倾斜,同样既暗合了边际效用最大化的原理,也符合了当事人各自心中所期待的公平。这是其一。其二,"赤脚的不怕穿鞋的",因此在有可能伤及面子的事情上,官宦之人处理起来往往会更加谨慎,但小民却无所顾忌,甚至知道官宦碍于面子,行为反而越发猖狂,胡搅蛮缠,乃至拉他下水,故意陷官宦于不仁不义之中。因此,如若没有有力的证据证明过错一方在官宦身上,那么就只好委屈小民了。但是,如果说是乡宦擅作威福,打缚小民,那么结果就相反了。毕竟,一旦过错方明摆着了,那么纠纷处理起来自然也就简单得多了。

注意,我的分析所揭示出来的这些海瑞处理案件的司法技术,仅仅只是针对那些疑难案件的,仅仅只是针对那些没有有力的证据证明过错一方究竟在谁的复杂纠纷。换言之,仅仅只是针对那些是非善恶之界限缺乏客观证据证明因而显得非常模糊的案件,以及对于那些虽然事实不清但却又无法通过伦理道德的辨析说教来让社会大众信服的案件,海瑞才在不得已的情况下使出这招的。其实,在通常的情况下,基层社会里的纠纷不仅在类型上比较单一,大多都是些邻里、婚姻、田土、赡养、钱债等的纠纷,而且纠纷的事实情况实际上也都非常的简单,过错与责任也相当的明显,因而,使用伦理或道德规范显然要比求助于复杂的司法技巧便利得多。此外更为重要的,是用这样的方法也更易于被社会大众所接受,纠纷处理的社会效果也相对较好。毕竟,在科学技术尚不发达的传统中国,古代中国的法官之所以不得不将事实之是非曲直的判断诉诸于伦理道德,因为后者是感性的,也是更为直观,属于"看得见的正义"。❶

当然,我的分析所揭示出来的这种处理疑难案件的司法技术,尽管是海瑞的,也尽管是一种非常个人化的经验判断和智识努力,但这实际上也同时意味着古代中国的基层社会对传统的中国基层司法机制在处理纠纷方面提出了某些特别的制度、技术和知识的需求。因为尽管这种司法经验看似是个人化的,但由于它来源于对社会因素和生活情境的实际考量,既充分契合了当时社会的基本结构,也符合了当时社会生活的运行逻辑,因而这种司法经验也是具有一定的普遍性的。而也正是由于其中所隐含的这种普遍性,无疑就会增加这种对司法制度、技术和知识的特别需求,进而也会在很大程度上转化成为对古代中国基层司法官的司法能力上的特别要求。因为,任何司法的知识和技术都不可能仅只是以文字的形式写在纸面上的,它们都必须并且也只能是通过基层司法官员以及他们的实际工作来承载和传达。

即便如此,然而一旦我们进一步展现这种裁判推理技巧或者司法技术背后的司法知识基础时,我们就会发现,海瑞所掌握的这些司法知识其实也是可以分享的,是经验性的、常识性的而不是专业化的、知识化的。换言之,尽管触摸到了社会学的知识体系与分析原理,并且他的司法分析以及司法推理也都遵循了某

---

❶ 有关科学技术与法律关系的论述,可参阅,苏力:《法律与科技问题的法理学重构》,载《中国社会科学》1999年第5期,第57~71页。

些"案件社会学"的路数,❶但是只能说,这些其实都只是偶然的——他并没有在建构内部一致性的规则之治上用力,而只是把常识体系化了,只是在处理某类社会现实上下了点功夫。因而,尽管这一良方为海瑞所沾沾自喜并在以后的司法实践中普遍采用,但是,这种努力也只是个人化的而不具有制度和规范的普遍意义。不能夸大海瑞有关疑案案件的处理术在制度层面上的贡献,这一办法只有部分的正当性。

可这又不仅仅只是一种偶然。其实,在没有充分信息的条件下却要做出有时甚至是人命关天的决定,裁判者只能根据人之常情和一般的逻辑来进行判断,那就是:"谁的话更可信。"❷因而更进一步,我们可以看到,作为司法官的海瑞,在疑难案件的司法判决中所运用的知识基础和知识结构,其实是以道德人、人性本善的判断为前提基础。换言之,如果以人性为恶作为司法知识及其推理的基础,那么海瑞有关疑难案件的这些处理技术就会受到全面的挑战,最后的结果很可能就正好是相反的了。因而,即便具有了司法技术的性质进而获得了一定程度上的专业性,但我们还是不得不承认,作为司法官员的海瑞,他所拥有的司法知识在整体上实际上仍然并无独立的性格——它们最终还是没有从情理这一知识系统中分离出来,没有摆脱伦理道德知识系统的束缚。毕竟,"制度以及制度的运作方式、人以及人的行为模式都离不开社会的建构,都是社会的产物"。这样,在整个社会(包括法律)及其运作机制已经道德化这样一个体制的惯性下,大家所基本共享并大致遵循的其实是同一套行之有效的价值观念和思维模式。这样,不仅他所掌握的知识和技术,并非是治理国家与社会的专门知识和技术,而且作为司法官员的海瑞,他所掌握的司法知识,也与社会大众所掌握的日常生活知识,在知识的谱系以及知识的逻辑基础上几乎是一致的;疑难案件处理术所凝聚的其实是司法官员与社会民众的重叠共识。因而,他在司法推理过程中的知识运用,必能为社会大众所分享;而其所做出的司法判决,最终也能为社会大众所理解和接受。换言之,他们其实分享着的是一套共同的知识;这套知识是弥散在社会当中的,只要用心,群众拥有这种知识的成本是很低的;并且,尽管对该种知识和技术掌握的熟练程度不同,也尽管群众还不能在技术上区分,但是决不

---

❶ 参见[美]布莱克:《社会学视野中的司法》,郭星华等译,法律出版社2002年版。
❷ 苏力:《法律与文学——以中国传统戏剧为材料》,生活·读书·新知三联书店2006年版,第126页。

会出现互相矛盾的情况。

——尽管不是"常识",但本质上却依旧还是常识。

第四节　常识作为一种司法知识如何可能?

老黄历已经翻过去了。了解昨天在于明白今天和展望明天。让我们回到当下。

2007年,对于中国的法律人来说同样是个难忘的年度。令人难忘的自然并不全在于法律人的光荣,比如,学界多年来一直呼吁的《物权法》最终得以颁布并实施;同样也还因为法律人的困惑与尴尬,这便是"彭宇案"。事情是这样的:

> 原告(徐某)在某公交车站等候83路车,大约9时30分左右有2辆83路公交车同时进站。原告准备乘坐后面的83路公交车,在行至前一辆公交车后门时,被告(彭某)第一个从公交车后门下车,原告摔倒致伤,被告发现后将原告扶至旁边,在原告的亲属到来后,被告便与原告亲属等人将原告送往医院治疗,原告后被诊断为左股骨颈骨折并住院治疗,施行髋关节置换术,产生了医疗费、护理费、营养费等损失。
> ……
> 在事发当天,被告曾给付原告二百多元钱,且此后一直未要求原告返还。……❶

本案最主要的争议点,就是"被告是否撞到/倒了原告?"的确,在审理中,对事故责任及原、被告是否发生碰撞的问题,双方存在着意见分歧:原告认为其是和第一个下车的被告碰撞倒地受伤的;被告认为其没有和原告发生碰撞,其搀扶原告是做好人好事。由此同时所带来的便是关于被告给付原告钱款的原因,双方陈述也不一致:原告认为是先行垫付的赔偿款,被告认为是借款,是乐善好施的救急。

---

❶ 以下的楷体字段,若无特殊说明,皆引自该判决书[(2007)鼓民一初字第212号],笔者只作个别语句表述的修订。

面对模糊不清的事实（案件关键的事实情节既无法证实也无法证伪）以及截然不同的争议（是见义勇为，还是人身侵害？），怎么办？表面完美且形式自洽的有关案件事实裁判的理论在实践中遇到了很大的麻烦。特别是证人的证言，对于案件事实的判断实际上也已无济于事的时候。让我们来看证人的证言：

> 当时原告在其旁边等车，不久来了两辆车，原告想乘后面那辆车，从其面前跑过去，原告当时手上拿了包和保温瓶；后来其看到原告倒在地上，被告去扶原告，其也跑过去帮忙；但其当时没有看到原告倒地的那一瞬间，也没有看到原告摔倒的过程，其看到的时候原告已经倒在地上，被告已经在扶原告。

无奈之下，法官只得进行必要的司法推断；期望通过自由心证，以尽力还原事实，从而最大可能的满足司法判决之需要。毕竟，法律规则或司法技术的运用可以节省对于信息的需求，特别是当无法有效地获得这些必要的信息的时候。例如，关于是否相撞：

> 根据日常生活经验分析，原告倒地的原因除了被他人的外力因素撞倒之外，还有绊倒或滑倒等自身原因情形，但双方在庭审中均未陈述存在原告绊倒或滑倒等事实，被告也未对此提供反证证明，故根据本案现有证据，应着重分析原告被撞倒之外力情形。人被外力撞倒后，一般首先会确定外力来源、辨认相撞之人，如果相撞之人逃逸，作为被撞倒之人的第一反应是呼救并请人帮忙阻止。本案事发地点在人员较多的公交车站，是公共场所，事发时间在视线较好的上午，事故发生的过程非常短促，故撞倒原告的人不可能轻易逃逸。根据被告自认，其是第一个下车之人，从常理分析，其与原告相撞的可能性较大。如果被告是见义勇为做好事，更符合实际的做法应是抓住撞倒原告的人，而不仅仅是好心相扶；如果被告是做好事，根据社会情理，在原告的家人到达后，其完全可以在言明事实经过并让原告的家人将原告送往医院，然后自行离开，但被告未作此等选择，其行为显然与情理相悖。

第五章　法官判决的知识基础

而关于两百元钱款的性质：

  被告在事发当天给付原告二百多元钱款且一直未要求原告返还。原、被告一致认可上述给付钱款的事实，但关于给付原因陈述不一：原告认为是先行垫付的赔偿款，被告认为是借款。根据日常生活经验，原、被告素不认识，一般不会贸然借款，即便如被告所称为借款，在有承担事故责任之虞时，也应请公交站台上无利害关系的其他人证明，或者向原告亲属说明情况后索取借条（或说明）等书面材料。但是被告在本案中并未存在上述情况，而且在原告家属陪同前往医院的情况下，由其借款给原告的可能性不大；而如果撞伤他人，则最符合情理的做法是先行垫付款项。被告证人证明原、被告双方到派出所处理本次事故，从该事实也可以推定出原告当时即以为是被被告撞倒而非被他人撞倒，在此情况下被告予以借款更不可能。综合以上事实及分析，可以认定该款并非借款，而应为赔偿款。

  我们看到，案件事实的法律/司法还原，近乎都是从常识或者常理中推断出来的。然而遗憾的是，尽管如此，但纠纷处理的最终结果却并没有得到社会大众的认可；恰恰相反，它遭到了社会近乎一致的反对，甚至是谩骂。也就是说，此案司法判决的社会效果出乎意料地恶劣。❶ 为什么会出现这种现象？
  一个很重要的原因，是法官所谓的常识实际上已与社会大众在日常生活中所分享的知识截然不同了；同样，法官所谓的常理其实也与社会主流的道德意识形态构成了相当大的反差。这样，尽管他所依循的仍然是日常的生活经验和知识，也尽管他努力从"常情、常理"来还原案件事实，但已经无济于事了。他所依循的，是法理而不是家常道理；是一套基于法官日常的法律生活而得来的经验和

---

❶ 例如，有专家称，"这个判决一出，我们的社会无疑将变得更冷漠、人与人之间将变得更互不信任，人们对处于危难中的陌生人将更不敢伸出援手，因为未来如果一旦出现任何纠纷，你的一切善意的行为，都可能会被法官当成是有恶意的动机"。参见《男子称扶摔倒老太反被告　被判赔 4 万》，http://news.163.com/07/0906/05/3NMDBNR600011229.html；《八成凤凰博友表示不再做好人好事》，http://shehui.daqi.com/bbs/00/1600629.html. 更多讨论，可参见下列版块的专题讨论，《哗然，南京小伙救助老太反赔四万元》，http://shehui.daqi.com/ztnew/245701/1/index.html；《南京彭宇案的道德与法律纷争》，http://www.jcrb.com/pyafz/index.htm；《扶人却被判撞人　南京小伙好心没好报》，http://www.jcrb.com/200709/ca638475.htm；等。

知识体系,一种司法常识;后者坚持人性之恶,坚持从坏人的角度来看待法律问题,[1]也即认为人都是自私的,都是趋利避害的理性人,而不再是以社会大众日常生活中的主流价值观念——人性善为知识谱系的逻辑原点。当然,也正是伴随着知识的逻辑基础悄然地从道德人转化成理性人或者经济人,法官完成了对于司法常识的知识体系的逻辑基础的转换以及对于司法常识的知识谱系的改造。因而,在不知不觉中,法官偷换了常识、常理这一套概念,并通过法律技术否定掉了当事人可能的见义勇为行为。尽管在内心中他同样也意识到见义勇为的行为是可能的,但由于缺乏司法知识的确证以及缺乏法律技术上的支持,因而又不得不"打消掉这个念头"。那么正是在这种裁判的路数下,当然同时也正是基于这种知识逻辑下的常理,我们看到,法官做出了诸多在外人看来是恶意的揣测:撞到人之后首先想的自然是逃跑而不是做好事不留名。与此同时,垫付钱款也并不是"救人于水火之中"的一种道德上的无私自觉、乐善好施,而是一种内心愧疚的表现,一种负罪感的减缓策略。

　　正是基于这样的知识逻辑,我们看到,法官构造出了一个与当下社会大众的日常生活世界相脱离,甚至在价值观上是截然相反的法律世界。在这个人造的法律世界里,人们既要学法懂法,哪怕是见义勇为,是救人于危难之间,也要严格依法办事,要在第一时间想到、想好、想周全了用法律来保护自己之后才去救急。这样,哪怕"有承担事故责任之虞时,也应请公交站台上无利害关系的其他人证明"。换言之,在这个法律的世界里,一切行动的逻辑首先是利己,是要做好并做足防护自己安全的措施,是要遵循"明哲保身"的行动规则的;在这个世界里,生活的态度就是习惯冷漠,"事不关己,高高挂起"、"各人自扫门前雪,不管他人瓦上霜"而不是热心肠,不是学雷锋做好事;是要斤斤计较,而不是忘我的无私奉献;是做好事不仅要留名还得要留证据,"以防万一",必须要"以小人之心,度君子之腹",否则会"吃力不讨好",甚至"吃哑巴亏";等等。这其实就是"法治",一种近乎"不讲人情"、又有些"残酷"的规则之治。然而,在主流的社会生活方式(如团结友爱、互帮互助)以及社会需求(比如规则需求、价值需求)这些现实的参照系面前,却败阵下来了。更为奇妙的是,这一刻,似乎所有的人都忘

---

[1] Holmes, *The Path of Law*, Hav. L. Rev (1987) 10, pp.457-478;更详尽的论述,可参阅,David Luban, *The Bad Man and the Good Lawyer: A Centennial Essay on Holmes's "Path of the Law"*, New York University L. Rev72(1997), p.1547.

记了教科书上关于法治的经典定义,而就在此之前,甚至就在前一秒钟,这个定义以及由这个定义所衍生的诸多理论还被他们拿在手上大肆地挥舞、竭力地呐喊;或者被他们作为标尺,去丈量并批判现实世间里的非法治生态;或者被他们作为理想图景,去自由地畅想、无尽地描绘。

尽管是一次"不太成功"的尝试——因为判决的社会效果不好,但更主要是由于其与日常的社会生活离得太远,法官的这份判决所型构出来的法律世界一下子就掉进了社会质疑的泥淖之中。不仅如此,尽管在粗糙的司法认定上的确存在着严重的错误,也尽管在对其他可能性的分析与排除法官做的还不够,甚至这些都是致命的,但是更为重要的是在法律与道德之间,中国的法律人无论放弃哪一方都必然会受到严厉的指责。因而从法律人的立场来看,要对纠缠于道德和法律之中的事实做一个泾渭分明的认定,这样的判断其实也是一个无奈之举,一个退而求其次的裁断。毕竟,只有依法判决,法官所承担的才会是尽可能小的责任、最低的风险。

这一点实际上从最后有关赔偿的判决中可以看到这种纠缠于法律和道德角力之间的、法官"内心焦虑"的影子:

> 本案中,原告赶车到达前一辆公交车后门时和刚从该车第一个下车的被告瞬间相撞,发生事故。原告在乘车过程中无法预见将与被告相撞;同时,被告在下车过程中因为视野受到限制,无法准确判断车后门左右的情况,故对本次事故双方均不具有过错。因此,本案应根据公平责任合理分担损失。公平责任是指在当事人双方对损害均无过错,但是按照法律的规定又不能适用无过错责任的情况下,根据公平的观念,在考虑受害人的损害、双方当事人的财产状况及其他相关情况的基础上,判令加害人对受害人的财产损失予以补偿,由当事人合理地分担损失。根据本案案情,本院酌定被告补偿原告损失的40%较为适宜。

但遗憾的是,即便是面对这个因无过错所带来的公平责任,社会也并不领情,他们并不较真究竟是"无过错"还是"无过错",因为在他们的意识中,他们只认一个死理:赔偿费用的承担,无论是多少,都代表自己在理上输给别人了。因为,既然是赔给了别人,那么其隐含的信息至少说明了赔的一方当事人从事了有害或不道义的行为。毕竟,在平常人眼里,设若诉请有理,那么责任就应当全部由对方承担,相反如果自己承担了,则代表在名义上已经输掉了官司,哪怕最后得到的是一纸"胜诉"的判决。

——尽管声称依据的是"常识",但却已不再是常识了。

第五节　司法知识生产的社会逻辑

看来世道真的是变了。由于社会分工的日益专业化,中国的法律人与社会大众所分享的不再或者不再完全是同一套知识体系了。这样,尽管同样使用着常识这一概念,但是其所意指的却与社会大众的形成了南辕北辙之势。因而某些时候,毫不奇怪的,法律人当然就会与社会民众在一些基本判断上产生根本的分歧。这其中的原因并不在于社会大众的无知——社会大众并不一定比法官缺乏智慧或智识,只是二者看问题的视角和出发点不同了;当然,这也并不是法律人的主观臆断、恣意司法,倒恰恰是职业所需,专业所迫。

但还不仅仅是如此,因为伴随着社会分工的日渐细化,中国法律人自身内部在一些问题的看法上其实也已经开始分裂了。典型的比如法官与法律研究者。❶ 而这背后,其实都是法律人自身的利益所在。为什么这么说?

因为,伴随着当下中国的司法语境日渐被现代法律专业化和职业化的司法知识以及由这种知识所型构起来的司法/法律科学话语在相当程度上支配着,❷ 这股倡导法律运作的职业化、法律知识的专门化和法学教育的精英化的力量,强调的乃是对法律的技术性研究和司法的操作性指南方面的力量,试图彰显的乃是一种全球范围内或者世界结构中共同的法律思维;而这种所谓的法律思维,实际上又是要求法律职业者能够以一种不同于普通人的职业观念和专门视角来看待法律和运用法律。而这种思维,它既不承认任何意义上的法律工具性,也不承认法律试图构建什么,而仅仅只是在于提高法律自身的统治地位,强调的乃是通

---

❶ 例如,季卫东:《彭宇案的公平悖论》,http://www.jcrb.com/200709/ca638399.htm;《彭宇案的法官犯了低级错误吗——与季卫东教授商榷》,http://8hot8.com/pengyu/archives/208;周永坤:《常理与判决——兼评彭宇案的判决理由》,http://guyan.fyfz.cn/blog/guyan/index.aspx?blogid=248068;陈永苗:《法学教授还是法学野兽——再评彭宇"见义勇为"案》,http://8hot8.com/pengyu/archives/173;等。
❷ 参见黄文艺:《法律职业话语的解析》,载《法律科学》2005年第4期,第3～12页。

过法律技术/法律程序来承认或者否定事实,"强调有法必依、执法必严,将法治作为一种新的意识形态予以灌输"。❶ 其目的,乃是在法律人的专业逻辑与非专业人士的具体期望之间形成一条不可避免的鸿沟;而其优点,就是可以凭借这条鸿沟,在法律机构与社会之间形成必要的阻隔,❷最终建立起法律/司法的权威,提升司法的公信力。

进一步,在这股力量看来,当代司法的"理性化进程的最理想的状况就是基于法律的裁决与基于朴素的公平直觉的裁决之间的分离不断加大"❸。为此,当然同样也依循着这样一个知识的逻辑前提,自然而然的,我们看到在中国法治化建设的过程中,就会是在多重社会力量的共同作用下,不仅法律世界与社会大众日常的生活世界逐渐分离、断裂开来了;❹而且与此同时,司法知识系统也日益从社会大众的日常生活知识系统之中摆脱、独立出来。职业或者专业的法律出身决定着法律语词的标准使用。结果,社会大众与法官的对话关系,只有依赖法言法语来不断地加以维持,同样社会大众只有基于一定法律话语的知识结构,以及对司法者的法律职业性质的认定,才会期待法官陈述法律上的理由依据并以此信服。❺

然而,尽管万马奔腾,但是当下中国的司法改革却又遇到了一个致命而又现实的问题,那就是法律系统与日常的社会生活之间的缝隙越来越大了;并且在这两者之间的巨大差距所形成的张力的进一步拉扯下,现代化的司法在中国不但没有建立起来,相反,不仅缺乏法律知识的普通民众与法律专业化程度较高的中国法律人之间的沟通陷入了一种困难而尴尬的境地——例如法律职业群体视角中的司法公正和社会公众视角中的司法公正日益急剧地相互脱节开来;而且司法制度以及法律人的社会功能在司法改革的过程中变得越来越狭窄,其日常的工作往往无法充分回应普通民众对解决纠纷和追求社会正义的需求。——这些

---

❶ 苏力:《送法下乡》,中国政法大学出版社2000年版,第192页。
❷ 参见苏力:《法治及其本土资源》,中国政法大学出版社1996年版,第145页。
❸ [法]布迪厄:《法律的力量——迈向司法领域的社会学》,强世功译,http://www.law-thinker.com/show.asp? id=2265。
❹ 参见刘思达:《当代中国日常法律工作的意涵变迁(1979—2003)》,载《中国社会科学》2007年第2期,第90~105页。
❺ 参见刘星:《走向什么司法模型——"宋鱼水经验"的理论分析》,载苏力主编:《法律与社会科学》卷2,法律出版社2007年版,第62页。

无疑促使我们静下心来逐渐开始反思,中国社会对法治和司法的特别需求是什么?究竟是什么因素构成了这些需求?并且,当下中国法官的司法知识基础又要是什么?是否继续在专业化的道路上走下去?以及,最为主要的,什么因素决定法官司法的知识结构?

既看不清对方,也不了解自己,必定始乱终弃,甚至更糟!

的确,转型中国的法律问题隐含着诸多的复杂性。但是,无论如何,"我们的法律人都不能淡忘更不能忽略:一个社会的法律的全部合法性最终必须而且只能基于这个社会的认可,而不是任何外国的做法或抽象的原则"。❶ 因而司法的制度设计和改革,就必须考虑它所要面对的人与社会,而不能仅仅只是关注抽象意义上的法官素质提高以及司法的现代化。与此同时,司法的制度若是想有效且良性地运作,那么它就必须与社会大众,特别是纠纷当事人的诉讼预期以及行为方式相契合而不仅仅只是司法职业化。

因而在这里,一方面,我们需要追问的是,为什么明知会越来越远离现实的社会生活系统,中国的法律职业共同体还要努力做这样的推动?其实,如果能从知识社会学的角度对此进行考察,这个问题就会迎刃而解了。因为从知识社会学的角度来看,作为一种知识,对法律任何的观点、态度都"与一些特定集团的社会地位以及他们解释世界的方式有着独特的联系"❷,而中国主流法律意识形态之变迁正与中国法律职业共同利益诉求的增强紧密相关。这正如波斯纳所言,"在很大程度上,法律职业界的历史,就是这一职业的各个部门——包括法学教授和司法部门——努力保持自己财政权力和社会地位的权力显赫的历史"❸。虽然我们不能完全将当下中国法律意识形态的变迁归因于法律职业共同体对自身财富、权力的追求和维持,然而我们还是不能否认在相当长的时间里,法律职业共同体的利益诉求正随着法律精英的自我认同而不断增强,而这种增强的一个重要后果,就是法律职业共同体试图摆脱政治意义形态话语对法律意识形态的干预,以及试图摆脱生活世界中的行为逻辑对于法律系统本身的运作逻辑的影响,进而获得理论和实践领域的双重独立。

然而,尽管这种努力是可以理解,并且对于法治中国的未来或许也是非常必

---

❶ 苏力:《道路通向城市——转型中国的法治》,法律出版社 2004 年版,第 298 页。
❷ [德]曼海姆:《意识形态与乌托邦》,黎鸣译,商务印书馆 2000 年版,第 280 页。
❸ [美]波斯纳:《超越法律》,苏力译,中国政法大学出版社 2002 年版,第 39 页。

需的,但我们依旧必须要警醒的是,社会分工的不断细化以及司法的现代发展,"一方面愿意驱使人们不断专业化,另一方面又总是担心他们过于专业化"。为此,另一方面,对于转型中国的司法而言,也是更为重要的,我们还是不能遗忘了当下,不能跨越过当下。而这其实也就意味着,我们有关司法改革的措施和方案应当更务实一点。换言之,一旦法律的世界与现实的社会生活系统隔离得太远,那么当事人与法官之间的对立和矛盾其实就很有可能会被放大。而一旦法官的法律推理及其相应的判决与社会大众的公正感觉或者利益要求之间相距过于悬殊的话,那么即使在西方法治社会,同样也会出现法律秩序的正统性危机的。❶必须知道,法律的世界之所以让人向往,是因为它能够促成我们更自由也更幸福地生活,而不仅仅只是为了让我们仰望。这样,法律世界的生活就更应当是能给我们带来安宁和福利的,是普通民众既能够触摸得到的,也是能够感受得到它们所带来的实惠的,而不是只能在无尽的仰视中发出一声叹息。这样,中国的司法制度及其改革更多还是要满足中国社会发展的内生需要。因而,司法制度的优劣就并不仅仅在于司法制度是否专门化以及法律知识是否专业化,更主要的,还是为了解决掉、解决好各自的社会问题。与此同时,法律职业共同体也不应当只是维护自身的精英地位,更重要的还是要为社会提供优质的公共服务;❷因此,法官合格与否的标准实际上也就是地方性的(时、空和制度位置),是依据其所要解决的问题以及他可用的资源(制度的和技术的)界定的,判断他的最终标准必须以能否公正(同样是与特定的时空相联系的)解决他所生活的社会(而不是社区)中的问题。❸

但又不仅仅只是需要务实,还更需要适度地超越。这样,对于当下的中国而言,不仅法治无疑不应当妨碍我们追求有道德的幸福生活;因此,作为一般社会规范的道德,必定要成为中国法治的一个组成部分,甚至一个背景;而且与此同时,特别是在当下,中国的法律世界与社会大众的日常生活还并不应当构成彼此对立的两个生活系统,更多时候两者应当是彼此勾连、相互映照和相互呼应的。同样,至少是在当下的司法实践中,司法知识与常识也不应当构成一对彼此对立

---

❶ Frank Munger.*Law*,*Change*,*and Litigation*:*a Critical Examination of an Empirical Research Tradition* .22 Law & Soc'y Rev.57.p115.

❷ 参见李学尧:《法律职业主义》,中国政法大学出版社 2007 年版。

❸ 参见苏力:《道路通向城市——转型中国的法治》,法律出版社 2004 年版,第 231 页。

的知识系统或者话语系统,而应是两种彼此勾连、相互映照、相互呼应的知识系统或者话语系统。因而在更多的时候,当下中国法官需要在解决纠纷时,就必须超越这两个世界的诸多障碍,努力尝试着把常识或者非正式的制度吸纳进正式的司法知识生产机制和制度安排的体系当中来;以及与此同时,作为制度和知识沟通、交流互动的另一面,中国法官要在纠纷的处理过程中,应当努力对正式的司法制度和司法知识作"在地化"(on ground)的灵活变通,要努力将苦涩且形式化的法律条文精心地转化成生活中的鲜活道理与情境规则,以期方便问题的处理的同时能够满足社会大众对"为人处事的规矩"的心理需求,最终缓和法律世界与日常生活系统相背反所造成的紧张,进而弥补转型中国司法在表达与实践上的差距。

这么做在法律职业主义者看来无疑是不可思议的。的确,如果从现代司法独立的角度来看,这种非制度性因素的介入,不仅会扰乱司法程序的正常进行,而且也会严重破坏审判权的独立行使,最终影响到正义的实现与社会秩序的安定。但是,这对于当下中国的司法却又是必需的。换言之,对于社会来说,重要的并不在于某种司法理论是否先进,某类司法知识在逻辑上是否自洽,主要的只是这种司法的制度、知识能否进入有效的日常社会实践——富有洞察力的思想和原则不能替代系统的微观制度实践。这样,中国的司法若是还想为当下的中国社会谋福利、让当下的中国社会受益以及中国的法律人若是还想与普通民众展开顺利地交流并互动、进而完成其日常工作的话,那么在日常的法律工作中,它就不仅需要提供程序上的公正,更需要判决结果上的公正;否则,老百姓就不买账了。退一步,其实与常识一样,在司法实践中,专业的司法知识最重要的功能,是用抽象但却是大家都能认同的客观标准(如公平、正义等)来把复杂的案件事实标准化、条理化,从而实现简单化。因而,如果仅仅依靠专业的司法知识来裁断,可以把司法判决的法律效果和社会效果统一起来,那么就很省事了;万一不行,这样,中国的法律人就要努力把职业意义的司法知识与社会生活意义的常识勾连起来,尝试着从社会其他群体的视角中来反观作为职业意义的司法知识,以期增强司法回应社会的外部适应能力;换言之,在纠纷解决的过程中,中国的法律人特别是法官,就应当在制度的多重结构夹缝中找到纠纷解决所需要的空间,应当努力推动正式规则/制度与非正式规则/制度之间的相互沟通并在互相平等与尊重的基础上达成合作,进而弥合法律系统与日常生活世界的断裂,并促成了两者之间的相互交流与对话进而达致契合。

进一步,所有的知识都是社会的,所有的知识运用都必须是具体的和地方性的,不可能存在独立于社会生活需求的知识。这样,为了社会的生存,知识它总是要与社会生产和生活方式紧密相连。❶ 因而,司法制度若是想有效地运转,那么一个重要的方面,便是法官的知识、技能及其运用必须要与社会大众特别是诉讼人的预期和需求相契合,与社会大众特别是诉讼人的行为方式相匹配。❷ 否则的话,如果他所做出的事实认定以及判决与社会大众特别是诉讼人的预期不一致,那么不仅他的法律素养和业务水平会遭到没来由的批评,而且他的个人品性、道德修养甚至是政治地位也都可能会受到质疑。因此,他就必须在各方面非常注意细节。那么这个时候,也即在司法的过程中,法官就会面临着一个知识的选择与整合的问题;特别是要注意知识和能力的搭配。换言之,尽管法官可以根据他所拥有的特定知识进行行动,然而与司法决策或者法官判决相关的知识却又是分散的。这样,为了强化判决的正当性,法官就必须把知识装扮起来,"好像自己的司法意见只是从制定法或者先前的判例里自然而然地得出来的,里面没有任何人为的因素"❸;然而,由于常识具有浓厚的主观性、地方性和个人化的色彩,这样一旦常识被整合进司法知识,或者被吸纳进司法知识的生产机制,那么它就必须经过某种特定的转换,而不是直接的应用。而与此同时,司法知识在推动司法判决的产生时,也还必须遵序特定的规则或者程序。这样,强调司法对于社会生活系统的悉心关照,并不意在否定司法运作的专业性,而是意在提请当下中国的法官职业化建设,既要强化知识的分工,也要注重法官司法知识和司法经验的积累,从而形成尊重司法知识的传统。与此同时,强调司法知识系统对于社会生活知识的吸纳,并不意在否定法学教育精英化,而是提醒当下中国的法律知识改造,特别是实践意义上的知识运用,要与特定的政法环境和政法策略相适应。

更进一步,其实作为司法制度的个体行动者,法官对于知识形态的选择又是务实的,哪种知识对解决纠纷更有效、成本更低、更快捷便利、也更安全,就会被选择。但这又并不只是实用主义的,也不只是法官的理性,更是一种司法智慧。

---

❶ 参见苏力:《费孝通、儒家文化和文化自觉》,载《开放时代》2007年第4期,第42~45页。
❷ 参见苏力:《司法制度的合成理论》,载《清华法学》2007年第1期,第6~18页。
❸ [美]波斯纳:《超越法律》,苏力译,中国政法大学出版社2001年版,第98页。

这需要法官判决的知识基础,横跨并且整合技术理性层面上的知识和实践理性层面上的知识。当然,这种司法知识又是无法完全通过法学院讲授的方式来传达的,而必须依靠大量的实践才能逐渐地掌握。为此,在这里,也就应验了那句老话,"法律的生命在于经验,而不在于逻辑"。因而,除了进行司法制度在理论上的宏大建构以及知识上的规划、灌输之外,我们还必须开放出所有可能生产司法知识的机制。这样,我们也就必须认真研究中国各级法官的特别知识和技术需求,必须认真总结中国各级法院法官的不同经验,既要尊重和理解包括各级人民法院,特别是基层法院法官的工作做法,又要善于发现其中隐含的理论逻辑,要善于用学术的话语一般性的理论语言予以表达,使之成为一种可以为更多法律人和法学人所分享的系统知识。这种工作非常艰难,因为这是创造性的,但这是中国法治建设和发展所必需的。❶

——所有的这些努力,都旨在司法知识与常识之间能够形成一个良性的互动机制,最终为司法制度的良性运作以及司法知识的更新获得自我生产、复制以及革新的生命力。

第六节 小结并讨论

作为本章的小结,我还试图对本章的研究进一步做一点方法论的论证与反思。主要是阅读文本的方法。尽管一直坚持的都是知识社会学的方法,但这还是相对较为宽泛的。因此在围绕着这两个有关法官判决的历史文本所进行的对比阅读时,尽管这实际上就是一种独断的认识过程;毕竟,时过境迁,由此衍生的重重阐释和历史再书写无论如何都会模糊原先的问题。因而在推进分析时,我都时刻提醒自己要注意细节,要处处谨慎,不能简单化,不要草率地下结论;要尽量从整体上掌握相关的文献所形成的意义脉络,并在此基础上形成对特定语境下的相关事例的理解与解释,进而在相关的史料之间往返流转,努力发现两个文本之间有意义的关联,最终以史为鉴,不断修正自己对于当下问题的认识。

比如,在阅读海瑞的有关论述时,我的路数是朴素的,也即尝试着在对文本进行历史解释的过程中,尽力深入到文本作者的内心,尽可能回到文本作者的观

---

❶ 参见苏力:《制度是如何形成的(增订版)》,北京大学出版社 2007 年版,第 119 页。

点上去理解文本,努力在作者所处的历史境遇中去进行设想,在作者既有知识的基础上去展开推理,以尽可能的还原文本的历史真相。此外,对于文本所可能蕴含的结论,我也时刻提醒自己,这些只有放在特定的历史语境中,只有针对特定的问题,才具有正当性。换言之,我始终将海瑞的有关论述与其发生和回应的社会问题及其社会环境视为一个整体上有待阅读的文本,进而凸显其社会历史意义。再比如,对于"彭宇案",事实上相关的报道——平面媒体和网络媒体——非常之多,但我的论述也仅仅只是以一审的判决书为主线;在分析时,我努力尝试着以法律人的眼光,去发现司法者在具体纠纷的处理时内心世界所可能发生的考虑与焦虑。因为我知道,若是仅凭媒体的报道,不仅很有可能被误导,而且下任何的判断,都难免过于轻率。毕竟,媒体的话语构造并不等同于历史的实践或真实,甚至两者之间的差别还非常的大——"特别在没有证据支撑或者证据存在明显矛盾的时候,传媒会对事实起重构的作用"❶。

  必须注意,历史文本最终的解释标准只能取决于被解释规范在当下社会历史情境中所形成的客观目的。"解释行为或世事的重点,是考察真实世界的局限条件。"❷因而译注者的认识,都必须受限制于历史文本以及其所要针对的具体问题,否则,就会超出译注和考证的范围从而成为对历史的假设或者推测。为此,在阅读文本时,我始终都把文本与文本所对应的,也即需要解决的具体问题紧密地联系起来,而并没有对文本进行任何的评价。任何仅只表明自己对于历史文本的理解或看法都将被视为任意或者曲解。比如,在面对海瑞处理疑难案件的司法技巧以及"彭宇案"的判决书时,我都没有对文本本身进行"优/劣"、"对/错"的评价,没有评论哪个判决司法公正或者司法不公正,而只是把它们作为一种客观的存在,推测司法的推理是怎样进行的,为什么能这么进行——而没有过分纠缠为什么要这样推理这一主观性很强的问题上,努力寻找到其中具有普适意义的理论命题与知识脉络——是什么因素促成了判决的产生?进而找到其与当下社会问题之间的相关性。因而,尽管阅读的文本是历史的,但是开放出来的问题却是当下的,是具有现实意义的。

  的确,时光流逝,无论海瑞的论述还是"彭宇案"都已经是历史了,而我的关

---

❶ 李雨峰:《权利是如何实现的——纠纷解决过程中的行动策略、传媒与司法》,载《中国法学》2007年第5期,第59~60页。
❷ 张五常:《〈佃农理论〉的前因后果》,载《佃农理论》,易宪容译,商务印书馆2000年版,第43页。

注永远是现在和未来。但是，任何历史文本其实却又都是不真实的，或者即使真实，也只是虚构的。我们这些缺席者永远都不可能真正知道，当时到底发生了什么，当时的人究竟是怎样想的。我们只是作为一个旁观者或者后来人并通过"想象力"看到事件的始末。然而，文本阅读的微妙之处却在于，其能见出具体社会环境的微观话语（如政治的、经济的、文化的）在其中的复杂作用；而对比阅读的精妙之处在于，其能描绘出具有内在意义关联的文本之间在其被使用时的微观社会实践环境（如政治的、经济的、文化的）以及流变。进一步，比如，针对两个有关法官判决的知识基础的历史文本的细致阅读，我们可以发觉，对于专业化的司法知识的使用具有决定意义的是法律职业训练的专业背景；而与此相对照的，对于社会生活中的知识是否能在司法判决中发挥作用具有决定的意义的，却不是法律职业训练的专业背景，恰恰相反，是其外在的另类的微观社会的政法意识形态，或者微观社会的治理策略与技术，或者微观社会的政法/政治实践。

当然，要充分揭示中国司法知识生产机制的流变、整体性地展示中国法官在司法判决时知识结构的变迁，这两个例子还显得太单薄，还不能最充分地说明问题；因此，这注定是一个不可能令人十分满意的研究。尽管如此，但是它们至少可以给我们某些启发，以促使我们进行更深入地研究。

第六章　社会转型与司法知识形态的变迁

在上一章中,我着重分析了在转型中国的司法及其裁判的过程中,常识与司法知识的流变以及这两者之间的关系,特别强调了因社会—文化情境系统的变化所导致的、常识这一知识形态自身内部结构因素的变化以及由此所导致的司法裁判的逻辑基础和知识谱系的转化,进而动态地展现其与司法知识之间的微观内在勾连。同时在此基础上,我还努力在社会转型、权力分工以及司法知识形态流变这三者之间建立起一定意义的内在关联,进而揭示出当下中国司法知识专业化建设所可能面临的问题,从而指出解决问题的可能的司法模式或司法改革道路。

因而我们很自然地也就发现了,尽管法官的判决或者司法知识的生产与再生产活动,表面上看起来只是一个专业化的、近乎封闭的系统化操作或者一系列的行动,但实际上它们又是开放着的。这其中,不仅社会结构与因素的力量会作用到他们的身上,而且他们所置身于其中的社会—文化情境系统的整体逻辑,也都会对他们产生甚至会是根本性的影响。那么也正是因为此,法官的司法判决就不仅仅只是一个法律关系的辨析问题,也不仅仅只是一个法律适用的问题。实际上,不仅法官的判决活动要对各种因纠纷所牵扯的社会利益作一种整体性平衡,而且其所处理的法律关系也因此而蔓延到各种繁杂的社会关系网络之中。这样,不仅法官的判决活动会是一种整体性的操作,而且其知识的基础也同样会是对各种知识的一种整体性的统合。

由于涉及到了社会转型与司法知识形态的流变之间的关系,因此或多或少也就涉及到了本章所关注的命题。因而在这本章中,我将进一步对"社会转型与司法知识形态的变迁"这一论题予以集中展开,尝试着在司法知识生产与再生产的视域里,并从"疑难案件"(hard case)切入,特别是侧重于展示疑难案件之所以产生的知识/社会因素,进而转向对于转型中国社会里的司法知识生产的考察，从而揭示知识生产的产品及其质地的变迁；并就此指出：当下中国的司法改革更多只是注意到社会转型与制度变迁之于知识变迁的意味，而容易忽视知识变迁的社会意涵。但实质上，"知识"与"社会"是相互作用的，社会转型与司法知识形态的衍生、传承和流变也是密不可分的。因而，当下中国既要关注社会转型对司法知识的变迁所可能产生的作用，同时也更要留意司法现代化进程中司法知识及其形态的变迁与中国社会及其现代转型之间的互动关系；以便使中国的司法改革在推动司法知识转型的同时，能为现代司法技艺的发挥提供相应的制度空间，进而促使司法知识与社会结构和社会—文化情境系统能够发生全面而良性的互动，从而形成或者创造"知识"与"社会"彼此互动的发展机制，最终推动中国司法的优质发展。

当然，我之所以坚持"中国司法的优质发展必须形成或创造'知识'与'社会'彼此互动的发展机制"这一看法，同样出自我所建构起来的整体性的司法知识观及其司法知识的理论旨趣所然。因为在这种司法知识观看来，司法知识及其形态的流变，不仅仅是一起知识事件，由知识自身的逻辑所决定的；更应当是一起社会事件，受整个社会的结构与逻辑的影响。

以下是我的具体分析。

第一节 问题与立场

疑难案件可能引出坏法律？

确实如此。通过疑难案件，也即主要是指那些"事实清楚但却没有明确的法律可以适用，或适用的结果不合情理或有悖'天理'（所谓自然法），法官因此面临艰难抉择，需要'造法'或通过解释'造法'，但这又有悖于执法者的角色"的情形。[1] 我们不仅能够看到法律规范与法律制度的捉襟见肘，而且也能够看到法律规范与其他社会规范之间的激烈冲突、猛烈碰撞或者紧张对峙；不仅能够看到社会转型之于法律规范和法律制度的影响，而且也能够据此看到各种社会力量的结构性胶着及其对司法制度与法律规范的稀释；不仅能够看到法律人与社会大众在面对疑难案件时所可能持的不同立场与态度，而且也能够看到法律人

---

[1] 苏力：《法条主义、民意与难办案件》，载《中外法学》2009年第1期，第93页。

第六章　社会转型与司法知识形态的变迁

在处理疑难案件时所处的制度困境以及对规范所作的艰难抉择。总而言之,在疑难案件面前,法律/法律人出事了。

但又不仅仅只是如此。因为在实践中,特别是在当下中国的司法场域里,案件疑难的出现往往又并不只是规范适用上的困难或者制度上的不及所导致的,还有可能会是由于事实方面的问题,可能是由事实不清等因素所导致的。而一旦事实不清,加之法律又不明,那么就会使得司法裁判活动中的事实与规范都处于不确定的状态;这样案件疑难或者案件难办,自然也就是预料之中的事情了。当然,如果我们把视野放得宽一些,将案件事实与法律规范都看成是社会关系的建构与社会结构的产物的话,那么疑难案件所折射出来的,就不再只是人的问题,更多地还应该是社会转型与司法知识之间的紧张关系。换言之,如果知识的作用必须是要能够解决掉问题的话,那么尽管从表面上看,案件难办其原因在人,在于处理案件的主体的能力有限;但实质上案件之所以难办,从整体上来看还是由社会所建构起来的司法知识难题,是一个因社会转型而发生的司法知识转型轨迹偏移的问题,一个社会转型与司法知识形态变迁的关系断裂或者互动(机制)受阻的问题。

如果我们把视野放得更宽一些,那么近些年来案件之所以越发地难办,这其中尽管有案件本身的原因,尽管社会大众对司法的广泛关注进而使得承办法官压力倍增也是其原因之一,还有法官自身的原因;但如果从司法知识的角度来看,人们又往往会将问题的症结归到当下中国司法制度及其知识结构上。换言之,在这些人看来,当下以技术理性为知识基础的司法裁判,阻碍了以经验理性为知识基础的司法方法和知识对司法活动的可能参与,进而使得当下的司法裁判因缺乏社会知识或者经验的辅助性证成,从而导致要么事实认定不清(法律事实往往不符合客观事实,甚至不符合案件事实)❶或者规范发现不明(例如只考虑法律规范而无视风俗习惯或者人情、天理以及社会的道德规范与朴素正义观等),结果造成司法裁判的结果往往合法不合情/理,案结事不了。

我们确实应当承认,当下中国的司法裁判不仅主要是以技术理性为知识基础,同时也主要是以自由主义思潮之法治/司法知识为其模式之根基。❷ 在这样

---

❶ 参见方乐:《司法如何面对道德?》,载《中外法学》2010年第2期,第183页。
❷ 参见苏力:《送法下乡——中国基层司法制度研究》,中国政法大学出版社2000年版。

的司法知识结构下,司法制度的设计与运作彰显的乃是当事人在诉讼中的主导地位以及法官在此其中的被动性,强调的大都是法律的形式合理性以及程序正义为优位的正义观,突出的乃是法律概念的科学性和程序设计的精密性。❶ 当然也正是在这类司法知识及其逻辑的统摄之下,法官在司法裁判的过程中信仰的乃是技术理性与数理逻辑,也即强调通过法律逻辑或者司法方法来适用法律规则进而查明案件事实并依此作出裁判。❷ 这样,法官在司法裁判的过程中,由于倚重形式合理性的法律/司法知识,进而对这些知识以外的社会经验和其他形态的社会知识,往往比较排斥。

与这种司法方法相对应的,乃是一种建立在经验理性知识基础之上的司法裁判模式。这种司法方法强调的是法官在审理案件和作出裁判的过程中,要能动地司法,要充分利用各种社会生活经验和各类地方性知识;也即这种司法模式强调法官要切实考虑当事人的具体情况,以便能够具体问题具体分析,进而权衡利弊,灵活取舍,最终通盘考虑,形成裁判结果。因而,在这一司法方法与裁判模式之下,法官在审判的过程之中通常的做法便是辨法析理;而具体的行动,就是既要深入群众和了解实际情况,又要"察其言,观其行"。也即要充分利用起当事人的各种描述,来推测并判断案件之是非曲直,同时根据其言说来揣摩当事人的心理,进而掌握纠纷产生之根源以及当事人提起诉讼的真正意图,从而把握时机、因地制宜地引导当事人朝着经由法官的内心确证而来的裁断结果迈进,并同时在此之中努力说服他们。❸

人们往往认为,以技术理性为知识基础的司法裁判模式,强调裁判的专业化,因而也就略显僵化与机械,甚至脱离了社会;而经验理性的司法方法则更贴近生活,并切实关心当事人,因而不仅其司法的过程更讲究说服教育,而且其裁判的结果也更容易为当事人所接受。但又不仅仅是如此。实际上,以技术理性为基础的司法裁判模式往往又会被看成是西方司法的裁判方法,而以经验理性为基础的司法裁判模式又往往被看成是传统中国司法所常用的。这样,一旦这

---

❶ Antonin Scalia, *The Rule of Law as a Law of Rules*, University of Chicago Law Review, Volume 56, 1989, pp. 98-103.

❷ 参见蔡维力、张爱军:《走出移植西法困境 回归人民司法传统——对我国司法改革的实证分析》,载《法学评论》2009年第4期,第19页。

❸ 参见孔祥俊:《司法理念与裁判方法》,法律出版社2005年版,第38~42页。

两种司法方法或者案件处理术被贴上"东、西方"之标签后,那么考虑到司法领域的政治正确或者意识形态和对裁判"案结事了"的现实要求,以及伴随着中国崛起而来的中国法学研究主体性的觉醒,因而面对中国的法学尤其是法律实践,既然从域外引进的方法运行起来并不是那么理想,我们首先想到的或许就是要在回归本土中找到中国法律的主体性,是在自身土壤里找到法律问题的解决之道。❶ 这样,面对当下司法实践中案件压力居高不下,难办案件迭出的局面,人们无疑希望当下中国的司法能够转而继承中国自己的司法传统并将这一做法发扬光大,以便矫正甚至是替代在相当长的一段时间里从西方所引进来的、以技术理性为知识基础的裁判模式,进而弥补当下司法的不足,从而破解当下司法的难题。

传统中国的司法方法或者裁判模式,就真的能够解决当下中国司法的案件难题吗?这一问题当然又可拆分为以下的系列追问:传统中国的司法方法是怎样解决传统中国社会的法律问题的?它有着怎样的内容与特征?以及,当下中国司法场域中的案件难题是什么因素所造成的?以技术理性为知识基础的司法方法为什么解决不了这些问题?这些难题运用传统中国的司法方法或者裁判模式能够解决掉吗?

本章选取疑难案件为切入点,以社会转型为观察的背景和言说的主轴,尝试着对传统与当下中国疑难案件的处理技术做深入细致的剖析并比较。很显然,这种剖析与比较不仅力求将这两种案件处理术背后所关联着的司法知识及其形态揭示出来,而且努力将这些司法知识及其形态也放置在中国社会转型的历史空间和社会—文化情境系统之中来予以进一步观察,以便能够揭示出"司法知识"与"社会转型"这两者间的内在关联,进而展现司法知识及其形态变迁的社会逻辑。当然需要说明的一点是,本章所及之司法知识及其形态,主要是以"情—理—法"为核心的司法知识及其体系性展开。这么做的考虑主要是:不仅"情—理—法"往往被看成是中国司法场域中、过去与现在都一直共同分享的知识资源,而且在知识形态上也容易被看成是相互之间是同质的,并且各种司法知识形态之间又是没有什么变化的。与此同时,更重要的是,"情—理—法"所关

---

❶ 参见支振锋:《从文本到问题:中国法理学研究的进取路径》,载《中外法学》2009年第4期,第494～497页。

联着的"辨法析理"这一司法方法,又往往被看成是中国传统司法与当下司法关联性极强的一种案件处理方法,甚至经常被看成是古今破解"难办案件"的共通且关键的法门。

通过分析,尤其是通过将"情—理—法"这一整体的司法知识形态以及"辨—析"这一司法技艺放置在社会转型这一大的背景下来考察,我们从中不仅能够看到,司法知识及其形态都发生了变迁,今日之"情—理—法"显然已不再是往昔的"情—理—法"了;而且也能够深刻地体会到,"辨—析"这一司法技艺也具有了与以往不同的知识内涵与知识功能。一旦我们认识到了这些,那么很显然,这不仅有利于我们纠正当下对"情—理—法"予以一种模糊化的普遍处理方式,而且也有利于我们从静态的观察司法技艺的既有立场中走出来,从而要求我们以更宽广和开放的视角、从动态与整体中来认识当下中国社会里的司法裁判,并以此为基础来为当下中国社会建构一种新的司法知识体系。

当然又不仅如此,其实通过这一研究,更重要的还是想提醒我们留意司法知识及其形态的这些细微变化的社会意涵,进而展示其对于中国社会及其现代性转型所可能具有的意义。换言之,本章之所以在社会结构的转型中考察"情—理—法"的知识变迁,之所以努力将"司法的知识实践"与"社会结构的变迁"建立起有学术意义的关联,主要还是想通过这种对司法知识及其形态的微妙转变的考察,特别是通过对"知识"之于"社会"的可能作用的强调,进而将此具体的论题与"中国社会的现代性转型"这一一般论域勾连起来,从而在洞见到司法知识及其形态变化的社会逻辑的同时,提醒法律人要特别注意司法知识的变迁及其实践对于中国社会的现代性转型以及在更大范围上、法律知识及其变迁对于现代民族国家的整体建构所具有的可能意义。

这一点很重要。因为长期以来,中国的法律人所关注的,往往都是制度建构对于中国社会转型的影响。他们坚持立法先导,期望通过现代化的法律制度来引领现代中国的法治现代化以及社会的现代化。❶ 正因为此,他们往往容易忽视法律的制度实践,忽视实践以及行动中的司法知识与法律话语对社会转型的强化以及推动力量。但实际上,法律话语与知识实践对社会的塑造其实更为有力也更为重要。这样,通过对司法制度及其实践的观察,特别是对司法知识及其

---

❶ 参见苏力:《道路通向城市——转型中国的法治》,法律出版社 2004 年版,第 3~42 页。

形态变迁的考量,我们不仅能够看到社会转型对司法知识的影响,而且也能够看到司法知识对社会转型所发挥的作用。❶ 与此同时,也正是通过司法技艺以及其所勾连起来的、司法知识及其形态的差异性比较,我们还可以发现,社会转型对于司法制度及其实践的影响,进而在此基础上,展望我们的司法制度发展与变革的未来可能方向。

第二节 难办案件的传统处理术

关于传统中国司法的印象,一方面,人们往往会认为,在纠纷处理的过程中,从司法知识的知识结构上来看,"天理"与"人情"经常且很容易就会被引入进司法;甚至就连司法官的伦理道德智慧、常识性正义和个体的价值判断等这些极具个体化的知识资源,也都可以随意地进出司法裁判的各个阶段,以补充国法之说服力不足。❷ 另一方面,就司法官的地位而言,他们也不像今天这么被动;恰恰相反,在纠纷处理的过程之中,他们都始终是处于主导的地位,并且能说了算;而这种主体的地位,又不仅有利于纠纷的灵活处理,同时也有利于法官个人的司法智慧的发挥。第三,从司法知识的知识功能上看,人们也很容易得出这样一个看法:通过司法官员的能动司法,传统中国的司法不仅打通了法律知识与日常生活知识之间的鸿沟,进而勾连起了法律世界与日常生活世界之间的隔阂;而且也整合起了各种利益分歧,进而在解决掉纠纷的同时,消解掉了当事人之间的情绪对抗,从而统合起了社会秩序,强化了社会的综合治理。

但真的是这样子吗?让我们先来看一则材料。《鹿洲公案》里有个"兄弟争田"的故事,大意是:

陈智有两子,长子阿明,次子阿定;陈智去世后,留下了七亩地给两个儿子;但为了争这七亩地,兄弟俩"你争我夺",乡里的亲戚、族人劝都没有用,最后闹到了县衙。公堂之上,阿明主张"这七亩田是父亲留给我的",并递上父亲的亲笔手书,上面写着"百年之后田产归长孙";但阿定也不含糊,说

---

❶ 参见[德]曼海姆:《意识形态与乌托邦》,黎鸣、李书崇译,商务印书馆2007年版。
❷ 参见贺卫方:《中国古代司法的三大传统及其对当代的影响》,载《河南政法管理学院学报》2005年第3期。

这些田是父亲留给他的,并拿出"临终口头遗嘱"来作证,还说有人可以旁证。

身为县官的蓝鼎元感到很棘手,但稍过片刻便宣称:"你们都说得不差,然而这意味着责任在你们的父亲;谁叫他不作出一个清楚的决定?我只好开棺问他了!"两兄弟听到这话立刻面面相觑。接着蓝鼎元就是一通训斥,大意是:"田产比起兄弟亲情实在是区区小事,为这等小事打官司值得吗?说来让人寒心,你俩都是各自有两个儿子的人,将来你们各自的两个儿子长大不像你俩这样争田就怪了。所以为了日后安宁,我只好防患于未然,让你们各自只养一个儿子。"兄弟俩一听就慌了,于是纷纷悔罪:阿明"愿意将田产全部给予弟弟,永不计较";而阿定也愿意"痛改前非",愿将全部田产交予哥哥。说完两人抱头痛哭。然而,蓝鼎元却仍不肯罢休,非说二人不是真心实意,并宣称:"即使你们有这份心,你们家里当妻子的那些人也会小肚鸡肠,绝不让人,所以你们先回去看看妻子的意思再说。三天后,衙门见。"

然而,就在第二天,俩兄弟与家人即邀请族人到官府,愿意和解。见到蓝鼎元,两兄弟更是痛哭流涕,说:"我俩真是罪该万死,不知天理情义;今日如梦初醒,追悔莫及;我们发誓,永远不争这份田产了,请准许我们将这份田产捐献给佛庙寺院。"可蓝鼎元依然得势不饶人,训斥道:"真是一对不孝子!居然说出要将田产捐给和尚那些人,该用大板教训一番才是!做父亲的辛苦一辈子才留下了这份家当,你兄弟二人相争,却叫那些和尚得利,死者能瞑目吗?照理说,做兄长的应该让弟弟,做弟弟的应该敬兄长,互让不行就要还给父亲。现在这田产只能作为祭奠你们父亲的资产,兄弟二人轮流收租祭祀,子子孙孙不得再起争端。"

听判之后,二人"当堂七八拜致谢而去,兄弟妯娌相亲相爱,……民间遂有言礼让者矣"。事后,蓝鼎元也总结道:这案子,如果依着一般审判方法,就应该兄弟二人各打三十大板,将田地对半分开,三两句话了断了即可。而现在费了不少周折,苦口婆心,但毕竟效果显著;"此时兄弟妯娌友恭亲爱,岂三代以下风俗哉。必如此,吏治乃称循良。"❶

---

❶ 参见刘星:《中国法律思想导论:故事与观念》,法律出版社 2008 年版,第 1~3 页。

第六章　社会转型与司法知识形态的变迁

很显然,虽然版本或者故事情节可能会有所不同,但类似的断案故事在传统中国肯定还会有很多。这些动人的司法故事的背后,都有一个共同的特点:模糊的案件事实与法官在断案时所展现出来的非凡智慧与突出的个人能力。换言之,传统中国司法场域之中,案件之所以难办,在于事实的模糊性;而案件之所以办得令人称奇,则又在于司法官个人在案情处理上的慧眼独具与非凡魄力。例如,在此案之中,我们看到有关争议的争点实际上直到最后仍然都是不明朗的,但司法官却充分利用起了当事人之间的血缘纽带以及在此基础上的亲情来大做文章。通过"开棺"、"只能养一个孩子"等一系列的情境重置与危机假设,司法官在处理这一纠纷时并没有把精力花在如何调查取证以弄清事实之真伪上,而是想方设法让当事人学会设身处地地为对方着想进而能够达致将心比心的状态,从而形成在情感上觉得愧疚的局面,最终为纠纷的解决赢得广大的心理空间。当然在此其中更重要的是,通过司法官对纠纷中的争点处理、关系处置和结构倒置,我们看到,纠纷的性质已然从原本一个法律意义上的问题转换成了一个伦理—道德的问题。这样,司法官将纠纷处理的重心放在伦理—道德关系的处理上,忽视其中的法律问题,也就不难理解的。同样,也正是因为此,司法官虽然没有定纷但却止住了争。换言之,由于在司法官看来,尽管此案之中的关键对峙,表面上看起来是利益(产权)之争,但实质上更多也更为根本的还是情感(绪)上的对抗;表面上看是一个法律的问题,实际上是一个伦理道德的问题。与此同时他也敏锐地掌握到,只要消除情感(绪)上的对抗,也就能够消除利益之争——毕竟,既然情感上两人都和好了,那么显然也就没有必要再斤斤计较了。同样他也意识到,只要利用好伦理—道德上的资源以及问题的处理方法,有关利益上的争议就会被转换为伦理—道德上的自我醒思、自我评判、自我选择与自我归队,进而确保问题的迎刃而解。

而如果从司法知识及其形态的角度来看,那么在处理这一纠纷时,法官所采用的司法知识,既包括"法",也包含了"情",还包括"理"。但是,这些看似不同形态的司法知识,相互间其实并不存在着隔阂;恰恰相反,"法"、"理"、"情"这三种司法知识无论在知识的谱系还是在知识的逻辑上其实又都是相同的,是同质的。也就是说,传统中国司法场域中的"法"、"理"、"情",这三种司法知识之间不仅没有区隔,而且相互之间还可以顺利地转换。因而在司法实践中,我们就能够看到,司法官不仅可以毫不费力地运用起这三种司法知识资源,而且还可以轻松地在这三种知识之间不断地转换知识立场,进而形成整体性的司法知识以及综合性的司法知识的合力,并掌握住司法知识的合力所产生的权力,从而在纠纷的处理过程中始终掌握着主动权,最终化解掉纠纷。

其实,不仅在知识的形态与逻辑上,"法"、"理"、"情"这三者之间没有一个严格的区分,而且就规则上的结构差异和价值上的意义区隔对于这三者而言同样也是不存在的。具体来看:传统中国法律文化中"礼"与"法"的特有关系,不仅使得法律的道德化与道德的法律化成为这一时期社会规范体系的一个主要特征;[1]而且法也只是社会规范系统的一个构成部分,不是全部;礼所调整的范围远要比法广泛得多,"法在礼之下"。这样,尽管表面上看来,"情、理、法"分别表述了三种完全不同的规范体系和价值论域,但实际上,由于存在着一个更高效力的"自然法"(礼),因此,它们之间在规范与价值上的矛盾就都可以通过诉诸这个"自然法"来达成规则和价值的共识,甚至还可以运用"礼"的规范来替代它们中的任何一个。当然这其实也就意味着,虽然"法"、"理"、"情"这三种看似分属于不同领域的司法知识形态,但却同样在"礼"这一知识的统摄之下,进而使得它们实际上只是同一知识体系的三种不同的话语表达方式,或者同一知识形态的三个不同的面向而已。为此,在传统中国社会的司法实践中,看似有"情、理、法"之紧张,但是通过更高层级的"礼"(治)来取代"法"(治)对生活的调整,那么,法官就能够轻松地将同属于"礼"的"法"、"情"和"理"统统纳入到司法裁判的过程之中。

如果我们把视野放得宽一些,那么正是由于"礼"的存在,使得传统中国社会其实并不存在着一个严格的法律世界与日常生活世界的截然区分。与此同时,也正是由于"礼"之下"法"、"理"、"情"这样一种特殊的关系,进而使得法律知识与日常的生活知识和社会经验之间也就并没有一个明显的分工与分化。"法"、"理"、"情"就是"情—理—法"。当然,"礼"的存在不仅使得"法"、"理"、"情"这三者之间在规则意义上的相互对峙与价值上的冲突在传统中国是可以模糊掉的,而且也能够使得法官在纠纷的处理过程中拥有相当大的、内在的规范或制度上的空间;更重要的是,它还能够为纠纷的处理提供更宽广的、制度与意

---

[1] 参见梁治平:《寻求自然秩序中的和谐——中国传统法律文化研究》,中国政法大学出版社1997年版。

义上的外在空间。换言之,传统中国社会里的纠纷,其所置身于其中的社会文化—情境系统及其话语逻辑,无疑也能够为纠纷的处理提供丰富的话语资源和足够的社会力量。因为在传统中国的话语系统里,整个法律及其运作机制已经道德化了。那在这样一个体制惯性之下,"为权利而斗争"尤其是为利益而提起主张的法律行为,很容易就会被转换为一种道德上的斤斤计较。这样,不仅纠纷中的利益对抗——无论当事人主张的权利是身份性的还是财产性的,都可以通过转换为更大范围里的、道德上的社会话语评价进而要么被模糊掉,要么被放大。而根据"君子喻于义,小人喻于利"的生活作风,以及退一步海阔天空的处世哲学,都使得当事人原本在利益上的积极主张很容易就被转化为道德上的下风进而主动作出让步。这样,面对纠纷,法官所要处理的是评估并权衡诉讼活动中双方当事人所有各自拥有道德资本。这个时候,案件之难,难在于"礼治"话语及其逻辑下的道德实践的难题。为此,法官只需要依据伦理道德的话语及其逻辑进行实践,就能够找到让当事人心服口服的理由,进而处理掉难办的案件。

不仅如此,实际上,传统中国社会里的法官在处理纠纷时还拥有非常大的社会空间。因为,一方面,司法与行政合一的权力结构和制度安排,使得司法官员拥有强大的处分权。他们是父母官,集各种权力与资源于一身。因而在上述的"分田争产"纠纷之中我们看到,蓝鼎元不仅可以以"开棺"、"只能抚养一个孩子"等来逼迫当事人反躬自省,而且还能够有意延后案件的处理期限。与此同时他们也是道德资本的权衡者,可以评估当事人双方所占道德资本的多寡,评价谁更有理,谁理亏。另一方面,传统中国社会,无论是上级官府还是所辖民众,对于司法的评价往往都更注重后果(实质正义)而不太注重过程(程序正义)。也即,在他们看来,"结果好,一切都好"。这样,在纠纷的处理过程之中,为了达致最后的结果,无论司法官员必要的违法还是当事人必需的牺牲,都被看成是可以理解的。而也正是在这一进一退之间,能够为司法官处理纠纷拓展社会空间,进而使得纠纷中的利益对抗和情绪对立得以稍加缓和,从而使得司法官员处理起纠纷来游刃有余得多。当然也正是因为此,在纠纷处理所形成的案件结构和人物关系中,司法官始终都是处于优势的地位以及始终掌握纠纷处理的主动权,这也就不足为怪了。

最后,但却是最重要的,司法与行政合一的制度结构与安排,不仅使得传统中国的司法官员在司法场域中拥有非常大的空间,进而能够掌握案件处理的方式与进度,而且也使得其能够掌握司法资源之外的其他丰富的社会资源,尤其是行政资源。而这些司法制度之外的社会资源对于纠纷的解决来说有的时候简直是太重要了。因为,一旦当事人较起了真,不听劝(情绪对立)、不让步(利益对抗)、不服气(否认权威),也即出现了当事人不与司法官或者正式制度合作的情况,❶那么司法官就能够以其他的社会资源来替代或者弥补当事人因纠纷所带来的各种损失,进而缓和当事人之间的对立,消解当事人的情绪对抗,从而为纠纷的顺利解决赢得空阔的余地。

可见,传统中国"案件之难",表面上看来在于规范与事实的问题,但实质上却难在司法官员能否在纠纷处理的过程之中进行恰当的伦理道德实践。也就是说,在纠纷处理的过程中,一方面司法官员只要依循传统中国法律文化的精神,尤其是"礼法"之精神来进行妥切的伦理道德实践,那么再难办的案件也能够办掉。而另一方面,司法官员个人的道德修养无疑也就远要比其他方面重要得多,因为它既是这一时期司法知识之根本,也是个体司法实践之保障。那么正是因为此,我们也就不难理解,为什么传统中国社会的司法官员,他自己其实也期望需要通过这种个人化的、自觉的行动,来践行传统中国社会对司法官员这一群体的总体的道德要求。

但是时过境迁,不仅纠纷与裁判所在的整个社会结构与文化—情境都发生了巨大的变化;而且无论是法官所拥有的制度空间和社会资源,还是司法知识及其形态,在当下中国的司法里这些条件都已不再存在。相反,法官不仅掌握的制度与社会的资源都很少,而且还必须保持消极并且中立的角色,不能主动出击,要不告不理,要严格依法办案。与此同时,伴随着社会转型与知识分工,法律世界与生活世界已经脱离了开来,并且越走越远;进而使得不仅法律知识与日常的生活知识之间产生了相当大的分工,而且法律知识与生活知识各自之间也产生了巨大的分化。这样,不仅法律知识与其他社会知识与经验之间的相互转换无疑就会显得非常困难,而且"法官往往审理的是他们实际上不了解的问题,他们是在冒着风险做出判断"❷。除此之外,当下社会里的纠纷就不仅仅只是利益的冲突,而且这一冲突背后往往还都夹杂着情绪上的对立;并且,不仅利益冲突呈

---

❶ 参见苏力:《司法制度的合成理论》,载《清华法学》2007年第1期,第9页。
❷ 侯猛:《中国最高人民法院研究——以司法的影响力切入》,法律出版社2007年版,第91页。

现结构性的矛盾,而且情绪对抗的程度也很强。更重要的是,以往将法律问题转换为道德问题的外部语境与内在机制在今天、在某处程度上也受到了阻滞。那么,在这样复杂的情形之下,面对越发复杂的纠纷,法官又该如何自处呢?传统中国的司法方法还能管用吗?

第三节　破解案件难题的现代司法技术

　　确实,在传统中国社会里,尤其是在整个社会已经伦理道德化了的体制惯性下,礼治的知识逻辑无疑宰制着司法知识的生产与再生产活动。这不仅导致知识的分化程度不高,甚至基本上没有什么分化,而且造成相互之间还是共通的、流动的,甚至是同质的。这样在司法裁判的过程中,法官运用起知识来,不仅相互勾连起来无障碍,不需要进行话语以及逻辑的操作转换;而且司法知识的生产与再生产活动,也即司法判决,也都可以看成是有关伦理道德的一种个人化的实践活动,进而使得司法知识完全湮没在伦理道德的话语表述与行动逻辑之中,法律问题也就变成了伦理道德的问题。因而也正是因为此,传统中国社会的疑难案件处理术,实质上只是一种儒家伦理的个人实践行动。与此同时,传统中国司法官处理纠纷的司法智慧,也仅仅只是一种个人的道德智慧。

　　但是今天,市场经济的万马奔腾,社会转型的日新月异;它们所带来的变法革新以及所创造的"三千年未有之大变局",都使得原有的礼治秩序基本被破坏掉了,但现代意义的法治秩序却又没能有效地建立起来。❶那么在这样的境况之下,尽管司法知识的知识立场与逻辑已逐渐从"礼"治的伦理与道德的文化宰制中脱离了出来,但却又没有完全被法治化,反而成了一种混合了"法"与"德"、"情"与"理"的复杂知识产品。这是其一。其二,伴随着社会转型所带来得社会分工及其专业化,司法场域里的知识体系也逐渐开始分工、分化并且日益细化;这些都不仅使得司法知识的知识谱系日渐多样和丰富,也使得司法知识的知识形态日益多元化,还造成了司法知识相互之间的知识立场与知识结构的日益差异化。比如,现如今,不仅"礼"已经从最高层级的"自然法"的位置上走了下来,而且从社会治理的角度来看,礼治也已被法治和德治所替代。这些都不仅使得

---

❶ 参见费孝通:《乡土中国　生育制度》,北京大学出版社 1998 年版,第 58 页。

"礼"与"法"的关系,既与传统中国法律文化中的礼法关系不同,也与传统中国"天理"、"国法"与"人情"的结构相异。当然,"礼"与"法"关系的这种改变,也导致了"情"与"理"关系的变化。与此同时,这种变化不仅使得"法"、"情"、"理"在知识的谱系上发生了相当大的偏移,甚至截然相反;而且由于缺少一个最高的、具有普遍意义的自然法,因而这三者之间还时常发生不可调和矛盾,甚至矛盾的激烈程度还非常的大。

的确,当下中国司法场域中,不仅"法"和"理"在规则结构上其实都是开放着的,而且在知识层面上它们也都已经被分化了;更重要的是,它们相互之间的关系又表现得极为复杂。比如所谓的"法",既可能是"国法"(即国家制定法),也可能是"家法"(家庭法),还更可能是"政法";比如所谓的"理",既可能是"法理",也可能是"情理",还可能是"常理"、"道理"或者"天理"。而就"法"与"理"这两者的关系而言,它们相互之间在不同的情境态势之下又会表现出不同的、似乎多少又有些朦胧不清甚至是逻辑上相矛盾的关系面相:它们既可能合为一体,又可能相互纠缠、相互补充、相互合作;它们既可能相辅相成,相互流动,也可能是断裂的,还可能是互相矛盾的。❶ 当然,不仅仅只是"法"与"理"的关系,而且当下中国司法场域中的"情",尽管它与"法"和"理"都会有交叉,但却又与"法"和"理"不完全相同;它同样也要考虑很多方面:不只是案件的情节与情况,还有当事人(甚至其他利害关系人,乃至社会大众)的情绪和情感,更要注意司法的具体情势与国情。

不仅如此,其实当下社会中,人们对于司法产品的知识需求也已经从过去的、对"礼"的单一需求转向了"德法兼备、情理兼顾"这种更具复合性也更具复杂性的需求。也就是说,人们要求裁判及其结果,不仅要"合法",而且也要"合情"、"合理"。这样,法官在司法裁判过程中就必须要平衡起"法"、"理"、"情",要统一起过程(程序正义)与结果(实质正义)。而一旦司法裁判面临着要在法律与道德之间或者要在法律与情理之间进行抉择,那么实践中法官无论放弃掉哪一方,其结果都将会遭到严厉的指责。❷ 与此同时,如果法官严格依照程序审理案件,而其结果却不怎么合情理,那么这同样也容易受到普遍的质疑与非难。

---

❶ 参见方乐:《司法行为及其选择的文化注释》,载《法律科学》2007年第5期,第29～30页。
❷ 参见方乐:《法官判决的知识基础》,载《法律科学》2009年第1期。

第六章　社会转型与司法知识形态的变迁

很显然,在"法"、"情"、"理"已置于结构性矛盾之中以及在过程与结果的关系又表现得如此复杂的现实情况之下,要求法官在司法裁判时能够平衡起"法"、"理"、"情",特别是考虑到"法律效果与社会效果、政治效果"三者相统一的时候,那么这无疑就需要法官在处理纠纷时既要保有足够的敏锐性进而去辨识,更要时时处处谨慎。当然,这其实也就意味着,在当下中国如此繁复而又细微的司法知识格局里,"合法"、"合情"与"合理"这样的司法权衡与平衡就不再可能只是一种简单的、静态的平衡,而更应该是一种动态的、流动性的衡平,一种开放性和全局性的整体平衡。而这,无疑也就会在知识上对法官提出重大的挑战。

这样,当下中国社会中,案件之难,难就难在规范之权衡以及更难的是要对规范背后所隐秘纠结着的各种复杂的社会知识力量的把握与摆平。然而,又不仅仅是如此。应当说,案件之难,除了规范之外,更多还来自于事实。换言之,当下中国司法场域中的案件事实,无论是事实的发展过程及其结构,还是事实之后果,都经常会是开放性的。而这也就意味着,不仅在司法裁判的过程之中,法官所要处理的案件事实,经常会溢出法律因果关系的链条之外,超出司法场域中的事实,进而以"整体性的社会事实"(total social facts)出现;而且也意味着,纠纷处理之结果及其所产生的影响同样也具有极大的开放性与不可预知性。当然之所以如此,其原因在于转型中国特别是基层社会里的纠纷,不仅其发生所牵涉到的利益主体是多样的、宽泛的,而且纠纷的解决所涉及的相关职权机关也是众多的,因而纠纷及其解决其实是一个全方位的、全社会整体动员的系统工程,各个阶层、各种团体、各种主体都可能要参与进来。这样,转型中国社会里的纠纷及其解决实际上就会涉及到社会和个人生活里的方方面面。有时哪怕是处理一个很小的问题,也可能会牵扯进来许多陈年旧账和历史积怨。双方当事人各自私人社会关系网络中的亲朋好友,甚至某种正式(如村民小组)或非正式(如家族、宗族)结构中的小群体代表者(如村委会主任)或者其他成员(如村庄里的地方精英)也可能会被卷入进来。这样,纠纷及其解决所可能卷入主体的多样性、复杂性,使得纠纷个体当事人的背后实际上又表现为一个"泛人称化"的集体名义或"泛家族主义"的社会性形象。"你这样做(如不赡养父母)愧对的是列祖列宗";"欺负某人就是欺负我们姓张的";"输了官司,折的是大家的面子"等等。为此,一旦纠纷对周围人们或社会的影响达到了相当的程度,一旦纠纷的处理受到了公众的普遍关注,那么纠纷及其处理就必将会被置于更广阔的公共空间之中。因而,不仅纠纷成了人们社会生活里的一起公共事件,而且任何与纠纷及其处理结果相关的社会因素和力量都可能会涌入进来,进而使得纠纷的处理演化成为一场公共活动。这样,案件的事实,就不可能再是被压缩或简化后的法律事实或者客观事实,而毋宁是一种扩张意义上的、整体性的社会事实。❶ 为此,在处理纠纷时,法官必须要准确地把握住这一事实,并在此基础上尽可能地对其裁判的结果以及这一结果所可能产生的社会影响做出一个大致明确的判断或者预测,以便能够有的放矢。然而实际上,与对事实的把握一样,要对裁判的后果以及这一结果所可能产生的影响作出大致评估,同样也需要法官将其放置在纠纷所在的、特定的社会—文化情境系统中予以整体性的考量。而这,无疑也让法官承担了难以承受之重。

可见,社会急剧转型所带来的规范与价值的多元化,使得传统中国社会相对简单的"法"、"理"、"情"在当下中国的司法场域中都分化且多元化、复杂化了。与此同时,不仅规范是多元的,而且当下中国司法场域中事实也是极为开放的。这样,一旦作为制度运作条件的基础秩序与基本知识发生了变化,那么传统中国司法官员的案件处理术在当下社会里所能发挥的作用,自然也就非常有限了。然而,"屋漏偏逢连夜雨";由于"情"、"理"依然会是法官所需要考虑的,这样仅注重法律知识的、西方司法的裁判方法无疑也不太合适了。那么,面对当下中国司法场域里、开放结构中的事实与规范,法官应当采用怎样的案件处理术,才能消除不同司法知识之间的结构性矛盾,进而沟通并达成不同知识之间的合作,从而顺利地解决掉纠纷?

关键还是要找到问题的突破口。应当说,在当下中国司法场域里,尽管事实与规范都是极具开放性的,但在很多时候,规范与事实往往又是杂糅在一起的;它们的要素和指向尽管不同,但其实仍是社会公共结构/空间里的一物之两面。❷ 特别是当多元规范相互沟通、协商进而达成规范的交叠共识之时,原本蔓延开来、不确定的案件事实同时也会在一定程度上被打包压缩起来,进而完成有

---

❶ 参见方乐:《超越"东西方"法律文化的司法——转型中国的司法》,载《政法论坛》2007 年第 3 期,第 33~34 页。

❷ J. Habermas, *Contributions to a Discourse Theory of Law and Democracy: Between Facts and Norms*, W. Rehg, Trans., UK, Polity Press, 1996, pp.63-64.

关事实一致性认识的达致。因而,在司法裁判的过程中,尽管法官既要面对"情—理—法",又要考虑"人、事、物",但最为关键的,还是要努力建构起一个足以达成规则共识的公共空间,进而在此当中达成多方妥协与共识,从而化解掉纠纷。也就是说,在司法裁判的过程中,法官必须要通过自己的努力,将多元化的价值与规范沟通并整合起来,努力达成不同价值与规范之间的共识,同时消除不同规则背后所隐藏着的、司法知识形态之间的立场对立及其结构性矛盾,从而在开放的结构中建构起中国司法裁判的正当性依据或基础。

尽管这看似是一种法官的个人化努力,但这必将会是一整套极为复杂的司法操作。当然,这种复杂的操作首先便意味着法官必须要掌握一门技艺,一门能够达成不同规则以及知识之间相互合作的本事,进而通过此来融会并盘活司法裁判过程中所需要的各种规则与知识,从而切实提高法官自身的司法能力。因为,社会转型所导致的知识分工与规则分化,使得法官在司法裁判过程中除了必须要从法律规则/知识出发之外,还要依赖于其他社会力量的规则支援与知识支持。这样,案件能否顺利地处理掉,就不仅仅取决于法官是否能够充分利用起自身所具有的法律知识,更多时候往往还要看他占有多少其他的社会知识资源,以及是否能够达成这些不同的知识与资源之间的相互合作,能否整合起不同知识与资源的力量进而形成合力。而与此同时,作为一种勾连并达成不同知识之间相互合作的技艺,法官往往又能够借此来弥补自身所拥有的司法知识的不足,进而拓展法官自身的司法能力。为此,尽管法官所拥有的司法知识是衡量其办案能力的出发点,但如果无法将司法知识与其他社会知识以及经验融会贯通地运用起来,那么法官仍然无法最大限度地发挥知识解决问题的能力。这就如同拥有法学博士学位的法官,不一定能够顺利地调解掉一个简单的纠纷一样。因而,作为一种办案综合能力的体现,法官就必须同时具备司法知识以及处理知识的技艺;并且也只有实现这种知识与技艺的有机结合,才能构成法官在处理纠纷时的司法能力与知识智慧。

如果我们把视野再放得宽一些,那么法官运用司法知识的这种技艺,或者说案件处理术,其实又不仅仅只是一种行动,一种法律实践,同样也是一种认识,一种知识。因为,一方面,随着社会的变迁,尽管表面上看,法官处理案件的手法或者技艺可能相类似,但其中所隐含的或者所裹挟着的、有关司法的经验与问题的洞察智慧却很可能又是不相同的。比如,传统中国司法里的调解,更多的只是司法者的一种伦理道德或者文化实践;然而,当下转型中国里的调解,则转化为一种公共生活领域里的"治理术"。❶ 因而,尽管从表面上来看,特定时期特定的司法技艺,只是一种"纯粹"的办案手法或手段,但实际上,这种司法技艺所隐含的,同样是对社会转型所带来的司法知识及其形态变迁的一种有力回应。另一方面,司法知识及其形态的变迁往往转而又会对司法技艺予以知识的重新塑造,赋予司法技艺以新的知识内涵和知识功能。比如宋鱼水的辨法析理。表面上看,似乎这一司法方法带有传统中国司法的影子,但实际上,她所致力的,已不再是一种个人的道德实践,而是努力建构一个具有法学意义的公共空间,进而在此之中达成多元规则与价值分歧的共识,从而解决掉纠纷。❷ 当然,这一司法方法所型构起来的这个公共空间,尽管看似依旧是一个"情—理—法"的知识空间,但是其运作的逻辑,却已不再是简单地依循某种单一的规则逻辑(比如完全按照法律或者完全按照"情"或者"理")来展开了,而会是通过对多元规则的平等尊重以及不同知识形态之间的相互合作的强调,特别是通过对规范人们社会生活的地方性知识与地方性规则的吸纳并改造,以及同时也通过把抽象、规范的法律条文演绎成通俗易懂的生活常理和常识、常情,使得格式化的法律逻辑与鲜活而生动的生活逻辑、晦涩的法律话语与鲜活的生活话语得以展开积极的对话、沟通与交流并合作,进而使得分散的规则实践逐渐按照一种统一的逻辑被贯穿起来,从而在此公共空间里解决掉纠纷。那么,也正是因为此,我们看到,不仅法官个人的案件处理术已然成了一种知识的公共行动,而且法官在办案时所营造的案件处理空间,同样也是一个具有法学意义的公共知识运作的社会空间。

可见,与传统中国司法所遇到的难题相同,尽管在当下司法场域中,案件之所以难办,同样是"事实不清,规则不明",但由于无法诉诸更高效力的自然法,同时又处于一个极为开放的社会结构中,因而与传统中国疑难案件的处理术不同的是,当下司法中的法官不仅需要对办案依据反复的斟酌、论证,而且也需要对案件事实及其利益关系谨慎地思量、权衡。这样,尽管当下中国司法中,法官们同样会平衡"情"、"理"、"法",同样会是辨法析理,但这种看似与传统中国法官相类似的司法技艺或者活动,勾连起来的却是完全不同的司法知识形态,建构

---

❶ 强世功编:《调解、法制与现代性:中国调解制度研究》,中国法制出版社2001年版。
❷ 刘星:《走向什么司法模型——"宋鱼水经验"的理论分析》,载苏力主编:《法律和社会科学》第2卷,法律出版社2007年版,第50~102页。

起来的同样也是近乎相异的司法知识与经验，因而在纠纷的处理中，它所发挥的知识角色以及体现出来的知识功能，自然也就完全不同了。当然，也正是因为此，当下中国司法里法官的司法智慧或者难办案件的处理术，就不仅仅只是一种个人的道德实践，更多还是一种公共的知识行动，一种在公共空间里的知识行动和实践。

第四节　司法知识与社会：作用力与反作用力

社会转型推动着司法知识的分工与分化，进而使得司法知识的知识结构与知识形态也随之发生变迁；这一点，从"礼治"到"法治"所带来的"情"、"理"、"法"的各自知识谱系以及相互间的关系图谱的变化上便可得知。与此同时，面对难办案件，从传统中国社会的那种个人化的伦理道德实践转变为当下司法场域中的、一种知识的公共行动与法律实践，从中我们也能够看到司法知识的社会限度。

的确，所有的制度都是嵌入到社会里的基础秩序和知识之中的，这样，一旦基础秩序和知识发生了变化，这一制度也就无法有效运转了。与此同时，难办案件的处理术也并不是普适的，不是超越历史、放之四海而皆准的。特定的案件处理术只有放置在特定的社会文化—情境系统之中，才能闪耀其智慧的光芒。这其实也就意味着，尽管社会的不断发展与进步无疑会增强人们的认识能力，拓展人们运用司法知识的技艺，但是一方面，作为一种社会建构的产物，司法知识仍是扎根于社会的；不同的社会结构与文化—情境系统对司法知识与司法技艺的实践效果所产生意义是不同的。因而时至今日，如果再对法官在司法过程中提过多的职业规范之外的、道德上的高标准或严要求，显然已是很不现实了。与此同时，退一步，即便对他们做道德上的高要求，要求他们也如传统中国司法官员那样，以个人之道德行动去司法，那么效果也不会如我们想象的那么好。而另一方面，同样，不仅法官个人的司法知识及其办案能力，只有放置在特定的社会结构与文化—情境之中才能真正发挥作用；而且只有在特定的司法知识与社会结构的紧张关系中，才能凸显司法者的个人能力与非凡魄力；更重要的还有，法官的司法知识及其司法能力的边界，也只有放在特定的社会结构与社会情境中才能理解并界定。这其中，比如"以身高来确定刑事责任的分配"之于秦朝。又比如"巫术"、"神明裁判"之于早期人类社会。相反,如果有了"DNA 亲子鉴定",那么旧约圣经中所罗门国王在确认孩子亲生母亲问题上所作的裁断就不可能被传为佳话;❶ 而如果有了可靠且可信的刑事侦查或者司法鉴定技术,那么包公的断案艺术及其精彩程度同样也可能会大打折扣。

然而,重要的却又并不只是要揭示难办案件处理术或者司法知识的这种限度;而是要知道,作为一种公共知识的整体实践,面对难办案件时转型中国司法的这种案件处理术,将会对转型中国社会产生怎样的影响?毕竟,"所有的知识,都是由这个社会及其特有的结构共同决定的;同时,所有的知识,尤其是关于同一些对象的一般知识,又都以某种方式决定着社会的本性"❷。

与传统中国社会的案件处理术会进一步强化社会的道德化不同,作为一种公共的知识实践,当下中国司法里的这种难办案件处理术将在一定程度上塑造中国社会的公共性。也就是说,作为一种公共的知识行动,尤其是一种在具有法学意义上的公共空间里所进行的这种知识的公共行动与实践,转型中国司法的这种案件处理术,它将进一步强化人们在社会生活里的规则意识,塑造并整合社会生活的规则体系,进而增强转型中国社会及其生活的公共性品格,从而推动中国公民生活以及公共社会的进一步建构。当然需要注意的是,这种案件处理术或者司法知识对于转型中国社会公共性的塑造,又主要是通过以下两种方式来完成的:一是通过转型时期的各种社会因素与各方社会力量,尤其是通过对于社会纠纷的解决,使得这种司法知识逐渐从话语空间扩散到社会空间中来,并最终通过司法实践落实到司法制度的行动者的身上,进而深刻地影响着司法场域的运作、话语表述的风格及其逻辑,从而推动着整个司法场域的知识转型。二是通过司法知识自身的多方实践,也主要是通过对于社会纠纷的解决,在强化司法知识社会化及其对社会控制的同时,又以其经验性和规范价值作用于人们的日常生活,进而规范并塑造司法制度所面对的行动者的日常话语以及行动,从而拓展其日常话语与行动的意义,最终重塑这个社会的结构以及社会文化—情境系统,

---

❶ 《圣经·列王纪上》记载了这样一件事:"一日,两妓女争夺孩子,久执不下。所罗门王令人将孩子一劈为二,各与半,一女愿劈,一女不愿,宁送子与彼。王遂判子归后者。"相同故事也在中国上演。在《管锥编》中,钱钟书先生举了很多相同的例子,如《风俗通义》中的黄霸判子案、《魏书·李崇传》中断子案、《灰栏记》第四折中的包拯断子案等,裁判者与所罗门使用的技巧完全相同。参见钱钟书:《管锥编》第三册,中华书局 1979 年版。

❷ [德]马克斯·舍勒:《知识社会学问题》,艾彦译,华夏出版社 2000 年版,第 58~59 页。

强化其转型的知识意义。

是的,知识改变生活。转型中国司法场域里的司法知识生产与再生产,无论其知识产品还是其知识生产与再生产活动本身,都不仅会推动社会生活的知识化,而且还将推动社会公共生活的多方塑造以及公共规则、公共政策的形成。与此同时,知识解释社会。不仅司法知识中会隐含着相应的权力关系和制度安排,而且司法知识及其形态的变迁,也反映出了司法知识对这种权力配置和制度运行的逻辑的接受与巩固。[1] 比如,从"情—理—法"在不同的历史空间里的不同实践,以及它们在难办案件的处理时所各自发挥的知识功能,我们不仅可以看到作为整体的司法知识对于社会转型的合法性论证,而且也能感受到这一知识同时也强化并丰富了制度和权力的正当性基础。除此之外,知识建构社会,作为一种公共知识体系的知识实践,转型中国的司法会在社会复杂利益的重新安排或者社会关系的重构中发挥着积极而明显的作用。换言之,通过公共知识以及知识的公共行动,特别是通过司法知识的生产与再生产,不仅当下社会中的人与人之间现有的利益关系会产生实质性的变动,而且社会中的人际关系及其网络也会发生结构性的变化,甚至人与人之间的社会交往规则,也会因此得到重新整合乃至结构性重组。

具体来看。顺应经济之发展,今日中国的法院确已进入到了那些以前不大可能进入的领域或者参与调整了更为广泛当然也是更为重要的利益关系。这样,在社会处理纠纷的体系中,法院和法官无疑构成了绝对的第三者,占据着社会规范和制度秩序中平衡器的特殊位置。而与此同时,纠纷及其解决无疑既深深地嵌入到社会之中,也内在于秩序与制度之中。因而,纠纷现象及其处理过程就总是会关系到规范的存立和制度的重新安排。这样,通过纠纷的处理,尤其是采用辨法析理这样的司法方法以及生产出"德法兼备、情理兼顾"的司法知识产品,不仅既有的规范和制度能够得到确认,社会秩序也能够得到进一步的整合与强化,而且通过知识的公共实践,新的制度与规范也能借机得以改变或形成。

的确如此,因为对于生活在一定秩序和制度中的当事方、第三者以及周围的人们来说,纠纷无疑会使原来没有意识或无须意识到的秩序受到普遍地关注并变成一个问题,也即会对社会成员日常生活中恒常性的行为方式的正当性提出

---

[1] 高宣扬:《当代法国思想五十年》(上卷),中国人民大学出版社 2005 年版,第 267 页。

质疑、对惯习提出反思。这个时候,是确认、坚持,还是修正、改变?人们需要重新作出选择。这是其一。其二,在纠纷处理的过程中,一方面,国家制定法或正式制度理所应当就会首先成为一种大家共同争夺的资源:不仅法官会依照国家制定法对责任进行认定、追究并以此为基础来解决纠纷,而且当事人也一样会找出许多符合国家法律规定的理由来证明自身诉求的合法性。另一方面,包括"情"、"理"等在内的非正式的社会规则同样也会成为大家共同争夺的资源:不仅法官期望找到法律规则与非正式规则之间的观念契合点进而为其司法行为和判决找到可以合情合理的说服理由以及灵活运作的空间,而且当事人也期望通过非正式规则来解释其行为的合理性进而为自己的行为提出减轻或免除追究责任的可能。这也就意味着,在整个诉讼的过程中,每个人都会运用自己的智谋与策略来和司法场域里的对手展开较量。只是在终审判决之前,大家才不得已采取互相妥协、让步的方式,使纠纷最终尘埃落定。那么也正是因为此,转型中国社会里的纠纷及其解决,就会把人们往往是无意识地服从秩序的行为变成了有意识地经营秩序的行为,把单方面的被动接受规范或制度的规训转换为有意识地、并积极主动地推动规范的建立或者制度的重新安排甚至是整体性变迁。而且,冲突或纠纷越是公开,卷入的主体也就越多,关注的人越多,对社会的影响也就越大,这样,通过纠纷的处理建构社会秩序与规则意识的功能也就越明显,效果同时也就越广泛。"处理一案,教育一片"。

可见,通过法官积极的知识实践,特别是将司法裁判演绎成一场有关司法知识的公共运作活动,那么纠纷的处理也就能够尽早同时也更直接地促成新的规范和制度秩序的生成,进而推进基层社会制度的优化与整合,促使基层社会及其生活的公共化。同样,也正是作为一种公共知识体系,特别是通过法官对不同知识的关联整合以及动态作用,使得正式制度与非正式制度在这一公共空间里、在法官的牵引、周旋之下展开深入而广泛的沟通、交流并互动,进而使得整个社会秩序和制度有可能在保持一定连续性或稳定的前提下发生根本性的变动。因而最终,不仅作为最后判案的依据,究竟有多少是来自正式的法律规范,又有多少是来自非法律规范,或者有多少是两者共同营造的,其实已经很难梳理清楚了;而且无论是正式的还是非正式的,规范、秩序,还有制度,都在公共空间里、在司法知识的生产机制中得到了不断的复制与再生产。

这其实就是一种法治;一种经由司法知识的公共性生产与再生产机制而产

出来的法治,一种在微观秩序层面上但却又是不断形成中的、动态(in action)的法治。❶ 当然也正是在此过程之中,我们看到司法知识作用于社会,其实不仅仅是通过司法知识的生产与再生产活动,也不只是通过司法知识产品,更主要还是通过制度(正式的与非正式的)这一媒介来完成的。换言之,作为一种公共知识体系的实践,转型中国的司法经过制度的传导,甚至通过对制度的公共性改造,来完成其对社会的公共品格的塑造,进而完成司法知识的制度积累。这个时候,制度就不仅仅只是一种社会博弈规则,而更应当是人们所创造出来的、用以协助人们相互交往的行为的框架。❷ 然而又不仅是如此,其实制度它也不仅是一种公共的知识体系,制度还因涉及到一整套社会、政治与经济行为的规则而成为一种公共的知识产品;并且这种公共的知识体系及其所生产和再生产出来的知识产品所提供的,是一个博弈如何进行的共有信念的自我维系系统,是一种以自我实施的方式制约着参与人的策略互动并反过来被他们在连续变化的环境下的实际决策不断再生产出来的互动机制。这样,制度就不仅仅是作为结果的那一整套静态意义上的规则体系,更为重要的还是一种生成这整套规则体系的动态机制,一种勾连其司法知识生产与司法知识产品社会化的机制。

的确,作为一种公共知识体系,转型中国司法的知识生产与再生产,其实它既是国家利益在特定侧面上的实现,也意味着代表公共权力的机构向社会提供的一种非物质性的公共物品或公共服务。这样,尽管社会里的纠纷发生和处理或多或少又有些可遇而不可求,或者至少应当属于突发性事件,也尽管我们其实并没有足够的心理准备或者没有那么强烈的意图来围绕个案的处理来建立起一整套旨在影响并规范当事人和其他人的未来行为的、符合形式合理性的规则体系,但恰恰就是在这整个"动之以情、晓之以法(理)"的说服教育以及言传身教的过程中,苦涩的法律条文,被精心转化成生活中的道理与规则,不仅通俗易懂,而且还整合了基层社会内的知识资源,优化了基层社会的秩序结构和制度安排。因而,在此当中,不仅法官始终都会是一个制度变迁的行动者的积极角色,而且通过法官所完成的司法知识的公共实践,则也因此发挥着极强的制度和规则的创造力。

---

❶ Curiae, *Law in Action, An Anthology of the Law in Literature*, New York: Crown Publisher, 1947, p.145.
❷ 参见[美]诺思:《制度、制度变迁和经济绩效》,刘守英译,上海三联书店1995年版,第115页。

不仅如此,其实通过司法知识的知识实践,特别是法官处理不同的知识形态之间的关系的艺术,进而使得越来越多的法律知识逐渐转化成社会大众日常生活知识资源的一部分,从而规制其行为;这只是其一。更重要的还在于,作为一种公共知识体系,特别是在纠纷处理过程中对"情、理"的采设,或者倡导从道德入手来做思想工作,这样纠纷处理的整个过程就都会渗透着国家主导的、正统的社会道德和政治伦理,也会参照着这一时期的政法意识形态。那么,也正是因为此,不仅这些"情、理"或者伦理道德的内容也会随着社会结构的变迁而变换进而及时地与社会及日常生活相兼容从而发挥广泛且重要的社会控制功能,而且它们还会通过对法律的回溯进而渗入到社会的各个方面,从而完成或执行着整个社会的正统的政法意识形态的传播以及政法策略的转变。

由此可见,通过司法知识的这种公共性运作,尤其是将不同的司法知识整合起来的、"辨法析理"这一司法方法,不仅能够使得抽象的法律逻辑与具体的生活逻辑之间展开积极的对话和交流,而且人们社会生活的地方性知识也能够被吸纳并被改造,人们日常的行为方式也因此得以被纠正或规范。这样,国家权力在基层社会也就不断地深入、对基层社会生活不断地介入。换言之,也正是通过这种温情的"动之以情、晓之以法(理)"的说服方式,司法(国家)知识的介入及其对基层社会、家庭和个人毛细血管般的渗透控制,不论其是对传统空间秩序的某种摧毁或是延续,但在组织群体行动的意义上它都使国家与社会结构性关联解体的同时重构了民族国家,它在将个人或家庭卷入国家政治之中的同时会把政治伦理来灌输,会把行为来规训与规制,以便使其拥有更为强大的社会动员和整合能力,进而对基层社会相当全面的规范控制。"无论你身在何处,国家都在看着你。"

当然,也正是考虑知识之于社会会产生如此大的作用,那么一个根本性的问题就又摆在了我们的面前:当下中国司法场域里的这套复杂而实用的司法技艺或者案件处理技术,是一种个人化的追求或者司法方法,还是能够为当下中国司法系统里的不同的人所广泛借鉴和使用呢?很显然,一如上述,尽管表面上看,辨法析理这一司法方法无疑是根据其使用者(如宋鱼水)的主观意图而来的,是她个人对纠纷的灵活处理以及对司法方法的一种敏感,但是其所建构起来的知识体系以及这一知识体系所生产出来的知识产品的质量和效能却无疑具有普遍化的意味。换言之,作为一种公共知识实践,它能够促进当下中国社会里公共规则以及公共生活的打造。那么,也正是因为此,这一司法方法就具有了普遍化的可能性。但是,要使这一司法方法获得普遍性,能够被借鉴或者模仿,将可能性转换为现实性,那么这一方法就必须获得自我生产、复制以及革新的生命力;而这种生命力的获得,其前提便是需要一定的制度空间或者制度资源的支持,也即是被制度所允许的。

的确,如果我们承认作为一种公共的知识体系及其实践,转型中国的司法既然对于当下的中国社会能产生如此大的作用,并且法官的司法能动性又是建构这种公共知识的必要条件,那么当下中国的司法以及中国社会,就必须要为法官的司法能动性提供可能的制度空间以及必要的制度保障——尽管这种看法看似正确,但它其实还仍只是表面上的。如果我们把目光放得再长远一些,那么更深层次的问题便是:司法场域中的这一公共知识的法律行动或者司法方法的出现,仅只是因为社会转型这一独特的社会与时代背景吗? 因为,根据这一司法知识实践或者司法方法运作的逻辑,我们必须意识到,如果当下的法律制度和社会结构并没有为这一司法知识实践或者司法方法创造条件,但由于社会转型会带来制度的变迁,进而这种制度的松动也能够为这一司法知识实践或者司法方法的产生及其运作提供它所需要的土壤与养分。那么,如果一旦社会转型渐止,甚至转型程度减缓,以致经由转型之后社会结构和社会关系都趋于了平稳,进而造成这种司法方法得以展开的制度及其结构的空间变得相对狭小,那么这是否也就意味着这种司法方法的知识功能与社会意义都会减弱甚至是终止了呢? 如果不是,那么当下中国的司法改革,又该如何面对这一问题呢?

很显然,要回答这些问题,既需要对当下中国司法有一个清醒的认识,同时也要对未来中国司法的发展甚至是中国社会的未来发展都要有一个大致的了解。因为,这实际上既涉及到这一司法知识实践或者司法方法的出现是否是当下中国社会司法模式生成的一个偶然性的事件,又关联着这一司法知识实践或者司法方法对于当下社会司法模式的发展是否能够形成普遍性的影响力,还牵涉到一个对中国未来司法模式的样式的判断问题。但无论如何,特别是对于当下的中国社会而言,如果这一司法知识实践或者司法方法不只是昙花一现,而是建构中国新的司法模式的一种有意义的尝试的话,那么若要推而广之,使其成为一种普遍化的知识行动,进而促成中国司法模式的真正形成,毋庸置疑,它就需要一定的制度空间和资源的支持,需要将其积累成一种制度化的方式。

然而遗憾的是,在当下,特别是当"法条主义"已然成为中国法治和司法实践的主流意识形态,❶对司法的"合法律性"(也即是 Legality,而不是 Legitimacy,即"合法性")评价又已成为一条硬杠杠的时候,这一司法技艺发挥的空间,实际上变得更加的狭小。这样,如果"法条主义"限制到了法官司法能动性的发挥,没有为这一司法知识实践或司法方法的运作提供最基本的保障,那么,如何看待这一司法知识实践或者司法方法? 又该如何看待司法中的"法条主义"呢? 以及更深层次的,"法条主义"是否有利于我们对未来中国社会及其发展进行准确把握呢? 这些都需要我们认真的思考并审慎的对待。

第五节　司法知识实践该如何处理法条主义?

"如果没了法条主义(法律形式主义、正统法律推理、'法治而非人治的政府'、'法治'以及其他在崇高的法律节大加赞美的修辞),法官就什么事都允许干了——因此,一定要小心。(但是)今天,法条主义还在,因此还不是什么事(anything)都能干。"❷当然也正是因为此,我们就必须要认真对待司法中的法条主义,就必须要关注对于法官而言法条主义下的司法裁判,他究竟还有多大的自由裁判权以及法官又该如何行使这种自由裁判权?

在上述的分析中我们其实可以看到,当下中国司法里的"辨法析理"这种司法方法实际上已不再只是单一性的国家制定法规范对基层社会及其秩序的单向治理或者制度建构了,它已经成为一个不同的规则系统充分发挥其效用并在此基础上共同致力于社会秩序综合治理的过程。当然在此过程之中,尽管国家权力与法律规则仍然是主导,但是法官的行动却并不仅仅在于夺取国家法与制度的话语权,也不只是想获得非正式规则和制度的领导权,而是力求通过司法知识的公共实践,特别是通过这种知识的体系化生产与再生产(也即对纠纷的处理),布施于正式制度和非正式制度同样平等的尊重与关怀,以促成两者的合作,进而在此基础上重构基层社会制度的正统性基础,为基层社会提供新型的规范体系以及制度的安排,推动基层社会制度的重新安排乃至制度的整体性变迁。而也正是在此过程之中,在这个司法知识生产与再生产的过程之中我们看到,法

---

❶ 参见苏力:《法条主义、民意与难办案件》,载《中外法学》2009 年第 1 期,第 95 页。
❷ [美]波斯纳:《法官如何思考》,苏力译,北京大学出版社 2009 年版,第 1 页。

第六章 社会转型与司法知识形态的变迁

官一方面要克制,要使其司法行为不能超越国家正式制度的规定,更不能彻底背离法律规范;另一方面又要在多种规则和多重制度之间周旋和协商,以便通过对话来达成共识,进而顺利解决掉纠纷,从而成为社会制度变迁的行动者。这样,"辨法析理"对于法官而言,尤其是从国家制度法的角度来看,多少都还有一些"踩高跷"的意味,是一种"踩线而不越线"的做法。那么在运用这种方法的适合,法官的压力无疑是极大的。

进一步,法条主义所强调的,在司法过程中既要依法裁判,也要程序正义,还要法律效果,在当下中国的司法实践中显然已遭遇到了来自现实的各方面的强有力挑战。与此同时,法条主义对于国家制定法的强力维护、对法定程序的僵化执行以及对法官在司法裁判时的标准化动作的设置,从发展的眼光来看,也确实不利于法律制度在司法场域中进行验证并据此做出与时俱进的微观变革。因而,特别是在这样一个社会转型与司法知识形态变迁的整体背景下,我们发现,法条主义不仅忽视了司法实践所面对的事实的复杂性,也陌生于司法运作所要考虑的社会因素的具体性以及多样性,还阻隔了司法知识对于社会转型的功能发挥,进而使得法官在此当中,进退维谷,左右为难。

具体来看。第一,合理性与正当性领域里的形式与实质的结构性矛盾,使得当下司法里的法官往往很难两全其美,为此也就使得他必须要在司法过程(不仅仅是程序的问题)与裁判结果之间进行慎重的权衡与艰难的兼顾。而这其实也就意味着,法官就不仅要保障当事人的诉讼权利,而且还要保护当事人的实体利益。当然这也表明,诉讼过程中不仅结果要好,而且过程同样也要无可挑剔。与此同时,当下中国的社会大众对于司法在形式与实质上的期待已越来越高了:他们不仅要求法官依法办案、公正廉洁的司法,还要求法官有良好的办案作风和态度,能亲和为民,能辨法析理;他们不仅对程序公正更加关切,而且原有的实体公正观的内涵也日益丰富;他们不仅要求司法公正,还期待解决实际问题。也即:他们不仅要求依法裁判,还期待案结事了;他们不仅要求法官能够做好审判的本职工作,还期待拓展审判社会职能;他们不仅期待诉讼权利有保障,还期待司法更加公开、更加民主、更加便民。❶ 这样,尽管法官都会努力去当一个人民

---

❶ 参见公丕祥:《挑战与回应:有效满足人民群众司法新需求的时代思考》,载《法律适用》2009年第1期,第4~6页。

的好法官,也尽管法官都会尽可能地满足人民群众的司法期待,但是无论如何,现实的司法实践中,还是会出现顾此失彼的现象;甚至一旦当事人不配合,例如在纠纷处理的过程中,一方面,当事人双方都会采取行动策略。他们都会闹;或者,被害人家属会联名上书、集体上访、缠访;而有些当事人,一旦审判结果与自身的诉讼预期不一致,他们就会迁怒于法官,攻击、辱骂、恐吓承办法官;甚至采取伤害法院干警,围堵、冲击法院机关以及自杀、自残等方式;❶还有些当事人会抓住法官的弱点——"担心案件当事人上访",动辄就以要上访来威胁。那么一旦出现了这样的状况,由于又缺乏相应的制度保障,进而就会大大约束法官开展工作的手脚,使得法官在办案时如履薄冰。另一方面,社会大众与媒体也经常会给法官/法院施加压力。有时,他们会不加判断地指责法官司法不公正,甚至猜测是否有司法腐败,进而会把这种猜测当成事实,迁怒于承办法官身上。那么,如果出现了这种状况,法官的案件负担是非常重的。❷

第二,新时期的人民司法不仅要考虑案件的法律效果,还要考虑案件的社会效果。这样,尽管从表面上看,这种多方面的效果考量无疑是有利于法官司法过程中行使自由裁量,但是一旦要求法官在处理案件时考虑"法律效果和社会效果相统一",那么案子就不那么好办了。因为,首先,"法律效果"的统一性实际上很难达到。比如对于一些法律没有明文规定的新兴权利(如"采光权")的司法保护问题;又比如,证据只有经过法官的分析判断才能成为法律事实,然而对同样的一组证据,不同的法官可能由于学识、阅历的差别就可能具有不同的认识,这样,法律事实就可能具有多样性。同时,一个案件在审理的过程中或者在审结之后都可能出现新的证据,因此法律事实又往往会是阶段性的。这样,对同一个案件,不同的法官、不同的阶段可能会得出不同的认识,进而产生"同案异判"的现象。其次,法律效果与社会效果还可能会发生冲突。比如有些司法裁判,在法律上是没有问题的,但是其裁判的结果可能会脱离实际,损害了社会利益,进而导致事实上难以执行;或者裁判结果没有彻底的解决冲突,反倒激化了矛盾,引发群体性事件,造成社会不稳定的后果。❸ 再次,社会效果又是法官所无法预测和控制的,甚至有的时候,法院判决的下达并不等于事情的结束,相反

---

❶ 更多的,可参阅,"法官权益保障问题调查",载《人民法院报》2005 年 8 月 16 日。
❷ 有关这部分内容的详细分析,可参阅本书第四章。
❸ 参见李建明:《诉讼过程法律评价与社会评价的冲突》,载《法学评论》2007 年第 6 期,第 51~57 页。

它还很可能意味着双方纠纷的新开始。因为司法裁判非赢即输的结局在另一层面上其实也强化了当事人的心理对抗和情绪对立,增加了当事人之间的成见,因而有可能激化矛盾,加剧社会关系的紧张。这样,虽然法律效果和社会效果相统一,说起来看似简单,但要求法官在司法的过程中要注重法、理、情的综合考量,要注意人、事、物的统一权衡,这样做起来却并不那么容易。很多情况下,往往稍有不慎甚至在并无不慎的情况下,只要发生恶性事件或者出现重复上访,承办法官无形之中就会感受到压力,甚至被追究相关责任。退一步,其实法官也不愿意作出一个让当事人无法接受的司法裁判,也没有法官愿意看到由司法裁判的结果所导致的社会悲剧的发生。但是,在当下的社会情境里,要落实法律效果和社会效果,是需要大量的司法资源和社会资源的;而法官手上所能调动起来的资源却是非常有限的,他甚至无法在有限的司法资源之外,给予当事人更多期所需要的其他资源,以弥补因败诉所遭受的损失。

第三,司法的评价制度与考核体系,不仅使得法官本来有限的自由裁量的空间越发地缩小,而且还时刻提醒法官要留意规避自由裁量所可能带来的风险,进而不得不选择机械地依法裁判。换言之,司法的外部机制及其运作逻辑促使法官不敢也不愿意行使其自由裁量权。因为,尽管当下司法中一直鼓励调解结案和调解优先,鼓励能动司法,但是从司法的评价制度与法官的考核体系的设计及其运作逻辑上来看却又是另外一种导向。与此同时,这种导向从整体上尤其是从结果上来看,实际上却并未给法官自由司法提供足够多的制度空间和激励机制。例如,尽管鼓励调解,但如果当事人反悔其调解结果,那么这实际上导致了前期司法成本的浪费;这还好。如果纠纷的处理结果很好,但如果过程中有问题,那么一旦当事人就此提起诉讼或再审,那么还可能会是个错案;而如果不做前期调解直接依据法定程序来办案,那么即便结果可能不为当事人接受,但至少不会是个错案,因而法官也毋需承担风险。此外我们还要意识到,这种依法司法,法官无疑远要比"辨法析理"的"苦口婆心"的说服教育来得轻松。而与此形成鲜明对照的却是,传统中国的司法不仅给予司法官很大的制度空间,而且外部机制的评价也有利于司法官的自由裁量。比如,尽管从法条主义的角度来看,蓝鼎元所处理的案件可能是个"错案"——他并未对存在争议的田产在产权上予以明晰化;但是就案件裁判的后果来说,蓝鼎元所用的案件处理术无疑是成功的。那么,在当下这样的司法评价制度与考核体系下,不仅法官机械式的、依法司法的风险，显然远要比能动式的、依法司法低很多；而且法官能动司法所得的实惠，却又远要比机械地、依法司法差得很远。

可见，尽管当下司法中一再强调调解结案或者调解优先，也尽管法律意识形态一直强调司法裁判要注重"法律效果、社会效果和政治效果"三者相统一，但是由于相应的司法工作机制和管理制度的限制甚至是缺乏，因而较之于法官的制度空间相对较大的传统中国司法，当下司法中法官其实是在各种制度的夹缝与结构中行动的，因而其自由度与能动性非常的小——至少没有想象的那么大。与此同时，相对于传统中国法官所占据的各种丰富的社会资源（人力资源、知识资源等）而言，当下司法中的法官，不仅能处理的资源非常有限，而且需要跨越知识体制与知识制度的各种障碍，还需要小心翼翼地处理各种社会关系。当然，也正是因为此，我们也就不难理解，为什么当下中国的司法对当下中国的影响力会是如此之小了。

毫无疑问，"法条主义"不仅会缩小法官的自由度，限制其能动性，而且还"疏于事实，陌生于司法"[1]。但其中最为重要的却是，"法条主义"对于社会转型之于未来中国之发展还缺乏足够的判断，缺乏对中国这一民族政治共同体的建构方向的理性判断和整体的把握。换言之，作为一个政治共同体，当下中国其实正在经历着由传统帝国向现代民族国家的巨大转型。与此同时，这种民族政治共同体的建构也已经从过去的"被动挨打"、"西化"、"与国际接轨"的问题转化为积极的、主动的和内在性的中国问题。当然也正是在此过程之中，"法律获得了前所未有的重要意义，它不仅是传统意义上解决纠纷、维持秩序的工具，而且是建构民族国家并奠定其合法性基础的工具；法律因此深深嵌入到现代国家的治理之中"[2]。这样，无论是在制度层面还是在实践层面，在某种意义上，我们都可以说，当下中国的司法实践所经历的都不只是一场简单的法律发展，而是一场前所未有的法律革命；当下中国司法知识的变迁所经历也不只是一场简单的知识形态的转型，而是要凸显其对于这个社会的革命性意义。为此，这不仅对司法知识寄予了期望，希望司法知识不仅能够作用于社会的发展，而且也赋予了司法知识现代性的意义，期待司法知识能够在中国社会的现代性转型中发挥其应

---

[1] 苏力：《也许正在发生——转型中国的法学》，法律出版社 2004 年版，第 151~152 页。
[2] 强世功：《立法者的法理学》，生活·读书·新知三联书店 2007 年版，第 3~32 页。

有的知识力。因而,当下中国的司法知识生产与再生产若要不辱没这个时代的重托,那么理所当然地,就必须要给当下中国的司法实践以更大的空间,以便它在推动中国司法知识转型的同时,推动中国司法的现代转型,进而在一定程度上影响整个中国的知识与社会的现代性转型。

尽管这种超越法律之后的美好愿景的展望确实很让人激情澎湃,也尽管这些针对法条主义的批评都很有力度,与此同时尽管当下中国司法里"法条主义"所造成的弊端确实是个现实,也尽管法官在处理纠纷时也的确是步履维艰,然而这并不意味着法条主义在司法中应当被彻底的否定和摒弃。相反,我们还必须要意识到,法条主义所坚持的以法为立场和以法规范为裁判活动的出发点却是我们始终必须要认真对待的。换言之,即便是超越法律,即便是简易掉程序,即便是自由裁量,即便是能动司法,但无论如何,司法裁判的前提基础仍然还必须是法律规范与程序规则,司法知识公共实践的底线还必须是最低限度的法律规范和程序规则。因为司法不能成为脱缰的野马,不能随心所欲;裁判也不能成为无法的司法,恣意的司法。

这样,面对法条主义对司法能动性与自由裁量的限制,面对法律与程序在司法裁判过程中对法官的掣肘,相对允妥的态度在我看来,应当是不以恶的德性来对抗法律和程序,而是要以一个好公民的美德来支撑着我们如何面对一个需要我们担当的社会。❶ 因而这意味着,我们不仅要意识到"法条主义"的缺陷,认识到现有法律制度的诸多不完满,进而在知识上予以反思和批判;但是我们在日常的行动中,还是必须要遵守法律和程序,必须要依法办事,依程序办事。我们可以在理论上对法条主义进行批判,但是在司法裁判的实践中还是要遵守法条主义的各项要求。我们既要意识到,法条主义的出发点仍然是为了"使人类行为服从规则治理的事业"❷,但与此同时,还必须要意识到,法治中国的实现,我们还必须要践行作为公民所应担当的责任。而这或许又意味着,当下中国社会里的法律实践或者司法裁判,更多得还需要那么点政治眼光与政治智慧。

---

❶ 参见强世功:《法律的现代性剧场》,法律出版社 2006 年版,第 69 页。
❷ [美]富勒:《法律的道德性》,郑戈译,商务印书馆 2005 年版,第 124~125 页。

第六节　小结并讨论

的确,尽管围绕着"知识"与"社会"的关系问题,尤其是司法知识对于社会的作用力和反作用力,我们开放出了一系列的问题。这些问题不一定需要我们现在就给出答案——或者也无法给出答案,但却需要我们对此保有足够的敏感进而给予持续的关注。我们不仅要留意,司法知识对社会转型的作用或者反映并非单向性的,也不一定是线性的;而且还需要明白,社会转型对司法知识的影响机制也是具体而复杂的。更确切地讲,司法知识与社会转型之间存在着一种互动的关系。在司法知识与社会的彼此互动中,司法知识与社会相互转型或者变迁,意即通过司法知识与社会的互动形成创造性的发展机制,包括司法知识与社会之间现有关系模式的扩大再生产,促进双方变异的可能性等。在这个互动的过程之中,司法知识试图推进社会变迁,而社会转型又要求司法知识及其形态进行重组或者重构。因此,立足于从动态的视角把握和理解司法知识与社会的关系,具有相当重要的意义。

与此同时,尽管"法条主义"对于法官在促进"司法知识"与"社会转型"的关系以及推动司法知识的高质量生产与再生产上而言设置了很多条框。但是,法条主义所坚持的、以法为立场和出发点,却是我们必须要认真对待的。为此,我们不能一味地简单地予以否定或者情绪化地予以抛弃,而是必须要细心留意和认真思考,如何在法律制度和程序的范围内,给法官以最大化的空间或自由;又如何改进现有的司法工作机制与管理制度,以切实保障甚至是激励法官会最大化地发挥其主观能动性,进而充分利用起各种资源,顺利地处理掉纠纷。这或许是当下中国的司法改革所必须要面对的问题。但是,这一具体问题的背后所隐藏的更大同时也更为重要的问题却是:中国司法改革向何处去?

的确,尽管这个问题很大,但毫无疑问这确实又是当下中国法律人所面临的、需要追问的共同话题。是的,三十年,甚至更远的,六十多年来,新中国的司法制度建设与改革,无疑取得了令人瞩目的成绩。但是,中国司法改革也一直在多种模式中不断地试错与徘徊:我们不断借鉴西方先进的司法经验与司法制度,也同时不断回归传统中国的司法经验与做法;我们逐渐从职权主义的审判方式向当事人主义的审判方式转换,同时我们也改进了传统的法官管理制度,引进了新的司法工作机制。然而,尽管如此,这些努力还不够,我们至今都没有形成自己的司法改革观;司法改革的效果也还无法令人完全满意。

实际上,尽管客观地说来,转型中国的法律问题确实隐含着诸多的复杂性;但是,无论如何,"我们的法律人都不能淡忘更不能忽略:一个社会的法律的全部合法性最终必须而且只能基于这个社会的认可,而不是任何外国的做法或抽象的原则"。[1] 因而,司法的制度设计和改革,非常重要的一点,便是要考虑它所面对的人与社会,而不能仅仅只是关注抽象意义上的法官素质提高以及司法的现代化;与此同时,司法的制度若是想有效且良性地运作,那么它就必须与社会大众特别是纠纷当事人的诉讼预期以及行为方式相契合,而不仅仅只是司法职业化和专业化。

可见,司法制度的良好运作,不仅仅只包括"人"的问题,也包括了"制度"的问题,更重要的还包括"人与制度"的互动问题。换言之,只有"人"与"制度"形成良好的互动,司法制度才能够保持持续的良性运作。如果"司法制度"仅仅只是一种"制度"的建构,或者,是对"人"的一种约束而并没有激发起制度下的人的主观能动性,那么,这样的制度显然就不会是良性的,不是可持续发展的。很显然,当下中国的司法制度及其实践同样面临着这样一个问题的拷问。因此,或许是该在反思中国司法制度实践的基础上,来好好总结并反思中国法院的整体改革了。

---

[1] 苏力:《道路通向城市——转型中国的法治》,法律出版社 2004 年版,第 298 页。

第七章　超越东、西方法律文化的
　　　　　司法知识实践

在上一章中,通过对"社会转型与司法知识形态的变迁"这一论题进行分析,我们看到,不仅司法知识背后所赖以支撑的,是它所置身于其中同时也是酝酿并生成它的、特定的社会结构空间与文化—情境系统;而且也正是伴随着这种社会结构与文化—情境系统的转型,司法知识及其形态的变迁才得以获致了社会空间与文化—情境系统里各方力量的支持进而得以实现。当然,也正是通过转型时期的各种社会因素和各方社会力量,司法知识及其形态的变迁才能够逐渐从话语空间扩散到社会空间中来,并最终通过司法实践落实到司法制度的行动者的身上,进而深刻地影响着司法场域的运作、话语表述的风格及其逻辑,从而推动着整个司法场域的知识转型。而这其实意味着,不仅社会转型对于法官个人的司法知识的建构会产生显著而深远的影响,而且作为整体的司法知识理论及其形态的变迁同样也来自于它们所深嵌入其中的社会结构的深刻变化,是这种深刻的社会结构的变化的具体体现之一。甚至在某种程度上我们可以说,司法知识及其形态的变迁与社会转型是渐次同步展开的,是社会结构空间与文化—情境系统变化最敏感的标志。与此同时这也意味着,司法知识及其形态的变迁会反作用于社会转型,会参与社会结构以及社会—文化情境系统的重塑,并在此之中强化其转型的知识意义。换言之,通过司法知识的多方实践,司法知识不仅能够实现其社会化以及对社会的控制,而且它的经验性以及规范价值也都会作用到生活世界之上,规范并塑造司法制度所面对的行动者的日常话语以及行动,进而拓展其日常话语与行动的意义。❶

---

❶ 这其中比如,第二次世界大战之后日本法院通过发展诚实信用原则,与社会生活的流变一致了。详细论述,可参见,左卫民、谢鸿飞:《论法官的知识》,载《政治与法律》2003 年第 4 期,第 48 页。

第七章　超越东、西方法律文化的司法知识实践

当然,如果稍加归纳,那么从下编所涉及的三个具体论题的分析中,我们都发现了其中共同存在着的一个非常重要的结构性关系或者支配性力量,那就是"中国"(或者"东方")与"西方"的关系问题。比如在司法与道德的关系问题上,我们往往将法律/法治的思维方式看成是西方社会的思维方式,而将伦理—道德的规则世界归于东方人的生活世界,看成是东方社会的固有行动准则。又比如在法官判决的知识基础之中,我们往往将法律的世界及其生活逻辑看成是西方人的生活世界和行动规则,而将日常生活的世界看成是中国人的行动方式和生活模式。还比如在有关司法知识流变的社会考察中,我们往往将以经验理性为基础的司法裁判模式看成是传统中国司法所常用的,而将以技术理性为知识基础的司法裁判模式归结为西方社会所普遍践行的。

一旦我们将有关司法理念、制度与方法的问题都贴上了"东、西方"的标签,那么有关当下中国司法问题的思考,就既要意识到东西方之间的相同之处与共同之方对司法知识的理论建构和实践所可能提供的支撑与帮助,也要意识到东西方之间的差异和冲突给司法知识的理论建构与实践所可能带来的影响;既要在东西方司法知识的理论和实践的相互冲突之中看清楚这两者之间的关系,也要在东西方司法知识的理论和实践的相互对话的关系结构中审慎地处理好它们之间的关系。❶ 因为在今天这样一个开放的社会中,西方对于我们来说已经不再只是那个经由落后挨打观念所生发出来的接轨目标,也不是我们有关法制现代化的建设所要对话的遥远异邦,更不是经由"不是东风压倒西风,就是西风压倒东风"的政治意识形态而来的那个需要敌对性压制和反抗的对象,而是我们日常生活的一个有机组成部分。而这其实也就意味着,当下中国社会不再只是"中国的"(尤其不是传统意义上的中国的),更不是西方的(西方的今天无法成为我们的明天),而是一个在开放性的社会结构中结合了中西方各种因素的混合体。与此同时有关司法知识的理论与实践,就既要充分尊重当下中国的司法国情,解决当下中国社会里的司法问题,也要有足够的能力与西方司法的理论进行平等的对话,进而获得西方社会的理解与尊重。

可见,在东、西方文化的结构与关系中审视司法知识的理论与实践其实也就意味着,如果我们的司法理论和实践既想要很好地解决当下中国社会里的现实

---

❶ 参见方乐:《中国法需要什么样的世界观?》,载《法学家》2011年第3期,第1～22页。

司法问题,也想要参与世界法学理论的平等对话与体系的积极建构,那么我们一方面就要对当下中国的司法及其现象持一种开放而务实的心态,要尝试着在运用多元化方法进行分析的基础上以一种整体性的视角来加以综合性的观察;不能仅仅只是从东方或者西方社会—文化的单一角度来看待问题,而要尝试着运用一种超越东西方法律文化的视角来予以妥恰处理。另一方面我们也要意识到,尽管关注点可以不同以及差异之处可能很多,但中西方社会中的司法知识理论与实践所面临的共同问题可能便是:如何通过司法知识的理论建构与现实实践,达致一种更有德性、更有品格和更有尊严的美好生活?❶ 而也正是基于此,我们认为对于当前来说,它们所面临的共同难题又可以概括为:面对世俗时代人们日常生活中的意义世界的崩溃以及多元社会所带来的核心价值的匮乏,如何通过司法来重建人们对于美好生活的想望?

当然,如果我们把这种对"美好生活"的想望看成是中国现代性的司法知识理论和实践所要追求的目标或者达致的理想的话,❷那么这其实也就意味着,我们既需要在知识社会学的视域中来分析转型中国的司法问题,更需要在中国法制现代性的语境中来思考转型中国的司法问题,来重新审视转型中国司法知识的理论与实践。因而在本章之中,我们将在中国法制现代性的语境之下,通过对司法实践中的判决与调解的关系问题进行审视,从中我们能够看出,经由社会转型与经济转轨所带来的利益格局的多元化和利益关系的复杂化,使得人与人之间、不同群体之间的利益关系纠缠交错,利益的结构性冲突也日渐频繁。为此当下中国的法官在处理纠纷时,就必须在理顺关系、权衡利益、评估得失、摆平事件上下功夫,进而及时地为社会提供一种既缓和并协调好了利益的紧张关系、又衡平了价值冲突的法律产品。而这一司法知识产品的生产,实质上是中国法官充分利用起了东、西方两种文化之中的法律资源,并又超越两种司法模式而采取了一种更为实用的司法策略。与此同时,这一司法运作模式的背后,恰恰又反映出了调解与审判这两种截然不同的纠纷处理方式在当下中国实已无区分开来的必要。而所有的这些,其实都生动地反映出整体性的司法知识观在当下中国司法场域中的运行方式与运作逻辑。

---

❶ 参见徐贲:《通往尊严的公共生活——全球正义和公民认同》,新星出版社 2009 年版,第 47 页。
❷ 刘小枫:《现代性社会理论绪论》,上海三联书店 1998 年版,第 37 页。

第七章　超越东、西方法律文化的司法知识实践

第一节　问题的出场

很显然,在对转型中国的司法予以法制现代性的考察时,首先便是要搞清楚什么是法制的现代性？什么又是中国的法治现代性？以及中国能否实现法制的现代性？因为法治到底如何中国？中国法律的现代性又该如何可能？对于这些问题的回答,既是审视中国司法场域中的纠纷解决与美好生活之间关系的基础性命题,也是在更大范围里去质疑中国法学向何处去以及反思中国的法制现代化所必须要直面的前提性问题。与此同时,对于这些问题的系统追问以及有关它们的回答,其实也表明了当代中国法律/司法问题的现实性和复杂性。

长期以来,人们要么习惯于从单一的理论或一种意识形态来解释中国法律的现代性,要么就是将中国法律制度的发展置于社会结构的历史变迁甚至是全球化的宏大图景之中来描绘,进而忽视了中国法律发展的多样性和中国法制现代化的法律品性以及中国法律现代性中的主体性。为此在这样的语境之下,有关中国法律现代性的讨论要么就极易陷于意识形态的无谓争论之中,要么就是简单地把现代性等同于西方性,提倡中国的法制建设和法治实践要以西方某一种法治理论和法律传统为参照,要么就是把对中国法制现代化问题的讨论转化成坚持和维护中国传统法律精神或者中华民族之文明以及挖掘法制的本土资源上来。但实际上,社会以及社会知识的开放性和多元性使得当下中国"现代法律的精髓并不简单地在于倾向理性主义的大陆形式主义法律传统或倾向经验主义的英美普通法传统的任何一方,而在于两者的共存和相互渗透"[1]。换言之,我们要意识到,中国法律的现在和将来既不在于中国传统也不在于西方法律的任何一方,中国法制的现代性既不在于实质主义(或"实质合理性")也不在于形式主义(或"形式合理性"),而在于并且也应当在于,两者之间长期的紧张并相互渗透以及两者之间长期良好的分工与合作；甚至还必须要超越"东、西方"法律文化与传统。唯有此,中国的法律才能既一直"在(现代性的)路上",又能够面对我们的生活,服务于我们的生活；而中国的法治,才能够较之于传统的社会

---

[1] 黄宗智:《中国法律的现代性？》,http://law-thinker.com/show.asp?id=3449,最后登录访问日期2013年6月2日。

治理模式，为中国社会谋更多的福利并让中国社会更多地受益。

中国司法的现代性同样也应当是如此。因为，不仅司法的现代性是整个中国法律现代性的一个有机组成部分，而且来自现实社会里的中国法院与法官的司法行为其实也已经表明，中国司法现代性在实践中也凸显出一种"超越东西方法律文化"的独特品格；而这种品格显然又如同中国法律的现代性及其实践的品格一样。换言之，来自司法实践的经验表明，面对当下中国社会里的现实纠纷，若是我们仅仅只是以来自东方的、传统中国的纠纷处理模式，那么当下中国的司法显然难以回应已经现代了的中国社会，进而无法为现代社会里的纠纷提供地道且妥当的处方；而若仅仅只是采用西方的所谓法治型的纠纷处理模式，那么则必然无法回应"中国"，难以与正处在转型时期的整个中国的社会生活系统相协调进而生产出能为当下中国人普遍消费得起的法律产品，从而解决当下中国社会里的常规的法律问题。

果真如此吗？的确，近些年来，随着中国社会经济的快速稳定发展以及社会分工的日益细化和越发的职业化与专业化，加之政治、经济、文化等相关领域改革的渐次深入推进，尽管中国司法职业的意识形态正逐渐从传统的阶级斗争和阶级专政的工具转化为对司法公正和司法独立的追求上来，也尽管中国的法院系统还乘机自导自演地进行了各种改革尝试——尤其是各地法院层出不穷地推出了花样繁多的司法改革措施与制度，但是其效果较之于那些急于中国现代化和建立现代法治的学者的期望，显然又是远远不够的。为此，他们一面深恶痛绝地批评当下的司法制度及其运作方式，呼吁改革的必要性与紧迫性；一面又不遗余力地建构未来中国司法的理想图景，以此作为批判当下中国司法制度的判准的同时又据此建构起他们自身有关理想司法的类型与模式。

然而遗憾的是，尽管这些批评大致属实，也尽管这些有关法官及其在司法过程中所扮演的角色的描述或多或少都从不同的侧面反映出中国法官的影子、勾勒出中国司法的轮廓，但是这论断无疑又都是有问题的，甚至非常地简单化。换言之，当我们耐心而细致地剥开这些批评并展现其背后的判准时，我们发现，当下社会用以衡量中国法官和法院的价值取向与观念意识很大程度上其实都是以西方自由主义法治观念为知识背景或以宪政架构下的法官职业为标准的。因而糟糕的是，一方面，由于充满了太多对法治原则的理念崇拜以及对实际法律生活的太多想象，他们不仅忽略了对当下中国法官在其角色扮演的过程中所需要的具体知识作种类分析，而且错误地把西方司法的今天当成中国司法的明天。结果，当这些判准逐渐成为一种社会主流的法律话语时，人们却发现其所蕴涵的法治理想和权利观念在中国的社会现实特别是在具体司法实践的拷问下会时常陷入失语的尴尬。另一方面，又由于缺乏对中国司法的制度环境、社会条件和政治文化的全盘关注，因而这些评价也就没能对当下中国法官角色扮演时所处的具体而复杂的角色环境做同情式理解，结果，这种强教条主义的倾向和泛意识形态化的情绪使得当下有关中国司法及法官角色的描述很大程度上偏离了事物的本原，掩盖住了中国法律现代性的可能道路。

客观地来说，世界上并不存在一套抽象的、无背景的、普遍适用的司法制度或案件处理术。毕竟每个国家都有自己的司法传统，需要应对的具体问题以及因此形成的经验也是不相同的。为此，中国法律的历史与现实也就绝对不可能变成某一种或某几种西方理论的注脚，我们也就不能把我们的司法问题拿到别人的"普罗克拉斯提斯床"上去裁剪，同样也不能简单地以西方法官所必须具备的知识与司法技巧来衡量，进而批评中国的法官和法院。以下，我将以当下中国司法活动中有关"案结事了，胜败皆服，定纷止争"这一法律产品的司法生产为例，在充分理解中国司法及法官的诸多难处的前提下，生动并细致地揭示出在当下中国社会结构的现代性转型以及由此带来的传统制度和现代制度夹杂、并存的司法场域里，中国法官如何采用各种既要为群众所喜闻乐见并且同时也是立基于日常实用主义哲学之上的司法策略或者战略战术，进而在既定的条件之下将其能动作用发挥到极大，力求在制度的结构性夹缝之中成功周旋，从而为司法权的运作赢得足够多的资源（包括制度资源、社会资源和人力资源），最终解决掉纠纷，并生产出能够满足人们日常法律生活所需要的法律产品。

当然我基本的看法是，尽管当下中国的法官实际上是生活在一个反法律程序的社会权力关系网络之中的，[1]但是为了避免利益的畸形博弈，为了理顺关系，公道办事，那么在处理纠纷时法官往往就不得不在直面现实的前提下不断往返流转于各项路线、党政方针、政法政策、法律规范和外部事实——比如纠纷发生时该地区的社会文化情境、社区的民意与公共舆论；还比如案件当事人的情况（如家境条件）以及他们之间的相互关系（如是否是亲属）；又比如整个案件发生

---

[1] 参见方乐：《司法的"场域"分析》，载《法律科学》2006年第1期。

的前因后果等——之间,进而预先形成自己对案件的判断。之后,在寻求支持案件预判意见的各种事实的过程中,法官又会综合考虑各种可能影响最终判决形成的因素的作用力,考虑到纠纷所在的社会—文化情境系统,同时还会考虑到判决的社会效果以及将来的可能影响,进而协调好庞杂的利益关系,平衡好琐碎而复杂的利益结构,评估得失,权衡利弊,从而不断修正自己已有的判断,最终使得结案判决基于当下的社会文化情境以及同时还基于对未来可能走向的合情合理地预测之上,并体现出合法性与正当性的统一。因而,法官最终选择的判决结果,无疑要在特定的社会—文化情境的整体中才能理解,无疑也会是一个既受到特定的诉讼语境的限制又制约于权利和权力技术之下的、反复权衡并考虑了所有事情和可能的、最合乎情理的决定。❶

进一步,其实转型司法里的中国法官所采用的司法策略以及司法制度的具体运作所表现出来的实践的逻辑,实质上是中国法官充分利用起了中国传统与现代的东、西方两种文化之中的法律资源,并转而又超越了西方法律文化之审判与东方法律传统之调解这两种司法模式,而采取了一种更为灵活、也更实用的司法操作术:"能调则调,当判则判,调判结合,案结事了。"换言之,若仅以东方的、传统中国的纠纷处理模式,那么当下中国的司法无疑难以回应已经现代了的社会,无法为现代社会里的现代型纠纷提供地道且妥当的处方;而若仅采西方的、所谓法治型的纠纷处理模式,则必然无法回应中国,无法在处理纠纷时作出灵活变通,进而妥善处理中国社会根深蒂固的人际关系与人情世故,从而无法与正处在转型时期的整个中国的社会生活系统相协调,并且生产出既能为当下中国人普遍消费也是他们消费得起的法律产品,最终解决当下中国社会里的常规的法律问题。因此,若是采取一种实用主义的态度,并从实践出发,而不受标签化、模式化东西的影响,我们仔细思考之后便会发现,中国的传统法律文化与当下官方的正统法律文化以及西方的法治文化之间虽然有差异,也存在着某些冲突,但在更多的方面则是各司其职、相辅相成的。因此,当下中国的司法实践就不应当建立在文化的断层上,而应当基于现实、继承传统、向外开放,在自己本土文化的根基上寻求各种文化之间的相互兼容。

更进一步,其实,透过这种法律产品的生产过程,我们又能够清楚地看到,转

---

❶ 参见方乐:《转型中国的司法策略》,载《法制与社会发展》2007年第2期。

型中国的司法及其运作,实际上已经"超越法律"(overcoming law),并且打通了传统与现代的沟壑,沟通、融合起了传统与现代的精神,以及最重要的,达成了东方与西方两种司法知识观的共识。也就是说,当下中国的法官在解决纠纷的过程中,实质上是充分利用起了东、西方两种文化之中的法律资源,并又超越了这两种法律文化中的司法运作的固有模式而采取了一套更为实用的司法策略。当然,也正是在这一法律产品的生产过程中,东方的司法运作模式(调解)与西方的司法运作模式(审判)在中国的司法场域里已经形成初步的分工并且相互合作,进而共同推动着问题的顺利解决。因而从这个角度来说,两者之间已无区分开来的必要了。

第二节 司法知识产品的复合化生产

尽管对于中国的法官而言,案件虽有刑事、民事之别,但其目标却都是一致的,都是要维持社会秩序、维护社会的稳定。刑事案件不处理好,会影响社会稳定;民事案件处理地不好,会激化矛盾,同样也会影响社会的稳定,甚至还会恶化,进而转换成刑事案件。既然这样,那么在具体问题的处理上,他们面临的可能就不仅仅是如何使案件的处理过程以及最后的结果更符合法律及其程序,就不可能只是要判断对与错,重要的还是要解决掉纠纷,是要考虑决定了之后如何才能使其得到实际贯彻进而真正落实的问题。换言之,为了体现司法为民,他们就必须考虑纠纷处理的社会效果,在想问题、做决策、定措施时都要着眼于维护群众的利益,都要充分运用司法手段妥善处理好与人民群众生产生活密切相关的案件;要"公正司法,一心为民",把人民"拥护不拥护、赞成不赞成、满意不满意"作为衡量司法的主要标准;要尽量使百姓安居乐业,使他们少受罪、少遭孽。而为了"扩大办案效果,处理一案、教育一片",他们就必须努力开发某种能够少花费资源多办案、办好案的方式方法;就必须以人性化的方法来开导、说服教育当事人,进而以恢复或建立一种稳定且和谐的人际关系和社会关系为着眼点来看待和解决现实的纠纷;就必须从整体和大局出发来协调社会关系、评估利益得失、处理问题;就必须"大事化小,小事化了"。

结果,纠纷解决所主要关注的就并非只是法律规范及其程序,也并非只是一个严格适用法律规范于具体案件事实的过程,更为重要的却是裁判的结果,是这个结果必须要最大限度地符合法律以及当地社区的民俗、情理和习惯并合乎特定时期的政治伦理与政法策略，也即是要衡平了风俗习惯、伦理道德与法律、政治正确和依法办事的，并最终要为当事人双方以及当事人双方各自社会关系网络中的大部分人所承认和接受；是这个结果要有利于化解利益的结构性冲突、协调利益的结构性矛盾并且消除当事人之间的情感对抗和情绪对立，也即要让当事人拿回自己的那一份的同时消气解恨，进而恢复或维系一种和谐的人际关系与社会秩序。

这样，纠纷的解决就必须在满足依法办事的前提下以结果为取向，就必须以当下的法律效果和将来的社会效果为取向。毕竟，一个好的司法判决不仅要看上去公道、合法，更重要的还是要得到实际执行，是要尽快给受损一方当事人补偿，带给他看得见的实惠，进而遏制和消除纠纷的消极影响（如"报复情绪"），协调同时也规范社会的生活，从而恢复社会秩序和社会制度的常态，维护和保障纠纷所侵害的权益，最终带来稳定的社会效果。因而对于法官而言，解决纠纷时社会关系的重建以及利益关系的重构显然就要比个体权利的伸张重要得多。当然即便是退一步，其实任何一个法官，他都不可避免地要去关心纠纷或者争议该如何处理，"哪怕是以法律审为主的上诉审法官也不会完全不考虑纠纷的实际解决，而仅仅顾及规则"[1]。毕竟，受理并处理掉纠纷，这是他日常工作的一部分，甚至是最基础但也最为重要的那部分。

但是话又说回来，普通的中国民众实际上也不大关心专业化还是非专业化的纠纷解决；他们更多关心的是纠纷怎样才能以及能否顺利、公平、有效和便利地被解决掉。因为他们大多相信"结果好，一切都好"。当然，他们能关心的也只是结果；只有在结果求不到时，他们才会关注过程；同样，也只是为了关注审判的结果，他们才会去关注法官的人品道德以及知识储备是否专业化等等这些职业化的问题。

这样，一旦法官与民众在司法生活中共同分享的是一种后果主义和实用主义倾向的生活态度与人生哲学时，那么社会综合治理运动中的办事理念（社会综合治理）和方式方法（综合治理社会）自然也就被引入到纠纷解决的过程之中来。因而在纠纷解决的过程中，当然也是为了更好地处理纠纷，法院就必须争取

---

[1] 苏力：《送法下乡——中国基层司法制度研究》，中国政法大学出版社2000年版，第184页。

第七章　超越东、西方法律文化的司法知识实践

到更多的审判资源以保证其司法权的运作有足够的空间。同时,也同样是为了落实好纠纷处理的法律效果和社会效果,法院又还必须争取到一定量的审判活动之外但却又是保障案件处理之结果的执行所不得不需要的社会资源,以便保障或配合判决的顺利执行,以便于善后。这样,在当下中国这样一个由行政机关主导着社会资源的生产与再生产、分配与再分配的体制下,在案件审理的过程中,法院和法官就不得不积极主动地寻求地方政府或其他相关部门的配合,就必须寻求兄弟单位的支持。"多个熟人多一条路",说的就是这个道理。然而,"汝果欲学诗,功夫在诗外"。这样,为了打好关系,平日里法院就不得不主动与地方政府或其他部门一道搞联合执法,参与联合办公,配合他们的工作,必要的时候还会特事特办,迁就他们的要求,以期通过这种与地方政府及其相关部门的长期合作,以期通过那种适当时候的让步,进而能为日后处理案件赢得充分的支持和后期保障,从而使得案件的处理能顺利地进行并且具有更好的社会效果。

当然,也正是这种由政法委统一领导、统一协调,加上公、检、法三机关的相互密切配合的政法系统综合治理社会纠纷的运作模式,这种"党委领导、法院主持、政府协调、多方联动、社会参与"的社会综合治理下的司法,使得法官的行为便具有了更宽泛的社会意义以及政治—社会治理功能。比如,"尚(秀云)法官挽救的不仅仅是一个孩子,她也救了我们这个家。如果孩子毁了,我们这个家也就完了"。这样长期以来,与西方现代法治社会中当事人动员司法、法官坐堂等案上门的情境形成鲜明的对照,中国法院一直采取主动办案、积极介入社会的姿态,流行的是送法上门、司法为民和让人民满意等口号,倡导的是广大法官要与时俱进、积极投身于司法体制改革之中,进而呈现出一幅司法积极主义的图景。这样,法官自然也就切身感受到了自身积极参与政治—社会治理的责任感与紧迫感。例如,"尚秀云也始终认为,挽救了一个孩子,就是挽救了一个家庭,无数个幸福的家庭,才构成一个稳定的社会。对于法官来说,力所能及地工作就是为预防和减少未成年人犯罪而努力"。[1] 当然也正是因为此,纠纷的处理过程及其结果就既要注重社会效果,还更要符合国家的政治安排和政策导向;要依法审理,还要政治正确。换言之,司法对于法官来说,如果仅仅只是履行完了法律义务就算完事了的话,那样也就太简单、太省事了;也就无法成为一门艺术了。以

---

[1] 《海淀少年法庭18周岁记》,载《人民法院报》2005年9月27日。

公正、善良与和谐为最高境界的司法,追求的是一种"无目的的合目的性"。❶ 为此,重要的是法官要懂得人情世故,要能够把当时当地所有能想到、所能用到的人脉资源都调动起来,形成一个个关系网络,以为纠纷的顺利解决提供一个理想的办案环境,为当事人的平等协商和沟通提供一个公共领域;重要的是当法官在面对具体而复杂的问题时,能够在拥挤的制度夹缝中找到问题解决的空间,从而平衡好利益,协调好关系,理顺摆平完事情;是要充分调动和运用个人的智慧,以整体的衡平思维(即"综合治理社会")以及关注人与人的相互关系(即"社会综合治理")为出发点,在某些法律规则之外或法律没有明确规定的地方作出努力,以期妥善地处理案件以及附随于该案件之上的那些看似琐碎但却影响结果落实的细节或具体问题。

后者,最直接、最有效当然也可能算是最容易的突破口,就是以整体性的衡平思维来柔性地解决问题,就是要尽量使得纠纷处理的过程和结果都获得当事人双方的普遍认同并接受,从而不仅消除了当事人之间的利益冲突,而且更重要的是彻底消解了当事人之间的情感对立和情绪对抗。

当然,就纠纷处理的整体性的衡平观念而言,它不仅意味着在宏观层面上法官必须协调好相关部门间的利益关系,必须盘活整个纠纷所处的制度结构和情景系统,以便为纠纷的处理以及善后争取到足够多的审判资源和社会资源,而且也意味着在具体的处理纠纷时,在办案技巧上法官还应当顾及人的全部和整体,应当将对立的当事人双方及其周围人的社会关系全面考虑在内,而不应当把争议的标的孤立起来仅仅看成是两造个人的事情。换言之,一方面,作为一项突发性事件,基层社会纠纷的发生不仅会打破当事人而且还会扰乱整个社区的常规化、例行化的生活与秩序;另一方面,作为一个"整体性的社会事实"(total social facts)❷:转型中国基层社会里的纠纷,不仅其发生所牵涉到的利益主体是多样的、宽泛的,而且纠纷的解决所涉及的相关职权机关也是众多的,因而纠纷及其解决其实是一个全方位的、全社会整体动员的系统工程,各个阶层、各种团体、各种主体都可能要参与进来。这样,基层社会里的纠纷及其解决实际上就会涉及基层社会和个人生活的方方面面。有时哪怕是处理一个很小的问题,也可能会

---

❶ Lord Woof, *Access to Justice*, Blackstone Press Limited, 2001, p.93.
❷ [法]迪蒙:《论个体主义》,谷方译,上海人民出版社 2003 年版,第 161 页。

牵扯进来许多陈年旧账和历史积怨。双方当事人各自私人社会关系网络中的亲朋好友,甚至某种正式(如村民小组)或非正式(如家族、宗族)结构中的小群体代表者(如村委会主任)或者其他成员(如村庄里的地方精英)也可能会被卷入进来。这样,纠纷及其解决所可能卷入主体的多样性、复杂性,使得纠纷个体当事人的背后实际上又表现为一个泛人称化的集体名义或者泛家族主义的社会性形象。"你这样做(如不赡养父母)愧对的是列祖列宗";"欺负某人就是欺负我们姓张的";"输了官司,折的是大家的面子"等等。为此,一旦纠纷对周围人们或社会的影响达到了相当的程度,一旦纠纷的处理受到了公众的普遍关注,那么纠纷及其处理就必将会被置于更广阔的公共空间之中。因而,纠纷处理的结果不仅会导致利益关系的实质性变动,而且还会带来人际关系及其网络的结构性变化。这样,案件双方当事人所处的共同体的压力,或者其背后的社会性权力,都是法官在处理纠纷时所不得不妥善考虑的。

而柔性的解决问题,同样是要从纠纷处理的整体性观念出发,"怀亲民之心、办便民之事、行利民之举",杜绝"冷、横、硬、推"的不良作风,消除"门难进、脸难看、话难听、事难办"的现象,亲近人民,便利人民;是要辨法析理,通过开导与说服教育,缓解气氛,钝化矛盾,进而争取到当事人双方的妥协、让步,并获致最终的普遍认同;是要胜败皆服,最大可能地达成法律效果与社会效果的统一。这样,司法就必须一心为民,而法官也就必须最大限度地贴近群众、方便群众;就必须充分注意在纠纷处理时不能厚此薄彼,不能嫌贫爱富,要一碗水端平,要说公道话;必须让双方当事人尽可能地说出自己内心的真实想法并想方设法开导他们;必须理顺轻重并促成当事人在道德上反省自己,进而觉着内疚,从而解除思想上的疙瘩;是要给足他们面子但两边都不得罪;必须顺着诸如"你让我一尺,我敬你一丈"此类的行为或生活的面子逻辑与人情制度来办事。因而在具体办案的过程中,法官都会耐心地听当事人讲完事情的来龙去脉,让当事人先把心里的怨气和苦水都倒出来,不时地插上两句话,再请他自己把可以接受的条件说出来,然后请他看在自己的面子上作些让步。"一争两丑、一让两有","退一步海阔天空,让三分心平气和",这些都是法官所常用的劝慰之语。为此在一般情况下,法官是不会轻易地去直接判别或谴责谁对谁错,而是期望通过说服教育,或者道德上的批判,让当事人自己来反思和评判自己行为的对与错。换言之,法官不会贸然说出任何一方的是非,他希望的是通过当事人的道德反省来对自己归咎责任。结果我们看到,中国的法官其实都是从对立双方各让一步,而不是"胜者全胜,败者全输"的角度来处理纠纷的,他们都倾向于从对立的双方各承受一点损失中找到问题解决的均衡点和突破口,力求谁也不要占谁的便宜,而并不十分支持为权利而斗争的那种较真。换言之,"这里很重要的原则就是使双方损失和受益尽量趋于均等,因而是一种补偿性的原则,即是要使失去的得到补偿,使受益的拿出一部分作为回报,因而,这种补偿原则可以说是在法院这种国家权力机构强制之下,在当事人双方之间所履行的一种互惠原则"❶。反之,如果谁冒犯了这种互惠(交往)原则,那么不公平的事件就会显露出来。

由此可见,"当争议产生的时候,争议双方以及任何第三方所承担的最重要的道德上的和实际的义务并不是判断哪一方是正确的或者错误的,而是恢复双方当事人之间的和谐状态,拥有最高道义上的美德的人不是拥有更多合法利益的一方,而是愿意放弃他本应该享有的较多合法利益用以恢复与对方的和谐关系的一方。最好的争议解决办法不是正确的评价谁是谁非,而是使双方都能满意且乐于恢复他们以往的社会关系"❷。

为什么这么做就行得通呢?因为基层法院受理的民事案件,大多数其实都是标的较小,纠纷的对象和内容又普遍与当事人的日常生活密切相关,以涉及婚姻家庭、赡养纠纷、农村相邻纠纷、宅基地使用等情绪对抗为主的案件。"不告官司只告天,心中怨气口难言。"也就是说,当事人打的其实大多都是"气"官司,"人活一张脸","哪怕是输钱也不能输了这口气",说的就是这个道理。这样,纠纷的处理就必须尽力消除当事人之间的情绪对立和对抗,进而治疗和补救被纠纷破坏的社会关系,维护当事人之间的信任纽带。这样,法官在处理纠纷时就不仅要分清是非,而且要充分运用并顾及脸面、乡亲和村组关系,甚至必要时还要耍一下手腕,"说狠话"。当然,更为重要的还是要注意到当事人的人际关系圈内的可能评价以及该地区普遍存在着的有关对待诉讼的民间话语或态度——比如"要么私下里解决,告了官就要争个家长里短"等等。因为,一件简单、平常的民事纠纷的处理结果,对当事人产生重要影响的,往往就是这些评价,而并非案

---

❶ 赵旭东:《习俗、权威与纠纷解决的场域——河北一村落的法律人类学考察》,载《社会学研究》2001年第2期,第78页。
❷ [美]夏皮罗:《法院:比较法上和政治学上的分析》,张生、李彤译,中国政法大学出版社2005年版,第222页。

件处理结果本身。

举例来说。比如,有的当事人将说法讨到法院,其目的仅仅只是为了求得一种另一方当事人被"告"了的感觉,一种出了口恶气后的快感;因为在全能主义或父爱主义政府治理模式的关照下,❶人们的潜意识里,国家对个人及其行为的肯定、关照、偏袒、保护,都是非常值得称赞的,是很有面子的事情;而国家对个人及其行为的怀疑、忽略、批评、惩罚,哪怕是否定性的关注,也是很丢面子的事情。毕竟,"无事不登三宝殿"。同时,基层社会的面子机制和舆论机制也会使得某些家庭成员的过分举动或私人空间里的动静被认为是丢脸或者现丑的事情。也就是说,哪怕就真的没事,但事后周围人猜测、怀疑的眼光以及公共空间里的闲言碎语,也是很可怕(恶)的。"众口铄金,积毁销骨",说的就是这个道理。这样,又比如,民间流传着的、一生不当"两院院士(不进'法院',不去'医院')"的说法,其中并不仅仅意味着官司惹上身后所可能带来的不必要的麻烦,而更表明国家公权力对个人及其生活的、否定性的密切关注所可能给其声誉(包括人品道德)带来的负面影响。为此,法官在处理纠纷时就必须弄清楚当事人进行诉讼的目的,是为了经济利益还只是要求对方服个软,赔个礼道个歉,或者两者都想要;否则就会事倍功半,甚至陷入"葫芦僧乱判葫芦案"的窘境之中,结果反而是吃力不讨好的。

又比如,有的案件当事人认为诉讼费用承担的比例会直接关系到自己在诉讼过程中的社会评价:诉讼费用承担得多了就代表自己在理上输给别人了。因为在平常人眼里,设若诉请有理,那么诉讼费用就应当全部由被告承担,相反如果原告承担了,则代表在名义上已经输掉了官司,哪怕最后得到的是一纸胜诉的判决。而与此同时,被告也会认为,既然法官调解了或处理了,自己在实体权利义务上也已经做了让步和妥协,那么再承担诉讼费用,就有点说不过去了。毕竟,"给钱是小,丢面子事大"。这样,一旦当事人都不愿意做出任何让步,那么无论是调解还是诉讼都必然难以进行下去。即便是勉为其难地判了,也很难让当事人心服口服,效果也一定不会很好。

还比如,对纠纷处理过程中法官的语言表达以及在制作判决书时,当事人也

---

❶ 参见孙笑侠、郭春镇:《法律父爱主义在中国的适用》,载《中国社会科学》2006年第1期,第47～71页。

往往会为某个词或某个字的表述而较真进而使得法官前期为纠纷的最后处理所作出的所有努力付诸东流。典型的,如赔偿与补偿。因为既然是"赔"给了别人,那么其隐含的信息至少说明了"赔"的一方当事人从事了有"害"或者"不道义"的行为。当然更为重要的,还是这种行为不仅侵犯了他人的权益,而且伴随着道德评价,这种行为在伦理道德上不仅是要被否定掉的,而且也是值得谴责的,在价值判断上是"恶"的。这样,一方当事人的人品道德往往就会因此而面临着别人的怀疑了。自然,"不能吃这种哑巴亏","赔了夫人又折兵的买卖咱不干"。

也正是因为此,法官在处理纠纷时往往都会把握住分寸、力求张弛有度,以便两面逢迎和游刃有余;他不能滥施人情,但他必须注意并妥当拿捏系统化的人情制度元素,必须执法"半紧半松,(这样才能)老到而恰到好处"。换言之,面对当事人的叙说,他知道该在哪里怀疑,在哪里肯定,在哪里批评,在哪里顺从;知道什么时候该软下来,做出让步以便给当事人面子,什么时候又要强硬以便让当事人做出让步、让当事人给自己面子。例如,金桂兰法官办的案子之所以90%都能调解,同时当事人又都非常地满意,其秘诀就是:"把住立案关口调解,把好庭审调解,把准事实调解,把握时机调解,把紧亲情调解";就是"要设身处地,为当事人着想,诚心、耐心、公心,在依法律的基础上,尽量把握当事人双方利益的平衡点。当事人打官司大都为了争一口气,用心说和说和,调解下来,让他们满意,这官司就算打赢了"❶。即便没有这么顺利,没能足以帮助当事人双方最后达成合意,使纠纷得到终结,却也可以钝化矛盾,缓和紧张的气氛和对立的情绪,甚至还因为此寻求到可以为当事人双方接受的解决方案并提示给他们,进而为下一步工作的顺利开展打好基础。否则,如果仅仅依据法律作出一纸判决,而不尝试着转弯斡旋,不细致考虑并切实落实好诸如面子的得失等这些细小但却又是具体的问题,或者没有处理好最大多数人的情感和心理需要的满足,没有说服当事人接受裁判的结果,那么尽管判决或处置措施在法律上可能很正确,或者也很有正式制度的合法性和正当性支持,但却很难甚至根本无法得到贯彻落实;或者即使执行了,但成本也很高因而无法普遍地实行,以至最终还是没有实现规则的治理。

---

❶ 《美丽动人的金达莱——"中国法官十杰"金桂兰专访》,载《人民法院报》2006年3月8日。

第七章 超越东、西方法律文化的司法知识实践

可见,与自然科学强调科学主义的检验、追求问题的真理性不同的是,司法工作却是一门行为艺术,一门靠经验吃饭的活,它的核心是以整体性的衡平视野来寻找判决的正当化,是以柔性的技术手段来完成结果的可接受性(当然,这并不是否认查证事实、分清责任、寻找法律工作的重要性)。那么,也正是因为此,我们看到,纠纷解决之中任何具体方式方法的采设以及行为依据的找寻,其逻辑导向都是结果的;是要解决具体问题的,要案结事了的。因而在此意义上,中国法官又并非主要是为了落实法律规则、为当事人提供司法意义上的合法判决的,而是为了完成国家和社会交给他的治理任务,顺便才是提供大致可以接受的公平以及立基于此之上的一种模糊的法律产品、一种衡平了利益冲突的转型正义。最终,整个纠纷处理过程所表现出来的其实是一部基于实用主义甚至是功利主义或机会主义之上的案件操作指南或关系摆平术。

然而尽管如此,从某种意义上来说,特别是就纠纷处理的结果而言,法官的社会人际关系网及其协调能力又是与司法公正、与法律专业上的知识技术不那么绝对的相互排斥的。换言之,在当下中国,一个能够真正兼顾到司法之公正与效率的法官,一个办事能力强、综合素质高的法官,一个出色的法官,我相信在这两个方面("社会关系及社会关系的网络的协调能力"与"法律专业知识")的长项中都会有自己的一套。

当然,也恰恰正是熟人社会的关系资源和人情制度的运作逻辑对纠纷的处理有着重要的影响,正是当下司法的逻辑面向是结果的,因而长期以来,在具体的司法实践中,当下中国的法官更乐意于从人情世故入手来解决争讼双方的纠纷,进而最终希望通过对纠纷的处理以达到一种"案结事了"、"情"、"理"、"法"相互衡平、人际关系和谐、天人合一的理想境界。换言之,在司法的任何阶段,在社会责任和道德义务层面而不是法律义务上,法官都应当促成当事人和解。因为,一旦法官以当事人的立场来看问题,一旦法官了解和掌握了当事人的想法、困难和需求,那么他们就应当知道社会对公平、公正这些法治产品的需求就不可能仅仅是法律以及程序层面上的,更多时候还应当是道义上的和结果方面的。

那么问题是,这个时候,"调解"和"审判"还有区别吗?或者说,区分开来的意义究竟又有多大呢?

第三节　整体性的理解"调解"与"审判"的关系

"能调则调,当判则判,调判结合,案结事了。"这样,"八仙过海,各显神通"。为了纠纷的处理能够秉情酌理,同时也为了给自己的司法判决留下较大的回旋余地,当然更主要是为了防止矛盾的转化或者激化,法官往往会在某种生活哲学的支配下,对诸多的理由进行平衡,对诸多可能性进行权衡,而这个平衡过程最终也就决定了他们最后要选择什么样的司法策略。比如,在具体的办案手段上,法官自身当然也是有两把刷子的。他们不仅非常清楚面子是一把金钥匙,往往是破解纠纷难题的有效切入点,而且也喜欢"上纲上线,扯大道理"。换言之,在既讲法又讲理的同时,他们喜欢把具体利益上的分歧上升为原则的分歧或道德特别是人品的优劣,以便利于使用在当下社会中更具政治合法性或泛道德化的语词来增加自己的话语权,进而从意识形态上战胜并驾驭双方当事人,从而最终掌握案件处理的主动权。

然而,如果原则或者言辞正确就能轻松地说服当事人,那也无妨。问题是,在大道理无法说服当事人的情况下,那么法官就不得不在具体的行动中采取针对性极强的司法策略,同时还要在面子功夫上做到处处小心谨慎。为此,一般情况下,一接手案件,法官都免不了要先对当事人双方进行一通训斥。结果,挨了训的当事人一下子就觉得自己在法官面前矮了一截,理自然也就亏了三分。接下来,面对态度软下来的当事人,在具体策略上他们往往又会采取各种心理战术,让当事人觉得法官对自己已经够意思了,不好拉下面子与他再争什么了,或者让当事人在明白事理后主动或者不得不被迫屈辱地作出某些让步,从而达到互相谅解、消除纷争的目的。具体的做法,比如在与当事人接触或交谈时,在语言的选择上他们会尽量说方言而不是普通话;法言法语更是很少用,因为后者不仅难以达到有效的司法效果,而且还可能引发不必要的沟通障碍,造成误解和反感。在沟通技巧上,则尽量使自己表现出十分通情达理、非常仁慈、非常具有人情味的一面,要让百姓感受到司法的亲和力,要让当事人觉得他没有厚此薄彼,没有明显地向着某一方,从而(至少要)使当事人觉得他是公事公办的,甚至(最好)是替自己说话的;或者找一个与原告或被告两边都说得上话的人,让其在法官的引导下代表其中一方去说和;或者找双方当事人的中间人,同样仍必须

第七章　超越东、西方法律文化的司法知识实践

在法官的参与下,去做双方的思想工作,去说合。这样,如果成功了,那么法官的意志其实也就经多种渠道、春风化雨般传达给了当事人,进而影响甚至替代了当事人的考量范围但却又不触怒他。然而即便调解没有成功,双方当事人最后没能达成一致,不得已还是要通过诉讼的方式来结案,那么由于前期投入的大量的调解工作,已经增进了双方当事人的了解,减少了情感的对立与情绪的对抗,因而也会使得判决取得较好的法律效果与社会效果。为此,调解已不再仅仅只是一种与判决相并列的纠纷处理模式了,它实已成为了司法活动中的一种有效的工作方式和方法;甚至成了诉讼的一个部分;更甚的它还"是民事诉讼的基本原则之一,是司法过程中具有独立诉讼价值的活动,是人民法院行使审判权的重要方式,而不仅仅是一种结案方式"❶。这样,无论法官是否采取调解结案,都应当主动运用调解的理念和工作方法展开工作。

由此可见,在当下中国司法制度的运作过程当中,强调沟通与合作、起中人作用的和事佬肯定会多于担任审判角色、起循法断案作用的铁法官。但是进一步,其实在中国这样一种独特的制度结构和政治体制以及由此生发的法律治理化模式所孕育而生的司法文化逻辑里,调解也许就意味着审判,而审判也可能就是变相的调解。"调审合一(体)",或许反映出的就是这么个理。换言之,尽管各自的合法性基础——调解是以情理为基础而审判则是以法理为基础——是截然不同的,但两者所追求的价值基础以及发挥的功能却并非是对立不相融的,甚至可以说,"调解与审判其实是一件事的两面"❷。

为什么？因为,一方面,调解制度的核心价值——当事人自主决定和自愿性——及其在具体的运作中强调对当事人"高度的程序控制"(high process control)其实与对抗制下的诉讼中所体现出来的当事人自治理念是有着许多共通之处的。❸ 这样,特别是在中国这种对抗诉讼文化和职权主义司法模式之下,越来越多的制度的司法的强制性或权力因素自然而然就融入到调解过程中,结果调解的对抗味越来越浓,调解的职权主义色彩和强制性也越来越浓,因此也就越来

---

❶ 于世平:《对新时期人民法院诉讼调解工作的理性思考》,载《人民司法》2006 年第 9 期,第 13～14 页。
❷ 谢觉哉:《谢觉哉文集》,人民出版社 1989 年版,第 595 页。
❸ Neil Vidmar & Jeffrey Rice, *Observations about Alternative Dispute Resolution in an Adversary Culture*, Florida State University Law Review, 1991, pp.75-81.

355

越背离其本身的历史、传统、规则和目标。具体到司法实践中,比如法庭调解过程中决定性的权力实际上是主要掌握于法官之手的,是由他来决定是否要调解,并借用审判性的权力拟出问题的解决方案。此外法官所拥有的强制性权力还表现在,当事人如果不同意调解,法庭便将判决。因为对于当事人来说,虽然他有拒绝接受法庭调解结果的权利,但他不能拒绝继之而来的判决程序。这样,尽管调解虽非公权力的行为,但由于其在本质上仍然是一种司法活动。再比如在各方当事人都认同的问题上,调解程序其实与判决程序也相差无几。比如在需要强制的时候,例如在证人出庭或裁决执行等方面,国家法院仍然还有义务配合的。还比如原本意义上的调解,是纠纷当事人双向对等交涉的过程,第三者所起的作用只是从中穿针引线,沟通信息,最多为当事人设定解决问题的情境;然而能动司法的重新提倡使得中国法官不得不从幕后走向台前,进而从一开始就积极主动地提出解决纠纷的具体方案,并通过努力做双方的思想工作,甚至在必要时候还会施加种种压力,竭力引导各方当事人向该方案靠拢,迫使其接受。故而自然而然地,调解过程中就常常会伴随着各种各样的隐性强迫甚至是显性强迫,而迫于压力或者免得麻烦,当事人就不得不自愿牺牲掉自己的部分(甚至相当大的一部分)正当利益,屈辱地顺从法官所提出的调解方案。❶ 这样,法官的这种服务型交涉使得调解的结果就带有了浓厚的裁决色彩,甚至连最后的调解协议书所用的字眼也可能是决定两个字。❷ 再比如,近年来在司法实践中出现的

---

❶ 除了我所说的这种情形之外,一般而言,法院调解的适用大致还有以下两种具体情形:一是法官虽然主持调解,但自始至终对纠纷的解决不直接提出具体方案,调解协议基本上由各方当事人自行协商达成,其与当事人之间自行和解的区别往往仅在于以制作调解书的方式终结案件——这在本质上其实仍然是一种纠纷的自行和解。二是法官一开始并不主动介入当事人彼此之间的协商,只有当各方当事人自行协商遇到障碍或出现僵局时,法官才出面进行协调,包括提出调解方案——这显然,若是当事人之间能够协商成功,那它又成了和解,如不能,则又回到了我所说的由法官主持的"强制"调解了,因而当事人的意志还是被法官牵着鼻子走的,法官的判断自始至终仍然得到了很好的"贯彻"。除此之外,与中国的法庭调解相类似,美国的 ADR 制度在具体的运作过程中,法官们同样常常在其中起一定的作用。根据一篇比较踏实的研究,在 2545 位被调查的法官之中,很大一部分(75%以上)认为自己在这种庭外协定中做了"干预"(intervention),促成了其事。Mac Galanter, *A Settlement Judge, Not a Trial Judge: Judicial Mediation in the United States*. Journal of Law and Society 12.1, 1995, Spring, pp.1-18.

❷ 参见杨方泉:《塘村纠纷——一个南方村落的土地、宗族与社会》,中国社会科学出版社 2006 年版,第 198 页。

整体联动调解法以及附条件调解和担保人调解等等的做法,❶实际上不仅是将社会综合治理的方式、方法引入到了调解过程中,而且也越来越强调调解活动的强制性,强调法官对于调解活动的职权干预。当然不同的是,在方式方法上,不仅由原来的面对面转换成了背靠背,而且,此时他更多的则是以国家干部而不再是以司法者的角色参与进来的。

由此可见,法官和法院的全面参与使得审判权与当事人的处分权一下子就同时成了调解机制运作的基础,这样,审判型调解就变得越来越普遍了。

当然紧接着上面的分析,其实较之于传统的认识,近些年来有关审判与调解在结案方式上的竞争关系的争论,来自司法实践的研究事实上也已表明,当下中国社会中的调解已不再仅仅只是过去的那种简单地以牺牲实体权利为代价的各打五十大板或者"事实不明、是非不分"的和稀泥式的解决纠纷的手段和技术了。换言之,社会的陌生化以及纠纷利益关系和利益结构的复杂化,使得越是事实不清、责任不明的,当事人心里也就越不踏实,就越会怀疑法官所给的方案是否偏袒了一方,甚至是否是信口开河,因而调解工作也就会越是难做。❷ 此外,经过近三十年的市场经济建设,我国无疑已经从强调以阶级斗争为主的政治社会转变为以发展经济为中心的经济社会。这样,随着经济的快速发展,经济因素日益渗透进人们的日常生活。为此,不仅人们的经济意识和经济观念增强了,利益的算计以及得失心也重了,而且道德上的不正当性——应当承认,在泛道德化的评价标准或语境机制下,对利益的追求与较真都会被看成是一个在人品道德上有缺陷的、喜欢斤斤计较的人——也消除了。因而,在利益面前,人变得越来越精明,也越来越容易较真、越来越敢于较真。"会哭的孩子有奶吃",反映的就是这种情况。这样,一旦"责任越不确定,以谈判解决纠纷的比率就越低"❸:一方当事人会因此乘机漫天要价而另一方则赖着坐地还钱。因而自然而然的,为了切实缓解法院的案件压力,为了真正说服当事人,减少涉法上访,新时期的人民调解和法院调解工作实际上都已经在运作程序的规范化以及强调"查清事

---

❶ 参见江苏省海安县人民法院:《和谐之路——法院参与构建大调解机制实务探究》,内部刊印 2005 年版,第 76~78 页。
❷ 参见杜开林:《法院判决结案的现状与改革方向》,载《法学》2006 年第 5 期,第 18~31 页。
❸ [美]波斯纳:《法理学问题》,苏力译,中国政法大学出版社 2002 年版,第 79 页。

实,分清是非"上做出了制度化推进和努力。❶ 换言之,即使调解,也要在查明案件事实、分清责任的基础上进行;必须使当事人明白责任的归属,给其一个明确的说法。结果,排除当事人自行和解的除外,调解的过程实际上同样也是一个辨明是非、明确责任的过程。甚至同样也可以说,当下的调解已不只是"调(解)结(案)";在案件事实特别是在责任的认定上,它其实已与审判在本质上没有了太大的差别;❷即便有,也没有我们想象得那么大了。

另外,还一如我上文中所说,对抗制下的调解,其强制性和程序性都得以大大加强;而这又必然会强化调解对于纠纷事实以及权利明晰化的要求,进而提高纠纷处理在制度上的公正性与合法性。但话又说回来,其实基层社会里的很多纠纷的处理,其问题的关键还又并不在于权利、义务的确定,不要求判决对错,而是在权利义务很清楚的前提下对利益关系所做的微妙调整。换言之,它们是不需要分清事实、界定责任的。这类纠纷的案件事实已经很清楚,权利义务关系也很明确,双方争议的焦点主要是在金额的计算或者单纯的面子上。因而,纠纷的解决往往是当事人看在法官或调解人的面子上主动作出的某些让步,而不是一个法律问题。

在根本价值的追求上,调解与诉讼也已没有了截然的差别。换言之,从职权主义向当事人主义转变中的、新时期的调解工作,通过充分尊重当事人自身对利益的得失判断与取舍这一纽带,并借助"寓教(说'法'、说'理')于乐(说'服')"这种灵活轻松的沟通、协商机制,不仅"有助于实现公正、效率和效益的统一",而且"有助于实现实体公正和程序公正的统一",还"有助于实现法律效果和社会效果的统一"。❸ 而与此同时,中国的民事审判方式也相当接近于一种可称之为调解型的程序构造模式。❹ 换言之,这种模式的诉讼主要是通过取得

---

❶ 针对司法实践中"以拖压调、以判压调、以诱促调、以骗促调"的现象,为了纠正法官不辨是非、不分析法律关系问题,"和稀泥"式调解诉讼的行为,2002年11月1日,由最高人民法院颁布施行的《最高人民法院关于审理涉及人民调解协议的民事案件的若干规定》和司法部颁布施行的《人民调解工作若干规定》,以及2004年11月1日由最高人民法院颁布施行的《最高人民法院关于人民法院民事调解工作若干问题的规定》,实际上都表明了调解工作的规范化以及责任认定上的制度化。例如,明确立了调解制度应当遵循三项原则:自愿原则、合法原则和查明事实、分清是非原则。

❷ 参见纪敏:《强化诉讼调解,力争案结事了,为构建和谐社会提供司法保障》,载《人民司法》2006年第9期,第5页。

❸ 《完善诉讼调解制度的新思考》,载《人民法院报》2006年11月2日。

❹ 参见王亚新:《社会变革中的民事诉讼》,中国法制出版社2001年版,第10页。

当事人的和解、合意来结束案件的。因而在具体的司法实践中,它鼓励当事人与法官一道积极主动地参与进司法活动之中必要的信息交流,同时还鼓励法官能动地围绕着案件本身的特点进行法律适用的解释,以及主持、引导当事人之间的争论及其妥协。可见,与调解注重说理一样,在这里,法官同样注重的是对法律条文的生活化解释。

在功能上,不论是调解还是审判,它们其实都共同服务于特定时期的司法政策与社会意识形态,都是追求"道德挂帅、政治正确"的手段。因而,在处理案件时,我们自然而然就看到这两种非此即彼的纠纷处理模式因实际的不同需要而被法官巧妙地对接、杂糅在了一起,不同的只是表现形式:时而为缓慢的调解,时而是雷厉风行的审判。换言之,不仅调解的意识要贯彻司法活动的始末,边调边审,边审边调,甚至在必要的时候,两者还应该被完整地融合在一起:"能调则调,当判则判,调判结合,案结事了"。此外更进一步,其实无论都是充当和事佬还是扮演司法者,他们都是政府的人,都是国家干部,是国家控制社会并进而对其进行综合治理的工具,是国家暴力在场的符号象征,发挥着政治整合(比如贯彻党的路线、方针和政策,再比如发动群众,改造社会等)以及治理社会的功能,而不仅仅是解决纠纷(即司法)。因而,此时此刻,区分这两种法官在司法过程中所扮演的不同角色之间的差异其实也就已经没有了必要。同样,也正是基于此,那么在更宽泛的意义上而言,在中国区分不同级别法院的功能、司法活动内部的分工,甚至也包括司法知识的分化与司法知识的竞争,也就没有了前提。

第四节　迈向一种生活化的司法

中国司法的基本使命在于服务人民,并回归于日常生活、回报大众、回塑社会;因而中国司法的运作实际上又是一个真正服务人民、走向人民的过程。这样,它不仅必须生活化、便利化、零碎化,而且还必须细致化、规范化、体系化和制度化。那么因此,它需要一种更灵活也更便利的司法操作,这样它所依循的就必然会是一种实用主义的逻辑。而这其实也就意味着,不仅中国司法的现代性必然是一种极为生活化的现代性,是一种建立在中国式的美好生活的基础之上的司法现代性,而且中国司法知识的理论建构与现实实践也必然是一种极具生活化取向,是一种服务于中国式美好生活的司法知识理论与实践。

由此可见，以类型学的手术刀所解剖出来的调解与审判这两种在现代西方法治社会中截然对立的纠纷解决的司法模式，在中国整体性的现实生活和实质正义的法律需求面前显然就有些力不从心了。与此同时，单一化地认为当下中国的司法实践要么采用建立在"规则治理"基础之上的普遍模式，要么采用以"具体问题具体分析"为导向的司法个别化的模式，显然都会是有失偏颇的。恰恰相反，我们应当在一种整体性的司法知识观中来审视调解与审判，那么我们就会发现，其实无论是调解还是判决，它们都是服务于纠纷解决这个司法大局的，都是要服从于社会稳定这一主旨的。我们同样也应当在一种生活化的立场中来审视当下中国的司法知识理论与实践，那么我们就会看到，其实无论是司法知识的理论建构还是现实实践，它们都是建立在中国人的生活方式和态度、生存理由与生存性智慧的基础之上的，它们都共同朝向并致力于中国式美好生活的司法建构。因此这其实也就意味着，当下中国的司法实践，其实是一种生活化的司法知识实践；当下中国的司法发展，也是一种整体性的司法知识发展。

结语　我们需要什么样的司法知识？

在哲学与社会学、政治学和伦理学之间,目光的穿越往返乃是为了更好地审视今天我们所遭遇到的有关司法知识的理论困境与问题纠葛;在东方与西方之间,立场的转换同样也是为了更好地体验司法知识理论命题对于我们的物质生活与精神生活所可能具有的意义。因此,尽管前面的言说都非常的理论化和抽象化,但是在本书的最后,还是让我们进一步回到当下,来对当下中国的司法知识理论予以一个整体性的反思与重构。尽管这种反思也只是初步的因而也就注定会是浮光掠影似的,但这种初步性的反思无疑也是非常必要的,因为只有通过反思我们才能够弄清楚其中的得与失。同样,尽管这种重构注定会是初浅的因而也就注定会问题不断、质疑缠身,但哪怕这种问题化的建构提供的是一种反面教材,这种试错它也至少告诉我们此路不通;因而在此意义上,这种尝试与努力无疑也会是一个相当不错的起点。

当然,我们需要什么样的司法知识？对于这一问题的回答,首先预设了我们对当下中国的司法有一个整体性的理解,以及暗含了我们对未来中国司法的发展方向的一个基本判断。换言之,它一方面意味着在我看来当下中国的司法知识生产与再生产活动存在着问题,而且这种问题要么是司法知识产品的品质不高,要么就是司法知识产品的供给不足。它另一方面意味着,只有在反思和批判的过程中,恢复知识应有的反思力和批判力,从而"把那些曾经被我们视为当然的问题重新'问题化',或者把那些被我们视为不是问题的问题重新'问题化'"[1],进而提高司法知识生产的标准以及知识产品的品质问题,推动司法知识的生产与再生产活动朝着有知识增量的方向迈进,最终不仅确立中国法学知识在转型中国所应当扮演的角色以及其所能够发挥的功能,而且使得中国法学的

---

[1] 邓正来:《中国法学向何处去》,商务印书馆2006年版,第31页。

知识生产与再生产活动能够促进甚至是直接推动中国社会的未来发展,而不仅仅只是推动中国法制/法律的发展。

尽管志向远大,但毋庸置疑,要对当下中国的司法知识的生产与再生产活动予以一个整体性的把握或理解,实属不易。因为"当下中国的司法知识理论"其实是一个非常庞大的命题,它所指涉的对象也是非常复杂的。换言之,首先就"中国"这个概念所蕴含的社会、经济、政治、文化等诸多层面的多样性和复杂性,严格说来都绝不是任何叙事在一朝一夕就能阐释清楚的。其次就"司法"而言,同样不仅其语义会随着时间的推移而不断变迁,而且即便是锁定时间点,但它也会在空间场域里、在社会的结构缝隙中不停的流动。第三,对于司法的认识不仅官方所指与民间的理解存在着差异,而且不同学者对司法也有着不同的认识。然而,这些无疑都只是有关"司法知识理论"的初步列举,细数起来还会比这复杂得多。要对"当下中国的司法知识理论"予以一个整体性的反思,显然就必须选好一个切入点,否则将很难进行。

在这里,我尝试着以"当下中国的司法理论研究",也即以当下中国司法知识的生产与再生产的活动及其知识产品的质量为主轴,并以司法理论研究的方法和立场为线索,力求通过对这一问题较为详细的考察,管中窥豹,努力在展现中国司法知识理论整体图像的同时揭示其问题,进而予以反思和重构。当然,之所以选此切入点,其优势有四:就司法理论问题的研究而言,首先它不仅需要理论把握并抽象出具有学术意义的问题,而且要求研究能够面向生活、指导实践,这样,在贯穿理论与实践的研究中,其方法不仅会往返于东西方之间,而且还会跨越历史的长河。与此同时,其立场就不仅要照顾官方的表述,也要兼顾民间的司法需求。其次,它也反映出当下中国法学知识分子对于这一问题的集体关注与判断,体现了当下中国司法知识生产很重要的一个方面;因为第三,当下有关司法理论问题研究的研究群体是多样化的,近乎囊括了中国法学各学科的专家学者:不仅法理学、诉讼法学学者参与其中,而且民法、刑法、宪法与行政法等学科的专家学者也对这一问题感兴趣。最后,也是最重要的,乃是在于通过对当下中国司法理论研究现状的总结与反思,实际上它不仅反映了"文本"作者的问题关注和思考,也体现了作为阅读者的问题意识;既反映出言说者与观察者的共同性的现实焦虑,也体现了作为行动者或者参与者的共同的司法感受和生活体验,更体现出作为阐释者的理论思考和个体化的知识观。当然也正是在此过程中,不仅"观察者"与"阐释者"的身份得以统一,而且"主体"与"对象"产生了互动并在此过程之中生成了知识。

进一步,客观的来说,无论当下思想世界里面所发生的一切思想不管有人认为重要或者不重要,然而它们都反映着我们所生活的这个社会与世界的真实信息。所以对他们的批判性讨论实际上就是在探讨我们的生活和法律世界的秩序构成,而对中国秩序原理的探究应该成为当下中国学者的一个根本任务。我们每一个真正的法律学人都必须面对如下的一系列追问:我们应该怎样生活?什么样的生活是良善的?我们应该生活在什么样的社会、法律秩序里面?社会、法律秩序是如何构成的?

尽管这些令人忧心的问题对于我而言暂时还无法给出一个相对令人满意的答案,因而本章的话语叙事与理论展开就会如上面所述,或许只是一个不恰当的起点。换言之,对于期望通过此来展示当下中国司法知识理论的整体图像和问题,这些分析无疑还是会显得太单薄了些,仍然无法最充分的说明清楚问题。因此,这注定是一个不可能令人十分满意的研究。但它至少可以给我们某些启发,以促使我们进行更深入的研究。

第一节 司法作为一个公共话题

的确,伴随着当下中国司法改革的深入推进以及社会主义法律体系初步建成之后国家法治建设的重心从立法转向法律的实施,司法活动越来越受到人们的关注,司法活动对社会生活的塑造作用与反作用也越来越大。[1] 因而有关司法的话题很容易就进入公共讨论并被诉诸公共理性转而成为公共话题或者社会的热点话题,回应并引导社会大众对于法治中国的"国民想象"[2]以及对法治中国建设现状的国民批判。这样,当下中国的司法问题就不再只是一个单纯的技术或者专业/职业的问题,而已演化成为一个日常性的生活话题,它"需要充分考虑人民群众的感受,让群众感受到司法的温暖"[3]。同样有关司法问题的理论

---

[1] 有学者认为这是一种法治建设"从立法中心主义转向司法中心主义"。参见,喻中:《从立法中心主义转向司法中心主义?》,载《法商研究》2008年第1期,第24页。
[2] 许章润:《中国的法治主义:背景分析(上)》,载《法学》2009年第4期,第66页。
[3] 黄学军:《让法槌敲响和谐之音》,载《人民法院报》2008年1月12日,B2。

研究也就不仅只是一种纯粹的学术活动,而更是一种公共知识的生产与再生产活动。❶ 它与人们美好的"'社会生活如何可能'的问题密切地联系在一起",❷ 事关人们的福祉,想望一种更有德性、更有品格和更有尊严的美好生活。因而,当司法成为一种公共活动并经常被演化成为一个公共话题时,有关司法的广泛讨论就不仅有助于建构司法的中国蓝图,推动司法的制度建设与发展;同时也会反作用于我们对司法问题的提问,偷换司法的核心概念,遮蔽司法问题的真正所在,进而影响到我们对当下中国司法问题的判断。为此,尽管"司法公正/不公、司法廉洁/腐败、司法独立/不独立、司法权威/无权威"等字眼确已构成当前讨论中国司法问题的关键词,❸ 构成我们言说或者批判当下中国司法问题的起点,然而中国司法能否在这种公共话题的讨论之中获得一种反思性力量的同时建构起理论研究的自主性与独立性?这无疑是一个值得我们深入思考的问题。

  客观地说,长期以来中国有关司法的发展模式与理想图景,既有考虑司法国情的因素,也有参照西方司法知识理论与司法制度的部分,还有很多是想象性的成分。这使得我们无法分清在当下中国司法改革的过程中,人们到底是通过中国社会的问题来建构中国的司法理论抑或是用中国的司法理论来裁剪中国社会的问题。因而我们看到,中国司法改革,无论是在改革的路线上(坚持大众化还是职业化?)还是在改革的模式上(职权主义模式还是当事人主义模式抑或是以协商为基础的中和模式?),至今仍处于摸索阶段。与此同时,因司法改革所带来的当下中国司法场域中司法知识的多样性以及不同的司法知识之间所存在着的结构性矛盾,不仅使得当下中国司法的制度建构与实践逻辑徘徊于多重司法理念、话语和知识结构之间而无法获致统一的知识指导和支持,也使得我们在讨论或者思考中国司法的问题时缺乏统一的判准而无法获致问题的完整意义。换言之,当下中国司法场域中多元化的司法理念、话语与知识所形成的结构性力量,不仅会使有关司法的问题在讨论时被弥散化进而削弱问题的可能意义,而且

---

❶ 客观的来说,当下中国有关司法理论问题研究的群体是最多样化的。它不仅包括法律实务部门的工作人员,如法官、检察官、律师等,还近乎囊括法学各学科的专家学者,这其中既有法理学、诉讼法学学科的研究人员,也有民法、刑法、宪法与行政法、经济法、国际法等学科的人员。这反映出当下中国法学知识分子旨在通过对司法问题的集体关注与理论判断,来表达内心世界之中有关法治/司法的共同理想。

❷ 赵旭东:《法律与文化:法律人类学研究与中国经验》,北京大学出版社2011年版,第193~199页。

❸ 参见葛洪义:《司法权的"中国"问题》,载《法律科学》2008年第1期,第39页。

结语 我们需要什么样的司法知识？

也会遮蔽我们对问题的整体理解，进而使得我们无法意识到：来自当下中国司法的问题究竟在什么意义上是个问题？它是暂时/临时性的，还是根本/永恒性的？以及，它是否独属于当下转型之中的中国？或者与传统中国的司法文化又会有多大的关联？还有，它与西方正在经历或者曾经面对的司法问题是不是同一个问题？以及与中国广袤的基层社会所面对的司法问题又是不是同一个问题？

很显然，要对这些事关当下中国司法的问题（群）予以妥恰地把握和精准的提炼，首先就必须对当下中国司法"问题化"处理的过程和技术标准进行反思与批判，进而在此过程之中确立起新的问题判准或者问题意识。因为"问题只有在一定的情形下、经由特定的技术手段或理念才能够被'恰当'的提出来"[1]。换言之，我们要意识到，当下中国司法"'问题'的形成是需要一定'历史'的"，[2]因为真正的"问题是时代的格言，是表现时代自己内心状态的最实际的呼声"[3]。这其实也就意味着，我们要对当下中国司法的"问题"予以妥恰地考察、提炼、总结并分析，只有结合问题得以产生的特定的时空域和历史使命等因素并依据对当下中国司法现实的"问题化"处理的特定方式才能够深入进行。因而我们需要不断提问的是：当下中国司法的问题是在什么样的机会条件下成为问题的呢？为什么这个机会条件能够促使当下中国司法问题的产生？这个机会条件又是如何历史地规定了当下中国司法问题及其领域与解决方案？以及更重要的，司法真正属于"当下中国"的问题究竟是什么？

这一系列的追问从根本上来说都直指当下中国司法理论研究的立场问题。换言之，当司法经常作为公共话题被讨论时，当司法活动日益紧密地关涉公共生活的塑造与公共福祉的提供时，我们观察和分析司法问题的立场就必须发生相应的转换，我们研究司法问题的理论范式就应当发生相应的革新。我们要意识到，有关当下中国司法问题的公共讨论不仅仅只是一个话语的问题，一个理论话语的市场竞争与社会大生产的问题，更是一个事实性的问题，一个极具实践取向和生活意义的问题。因而在此意义上，当我们在理论化的处理或者讨论当下中国司法的问题时，就不仅要摆脱将中国司法实践概念化的倾向，还要克服中西司法理论之间的僵化比较。因为这个时候，我们对司法实践的关注更多是想以司

---

[1] 邓正来：《谁之全球化？何种法哲学？》，商务印书馆2009年版，第24页。
[2] 石之瑜：《社会科学知识新论——文化研究立场十评》，北京大学出版社2005年版，第22~23页。
[3] 《马克思恩格斯全集》第1卷，人民出版社1995年版，第203页。

法实践作为切入点来观察中国社会的现实生活,努力从中国人切实的生活体验中理解中国人现实生活里的种种冲突和困惑,体悟中国人的生活苦恼、生活智慧与生存哲学,进而在此基础上提炼出真正的中国式问题,并努力以中国人的角度来重新理解这些问题以及借此来理解人类社会中更加普遍的问题和痛苦,从而在解决问题的同时最终找到一种中国式的美好生活。同样我们有关"司法"问题的跨语际讨论也并不仅仅只是为了寻求一个简单的文化体系之间的相对差异,而是尊重一种生活状态的前提下重新理解司法这种人类社会中普遍的法律实践的另外一种可能性;一种"在中国这样的当前状况下,应当怎样显现其与西方国家之不同,但却具有现实意义,一样能够严密地维护人权、降低管理成本、提升效益"[1],一样能够提高我们参与公共生活的基本能力和素养,塑造起更多有德性的公民的同时促进有德性的伦理生活和公共生活的形成的公共性知识体系。

　　进一步,当司法成为一个公共话题,有关司法问题的讨论所生产出的就是一种公共性的知识产品。这种知识产品不仅关照主体的物质需要和利益诉求,也关涉主体的伦理世界与美德想望,进而与主体的精神命运紧密关联。而这其实也就意味着,当我们在讨论当下中国司法的问题时,我们要摆脱"知识—社会"的旧有研究范式的宰制转而更深入地思考"知识—美德"的关系或者更普遍地探寻"知识—生存"之间的内在关联问题,我们必须要努力寻找司法问题背后的公共性知识和普遍性的意义,必须在有关司法问题的公共讨论和当下中国人的社会生活的改善这两者之间建立起具有学术意义的关联,努力揭示作为公共产品的司法知识生产与供给对于当下中国物质生活的提高和精神生活的丰富所可能具有的现实意义。我们要意识到,这个时候有关"司法"的讨论所生产出的知识,就不仅要务实,要面向当下中国人的现实生活,关心人们的物质生活世界,安排好人们的利益关切,解决好利益的冲突,也要关照当下中国人的伦理生活,兼顾人们的精神世界,缓解情绪上的对立,慰藉人们的情感并安顿人们的心灵。它不仅要能够与正处于社会转型时期的整个当下中国的社会生活系统相协调,也要能够生产出能为当下中国人普遍消费得起并且乐意于消费的法律产品,从而解决当下中国社会的常规问题,抚慰和安顿社会普罗大众的心灵,为当下中国社

---

[1] 王冠玺:《再论中国法学发展的"十字现象"(下)》,载《比较法研究》2009年第3期,第20页。

会谋福利。

那么,当下中国司法的理论研究是否意识到这种因司法影响力的扩展所带来的转变?它们又能否在及时转换研究范式的同时生产出优质的司法知识产品,进而在更好地服务社会的知识需求的同时,承担起理论应有的学术使命?

第二节 作为西方他者的当下中国司法理论研究

遗憾的是,当下中国的司法理论研究不仅没有意识到这些问题,而且在一些基础性的问题上也都出现了根本性的偏差。他们在讨论司法现象或者理论化司法问题的时候,往往将司法问题从中国的问题甚至中国的法律问题中剥离开来进行,不是忽视司法问题的现实面向和生活意义,割断司法问题与社会生活系统和生命意义之间的关联,看不到"问题化"处理司法问题背后的政治—哲学意涵;就是将司法问题仅仅看成一个制度的问题或者法律的问题,而并没有将其放置在社会、政治和文化等当下中国的整体层面上来予以认真对待。这种偏差不仅使得当下中国的司法理论研究难以为当下中国司法的实践与发展提供良好的知识产品的供给与智力支持,而且还致使当下中国的司法理论研究集体呈现出一种西方他者的理论图像。而也正是这幅"图像",不仅干扰或者阻滞当下中国的司法实践及其改革,而且也反作用于当下中国司法的理论研究,进而使得当下中国司法理论研究的问题意识越来越模糊和复杂的同时,理论的叙事也越发的极端,越发的扑朔迷离。[1]

具体地来说。近些年来,中国的司法确实获得了长足的发展。它不仅增强了回应社会急剧转型的能力,而且也日渐清晰自身在政治架构和社会生活中的角色定位。与此同时,当下中国的司法理论研究也不断深化。它不仅从原来的"以阶级斗争为纲"的叙事逻辑和政法话语系统中走了出来,逐步摆脱了"区分两种矛盾"的叙事风格和以政治为主题的话语表达,日渐形成了自主的话语体系和叙事逻辑,而且也逐步摆脱"苏俄"司法知识的单一化影响,在吸收西方司法知识的同时开始挖掘和利用本土的司法传统与实践经验,同时也逐步展开与

---

[1] 这一点在中国审判模式究竟是采用"职权主义"模式还是"当事人主义"模式之争论上显得特别的突出。

其他社会科学的对话,进而使得司法知识的整体格局日显多元化,司法知识体系和司法模式逐渐成熟。然而尽管如此,当下中国的司法理论研究却始终还笼罩在一种"问题解决"的思路之中。这一理论思考的前提乃是将当下中国司法首先笼统地界定成为一个"问题的司法",把中国法院系统先入为主或者不假思索地看成是一个"有问题"的地方,继而在发现问题的基础上寻找解决问题的各种办法。而也正是在这种问题意识或者研究立场的统摄之下,当下中国有关司法问题的理论研究就被简单地看成是一个"发现问题,解决问题"的思维实践活动。

这本身并没有错。但遗憾的是,我们有关中国司法问题"问题化"处理的判准,不是以西方司法的指导思想、目标和原则为参照系,就是以西方司法的制度、理论或者概念为出发点。换言之,我们不仅习惯了以西方为标准来观察、切割或者压缩、简化当下中国的司法问题,而且经常把西方司法发展过程中所遇到的问题以及解决问题的经历和感受原封不动地移置到我们自己身上,还也经常以西方的发展经历来想象当下中国司法所可能遇到的问题进而提出各种避免问题出现的措施。这造成我们有关司法问题的理论研究,不仅开放出的问题是参照西方的,而且有关理论的叙述与问题论证的推进也会模仿西方相关理论言说的步骤与论证方法,问题解决的对策以及它们的背景性知识都还是以西方的政治架构和社会文化系为整体情境的。结果使得我们有关司法问题的理论研究,不仅忽视当下中国所置身于其中的特定的政治环境、社会结构和文化系统,是以"旁观者"而不是"参与者"的眼光来看待中国的司法现象和司法问题;而且也容易异化为一种致力于为这种舶来的,甚至是想象中的西方司法及其系统在当下中国这块土地上寻找到可持续生长的发展空间的活动。

很显然,在这种以西方为判准所营建起的问题意识与强烈的"发现问题、解决问题"的思维模式的共同作用下,不仅有关司法的理论研究和相应的司法改革都失去了中国的主体性,而且也成了西方的影子。更重要的是,在这种思维模式和知识命题的宰制之下,不仅当下中国的司法改革又被简化为一场如何在中国与西方法治的连接线上寻找到中国问题解决路径的运动,而且有关司法问题的理论研究所展现出来的却是一幅司法理论研究者努力发现中国司法的"问题"并尽全力在西方的司法知识谱系中寻找"方案"来解决问题的图景。当然,也正是在这种问题意识的关照之下,人们悲剧地发现当下有关中国司法问题的理论思考竟然不是一个中国司法知识理论的主体身份的生成或者主体意识觉醒的过程,相反却是一个主体身份或意识逐渐丧失的过程,一个"他者化"的过程。因而我们看到,在当下中国司法改革的过程中,评价中国司法制度的标准就仅仅在于它"与国际是否接轨"或者"是否符合西方通行"的做法、是否符合世界的潮流。这不仅使得西方司法改革或者法律发展的经验理所应当地就成了当下中国司法问题解决的一个有力注脚,而且也使得当下中国的司法改革被看成是"一场仅仅只为了迎合现代社会对于公民权利追求的那种西方意义上的法治诉求的运动"。❶

更重要的是,这种问题意识在朝向当下的同时还会引领司法的理论研究作未雨绸缪式的论断;也即它会逼迫我们从结论出发来做倒果为因式的"问题设定",强迫我们将西方的今天看成中国的明天并以此预判或者想象中国司法在将来所可能遇到的"问题"。这不仅使得原本复杂、立体的当下中国及其司法的发展被简约化、平面化了,而且也使得差异化、多样化的当下中国人的社会生活被格式化、单一化了。因而在此过程之中,不仅来自当下中国自身的司法经验与司法智慧都统统被抹煞掉了,而且原本丰富的现实司法世界和社会生活也都被化约为一幅西方他者的图像。最终,也正是在这种问题意识以及"发现问题、解决问题"的思维模式与话语逻辑所型构起来的司法知识生产与再生产的活动中,❷当下中国的司法理论研究被扭曲为一个从西方贩运知识、消费知识的活动,进而无法在有效指导当下中国司法实践的同时帮助我们"找到一种更具德性、更有品格、更有尊严也更令人满意的美好生活"❸。

比如在分析当下中国法官职业化所存在的障碍及其成因时,现有的分析进路都是从支撑现代西方法官职业的诸多制度和文化系统出发来检讨我国法官制度和文化的缺失,进而指出:因司法不独立、法官管理的行政化导致法官职业的不独立、不中立,进而导致法官职业素质欠缺;因法官准入机制中的专业性要求较弱,导致法官的专业化程度较低;因缺乏良好的法官职业保障机制,进而也就无法形成法律职业共同体;因社会法治文化的先天性不足以及后天发育的不完

---

❶ Lawrence Friedman, *General Theory of Law and Social Change*, In Jacob S. Ziegel, ed., *Law and Social Change*, Toronto: York University, 1973, pp.17-35.
❷ 参见邓正来:《反思与批判:体制中的体制外》,法律出版社 2006 年版,第 109 页。
❸ 邓正来:《中国法学向何处去》,商务印书馆 2006 年版,第 5 页。

全,导致法官地位的低下、法官权威的缺失;等等。相应的,在推进我国法官职业化改革的对策上,他们又都基本围绕着司法独立、严格法官遴选制度、提高法官专业化素质、建立法官职业保障与职业监督等这些西方法官职业化的构成要素与制度成果来展开相应地进行论证。❶ 然而现实是,这些看起来很美的措施一旦付诸实践,其可能的结果却会是"现有的问题不仅没有得以解决,而且可能带来一些严重问题。……许多措施都可能会进一步侵犯法官的司法独立,从而影响、甚至阻碍中国法官的职业化进程"❷。

再比如有关"能动司法"的讨论,他们都主要以西方司法能动(主义)为出发点来评价当下中国的能动司法:不是将当下中国的能动司法作为西方司法能动(主义)的对立面进行比较和批判,由此凸显能动司法与司法能动(主义)的差异性进而否定司法能动(主义)中国化的可能,就是强调西方司法及其理论与模式的正统性并以此来否定当下中国能动司法的理论基础。换言之,在他们看来,西方的司法及其模式才是中国司法迈向现代的正道,而当下中国的能动司法是现代司法/法治的异类,是走在歪路上的。他们看不到,当下中国有关能动司法的实践所反映出的其实不仅是当下法律人尝试着建构一种属于中国自己的司法方法和司法模式,而且也反映出当下中国的司法/法治只有在与西方法律话语展开对话的基础上才能够得以建构自己的法律命题与法治理论。❸

为什么会出现这种状况呢?

疏忽于当下中国现实,陌生于司法,这无疑是造成当下中国司法理论研究缺乏自主性的一个很重要的原因。因为我们虽然置身于中国并直面司法,但由于充满了太多对西方自由主义法治原则和宪政文化的理念崇拜以及对当下中国现实法律生活的想象,我们其实并不因此而更加地了解、熟悉当下中国的司法。❹ 相反很多时候,我们对当下中国司法的现象与问题往往只知道"是什么"而不知道"为什么";有时甚至连"是什么"也无法了解清楚。而也正是由于这种"疏忽"与"陌生",使得我们不仅无法对当下中国司法实践中的知识结构、制度和机

---

❶ 相关文章如谭兵、王志胜:《论法官现代化:专业化、职业化和同质化》,载《中国法学》2001年第3期;吕忠梅:《法官职业化的理想与现实》,载《法律适用》2002年第11期;时永才:《再论法官的职业化》,载《法律适用》2003年第3期,等。著作如王利明:《司法改革研究》,法律出版社2000年版。
❷ 苏力:《法官遴选制度考察》,载《法学》2004年第3期,第3~24页。
❸ 参见方乐:《能动司法的模式与方法》,载《法学》2011年第1期,第30~34页。
❹ 参见苏力:《也许正在发生》,法律出版社2004年版,第122~154页。

制进行深度地分析,也无法留意司法实践所需的各种制度要素和社会资源,还对当下中国司法的制度环境、社会条件和政治文化缺乏全盘地把握。结果也就使得当下有关中国司法的描述和研究在很大程度上带有一种强烈的教条主义倾向和泛意识形态化的情绪宣泄。

旁观者的心态与外来想象同样也是一个非常重要的原因。因为当下中国司法的理论研究并非都是缺乏对司法现象和问题的观察与了解的,只不过他们没有以参与者的情感进行言说或者以主体性的身份从事探寻,而是习惯于从西方的角度来观察并裁剪中国司法的问题,或者以一个旁观者的身份来打量中国的司法。那么在这样的心态和视域中,不仅当下中国司法成为一个西方的他者,对西方而言"中国是一切例外中的例外",而且中国司法也与中国人的日常生活相脱节,成为一种游离于社会之外的组织和势力。与此同时,有关司法的理论研究也不再是一种"自己看自己"的生活实践,而是一种从遥远的他者视角反过来把近距离的自己看成他者的颠倒的认识论。❶ 结果使得他们有关司法问题的理论研究,不仅忽略了司法问题背后所牵扯着的、中国人日常生活中内心世界里的酸甜苦辣与悲苦情仇,而且也无视司法与自身命运之间的内在关联,进而表现为一种对生活和自己都缺乏善待的司法知识观。

更严重的是,这种失去自主性的有关司法的理论研究或者理论研究的他者身份与形象却是在一种"无意识"的状态里被建构起来的,是一种"自我西方化"。换言之,尽管作为一种强势力量,西方法治话语对这种他者身份与形象的主观建构会起到一定的强制作用,但更关键的还是中国研究者自身在面对西方法治话语时所表现出来的那种无批判意识的认同或者无反思性的接受。因为只有这样,"支配"性的话语与话语的"支配者"才能产生共谋。❷ 而也只有在共谋的状态中,对当下中国司法进行的"问题化"处理才会意识不到那些来自中国社会的各种现实因素。当然,如果我们把视野放得宽一些,那么中国的研究者之所以"不关心"中国,不对中国问题进行"在地化"的理论处理,理由则在于他们对司法或者法治与宪政的关注从一开始就不是一种纯粹学术的关注,而毋宁更是一种对"救国之术"、"强国之道"的关注。他们期待的仍是"变法图强",但是

---

❶ 参见赵旭东:《乡村成为问题与成为问题的中国乡村研究》,载《中国社会科学》2008年第3期,第110~117页。
❷ 参见邓正来:《中国法学向何处去》,商务印书馆2006年版,第15页。

"在近代以来的中西方文化殊死斗争中,中国传统文化却并没有起到'保国保种'的功能,因而也就丧失了工具效能意义上的价值"❶。同样,也正是在这种中西方文化的力量对比下,"当下中国社会的各种现实因素在解释和预测未来中国时也被看成是暂时性的、甚至无太大意义的进而遭到驱赶"❷。而一旦作为自变量的"传统"和"现状"都被作为即将消失的因素在对待,那么在问题化处理当下中国的司法时,西方自然也就成为了"参照系",成为未来中国发展的方向。❸

　　这些造成了他们在对当下中国司法的现实问题做实证研究或者个案处理时,缺乏对中国司法的切实关注,而只是在西方法治话语的支配下用他们所引进司法原则或者概念去"裁量"或者"量度"中国司法及其实践中的各种法律关系。这样他们有关司法的实证研究,就不仅缺乏对当下中国司法实践的一种理解的厚度,而且他们的问题意识很快就转变为如何借助调查来呈现当下中国司法的落后状况进而实现其改造中国司法的目的。换言之,这些有关司法问题的实证研究虽然声称从中国现实出发,主张以调查数据或发现的问题说话,看似对于西方的理论不管不顾,但由于预先接受了"城市与乡村"、"现代与传统"这样的二元区分和司法知识传统,因此这些研究都极为强烈地表现出了想要借用现代西方的司法知识来说明中国司法的问题以及用这样一种说明来改进中国的司法的倾向。因为在他们看来,转型中国的司法仅可能是"道路通向城市"。与此同时,由于缺乏对中国司法变迁的宏观比较和整体把握,进而使得他们对于当下中国的司法实践表现为一种"只见树木不见森林"的短视,从而使得他们往往无法进入调查场域或者调查对象的内心世界,也即无法以第一人称的视角给出一种感同身受的同时也是更加有深度的理解与洞见,结果使得他们的调查很轻易地就被泛化为一种旁观者式的浮光掠影,使得其理论对话的对象似乎只是遥远的国家决策者,而不是司法制度的行动者及其实践所面对的中国人的生活及其意义的表达。因而在他们看来,中国人日常的法律生活及其中的各项细致的变化,都只可能是"也许正在发生"的。为此,尽管他们通过实证研究或者个案调查所描绘出的同样也是一幅严整的画面,但是在这幅画面中却没有一处可以容纳我

---

❶ 强世功:《立法者的法理学》,生活·读书·新知三联书店2007年版,第19页。
❷ 於兴中:《法治与文明秩序》,中国政法大学出版社2006年版,第28～29页。
❸ 参见冯象:《法学三十年:重新出发》,载《读书》2008年第9期。

结语　我们需要什么样的司法知识？

们的欢愉和悲苦，也没有一个地方可以表达我们的道德诉求与艺术理想。❶ 相反，我们既看不到中国人的日常生活图景与社会生活准则，也看不到属于中国人精神世界的各种活动；与此同时，我们不仅无法看到参与诉讼的不同当事人之间形式各样的差异，也看不到当事人所采取的各种不同的话语修辞与行动策略以及其对诉讼所产生的影响。除此之外，我们也看不到中国法官的内心焦虑与行动的彷徨，看不到独属于他们的道德关切与人文关怀。我们看到的，只是国家—社会、政治—法律、经济—文化等的互动，只有政法传统与法律的治理化，❷其他诸如中国人自己对于生活世界的理解及其价值观念以及中国人民自身的生活及其意义表达等这些因素却都被统统"消毒"（奥特纳语）杀灭干净了。我们发现，不仅作为行动者的主体被非个体化了，而且还把他们统一打包成一个集合体意义上的"人"、一个在法律上称为"当事人"或者"法官"的角色；与此同时，所有的"问题"都被压缩成一个压缩包，而且问题背后的"问题"与"故事"也都因此被切断了。因此，这幅画的内容，似乎只是一个观众眼里的、一场在一个叫"中国"的舞台上表演着的戏剧，而演员，一律都被称为法律上的"诉讼参与者"。

可见，有关当下中国司法的理论研究实际上已由接受西方法治的话语安排或规则进而将其间的"理想图景"或意识形态转换成评价中国司法制度或法律实践的外在"理想图景"，进而对中国司法制度或法律实践的建构或评价产生支配性的影响。❸ 这造成了当下中国有关司法的理论研究毫无批判地向西方移植司法观念和引进司法知识，并且这种知识的移植与引进又被视为是合理的甚或应当的。当然，也正是在这一场场知识的引进和移植运动中，中国现实的社会结构或中国现实问题等逐渐被遮蔽甚或遭到扭曲；与此同时，也正是在这种"不思"的知识搬运的过程中，不仅只是中国的现实被忽略了，而且西方理论的复杂性也被忽视掉了进而只被简单化为一种单一的理论言说，或者僵化为一种静态的参照系或者标准。因而这就造成在很多时候，我们其实既不了解中国，也不理解西方。

---

❶ 参见赵旭东：《从"问题中国"到"理解中国"》，载《社会科学》2009年第2期，第53～63页。
❷ 参见强世功：《法制与治理——国家转型中的法律》，中国政法大学出版社2003年版。
❸ 参见邓正来：《谁之全球化？何种法哲学？》，商务印书馆2009年版，第23页。

第三节 观察当下中国司法的三个维度

我们需要直面当下中国的司法并在重新理解的基础上自己来解释自己的司法问题,而不再是先入为主地将当下中国司法情绪化地看成一个"问题的"司法。我们期望在深入理解当下中国司法的基础上对其展开全面地反思与批判,进而建立起一个既具自主性又具开放性、既具中国特色、中国气派和中国风格又能够平等地参与和西方理论对话的司法知识理论。这不仅意味着当下有关中国司法的理论研究应当植根于当下中国的现实社会和日常生活,要以当下中国现实社会的司法及其实践中所存在的真实问题为研究对象;而且也意味着我们不能无视当下中国司法及其实践早已置身于全球化浪潮和世界结构之中这一事实;不能再不假思索地把西方设想为一个完全外在的对象,而要把西方的存在作为我们思考和解决中国司法问题的重要因素。那么,如何通过纷繁复杂的表象看清当下中国的司法?以及又如何通过司法及其实践,在读懂当下中国的同时,把握住当下中国司法所面临的真正问题?

的确,"21世纪最大的问题是要重新去认识中国,而且要在比较当中才能真正地了解我们中国;因为事实上我们现在是生活在一个西方主导的全球化世界中,西方的影响无所不在"[1]。西方甚至已经成为我们日常生活的一个有机组成部分。而与此同时,伴随着社会转型所带来的中国的大国崛起以及因这种大国崛起所促成的中国在世界结构与世界秩序中的角色和地位越发地凸显和重要,中国在全球社会中的自主性以及身份意识逐渐觉醒;体现在司法发展领域中便是中国的司法发展已经逐渐从过去单一的、向西方司法制度和理论借鉴与学习,甚至是照搬照抄的依附型发展模式转向了充分考虑自身司法国情的自主型司法发展的道路。这样,司法领域中有关东、西方之间的比较也就演化成为一种开放性的社会活动,使得我们既要在这种比较活动中看到中、西方之间的差异性,同时也要看到两者之间的共同性。我们要清楚地认识到:一方面,中国司法的现代性之路并不会是对西方司法模式的简单复制,它必然包含中国的元素,表现为一种"中国模式"或者"中国道路"。另一方面,所谓司法发展的"中国模式"必定

---

[1] 甘阳:《新时代的"通三统"——三种传统的融合与中华文明的复兴》,载《书城》2005年第7期。

结语 我们需要什么样的司法知识？

会是一种开放性的发展道路,它既不会刻意地排斥西方的因素,也不会僵化东、西方之间的差异,而肯定会是在认同东、西方之间所存在的共同性因素的基础上建构起来的。

这意味着中国司法自主性的获得,并不是相对于西方而言的,而是相对于中国自身来说的。换言之,中国司法不会因为其与西方存在着差异性而赢得自主性,中国司法的经验也毋需通过验证西方的理论而获得其普遍性。中国司法之所以是"中国"的,在于司法的模式与知识体系已经解决了中国人自己的法律问题,并且尚有足够的能力应对未来中国社会之发展。同样中国的司法理论研究之所以是"中国"的,也在于中国自己的司法经验是真实可靠的,是经得起知识的反思与批判的。这意味着我们既不能简单地把东、西方有关司法的理解看成是属于完全不同的两个文化,进而情绪化地把西方的司法传统和司法经验贬为一种地方性知识而抛弃掉;也不能固执地坚持基于中国传统文化或者在中国土壤中生长出来的司法模式及其积累的司法经验足以替代西方的司法模式和司法经验,进而用我们自己的另一种地方性知识重新把司法迎回话语的中心。恰恰相反,无论是对待西方还是中国自身,我们的理论视域都应当开放而不能是封闭的。我们要意识到,理解西方其实就是为了更好的理解中国。因为从根本上来说,尽管中国司法的现代发展不可避免地会形成自己的发展模式及其价值体系,并且这种发展模式及其价值体系还具有相对的独立性或者中国特色,"但是它们不会就此否认人类社会的共同价值或者终极价值的存在。否则,任何人类理想和信仰都将无从谈起"[1]。

往返于中、西方之间,摆脱过去单一的"从内向外看"或者"从外向内看",这是理解当下中国司法的一个重要的理论视域。因为只有在中、西方互动互通的过程中,在中、西方的这种相互交往与彼此打量的过程中,我们才能够避免对西方进行简单的理论想象,才能够通过不断地转换视角来完成理论视域的融合并在此基础上建立起一种"交往理性",最终完成我们的理论自觉与理论体系的主体建构。[2] 因为从根本上来说,在当下这个开放的社会里,不仅作为观察对象的

---

[1] "人类终极价值是人类共同的精神家园,任何理性的国家都会自觉维护它。一个正在发展中的大国更没有理由去挑战它。"参阅,《读书》编辑部:"社会转型与现代性问题座谈纪要",载《读书》2009年第7期,第20页。

[2] 参见周宁编:《世界之中国:域外中国形象研究》,南京大学出版社2007年版,第15~16页。

375

司法本身是中、西方因素交杂和中、西方力量互构的,而且任何一个观察主体也都不会仅仅只拥有唯一的地位或者主体身份而往往都会是"复数的人"。[1] 这样,不仅观察的"客体"是复杂、流动而开放的,而且观察的"主体的'身份'也并非一个确定的'名词'而显然包含着一种'动词性'逻辑,是一种'游移的主体'(moving subject)"。[2] 这样,开放性的"身份"及其存在就不是要我们借以自闭而是为了让我们更好的进行理解。而这其实也就意味着在当下中国的司法论域中,我们既要摆脱"西方中心主义"也要避免"中国中心主义"。[3] 既要"从内向外看"也要"从外向内看"。我们既要尝试着在中、西方各自的意义结构中为对方的司法理论和司法经验找到合法性与正当性,同时也要在中、西方的差异性对话中找到两者之间的共通性因素并同时清晰各自理论的边界进而在此基础上建构起属于中国自身的司法命题与理论。

当然,由于作为"复数的人",主体必然会存在交错的"地位组",拥有各种可能相互冲突的"身份"。因而在引入中、西方互动交往与沟通对话的维度来理解当下中国司法的问题时,我们就必须控存于一种"局外的局内人"和"局内的局外人"之间脆弱而紧张的关系,避免因角色定位错误所导致的全然他者的出现。[4] 换言之,主体身份的冲突以及观察视角的频繁转换都很有可能会模糊掉主体身份的边界并淡化掉主体的自我意识进而呈现出非我或者他者的状态,使得有关司法的言说以一种旁观者而不是参与者的身份在进行,从而缺乏在地化并缺少一种贴己感。而要避免他者的再次出现,避免有关当下中国司法的理论言说异化为西方文化霸权话语的工具,当下中国司法的理论研究就必须要夯实和稳固与西方进行沟通与对话时的立场。而这其实也就意味着,在对当下中国司法进行东、西方相互关照的宏大视角下进行理解时引入微观的"内在视角"[5]就显得非常重要。

以"内在视角"来理解当下中国的司法,意味着我们需要切实联系自身的生

---

[1] Merton, *Insiders and Outsiders: A Chapter in the Sociology of Knowledge*, American Journal of Sociology, 1972, Vol.77, pp.9-47.
[2] 杨慧林:《汉学及其"主义"中的身份游移》,载《读书》2012年第2期,第6~7页。
[3] 方乐:《中国法需要什么样的世界观》,载《法学家》2011年第3期,第10~20页。
[4] Berger and Hansfried Kellner, *Sociology Reinterpreted: An Essay on Method and Vocation*, New York: Doubleday, 1981, p.34.
[5] 梁治平:《在边缘处思考》,法律出版社2003年版,第101页。

活实践和生活感受来展开对有关当下中国司法问题的提问与分析。因为不仅当下中国的司法制度及其变革的真正合法性与正当性其实是我们的生活体验与生活感受,而且如果当下中国司法确实存有问题的话,那么这些问题也都应当是在当下中国社会生活中生长出来的细微问题,都是极具生活化的司法命题。更重要的是,对于这些极具生活化又具中国特色的司法命题的"提问"来说,我们其实不仅是观察者,更是参与者和行动者;我们"提问"的根本的目的乃是为了更有效的认识和解决这些现实生活中的司法问题,进而促使当下中国的司法更好地回应与服务于我们的日常生活。换言之,我们必须意识到,其实任何一项具体的司法制度与规则只有验之于当下中国社会生活中的问题进而回应这个社会的生活才能够知道它的效果与局限;而任何一项具体的司法制度和规则也只有同社会生活的其他部分相互协调才能获得其正当性与合理性。[1] 因此这就决定了我们只有诉诸于我们自身的生活体验和生活感受,诉诸于我们自身对于包括法律生活在内的各种日常生活中的困惑和焦虑的提炼与反思,才能够设身处地地提出一种或者几种更贴近于有关当下中国司法现实的问题。

  以"内在视角"来理解当下中国的司法,确保了我们在将"西方的存在"作为思考和解决当下中国司法问题的重要因素时,不至于落入"西方中心主义"的窠臼或者呈现出西方现代性的大叙事所营造的文化他者的理论形象。因为"内在视角"不仅要求我们从现代中国人的精神焦虑和生活意义的整体网络中来看待当下中国司法的问题,也强调从当下中国人的日常生活出发来把握中、西方之间所存在的差异和共识进而在此基础上理解司法的问题。它既强调当下中国司法问题的地方性与中国特色,也力求彰显问题的普遍意义和理论的全球视野。然而当下有关中国司法问题的理论研究正是忽略了这些,才造成他们在观察和反思当下中国司法问题时既没有经过自我(主体)的参与,也没有把中国司法的问题真正带入进这种主体的自我反思活动之中,同时还没有把主体的困惑与反思带入到"问题"的建构之中,进而也就使得其无法回归到中国的问题和立场上来,从而缺乏生活化的气息与贴己的温度,导致要么落入到西方司法的知识图景之下,要么陷入西方知识所设想的"中国"司法知识图景之中。

  当然,"内在视角"一旦与建立"在中、西方互动交往与沟通对话"基础上的

---

[1] 参见苏力:《道路通向城市:转型中国的法治》,法律出版社2004年版,第3~42页。

理解维度交织在一起,就会使得我们进一步认识到当下中国司法的问题,"从问题的提出、形成的方式以及它的病理现象都不仅仅只是中国社会的内部问题,也不仅仅只是外来的文化移植和文化挤压,而是在不同的文化和语言共同体之间的互动关系中形成的"❶。换言之,尽管从表面上看当下中国司法的问题是在当下中国社会的土壤里生发出来的,是土生土长的;但实质上这些问题却都不是封闭的,不是狭隘的地方性问题。相反,不仅问题催生之合力来自于内、外力量之胶着,而且问题的面向也朝着东、西之互动。因此,这其实也就意味着我们必须将当下中国司法的问题理解为一种"主体间"的问题,并将其置于当下中国社会的日常生活以及中、西方互动交往与沟通对话的基础上来加以分析和探究。

进一步,这其实意味着我们还需要限定理解当下中国司法问题的"时空域"。因为任何司法"问题的形成都是需要一定的历史积累和社会条件的;只有经历一段时间并具备一定的机会条件和空间结构,问题才能得以产生"❷。换言之,尽管"时间"和"空间"在特定的情境之下是可以相互转换的,但是限定理解当下中国司法问题的时空域,建立理解当下中国司法问题的时间与空间坐标轴,就是要把问题"置于具体的时空坐标和意义关系网上,放回到它得以产生的时空脉络和意义结构中加以审视,进而在掌握这一时空结构内的问题以及问题的历史性、共时性纵横交织而成的各种具体关系之后,逐步深入细致地探讨与问题相互关联着的历史现象以及问题的形成过程、机制和意义,从而使得出的结论更有说服力和解释力,也更具普遍性"❸。

对于当下中国司法而言,从时间域的角度来看,我们要意识到当下中国司法之所以成为一个问题,或者需要将当下中国司法的问题纳入理论层面进行学术讨论,无疑在于司法已然成为一种公共活动。因为只有当司法成为一种公共活动,司法权才是一种公共权力,司法知识才是一种公共知识;而也只有当司法成为一种公共活动,厘清司法权的权力边界才成为一种可能,有关司法问题的讨论以及司法知识体系的建构也才会存在公共意义。因而这不仅意味着其实在相当长的一段时间里,特别是当司法尚未成为一种公共活动以及有关司法的讨论还

---

❶ 汪晖:《去政治化的政治:短 20 世纪的终结与 90 年代》,生活·读书·新知三联书店 2008 年版,第 402 页。

❷ [美]阿瑟·丹图:《叙述与认识》,周建漳译,上海译文出版社 2007 年版,第 316 页。

❸ 郝亚光:《视角转换·概念建构·方法选择》,载《读书》2009 年第 8 期,第 98 页。

结语　我们需要什么样的司法知识？

未演化为公共话题之时,有关司法的问题并不具有理论化的意义,或者说这些问题至少对于今天而言已不再具有进一步理论化的意义;而且也意味着当下中国司法的问题更多还主要是经由三十多年的改革开放,特别是近二十年来的市场经济建设所带来的社会急剧转型而导致的问题累积。换言之,正是由于伴随着中国社会转型所带来的日渐法治化,不仅司法及其实践越发地理性化,而且司法权的行使也日益展现其作为公共权力实践的一面。因为正是伴随着"司法是正义的最后一道防线"、"有矛盾上法院"等话语开始流行,司法也随之成为中国人日常生活的一个有机组成部分;与此同时,"人民群众日益增长的司法需求与人民司法供给相对不足之间的矛盾"也才日渐凸显出来,进而成为当下中国司法所面临的根本性问题。这些其实都意味着,我们观察与分析当下中国司法问题的理论视域应当凝聚,"应当聚焦于当下来进行就事论事,而不宜动不动就追溯到汉唐春秋那里"❶。

从空间域的角度来看,"当下中国不仅是地理意义上的,而且也是全球化时代下的中国,是世界结构中的中国"❷。因此伴随着全球化所带来的中国人与世界的空间距离被拉近,当下中国司法的问题在空间的维度上也被进一步放大并随之复杂化,司法及其问题的意义也被进一步丰富并开放出来。特别是因这种全球化从宣传的概念走入我们日常生活的事实之后,西方的司法制度和理论与我们日常生活的感受之间的距离也被进一步拉近,进而使得我们对其日渐失去以往那种"隔岸观火"的心态与"隔靴搔痒"的感觉,反而产生了诸多切身与贴己的感受;甚至在很多时候,我们已经分不清楚当下中国司法场域中的问题,哪些是和西方司法的问题意识或者判准相捆绑在一起的,哪些是被中国的政治话语或意识形态裹挟着的。

很显然,我们还很有必要将当下中国司法的问题放置在因"社会转型"和"全球化"这两股力量的共同作用而型构起的整体社会—情境系统之中做进一步的理解。因为当我们限定理解当下中国司法问题的"时空域"时,我们不仅看到了当下中国司法问题的现实性和复杂性,也意识到要对当下中国司法问题做整体性的理解与意义的完全展示,必须建立起一个适当的立场和方法。那么,因

---

❶ 陈嘉映:《哲学·科学·常识》,东方出版社 2007 年版,第 50 页。
❷ 邓正来:《中国法律哲学当下基本使命的前提性分析》,载《法学研究》2006 年第 5 期,第 99～110 页。

"社会转型"和"全球化"这两股力量的共同作用而型构起的社会——情境系统的逻辑是什么？它对于理解当下中国司法的问题又意味着什么？

第四节　理解当下中国司法问题的立场与方法

对于当下这个内蕴十分多向度且正处于多变期的复杂的中国社会而言，有关司法我们必须意识到，"我们提问什么，什么就可能会同时被建构成问题的答案；我们书写什么，什么就可能会被渲染和对象化为一种社会的想象物"[1]。为此，在理解当下中国司法的问题时就一定要审慎。我们不仅要看到"社会转型"与"全球化"是两股各自都蕴含极为复杂因素的不同力量以及这两种不同的社会力量对司法问题的型构与影响，也要意识到它们经常交织在一起共同作用于我们对当下中国司法问题的理解。我们既不能把社会转型所带给我们的感受简单地等同于全球化对我们日常生活和精神世界所产生的影响进而忽略中国社会转型的生活意义，也不能把全球化所带给我们的知识冲击笼统地归为社会转型所造成的影响进而无法意识到全球化时代中国司法问题的世界意义。

然而一直以来，"社会转型"都被简单地看成是一个由传统社会向现代社会转变的过程。这种深受"现代化范式"支配的有关社会变迁的认识模式，不仅使得我们意识不到中国社会转型过程的渐进性，也容易忽略其中的特殊性和复杂性。换言之，面对当下中国社会正在经历着的社会急剧转型，我们容易察觉到的是从传统到现代、从农村到城市、从农业化到工业化的这类转变，也容易感受到传统因素和农业文化在我们日常生活系统中的没落或者现代生活方式中的去农业化和反传统的倾向，但是我们却很少意识到工业社会甚至是后工业社会的出现以及这种出现对我们日常生活所可能造成的影响，更意识不到农业社会的解体和工业社会的兴起以及后工业（信息技术）社会的来临所带来的观念危机。[2]实际上，"社会转型"对于当下中国而言是一种由"传统"迈向"现代"的渐进过程。这种过程的渐进性也就决定了在相当长的一段时间里，无论中国的社会结构还是社会形态都将是三大社会系统同时并存：传统农业社会、现代工业的城

---

[1]　[美]李湛忞:《全球化时代的文化分析》，杨彩霞译，译林出版社2008年版，第65页。
[2]　参见[法]图海纳:《行动者的归来》，舒诗伟等译，商务印书馆2008年版，第23～24页。

结语　我们需要什么样的司法知识？

社会以及最近的后工业(信息技术)社会。这种转型过程中因繁复曲折的社会历史原因所带来的多重现实并存的状态，不仅使得当下中国社会成为一个长期结合多种社会类型的社会，❶而且也使得当下中国社会结构具有极大的灵活性，还造成了当下中国社会同时并存有多个规则世界和意义系统。这对于转型中国的司法而言，不仅意味着它所要面对的其实并不是一个单一的社会类型而是多种社会结构和社会类型的综合体，它会受到来自不同类型的社会力量的掣肘与社会逻辑的支配，也会应对各种不同类型的社会纠纷与社会问题；而且意味着它所面临或者存在的问题也不会是单个或者某一类型的问题而是一个经由不同类型的问题压缩而成的"问题包"或者"问题束"，它可能既包括因社会转型的渐进性所造成的问题累计，也包括因"传统"与"现代"的结构性紧张所导致的问题聚集。与此同时，受因于社会转型及其特征而来的，又不仅是当下中国司法问题的现实性和复杂性，也更意味着这些问题或许可能还只是暂时性或者临时性的。❷更重要的是，这种因由社会转型所带来的多元性对于当下中国人的日常生活而言，不仅意味着多元化的生活方式和生活规则的共存，也意味着多样性的生活世界和生活秩序的并立。这样，当我们以内在的视角或者生活化的立场对中国司法的问题进行理解时，我们所倚重的并不特指某种单一的生活方式或者生活规则，而同样会是一个复合的生活世界，我们需要在对不同类型的生活方式和生活规则予以平等尊重的基础上达成相互间的沟通与交流，进而以交往理性与复合共识来审慎地看待当下中国的司法问题。与此同时，我们也要清楚的意识到，有关司法的知识理论和实践模式或许只有建立在一种多元法治观的基础之上，才能够有效地因应现实的当下中国社会。

与此同时，"全球化"不仅使得当下中国受制于世界秩序和世界结构的支配，也促使我们从中国所置身于其中的世界秩序或者被裹挟其间的世界结构出发来根据与世界的复杂关系重新认识中国，进而探讨当下中国司法所置身于其

---

❶ 参见［美］黄宗智：《经验与理论：中国社会、经济与法律的实践历史研究》，中国人民大学出版社 2007 年版，第 453～454 页。

❷ 这一特征意味着，我们在对有关当下中国司法的问题"开药方"或者提解决方案的时候，既要意识到这种解决方案从本质上来说仍是临时性的，也要意识到我们所提之解决方案，在暂时性的解决掉问题的同时，还需要为问题的进一步/根本解决或者方案的再次改进提供相应的铺垫或者留有必要的空间。有关这一论题相关联的更多阐述，还可参阅，Ruti G.Teitel：《变迁中的正义》，郑纯宜译，（中国台湾）商周出版社 2001 年版。

中的多重现实和未来。我们要意识到,"全球化"或者说由此而产生的世界结构其实为当下中国的司法发展带来了双重强制。这种双重性的强制表现为当下中国的司法世界所要面对的两个外部性的"未来":"现实的未来"和"虚拟的未来"。因为其一,这种世界结构经由经验制度及其地方性知识层面的全球性示范而对中国形成强制——这是一种制度和理念层面上的强制,因为它在中国的自然时间向度上强设了一个"现实的未来"(亦即第一现代世界);其二,这种世界结构经由建构"风险社会"或者"生态社会"而对中国形成强制——这是一种经由话语建构而形成的强制,因为它在中国的自然时间向度上强设了一个"虚拟的未来"或者"假想的不确定性风险"(亦即第二现代世界)。与此同时这种双重强制还意味着,首先西方社会因为不曾有过"未来"示范而在建构其生活和制度的自然时间脉络中得以采取一种自生自发的试错方式,而这在当下的中国则是根本不可能的,因为上述双重未来给中国的未来强设了一种规定性,从而在自然时间向度上打破了现实与未来之间的界限。其次,"发展中的世界"、"第一现代世界"和"第二现代世界"在当下的中国已经聚合成了一个世界。因而正是在这种双重强制下,中国原本历时性的问题实际上也就被转化成为"共时性"的问题。[1] 中国司法的问题同样也就不再是上述任何一个"世界"的问题了,而是上述三个"世界"聚合而成的问题。这意味着对于当下中国司法问题的理解就不再能够只从发展的视角,不再能够只从第一现代世界的视角,也不再能够只从第二现代世界的视角来看待或者予以审视,而不得不从一种"共时性的视角"并从多级秩序出发来看待或审视当下中国司法的问题。

可见,当下中国司法的问题不仅只属于社会转型中的中国,还属于世界结构中的中国。与此同时,当下中国司法的问题也就并不仅仅只是中国司法自身的问题,更是一个经由双重结构性力量交织共叠而成的问题。当然这其中之一的结构性力量,便是来自于中国社会的急剧转型所造成的问题聚焦和堆积,是自身"传统"与"现代"的结构性紧张以及转型的渐进性所造成的;而另一重则是全球化时代里的民族性普遍的精神困惑与压制,是东方文明在面对西方现代性时所体现出来的问题的一种折射。因而在"社会转型"与"全球化"所型构起的社会情境系统之中,特别是当"全球化"将"空间"转化为"社会转型"过程之中的"时

---

[1] 参见邓正来:《谁之全球化?何种法哲学?》,商务印书馆2009年版,第242~243页。

间"的时候,不只是司法问题的意义被随之丰富起来,而且解决司法问题的复杂性和难度也陡然递增。这其实也就意味着在理解当下中国司法的问题上,我们的立场不仅应当更加地审慎,眼界也应该进一步开阔。我们不仅要意识到当下中国司法的问题只有放置在因社会转型和全球化所带来的多重结构和多元秩序之中进行理解才能够真正地把握,而且也要意识到当下中国有关司法问题的理论研究要在保持司法知识的地方性和地方结构的同时建构起一个有关中国司法知识理论的开放性的全球观。与此同时,在对待当下中国司法问题的心态上,我们不仅应当更加的宽和与开放,也要更加务实一些。我们既要意识到,在社会转型与全球化所型构起的有关司法问题的理解场域中,中、西方之间有关司法的问题所反映出的其实并不仅仅只是文化、经济和政治上的差异,也不只是制度逻辑、价值理念和话语体系上的对比,更是政治实力的强弱对抗;我们也要意识到,当下对有关中国司法问题的理论研究进行的整体性反思与重构,并不仅仅只是一种主体性的理论自觉或者纯粹的学术活动,而毋宁是一种对当下中国社会整体实力的理解与反思,是一场在当今世界政治版图上对中国政治地位的客观评估以及未来展望。

这意味着理解当下中国司法的问题时,强调司法问题产地的中国制造,重视观察司法问题的中国视角,凸显司法问题理论化的中国意义,其目的不仅在于对抗全球司法知识生产与再生产活动所带来的对中国司法知识生产与再生产活动的殖民或者压制,努力建立起一种既立基于当下中国同时也朝向未来中国的司法知识理论的世界观;而且也意味着把当下中国司法的问题作为当下中国社会及其问题的一个有机组成部分,彰显司法知识生产活动的社会化以及司法知识的普遍意义的同时,强调司法知识对于当下中国社会生活的建构与维系作用,表明司法知识对于未来中国社会生活的引领与推动,提升中国社会的整体实力。这样,对于当下中国司法问题的理解,就不仅要强调面向当下所进行的"语境"分析,揭示或者寻找司法问题存在的合理性因素或者社会依据,凸显司法知识实践对于制度的稳定作用;而且也要试图"超越当下(社会制度或者社会结构)",跳出现有的制度与秩序来批判现有的秩序或者反抗现有制度之所以存在的那些依据,进而看到司法知识与司法话语对社会制度和社会结构的建构作用。

很显然,这是一种理解当下中国司法问题既体现开放性又具结构—功能主义倾向的方法。这种方法将有关司法的问题提问与思考看成是当下中国社会生活中的一起事件,强调这起事件在整体之中的特定作用,主张这个事件的意义虽然在某种程度上是由整体所决定的,但从根本上其意义的获得仍在于它对整体的影响。换言之,尽管"事件的性质必定是整体主义的,但是该整体不仅包括当代的部分而且包括时间前后相继的短期发展阶段;与此同时,理解这起事件的意义的方法必须远远超越因果解释"❶。而这其实也就意味着,在这种方法论的视域下,不仅当下中国的司法及其实践被看成是中国法律及其实践的一个有机组成部分,而且也是我们这个民族得以生存和发展的关键要素之一。这样,当我们面对当下中国司法及其问题时,我们所要思考的就不仅仅只是一个法律—伦理层面上的问题,而毋宁是一个政治—社会学的问题。我们不仅要把有关当下中国司法问题的理解与中国作为一个伦理共同体或文化族群的本真性理解联系起来,而且更要把它与中国和西方确认彼此的本真性诉求和地位进而共享全球空间的基本立场联系起来;我们要努力促使司法及其实践表达出整个民族的集体认同,并以司法/法律手段推进"整个民族长远的权力政治利益"(韦伯语)以及推动中华民族之崛起。毕竟,任何"一个民族的根本性自我认同,必须和该民族为维护自己的社会理想和政治理想所做的努力结合起来。任何一种民族理想,都是不断的自我更新、自我改造、自我斗争的结果。任何一种民族理想都是一种尚待实现的东西"❷。当然正是基于此,我们就能够理解为什么当下中国司法改革的目标,是"不断解放和发展司法能力,包括维护国家安全和社会稳定的能力,维护人民群众合法权益的能力,维护社会公平正义的能力,服务和保证经济和社会发展的能力,化解社会矛盾纠纷、促进社会和谐进步的能力。从而有效地解决地诉讼'井喷'现象,推动社会公平正义的实现"❸。而也正是在此意义上,当下中国司法及其问题不仅与我们日常的社会生活发生关联,而且与政治生活也紧密地关联起来;进而使得有关当下中国司法问题的理论研究不仅能够直面社会生活并服务于生活,而且能够完全"融入中国人的日常生活并产生归属效应和价值认同效应"❹,还因为关涉未来中国社会之发展从而获致一种理论可持

---

❶ [英]波普尔:《历史决定论的贫困》,杜汝楫、邱仁宗译,上海人民出版社2009年版,第17~18页。
❷ 张旭东:《全球化时代的文化认同》,北京大学出版社2006年版,第66页。
❸ 张文显:《人民法院司法改革的基本理论与实践进程》,载《法制与社会发展》2009年第3期,第3~14页。
❹ 杜宴林:《论法学研究的中国问题意识》,载《法制与社会发展》2011年第5期,第155页。

续发展的生命力。

第五节　作为开始的结语……

客观的说,尽管当下有关中国司法问题的理论研究无论在类型还是在质量上都是非常复杂的,任何不做细致区分而进行的批判都可能是随意与草率的;也尽管我们都意识到,一个"没有理论的民族不过是一个没有可能性的被安排摆布的民族,无法掌握自己的命运,无法为自己的命运扩展新的空间"❶。但就目前而言,我们似乎还难以彻底摆脱来自西方的概念体系的宰制,我们随时都可能落入西方的理论陷阱与问题圈套之中;然而我们并不能就此轻易地放弃应有的理论敏感和责任担当。我们应当努力建构我们自身解释我们生活的话语体系并为我们的生活世界提供整体的解释。因为,每个人对于他所属的社会都负有责任。我们在必要的时候需要作出政治判断进而更好地迈出下一步。因为"不知道目的地,选择走哪条路或确定如何走某条路都是无甚意义的;与此同时,不知道目的地的性质,无论选择哪条路还是确定如何走某条路,却都有可能把我们引向深渊"❷。

如果我们把视野放的宽一些,那么其实不仅仅是司法问题与理论研究,当下中国的法治及其发展也遇到同样的问题。这样,当我们在面对这些问题的时候,我们更多还是需要去展望中国社会的未来,我们需要不断的去追问:当下中国将去向何方?未来中国人的生活场景与生活状态、精神面貌又是怎样的?我们需要清楚,未来的世界结构会大致发生哪些变化?以及在这一结构之中,中国又将扮演一个怎样的角色?只有了这些判断,才可以反观我们当前所正在行进中的路,才可以更好地设计我们未来所要迈出的下一步。

但是这样做很容易受到质疑。因为对于司法知识的问题而言,更不用说是对中国司法的发展以及更宏大范围的、中国社会进程的把握,"任何个人甚至都不可能知道谁认识得更清楚"(哈耶克)。❸ 换言之,虽然我们必须要承认,尽管建构未来中国司法知识的理想图景确实困难重重,尽管能力有限,但是作为司法

---

❶ 强世功:《法律的现代性剧场》,法律出版社 2006 年版,第 4 页。
❷ 邓正来:《中国法学向何处去》,商务印书馆 2006 年版,第 1 页。
❸ 陈嘉明:《现代性与后现代性十五讲》,北京大学出版社 2006 年版,第 10 页。

知识生产活动的参与者,我们不能轻易就放弃掉这种知识的敏感与责任的担当,我们同样也需要这样的政治判断。也就是说,尽管在当下的体制之下,知识的大规模生产似乎已经成为了不可能,因为"一切永恒的东西都破碎了";相反,现在的知识生产无疑越发凸显个人化的因素;知识形态越发的细枝末节,知识的类型也越发的零碎。但知识的个性化生产并不意味着知识品质的个人化,恰恰相反,知识生产者的主观意图或者追求并不能决定知识是否具有普遍意义,起决定作用的是,知识它实际上有没有效用,以及能否为不同的人广泛的借鉴和使用。知识产品不能仅仅只是就事论事式的,还必须有超前意识,要能够事外说事。很显然,在我看来,尽管知识的问题也许是地方性的,也尽管知识的生产活动也是个人化的,但知识的产地或知识资源的产地本身并不能最终决定知识产品的市场,关键仍在于知识的质量和效能。可以说,从地方性到普遍性之间从来都没有而且永远也不会有一个截然的界限。因此司法知识应当对社会的宏观环境保有足够的敏感;而与此同时,司法知识的生产就必须追寻一种知识的共同性和规律性;强调司法知识对于社会发展的、可普遍借鉴的意义。

当然,所有的言说都是个人化的;与此同时,"我们需要什么样的司法知识",以及"司法知识理论的体系建构",无论从命题的论证还是论述的文风,都注定会是一种宏大的叙事,但是这个命题却是迷人的,因为它立足于当下并关涉着中国的未来;同样这个问题也始终都是开放式的,因为它尽管面向法律但却能吸收各方智识。为此,这个以问题为导向的开放研究领域,它必将激励每个人去想象和设计,去想象未来中国社会对自身所应有的一般原则和特定内容,去设计中国司法的道路。

确实,我们应当建构我们自身解释我们生活的话语体系并为我们的生活世界提供整体的解释。因为,每个人对于他所属的社会都负有责任。但是,对于未知的将来,对于将来未知的威胁,我们又该如何思考呢?

——"如果你向深渊窥视,深渊亦将窥视你。"[1]我想起了尼采。

---

[1] [德]尼采:《权力意志》,张念东等译,商务印书馆1991年版,第280页。

参 考 文 献

一、中文文献

（Ⅰ）

[德]卡尔-奥托·阿佩尔:《哲学的改造》,孙周兴、陆兴华译,上海译文出版社1994年版;

[美]埃里克森:《后现代主义的承诺与危险》,叶丽贤等译,北京大学出版社2006年版;

[法]埃里蓬:《权力与反抗》,谢强等译,北京大学出版社1997年版;

[德]埃利亚斯:《论文明、权力与知识》,刘佳林译,南京大学出版社2005年版;

[美]艾森斯塔特:《反思现代性》,旷新年、王爱松译,生活·读书·新知三联书店2006年版;

[英]艾耶尔:《语言、真理与逻辑》,尹大贻译,上海译文出版社2006年版;

[英]巴恩斯:《科学知识与社会学理论》,鲁旭东译,东方出版社2001年版;

[英]巴恩斯主编:《科学知识——一种社会学的分析》,邢冬梅等译,南京大学出版社2004年版;

[美]伯恩斯坦:《社会政治理论的重构》,黄瑞祺译,译林出版社2008年版;

[英]彼得·柏克:《知识社会史:从古腾堡到狄德罗》,贾士蘅译,(中国台湾)麦田出版社2006年版;

[英]波兰尼:《科学、信仰与社会》,王靖华译,南京大学出版社2004年版;

[英]柏林:《浪漫主义的根源》,哈代编,吕梁等译,译林出版社2008年版;

[美]约翰·波洛克、乔·克拉兹:《当代知识论》,陈真译,复旦大学出版社2008年版;

[美]詹姆斯·博曼:《社会科学的新哲学》,李霞等译,上海人民出版社2006年版;

[英]卡尔·波普尔:《客观的知识——一个进化论的研究》,舒炜光等译,中国美术学院出版社2003年版;

[英]卡尔·波普尔:《猜想与反驳——科学知识的增长》,傅季重等译,上海译文出版社2001年版;

[英]卡尔·波普尔:《科学知识进化论》,纪树立译,生活·读书·新知三联书店1987年版;

[英]卡尔·波普尔:《走向进化的知识论》,李本正、范景中译,中国美术学院出版社2001年版;

[英]卡尔·波普尔:《历史决定论的贫困》,杜汝楫、邱仁宗译,上海人民出版社2009年版;

[法]布迪厄:《实践感》,蒋梓骅译,译林出版社2003年版;

[法]布迪厄:《实践与反思——反思社会学导引》,李猛等译,中央编译出版社1998年版;

［英］布鲁尔:《知识与社会意向》,艾彦译,东方出版社2001年版;
［英］尼古拉斯·布宁,余纪元编著:《西方哲学英汉对照辞典》,王柯平译,人民出版社2001年版;
［美］阿瑟·丹图:《叙述与认识》,周建漳译,上海译文出版社2007年版;
［法］迪蒙:《论个体主义——对现代意识形态的人类学观点》,谷方译,上海人民出版社2003年版;
［美］恩布里:《现象学入门——反思性分析》,靳希平等译,北京大学出版社2007年版;
［美］房龙:《宽容》,迮卫、靳翠微译,生活·读书·新知三联书店1985年版;
［德］费希特:《知识学基础》(二册),程始仁译,(中国台湾)商务印书馆1966年版;
［美］费耶阿本德:《知识、科学与相对主义》,陈健等译,江苏人民出版社2006年版;
［美］费耶阿本德:《反对方法——无政府主义知识论纲要》,周昌忠译,上海译文出版社2007年版;
［法］福柯:《知识考古学》,谢强等译,生活·读书·新知三联书店2003年版;
［法］福柯:《词与物——人文科学考古学》,莫伟民译,上海三联书店2001年版;
［法］福柯:《疯癫与文明》,刘北成等译,生活·读书·新知三联书店2003年版;
［法］福柯:《规训与惩罚》,刘北成等译,生活·读书·新知三联书店1999年版;
［德］哈贝马斯:《认识与兴趣》,郭官义、李黎译,学林出版社1999年版;
［德］哈贝马斯:《重建历史唯物主义》,郭官义译,社会科学文献出版社2000年版;
［德］哈贝马斯:《现代性的哲学话语》,曹卫东等译,译林出版社2004年版;
［英］苏珊·哈克:《逻辑哲学》,罗毅译,商务印书馆2003年版;
［英］哈耶克:《致命的自负》,冯克利等译,中国社会科学出版社2000年版;
［英］哈耶克:《科学的反革命——理性滥用之研究》,冯克利译,译林出版社2003年版;
［英］哈耶克:《自由秩序原理》,邓正来译,生活·读书·新知三联书店1997年版;
［德］海德格尔:《存在与时间》,陈嘉映、王庆节译,生活·读书·新知三联书店1999年版;
［德］海德格尔:《现象学之基本问题》,丁耘译,上海译文出版社2008年版;
［德］海德格尔:《形而上学导论》,熊伟、王庆节译,商务印书馆1996年版;
［英］海伦姆:《西方认识论简史》,崔建军等译,中国人民大学出版社1987年版;
［英］赫尔德、麦克格鲁:《全球化与反全球化》,陈志刚译,社会科学文献出版社2004年版;
［美］赫兹菲尔德:《什么是人类常识》,石毅等译,华夏出版社2005年版;
［德］黑格尔:《精神现象学》(上、下),贺麟、王玖兴译,商务印书馆1997年版;
［德］黑格尔:《哲学史讲演录》,第一卷,贺麟、王太庆译,商务印书馆1995年版;
［德］黑格尔:《法哲学原理》,范扬、张企泰译,商务印书馆1996年版;
［德］伽达默尔:《真理与方法》,洪汉鼎译,上海译文出版社年2004版;
［德］伽达默尔:《哲学解释学》,夏镇平等译,上海译文出版社2004年版;
［英］安东尼·吉登斯:《社会学方法的新规则——一种对解释社会学的建设性批判》,田佑中、刘江涛译,社会科学文献出版社2003年版;
［英］安东尼·吉登斯:《现代性的后果》,田禾译,译林出版社2000年版;

参考文献

［德］鲁道夫·卡尔那普：《世界的逻辑构造》，陈启伟译，上海译文出版社1999年版；

［美］戴维·凯瑞斯编辑：《法律中的政治——一个进步性批评》，信春鹰译，中国政法大学出版社2008年版；

［德］康德：《任何一种能够作为科学出现的未来形而上学导论》，庞景仁译，商务印书馆1997年版；

［德］康德：《纯粹理性批判》，蓝公武译，商务印书馆2005年版；

［美］克莱恩：《跨越边界——知识、学科、学科互涉》，姜智芹译，南京大学出版社2005年版；

［法］孔狄亚克：《人类知识起源论》，洪洁求、洪丕柱译，商务印书馆1997年版；

［英］拉卡托斯：《批判与知识的增长》，周寄中译，华夏出版社1987年版；

［英］赖特：《知识之树》，陈波等译，生活·读书·新知三联书店2003年版；

［法］利奥塔：《后现代状态——关于知识的报告》，车槿山译，生活·读书·新知三联书店1997年版；

［美］李湛忞：《全球化时代的文化分析》，杨彩霞译，译林出版社2008年版；

［波兰］卢卡西维茨：《亚里斯多德的三段论》，李真等译，商务印书馆2002年版；

［英］罗素：《人类的知识》，张金言译，商务印书馆2005年版；

［英］马尔凯：《科学社会学理论与方法》，林聚任译，商务印书馆2006年版；

［英］马尔凯：《科学与知识社会学》，林渠任等译，东方出版社2001年版；

［法］马尔图切利：《现代性社会学》，姜志辉译，译林出版社2007年版；

［美］麦克洛斯基等：《社会科学的措辞》，许宝强等译，生活·读书·新知三联书店2000年版；

［德］曼海姆：《意识形态与乌托邦》，黎鸣等译，商务印书馆2000年版；

［德］曼海姆：《重建时代的人与社会：现代社会结构的研究》，张旅平译，生活·读书·新知三联书店2002年版；

［德］曼海姆：《文化社会学》，刘继同、左芙蓉译，中国城市出版社2002年版；

［德］曼海姆：《卡尔·曼海姆精粹》，徐彬译，南京大学出版社2004年版；

［美］米尔斯：《社会学的想象力》，陈强、张永强译，生活·读书·新知三联书店2005年版；

［美］默顿：《科学社会学》（上、下），鲁旭东、林聚任译，商务印书馆2004年版；

［美］莫里斯：《帕斯卡尔与生人的意义》，李瑞萍译，北京大学出版社2006年版；

［德］尼采：《权力意志》，张念东等译，商务印书馆1991年版；

［美］诺格尔：《世界观的历史》，胡自信译，北京大学出版社2006年版；

［美］诺思：《制度、制度变迁和经济绩效》，刘守英译，上海三联书店1995年版；

［法］热拉尔·努瓦利耶：《社会历史学导论》，王鲲译，上海人民出版社2009年版；

［美］阿尔文·普兰丁格：《基督教信念的知识地位》，邢滔滔等译，北京大学出版社2004年版；

［英］齐曼：《知识的力量——科学的社会范畴》，许立达等译，上海科学技术出版社1985年版；

［美］齐硕姆：《知识论》，邹惟远、邹晓蕾译，生活·读书·新知三联书店1988年版；

［法］萨特:《存在主义是一种人道主义》,周煦良等译,上海译文出版社1988年版;

［美］萨义德:《知识分子论》,单德兴译,生活·读书·新知三联书店2002年版;

［美］塞尔:《心灵、语言和社会》,李步楼译,上海译文出版社2001年版;

［德］马克斯·舍勒:《知识社会学问题》,艾彦译,华夏出版社1999年版;

［德］M.石里克:《普通认识论》,李步楼译,商务印书馆2005年版;

［美］丹尼斯·史密斯:《齐格蒙特·鲍曼——后现代性的预言家》,萧韶译,江苏人民出版社2007年版;

［德］叔本华:《伦理学的两个基本问题》,任立、孟庆时译,商务印书馆1996年版;

［加］斯特尔:《知识社会》,殷晓蓉译,上海译文出版社1998年版;

［瑞典］理查德·斯威德伯格:《马克思·韦伯与经济社会学思想》,何蓉译,商务印书馆2007年版;

［英］汤普森:《意识形态与现代文化》,高铦等译,译林出版社2005年版;

［法］图海纳:《行动者的归来》,舒诗伟等译,商务印书馆2008年版;

［美］威尔逊:《论契合——知识的统合》,田洺译,生活·读书·新知三联书店2002年版;

［英］威廉斯:《现代悲剧》,丁尔苏译,译林出版社2007年版;

［德］韦默尔:《后形而上学现代性》,应奇等译,上海译文出版社2007年版;

［美］维塞尔:《启蒙运动的内在问题》,贺志刚译,华夏出版社2007年版。

［奥］维特根斯坦:《哲学研究》,李步楼译,商务印书馆1996年版;

［奥］维特根斯坦:《论确实性》,张金言译,广西师范大学出版社2002年版;

［美］沃尔夫:《合法性的限度》,沈汉等译,商务印书馆2005年版;

［美］沃勒斯坦:《否思社会科学——19世纪范式的局限》,刘琦岩等译,生活·读书·新知三联书店2008年版;

［美］沃勒斯坦:《沃勒斯坦精粹》,黄光耀等译,南京大学出版社2003年版;

［美］沃勒斯坦:《知识的不确定性》,王译,山东人民出版社2006年版;

［美］沃勒斯坦:《沃勒斯坦精粹》,黄光耀等译,南京大学出版社2003年版;

［澳］沃特斯:《现代社会学理论》,华夏出版社2000年版;

［美］希尔斯:《论传统》,李凭译,上海人民出版社1991年版;

［古希腊］亚里士多德:《形而上学》,李真译,上海人民出版社2005年版;

［波兰］兹纳涅茨基:《知识人的社会角色》,郏斌祥译,译林出版社2000年版。

（Ⅱ）

曹剑波:《知识与语境:当代西方知识论对怀疑主义难题的解答》,上海人民出版社2009年版;

陈嘉明:《知识与确证——当代知识论引论》,上海人民出版社2003年版;

陈嘉明:《现代性与后现代性十五讲》,北京大学出版社2006年版;

陈嘉映:《哲学·科学·常识》,东方出版社2007年版;

程炼:《思想与论证》,北京大学出版社2005年版;

丁峻:《知识心理学》,上海三联书店2006年版;

费孝通:《乡土中国 生育制度》,北京大学出版社 1998 年版;
甘阳:《通三统》,生活·读书·新知三联书店 2007 年版;
高宣扬:《当代法国思想五十年》(上卷),中国人民大学出版社 2005 年版;
关永中:《知识论:古典思潮》,(中国台湾)五南图书出版公司 2000 年版;
关永中:《知识论:现代思潮》,(中国台湾)五南图书出版公司 2000 年版;
胡军:《知识论》,北京大学出版社 2006 年版;
黄仁宇:《万历十五年》,中华书局 1982 年版;
黄瑞祺:《社会理论与社会世界》,北京大学出版社 2005 年版;
金林南:《西方政治认识论演变》,上海人民出版社 2008 年版;
金岳霖:《知识论》(上、下),商务印书馆 2003 年版;
廖义铭:《佩雷尔曼之新修辞学》,唐山出版社 1997 年版;
刘小枫:《现代性社会理论绪论》,上海三联书店 1998 年版;
刘小枫:《拯救与逍遥》,华东师范大学出版社 2007 年版;
刘小枫:《沉重的肉身》,华夏出版社 2007 年版;
马永翔:《心智、知识与道德——哈耶克的道德哲学及其基础研究》,生活·读书·新知三联书店 2006 年版;
石之瑜:《社会科学知识新论——文化研究立场十评》,北京大学出版社 2005 年版;
汪民安:《身体、空间与后现代性》,江苏人民出版社 2006 年版;
汪晖、余国良主编:《90 年代的"后学"争论》,香港中文大学出版社 1998 年版;
汪晖:《去政治化的政治:短 20 世纪的终结与 90 年代》,生活·读书·新知三联书店 2008 年版;
王路:《逻辑的观念》,商务印书馆 2000 年版;
王铭铭:《西学"中国化"的历史困境》,广西师范大学出版社 2005 年版;
王维国:《论知识的公共性维度》,中国社会科学出版社 2003 年版;
王治河:《后现代哲学思潮研究》(增补本),北京大学出版社 2006 年版;
邬昆如:《哲学概论》,(中国台湾)五南图书出版公司 1990 年版;
吴飞:《自杀作为中国问题》,生活·读书·新知三联书店 2007 年版;
吴小英:《科学、文化与性别——女性主义的诠释》,中国社会科学出版社 2000 年版;
徐贲:《通往尊严的公共生活——全球正义和公民认同》,新星出版社 2009 年版;
徐贲:《人以什么理由来记忆》,吉林出版集团有限责任公司 2008 年版;
徐向东:《怀疑论、知识与辩护》,北京大学出版社 2006 年版;
许纪霖等:《启蒙的自我瓦解——1990 年代以来中国思想文化界重大论争研究》,吉林出版集团有限责任公司 2007 年版;
杨国荣:《存在之维——后形而上学时代的形上学》,人民出版社 2005 年版;
杨敏:《社会行动的意义效应——社会转型加速期现代性特征研究》,中国人民大学出版社 2005 年版;
杨小彬:《否定的美学——法兰克福学派的文艺理论和文化批评》,上海三联书店 1999 年版;

张旭东:《全球化时代的文化认同》,北京大学出版社2006年版;
张五常:《佃农理论》,易宪荣译,商务印书馆2000年版;
赵汀阳:《没有世界观的世界》,中国人民大学出版社2005年版;
赵汀阳:《论可能生活》,中国人民大学出版社2004年版;
周晓虹:《西方社会学历史与体系》(第1卷),上海人民出版社2002年版。

(Ⅲ)

[德]阿列克西:《法律论证理论》,舒国滢译,中国法制出版社2002年版;
[美]鲍威:《沃伦法院与美国政治》,欧树军译,中国政法大学出版社2005年版;
[美]比克斯:《法律、语言与法律的确定性》,邱昭继译,法律出版社2007年版;
[美]博登海默:《法理学——法律哲学与法律方法》,邓正来译,中国政法大学出版社1999年版;
[美]史蒂文·J.伯顿:《法律和法律推理导论》,张志铭等译,中国政法大学出版社1999年版;
[美]伯尔曼:《法律与宗教》,梁治平译,中国政法大学出版社2003年版;
[美]波斯纳:《道德和法律理论的疑问》,苏力译,中国政法大学出版社2001年版;
[美]波斯纳:《超越法律》,苏力译,中国政法大学出版社2002年版;
[美]波斯纳:《联邦法院:挑战与改革》,邓海平译,中国政法大学出版社2002年版;
[美]波斯纳:《法官如何思考》,苏力译,北京大学出版社2009年版;
[美]布莱克:《社会学视野中的司法》,郭星华等译,法律出版社2002年版;
[美]米尔伊安·R.达玛什卡:《司法和国家权力的多种面孔——比较视野中的法律程序》,郑戈译,中国政法大学出版社2004年版;
[美]富勒:《法律的道德性》,郑戈译,商务印书馆2005年版;
[德]哈贝马斯:《在事实与规范之间——关于法律和民主法治国的商谈理论》,童世骏译,生活·读书·新知三联书店2003年版;
[美]霍姆斯:《普通法》,冉昊、姚中秋译,中国政法大学出版社2006年版;
[美]本杰明·N.卡多佐:《司法过程的性质》,苏力译,商务印书馆2007年版;
[美]本杰明·N.卡多佐:《法律的生长》,刘培峰等译,贵州人民出版社2003年版;
[德]考夫曼、哈斯默尔主编:《当代法哲学和法律理论导论》,郑永流译,法律出版社2002年版;
[德]考夫曼:《类推与"事物本质"——兼论类型理论》,吴从周译,(中国台湾)学林文化事业有限公司1999年版;
[英]科特威尔:《法律社会学导论》,潘大松等译,华夏出版社1989年版;
[德]科殷:《法哲学》,林荣远译,华夏出版社2002年版;
[德]拉伦茨:《德国民法总论》(上册),王晓晔等译,法律出版社2003年版;
[德]拉伦茨:《法学方法论》,陈爱娥译,商务印书馆2003年版;
[英]劳埃德:《法理学》,许章润译,法律出版社2007年版;
[美]艾德华·H.列维:《法律推理引论》,庄重译,中国政法大学出版社2002年版;
[德]罗门:《自然法的观念史和哲学》,姚中秋译,上海三联书店2007年版;

[美]罗森伯格:《落空的期望——最高法院与社会改革》,高忠义译,(中国台湾)商周出版社 2003年版;

[法]马里旦:《自然法:理论与实践的反思》,鞠成伟译,中国法制出版社 2009年版;

[美]梅利曼:《大陆法系》,顾培东、禄正平译,法律出版社 2004年版;

[美]庞德:《法理学》,第一卷,邓正来译,中国政法大学出版社 2004年版;

[美]庞德:《法律史解释》,邓正来译,中国法制出版社 2002年版;

[瑞典]亚历山大·佩岑尼克:《法律科学:作为法律知识和法律渊源的法律学说》,桂晓伟译,武汉大学出版社 2009年版;

[德]魏德士:《法理学》,丁小春、吴越译,法律出版社 2003年版;

[美]沃尔夫:《司法能动主义》(修订版),黄金荣译,中国政法大学出版社 2004年版;

[美]亚狄瑟:《法律的逻辑——法官写给法律人的逻辑指引》,唐欣伟译,法律出版社 2007年版。

(Ⅳ)

蔡琳:《裁判合理性理论研究》,法律出版社 2009年版;

陈林林:《裁判的进路与方法——司法论证理论导论》,中国政法大学出版社 2007版;

邓正来:《研究与反思——关于中国社会科学自主性的思考》,中国政法大学出版社 2004年版;

邓正来:《规则·秩序·无知——关于哈耶克自由主义的研究》,生活·读书·新知三联书店 2004年版;

邓正来:《哈耶克法律哲学的研究》,法律出版社 2002年版;

邓正来:《自由与秩序——哈耶克社会理论的研究》,江西教育出版社 1998年版;

邓正来:《反思与批判:体制中的体制外》,法律出版社 2006年版;

邓正来:《中国法学向何处去:建构"中国法律理想图景"的时代论纲》,商务印书馆 2006年版;

邓正来:《谁之全球化?何种法哲学?》,商务印书馆 2009年版;

邓正来主编:《知识与法律》(第三辑),中国政法大学出版社 2009年版;

侯猛:《中国最高人民法院研究——以司法的影响力切入》,法律出版社 2007年版;

黄宗智:《经验与理论:中国社会、经济与法律的实践历史研究》,中国人民大学出版社 2007年版;

季卫东:《法治秩序的建构》,中国政法大学出版社 1998年版;

强世功编:《调解、法制与现代性:中国调解制度研究》,中国法制出版社 2001年版;

强世功:《法制与治理——国家转型中的法律》,中国政法大学出版社 2003年版;

强世功:《法律的现代性剧场》,法律出版社 2006年版;

强世功:《立法者的法理学》,生活·读书·新知三联书店 2007年版;

强世功:《惩罚与法治:当代法治的兴起(1976—1981)》,法律出版社 2009年版;

焦宝乾:《法律论证导论》,山东人民出版社 2006年版;

孔祥俊:《司法理念与裁判方法》,法律出版社 2005年版;

李学尧:《法律职业主义》,中国政法大学出版社 2007 年版;

梁治平:《寻求自然秩序中的和谐——中国传统法律文化研究》,中国政法大学出版社 1997 年版;

梁治平:《法辨——中国法的过去、现在与未来》,中国政法大学出版社 2002 年版;

梁治平:《在边缘处思考》,法律出版社 2003 年版;

林来梵主编:《宪法审查的原理与技术》,法律出版社 2009 年版;

刘星:《中国法律思想导论:故事与观念》,法律出版社 2008 年版;

苏力:《法治及其本土资源》,中国政法大学出版社 1996 年版;

苏力:《送法下乡》,中国政法大学出版社 2000 年版;

苏力:《也许正在发生:转型中国的法学》,法律出版社 2004 年版;

苏力:《道路通向城市:转型中国的法治》,法律出版社 2004 年版;

苏力:《法律与文学——以传统中国戏剧为材料》,生活·读书·新知三联书店 2006 年版;

苏力:《制度是如何形成的》,北京大学出版社 2007 年版;

唐应茂主编:《法院的表现——外部条件和法官的能动性》,法律出版社 2009 年版;

田默迪:《东西方之间的法律哲学》,中国政法大学出版社 2004 年版;

翁子明:《司法判决的生产方式——当代中国法官的制度激励与行为逻辑》,北京大学出版社 2009 年版;

许章润等:《法律信仰》,广西师范大学出版社 2003 年版;

徐忠明:《案例、故事与明清时期的司法文化》,法律出版社 2006 年版;

徐忠明:《众声喧哗:明清法律文化的复调叙事》,清华大学出版社 2007 年版;

颜厥安:《法与实践理性》,中国政法大学出版社 2003 年版;

应星:《大河移民上访的故事——从"讨个说法"到"摆平理顺"》,生活·读书·新知三联书店 2001 年版;

於兴中:《法治与文明秩序》,中国政法大学出版社 2006 年版;

朱晓阳:《罪过与惩罚》,天津古籍出版社 2003 年版。

二、英文文献

(Ⅰ)

Alison Jaggar, "Love and Knowledge: Emotion in Feminist Epistemology", in *Women, Knowledge, and Reality*, ed. Ann Garry & Marilyn Pearsall, Routledge, 1992.

Berger and Hansfried Kellner, *Sociology Reinterpreted: An Essay on Method and Vocation*, New York: Doubleday, 1981.

Edmund Gettier, "Is Justified True Belief Knowledge?", *Analysis*, Vol.23, 1963.

Elizabeth Fee, "Critique of Modern Science: The Relationship of Feminism to Other Radical Epistemologies", in *Feminist Approaches to Science*, ed. Ruth Bleier, Pergamon Press Inc., 1986.

F.D'Agostino, "Adjudication as an Epistemological Concept", *Synthese*, Vol.79, 1989.

Frederick Schmitt, "Social Epistemology", in *The Blackwell Guide to Epistemology*, Oxford: Blackwell

Publishers, 1999.

Gilbert Harman, *Skepticism and the Definition of Knowledge*, New York: Garland Publishing, 1990.

Goldman, *Knowledge in A Social Word*, Oxford: Oxford University Press, 1999.

Helen E. Longino, "Essential Tensions—Phase Two: Feminist, Philosophical, and Social Studies of Science", in *A Mind of One's Own: Feminist Essays on Reason and Objectivity*, Louise M. Antony et al (eds.), Westriew Press, 1993.

Hilary Putnam, *Reason, Truth and History*, Cambridge University Press, 1981.

J. W. Jones, *Historical Introduction to the Theory of Law*, Clarendon Press, 1969.

John F. Post, "Infinite Regresses of Justification and Of Explanation", *Philosophical Studies*, Vol. 38, 1980.

Keith Lehrer, *Theory of Knowledge*, Boulder: Westview Press, 1990.

Louis P. Pojman, *Philosophy: The Quest for Truth*, London: An International Thomson Publishing Company Inc., 1999.

L. Wittgenstein, *Philosophical Investigations*, Oxford: Blackwell, 1978.

Matthias Steup & Ernest Sosa (eds.), *Contemporary Debates in Epistemology*, Oxford: Blackwell Publishing Ltd., 2005.

Merton, "Insiders and Outsiders: A Chapter in the Sociology of Knowledge", *American Journal of Sociology*, Vol. 77, 1972.

Michael Williams, *Problems of Knowledge*, Oxford: Oxford University Press, 2001.

Nicholas Rescher, *Epistemology: An Introduction to the Theory of Knowledge*, New York: State University of New York Press, 2003.

Plato, *The Collected Dialogues*, New Jersey: Princeton University Press, 1961.

R. Chisholm, *The Foundation of Knowing*, Sussex: The Harvester Press, 1982.

Richard Foley, "Inferential Justification and The Infinite Regress", *American Philosophical Quarterly*, Vol. 15, 1978.

Sandra Harding, "Rethinking Standpoint Epistemology: What Is 'Strong Objectivity'?", in *Feminist Epistemologies*, Linda Alcoff & Elizabeth Potter (eds.), Routledge, 1993.

Vincent G. Potter, *On Understanding: A Philosophy of Knowledge*, New York: Fordham University Press, 1994.

W. V. Quine, "Two Dogmas of Empiricism," in *Philosophy of Mathematics: Selected Readings*, Paul Benacerraf and Hilary Putnam (ed.), Prentice-hall, Inc., 1964.

(Ⅱ)

Aarnio and MacCormick, *Legal Reasoning*, Dartmouth Publishing Company Ltd., 1992.

A. Chayes, "The Role of the Judge in Public Law Litigation", 89 *Harvard Law Review*, 1976.

Albert R. Jonsen and Stephen Toulmin, *The Abuse of Casuistry: A History of Moral Reasoning*, University of California Press, 1988.

A. Marmor & Holism, "Coherence and Interpretation: The Epistemic Foundations of Dworkin's legal

Theory", *Law and Philosophy*, Vol.10, 1991.

Alf Ross, *On Law and Justice*, Berkeley & Los Angeles: University of California Press, 1959.

Andrei Marmor, *Interpretation and legal theory*, 2nd, Hart Publishing, 2005.

Antonin Scalia, "The Rule of Law as a Law of Rules", *University of Chicago Law Review*, Vol.56, 1989.

Aulis Aarnio, Robert Alexy, and Aleksander Peczenik, "The Foundation of Legal Reasoning", *Rechtstheorie*, Vol.12, 1981.

B.Leiter, "Heidegger and the Theory of Adjudication", *Yale Law Journal*, Vol.106, 1996.

B.Levenbook, "The Role of Coherence in legal Reasoning", *Law and Philosophy*, Vol.3, 1984.

Bruce Chapman, "The Rational and the Reasonable: Social Choice Theory and Adjudication", *The University of Chicago Law Review*, Vol.61, No.1, 1994.

Cf. Bruce Anderson, "Discovery" in Legal Decision-Making, Netherlands: Kluwer Academic Publishers, 1996.

Curiae, *Law in Action, An Anthology of the Law in Literature*, New York: Crown Publisher, 1947.

David Lyons, "Open Texture and the Possibility of Legal Interpretation", *Law and philosophy*, Vol.18, 1999.

Doral, Jose M.Martinez, *The structure of Juridical knowledge*, University of Navarra, 1963.

D.Luban, "Symposium: Rediscovering Fuller's legal Ethics", *GEO.J.LEGAL ETHICS*, Vol.11, 1998.

David Luban, "The Bad Man and the Good Lawyer: A Centennial Essay on Holmes's ' Path of the Law' ", *New York University L.Rev.*, Vol.72, 1997.

Edward J.Conry and Caryn L.Beck-Dudley, "Meta-Jurisprudence: The Epistemology of Law", *American Business Law Journal*, Vol.33, 1996.

Eugene B.Rostow, *Is Law Dead?*, New York: Simon & Schuster, 1971.

Frank Michelman, "Forward: Traces of Self-Government", *100 Harvard Law Review*, 4, 1986.

Frank Michelman, "Law's Republic", *97 Yale Law Journal*, 8, 1988.

Frank Munger, "Law, Change, and Litigation: a Critical Examination of an Empirical Research Tradition", *22 Law & Soc'y Rev.*, 57.

G.A.Kennedy, *A New History of Classical Rhetoric*, Princeton University Press, 1994.

Geoffrey C.Hazard, "Jr.Reflections on Judge Weinstein's Ethical Dilemmas in Mass Tort Litigation", *Northwestern University Law Review*, Vol.88, 1994.

Geoffrey Samuel, *Epistemology and Method in Law*, Ashgate, 2003.

Hanns Hohmann, "Logical and Rhetoric in Legal Argumentation: Some Medieval Perspectives", *Argumentation*, Vol.12, 1988.

H.L.A.Hart, *The Concept of Law*, Oxford University Press, 1994.

H.L.Hart, "Positivism and the Separation of Law and Morals", *Harvard Law Review*, Vol.71, 1958.

Jaap C. Hage, *Reasoning with Rules: An Essay on Legal Reasoning and Its Underlying Logic*, Dordrecht/Boston/London: Kluwer Academic Publishers, 1997.

参 考 文 献

Jane Flax, "Gender as a Social Problem: In and For Feminism Theory", (Q&T. from) Sandra Harding, *The Science Question in Feminism*, Cornell University Press, 1986.

Jerome Frank, *Law and the Modern Mind*, New York: Coward-Mccann, 1930.

J. Habermas, *Contributions to a Discourse Theory of Law and Democracy: Between Facts and Norms*, W. Rehg, Trans. , UK, Polity Press, 1996.

Kaarlo Tuori, *Critical Legal Positivism*, England: Ashgate Publishing Limited, 2002.

Karl N. Llewellyn, *The Bramble Bush: On Our Law and Its Study*, New York: 1973.

Kenneth Einar Himma, "Trouble in Law's Empire: Rethinking Dworkin's Third Theory of Law", *Oxford Journal of Legal Studies*, Vol. 23, 2003.

Lawrence Friedman, "General Theory of Law and Social Change", In Jacob S. Ziegel, ed. , *Law and Social Change*, Toronto: York University, 1973.

Lester Mazor, "The Crisis of Liberal Legalism", *Yale Law Journal*, Vol. 81, 1972.

Lon L. Fuller, *Anatomy of the Law*, Westport, CT: Greenwood Press, 1968.

Lon L. Fuller, "The Forms and Limits of Adjudication", *Harvard Law Review*, Vol. 92, 1978.

Lon L. Fuller, "Reason and Faint in Case Law", *Harvard Law Review*, 1946.

Neil MacCormick, *H. L. A. Hart*, London: Edward Arnold, 1981.

Neil MacCormick and Ota Weinberger, *An Institutional Theory of Law: New Approaches to Legal Positivism*, Dordrecht/Boston/London: Kluwer Academic Publishers, 1986.

Oliver Holmes, "The Path of the Law", *Harvard Law Review*, Vol. 10, 1897.

Olsen A. Ghirardi, "Epistemology in Law", in Christopher Berry Gray(ed.) , *The Philosophy of Law: An Encyclopedia*, Vol. I, New York & London: Garland Publishing, 1999.

Ota Weinberger, "Basic Puzzles of Discourse Philosophy", *Ratio Juris*, Vol. 9, 1996.

Ota Weinberger, "Legal Validity, Acceptance of Law, Legitimacy, Some Critical Comments and Constructive Proposals", *Ratio Juris*, Vol. 12, 1999.

Peter Goodrich, *Reading the Law: A Critical Introduction to Legal Method and Techniques*, 1986.

Pierre Schlag and David Skover, *Tactics of Legal Reasoning*, Carolina Academic Press, 1986.

Philip Soper, "Legal Theory and the Obligation of a Judge: The Hart/Dworkin Dispute", *75 Mich. L. Rev.*, 1977.

Richard A. Posner, *The Problems of Jurisprudence*, Harvard University Press, 1990.

Richard A. Posner, *How Judges Think*, Harvard University Press, 2008.

Richard Alan Wasserstrom, *The Judicial Decision: Toward a Theory of Legal Justification*, Stanford University Press, 1972.

Robert Alexy, "My Philosophy of Law: The Institutionalization of Reason", in Luc J. Wintgens(eds.) *The Law in Philosophical Perspectives-My Philosophy of Law*. Dordrecht/Boston/London: Kluwer Academic Publishers, 1999.

Robert Bone, "Lon Fuller's Theory of Adjudication and the False Dichotomy Between Dispute Resolution and Public Law Models of Litigation", *B. U. J. REV.*, Vol. 75, 1995.

Robert Kagan, "The Reutilization of Debt Collection: An Essay on Social Change and Conflict in the Court", *Law and Society Review*, Vol.18, 1984, No.3.

Ronald Dworkin, "Hard Cases", *Harvard Law Review*, Vol.88, No.6, 1975.

Ronald Dworkin, *Law Empire*, Harvard University Press, 1986.

R.Pound, "Juristic Science and the Law", *Harvard Law Review*, Vol.31, 1918.

Sotirios A.Barber & James E., Fleming, *Constitutional interpretation: The Basic Questions*, Oxford University Press, 2007.

T.Morawetz, "Understanding Disagreement, The Root Issue of Jurisprudence: Applying Wittgenstein to Positivism, Critical Theory and Judging", *U.PA.L.REV.*, Vol.141, 1992.

Vittorio Villa, "Legal Theory and Value Judgements", *Law and Philosophy*, Vol.16, 1997.

Walter Honeyball, *Integrity, Community and Interpretation—A Critical Analysis of Ronald Dworkin's theory of Law*, Dartmouth, Ashgate, 1998.

William Lucy, *Understanding and Explaining Adjudication*, Oxford University Press, 1999.

William Ewald, "Unger's Philosophy: A Critical Legal Study", *Yale Law Journal*, Vol.97, 1988.

W.Shih, "Reconstruction Blue: A Critique of Habermasian Adjudication Theory", *36 SUFFOLK U.L. REV.*, 2003.

后　记

本书首先是对我有关司法问题研究予以知识上的自我反思的结果,其次是交由读者阅读与批评的知识文本,最后是交由时间来选择与评判的书本。

多年前,受"中国法学向何处去"这一论题的知识拷问,凭着一股子冲动便贸然闯入这个自己并不熟悉的领域,现在回想起来都觉着有些后怕。司法知识理论是个极为庞大的命题,也是一个智识的无底洞,而我从一开始却没有对自己是否有能力完成这个论题进行必要的反思。因此,写作的过程自然也就艰辛而孤独。战战兢兢,冷暖自知。特别是写导论部分的那段日子,味同嚼蜡。这期间,思路的厘清,问题的提炼,方法的选取,结构的安排,内心的焦虑与压力非常之大。因而在开始的几个月里,我几乎无法写作;思维的极度困顿以及精神的高度紧张,几近崩溃,甚至一度怀疑这个问题的可思考性,几乎是要放弃了。打发时间的唯一方式,就是不停的看书,什么书都看,就是不敢碰与论题有关的书。

幸好坚持了下来。断断续续、修修改改写作了一年多,形成了我的博士学位论文。2010 年 6 月论文通过答辩后,原本想着有关司法知识理论的问题可以暂时告一段落,但却未曾想到这仅仅只是个开始。经过一年多的重新思考,2012 年 1 月我便开始了论文的修改,很多地方几乎是重写。经历了比当初写作更为痛苦的修改,形成了这么个文字,算是对这一问题最初浅的思考。司法知识理论是个庞大的命题,它所涵盖的问题群很多,而且当读书越多时就会发现原先的文字几乎要重新被推翻,就会发现原先的思考是多么的简单与幼稚。这样,几乎每一章都留有很多问题需要进一步深入的思考;我似乎来不及;也几乎每一处理论的论证都值得进一步的往深处拓展;我的思考还不成熟。

总会有遗憾,因为时间不会站在那里等。

然而,我始终是幸福的。这些年来,在我的身边,既有一直关爱我的恩师,也有心疼我的父母家人;有教诲并提携我学业的老师,也有爱我的兄长;有相敬如宾的同门,也有相互敦促的学友;有很多温暖的朋友,也有很多善良的知己。所以借此机会，我要向在我读书期间给予我很多帮助的老师、朋友和家人们表示衷心的感谢。

首先要感谢我的恩师，公丕祥教授。无论是读书学习还是工作生活，十年里，老师都给了我无微不至的照顾。特别是2006年，我考博落第，公老师不仅把我留在了学校，让我从事我所喜爱的事情，而且还特别关照、并拨出研究中心的工作经费以供我研究生活之所需，使我这个书呆子避免了四处的流浪。每每想及此事，不禁潸然泪下，感激之情无以言表。2008年3月，我正式开始了博士论文的写作，老师不仅以其特有的宽容再一次包容了我的特立独行，而且始终关心论文的进展与遇到的问题。对于论文的初稿以及日后的修改、定稿，老师都倾注了太多的心血；而对于我毕业后的工作和生活，老师更是倾注了很多的关心与操心。我时常在想，要是没有恩师这么多年来对我的关心，便不会有我今天的成长，有这么个本本。师恩难忘！谢谢公老师！

感谢李力老师。当我最初带着这个论题征求李老师的意见时，李老师便一针见血地指出研究这个论题的恰当进路：原本我打算从我所擅长的法律社会学视角来展开，而李老师似乎期望更高，希望我能够从哲学的角度来建构一个实证分析司法知识的、前提性的理论框架。很显然，本书的分析进路基本延续了这种方法，尽管在后半部分，我的分析又固执地回到了知识社会学和政治社会学。2010年我毕业留校工作，李老师始终关心我的成长，给了我很多的帮助。让我这个刚刚参加工作的年轻教师，减少了很多工作生活上的烦恼。

感谢孙文恺老师、蔡道通老师。从2003年始，我便是两位老师的学生。十年来，每当我读书与生活感到困惑和迷茫时，两位老师都会给我耐心的指点与细致的帮助；两位老师渊博的知识和广阔的阅读面，豁达的心胸与做事的认真，始终都是我学习的榜样；老师们如大哥般对我生活的关心与呵护，让我在异乡感到温暖。谢谢您们！

感谢夏锦文老师、李浩老师、刘敏老师。一直以来，你们都始终关心着我的成长，对我的读书、写作以及思考和工作生活都提出许多宝贵的意见。每每想起，心中的感激也是无以言表的。感谢眭鸿明老师、陈爱武老师、季金华老师、贺日开老师、刘远老师，你们以不同的方式，给予我诸多的帮助。

感谢南师法学院。在这里，我已经度过了十年美好而宝贵的时光，从一个愣头青到而立之年，从一个门外汉成长为一个书呆子，从一位法学院的学生转变为法学院的老师。十一年的法学生涯很短暂,但却快乐和富足。感谢以龚廷泰教授、刘旺洪教授、李建明教授为首的导师组,你们的学识,给我的学习和论文的写作提供了很多知识上的帮助;开题时各位老师的提醒,也让我少走了很多的弯路。感谢吕及老师、石岚老师、林婷老师、庞正老师长期以来对我学习、工作和生活的关心与帮助;感谢南师法学院的每一位老师,正是因为你们的培养,你们对一个学生无私的爱,让我不仅有了"学",也有了"业"。

感谢河海大学公共管理学院的金林南老师。论文很多方面得益于和他的讨论。本书很多地方的灵感,同时也来自于东南大学人文学院樊和平教授所开的《精神现象学》和《法哲学原理》的精读课程以及课后与孙文恺老师诸多的讨论。尽管因各种原因没有听完樊老师的课,但有关这一论题的讨论却在此之后经常发生。感谢熊伟博士,论文从开题到写作的整个过程,与他频繁的讨论,特别是他对于"现代性理论"的提醒,让我获益很多。感谢博士班的其他同学,飞翔、张华、老郭、老周、老冉、老汤、张毅,还有永军、章群、何静,以及同门耀海。你们的宽容与大度,让我觉得与你们在一起很快乐。

感谢答辩委员会主席韩大元老师、王立民老师,您们在答辩时给我提的建议,以及法学院参加答辩的各位老师针对论文所指出的问题,为我进一步思考和完善论文,提供了非常好的帮助。尤其是韩老师的认真与仔细,让我觉得需要一直努力,把认真当成一种习惯。感谢夏锦文老师将本书纳入其主持的"现代司法文丛"之中,感谢人民出版社李春林老师的精心编辑与认真工作。

感谢我远在黄山的父母。您们三十多年来含辛茹苦的培育了一个十六年来一直在外地读书的孩子;您们的汗水渗入了我走过的每一个脚印,您们的牵挂也溶入了我生活的每一次阵痛。而作为儿子,我能为您们做的却很少;希望您们在看到这本书的时候,能有些许欣慰,能感到您们的孩子在外面的这些年并没有贪玩。感谢毛乐。你让我顿时觉得生命原来这般的美好可爱,我愿意为你付出我所有的爱。感谢我的妻子贾冰一。你总是我文字的第一个读者,也是我文字最尖锐的批评者。我希望自己写的文字,能是你作为法官想要说的。感谢我的岳父岳母。您们的朴实与善良,让我懂得生活的责任与担当。感谢姐姐与姐夫能一直鼓励着我在人生的道路上不断前行。感谢我的外甥,陈方略小朋友,看着你的照片与成长,分享你的天真和童趣,从呱呱坠地到步入学堂,始终都是一件让我们全家感到非常快乐的事情。

感谢缪文升老师、汪海霞老师以及缪冉小朋友,你们与我一起经历了我的成长,分享了我孩子气般的快乐与不快乐,也给了我过来人成熟的鼓励与支持,让我在异乡有了一种家的感觉;感谢也汝大哥、浩书、老杨与国卿,与你们在一起那种孩提时代才能有的纯真与快乐是一辈子都难以忘怀的。感谢姜孟亚老师一直以来对我的诸多提点与悉心帮助。感谢所有曾关心过我、帮助过我的老师、同学、朋友以及我身边所有善良的人们。是你们让我懂得生活的担当与热爱的责任。

谢谢你们!

2010 年 6 月 9 日,全书初稿
2013 年 6 月 26 日,修改二稿
2013 年 9 月 3 日,修改定稿

责任编辑:李春林
装帧设计:周涛勇
责任校对:王　惠

图书在版编目(CIP)数据

转型中国司法知识的理论与诠释/方乐 著. —北京:人民出版社,2013.11
(现代司法文丛)
ISBN 978-7-01-012711-8

Ⅰ.①转… Ⅱ.①方… Ⅲ.①司法-研究-中国 Ⅳ.①D926

中国版本图书馆 CIP 数据核字(2013)第 245498 号

转型中国司法知识的理论与诠释
ZHUANXING ZHONGGUO SIFA ZHISHI DE LILUN YU QUANSHI

方　乐　著

人民出版社 出版发行
(100706 北京市东城区隆福寺街 99 号)

北京新魏印刷厂印刷　　新华书店经销

2013 年 11 月第 1 版　2013 年 11 月北京第 1 次印刷
开本:710 毫米×1000 毫米 1/16　印张:26
字数:398 千字　印数:0,001—3,000 册

ISBN 978-7-01-012711-8　定价:50.00 元

邮购地址 100706　北京市东城区隆福寺街 99 号
人民东方图书销售中心　电话 (010)65250042　65289539

版权所有·侵权必究
凡购买本社图书,如有印制质量问题,我社负责调换。
服务电话:(010)65250042